高等学校经济与管理类教材·电子商务专业系列

互联网金融

主　编◎张成虎

副主编◎金虎斌　孙陵霞

华东师范大学出版社

·上海·

图书在版编目(CIP)数据

互联网金融/张成虎编著.—上海:华东师范大学出版社,2018

应用型电子商务专业系列教材

ISBN 978-7-5675-7423-6

Ⅰ.①互… Ⅱ.①张… Ⅲ.①互联网络-应用-金融-教材 Ⅳ.①F830.49

中国版本图书馆 CIP 数据核字(2018)第 014248 号

互联网金融

主　　编　张成虎
责任编辑　皮瑞光
责任校对　周跃新
装帧设计　俞　越

出版发行　华东师范大学出版社
社　　址　上海市中山北路 3663 号　邮编 200062
网　　址　www.ecnupress.com.cn
电　　话　021-60821666　行政传真 021-62572105
客服电话　021-62865537　门市(邮购)电话 021-62869887
地　　址　上海市中山北路 3663 号华东师范大学校内先锋路口
网　　店　http://hdsdcbs.tmall.com

印 刷 者　常熟市文化印刷有限公司
开　　本　787×1092　16 开
印　　张　22.25
字　　数　506 千字
版　　次　2018 年 1 月第 1 版
印　　次　2022 年 2 月第 4 次
书　　号　ISBN 978-7-5675-7423-6/F·406
定　　价　46.00 元

出 版 人　王　焰

(如发现本版图书有印订质量问题,请寄回本社客服中心调换或电话 021-62865537 联系)

前言

在信息技术革命与网络社会市场变革共同推动下,互联网与金融相互渗透、不断融合。对传统金融模式造成颠覆性挑战的互联网金融模式及相关业态的大量涌现,与传统金融之间呈现出竞争与融合的双层格局。一方面,传统金融机构利用互联网技术加速转型发展;另一方面,传统互联网企业利用其客户数据优势不断向金融领域渗透。在包容性监管政策的鼓励下,互联网金融沿着两个方向相向而进,创造出一系列奇迹式的繁荣。

但由于对互联网金融的发展理论认识不清,实践中各种模式与业态发展无序、风险事件频发、监管政策不力等问题日益凸显。从 2014 年起,互联网金融连续四年被写进我国的政府工作报告,从"促进互联网金融健康发展",到"规范互联网金融发展",再到"高度警惕互联网金融累积风险",政策取向的变化基本反映了行业的发展现状及问题。

理论与实践之间总是相互依存、相辅相成的。一方面,实践需要理论来解释和引导,另一方面,理论需要在实践中予以检验。对于目前我国的互联网金融来说,前者显然更为重要。本书试图从三个方面对互联网金融进行剖析:首先,建立起互联网金融的理论框架,从互联网金融的实践中探寻其发展脉络和功能特征,从互联网金融的逻辑结构和技术支撑中分析其生态系统的结构与演化,从传统经济理论中探寻互联网金融发展的理论渊源和动力因素;其次,对互联网金融实践中的各种业务模式的概念、特点、分类、发展和典型模式进行了详细的剖析,包括:传统金融的互联网化(包括直销银行、互联网银行、网络证券、网络保险)、第三方支付、网络借贷、众筹融资、互联网消费金融、互联网供应链金融、互联网理财和互联网金融信息服务;最后,利用大数据征信的理论和方法,建立互联网金融风险的监管体系,一方面从内部对风险进行识别、评估和控制,另一方面从外部建立起风险监管的基本框架。

在本书的写作过程中,编者苦于不能将互联网金融的诸多方面一网打尽,一方面是由于本书篇幅所限,更重要的是在于互联网金融发展实践日新月异,业务创新层出不穷,行业前沿瞬息万变。因此,本书只能从理论入手来把握互联网金融的本质,试图为理论研究者和监管者介绍实践发展,为实践从业者介绍理论渊源和监管进展。为了丰富互联网金融的实践内容,本书引入了大量案例,并为每一章都设置了本章小结、关键术语、思考题和案例应用。

本教材在内容编排上充分考虑了各个专业、不同层次学生的知识需求和知识的完整性。建议读者在教材的使用中,可根据读者对象裁剪使用。对于金融、经济类的本科生可以重点学习本书的第一编、第三编的内容,第二编可根据专业特点和学生兴趣适当裁剪;对于研究生,建议重点学习第一编和第三编,对第二编的内容可根据兴趣和需要选择学习;对于其他专业的本科生和高职类学生,重点学习第一编和第二编的内容及第三编的第十二章即可;对于互联网金融业务人员可以根据需要重点对第二编进行深入的学习;对于想了解互联网金融的专业人士,既可通读教材的全部内容,以便建立完整的互联网金融知识体系,也可以根据研究重点,有选择地使用。

本书主编长期从事金融信息化及互联网金融的教学、科研和工程实践活动,在金融信息科技风险管理、金融信息化、网络金融、互联网金融、反洗钱等金融信息化领域耕耘 30 余载,在《金融研究》、《南开经济研究》、《经济日报》等国内外重要学术期刊发表了金融信息化和互联网金融相关论文 100 余篇;先后主持国家自然科学基金项目、国家社科基金重大项目、国家社科基金重点项目、国家社科基金一般项目、国家金融信息化科技攻关项目、教育部社科基金项目等省部级以上项目 20 多项。本书是作者长期教研实践中不断积累的成果,也是国家社科基金项目"互联网金融信用风险的动态识别、评价与防范研究[14BJY194]"和国家社会科学基金重点项目"互联网金融风险监管研究:理论、制度与方法[14AZD033]"的阶段性成果,在此也向国家社科基金的资助表示感谢。

本书是集体努力奉献的结果。张成虎、金虎斌、孙陵霞、孙景、李淑彪、王雪萍共同商定完成大纲。西安交通大学经济与金融学院张成虎教授为主编,金虎斌、西北政法大学经济学院孙陵霞为副主编。具体分工为:张成虎、武博华、刘杰撰写了第四章;张成虎撰写了第五、八、十、十一章;金虎斌撰写了第一、三章;孙陵霞撰写了第十二、十三和十四章;李淑彪撰写了第二章;王雪萍撰写了第六、九章;孙景撰写了第七章。最后由张成虎总纂、定稿。硕士研究生田轲、孙聪颖、袁玉倩、冯健菲为本书的编写做了大量辅助性工作,包括各种编写素材的收集和编辑、案例的编辑和整理、初稿的校对等工作。在此,对他们为本书所做的大量有意义的工作表示感谢。

本书在编写过程中,得到许多专家学者的支持和帮助,也受到一些同类教材的启发,在此表示衷心的感谢。由于作者水平有限,难免有不足之处,敬请读者批评指正。

目录

第三编　互联网金融风险编

第一编
互联网金融理论编

第一章
互联网金融的产生与发展

学习目标

◆ 掌握互联网金融的概念、功能与特征
◆ 了解互联网金融的产生条件
◆ 区分互联网金融与传统金融的异同
◆ 熟悉互联网金融的谱系结构

本章内容导引

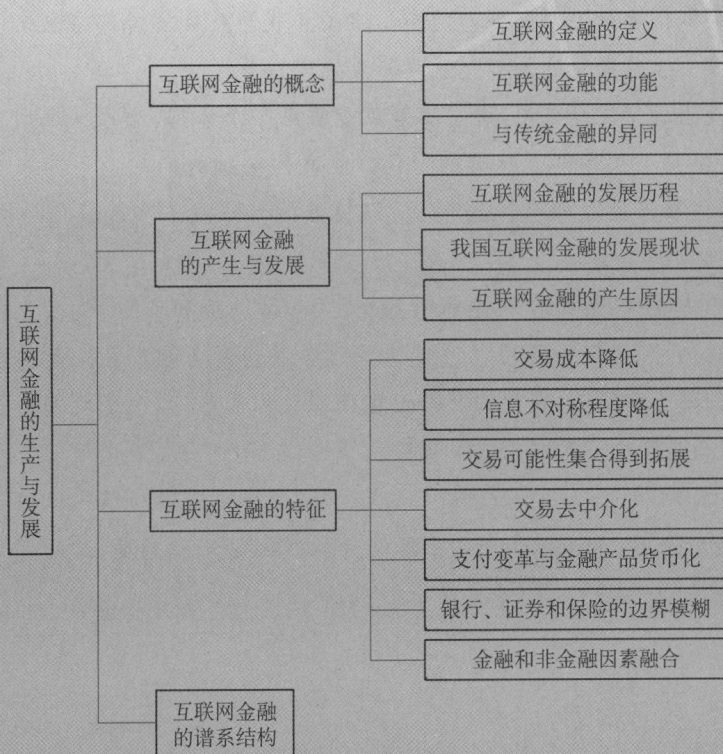

```
                              ┌─────────────────┐
                      ┌───────┤  互联网金融的定义  │
          ┌──────────┐│       └─────────────────┘
          │互联网金融 ├┤       ┌─────────────────┐
          │ 的概念    ││───────┤  互联网金融的功能  │
          └──────────┘│       └─────────────────┘
                      │       ┌─────────────────┐
                      └───────┤  与传统金融的异同  │
                              └─────────────────┘
                              ┌──────────────────┐
          ┌──────────┐┌───────┤ 互联网金融的发展历程 │
          │互联网金融 ││       └──────────────────┘
          │的产生与发展├┤      ┌────────────────────┐
          └──────────┘│──────┤ 我国互联网金融的发展现状 │
                      │       └────────────────────┘
                      │       ┌──────────────────┐
                      └───────┤ 互联网金融的产生原因 │
                              └──────────────────┘
                              ┌─────────────────┐
                      ┌───────┤   交易成本降低    │
                      │       └─────────────────┘
                      │       ┌─────────────────┐
                      ├───────┤ 信息不对称程度降低  │
                      │       └─────────────────┘
          ┌──────────┐│       ┌─────────────────┐
          │互联网金融 │├───────┤ 交易可能性集合得到拓展│
          │ 的特征    │┤       └─────────────────┘
          └──────────┘│       ┌─────────────────┐
                      ├───────┤    交易去中介化    │
                      │       └─────────────────┘
                      │       ┌────────────────────┐
                      ├───────┤ 支付变革与金融产品货币化 │
                      │       └────────────────────┘
                      │       ┌────────────────────┐
                      ├───────┤ 银行、证券和保险的边界模糊│
                      │       └────────────────────┘
                      │       ┌────────────────────┐
                      └───────┤ 金融和非金融因素融合   │
                              └────────────────────┘
          ┌──────────┐
          │互联网金融 │
          │的谱系结构 │
          └──────────┘
```

互联网金融的生产与发展

互联网金融悄然改变人们的生活

互联网金融从 2013 年开始取得了爆发式的增长,既产生了数家高估值的独角兽公司,也有 e 租宝、中晋、金鹿等机构因恶意欺诈或资金链断裂而倒台。然而,市场并没有因为个别平台的违规而阻止整个互联网金融健康有序地发展。李克强总理在 2015 年政府报告中提出,"制定'互联网十'行动计划,推动移动互联网、云计算、大数据、物联网等与现代制造业结合,促进电子商务、工业互联网和互联网金融健康发展,引导互联网企业拓展国际市场。"李克强总理将互联网金融与电子商务和工业互联网相提并论,意味着互联网金融已经成为一个正在崛起的新经济形态,并且越来越成为人们生活中不可或缺的一种生活手段。

互联网金融涵盖了理财、转账、汇款、贷款、支付、缴费等与普通百姓生活息息相关的功能,用户不用到传统的银行柜台去办理操作,而可以通过计算机和移动端轻松完成,同时很多服务是免费的或者费率很低。比如很多公司开发的缴费服务,通过一个平台就可以实现水、电、通信、燃气等几百项缴费业务,覆盖几亿用户,让用户不出门就可以完成各种琐碎的支付业务。

经过爆发式增长和惨痛的整合洗礼,互联网金融行业面临着整体转型,消费型金融产品创新成为互联网金融公司发展的新方向。一方面,没有资产端却单纯用高利率吸引投资人的山寨网络借贷模式全面垮台;另一方面,通过互联网进行金融产品创新的消费型互联网金融公司则蓬勃发展。诸多互联网金融公司都将未来的重点放置于打造基于实际生活场景的消费型互联网金融产品上。

互联网金融的特质是普惠,讲求的是尊重每一个个体,认为每一个用户都是均等的节点,都会给整个生态创造特有的价值。互联网金融的产品也不再靠"洗脑"来获取用户,而是依靠产品和服务的透明化,靠极低的参与成本和较高的收益来聚合用户,增强用户体验。

除了第三方支付、余额宝等货币型基金、互联网保险和理财,银行业也被迫开始了重大变革,纷纷利用互联网手段改造传统服务并创新金融产品。互联网金融与传统银行的共同发力,传统与现代的交融正在改变我们的生活,改变我们对于传统金融的认知,并成为生活中不可或缺的一部分。

(资料来源:微信公众号:互联网金融,作者:一点态度,2016 年 4 月 21 日)

第一节　互联网金融的概念

一、互联网金融的定义

随着互联网技术日新月异的发展,"互联网+"与其他行业的深度融合,不断改变着人们传统的生活方式。尤其是互联网、电子商务与金融行业之间相互渗透,界限日趋模糊,一个新的概念"互联网金融"应运而生,并被社会广泛关注。但由于互联网金融行业的发展在世界各国有着不同的历程,互联网金融的概念在国际上并没有权威的界定,而且随着行业的发展在不断演变。

在国内的理论研究中,谢平(2012)率先对互联网金融做了定义:互联网金融是随着以互联网为代表的现代信息科技,特别是移动支付、社交网络、搜索引擎和云计算等的发展,出现的既不同于商业银行间接融资,也不同于资本市场直接融资的第三种金融融资模式。在这种金融模式下,支付便捷,超级集中支付系统和个体移动支付统一;信息处理和风险评估通过网络化方式进行,市场信息不对称程度非常低;资金供需双方直接交易,银行、券商和交易所等金融中介都不起作用;可以达到与现在直接和间接融资一样的资源配置效率并在促进经济增长的同时,大幅减少交易成本。[①] 在此,谢平指出了互联网金融的两大特征:互联网技术和金融脱媒。此后,大量学者也从不同角度对互联网金融进行定义和探究,一些学者遵循谢平的思路进行延伸,将互联网金融定义为各类金融机构或准金融组织借助网络信息技术,提供资金融通、资源配置和金融服务的新金融模式。另一些学者则认为互联网金融只是金融服务的提供方式和获取方式发生改变,是直接融资和间接融资在互联网上的延伸,与传统金融并无本质的区别,其本质都是关于资金或信用跨时间、跨空间的流动与分配,而非直接融资和间接融资之外的第三种金融模式。

国内的互联网金融业界领袖阿里巴巴的董事局主席马云(2013)提出:未来的金融有两大机会,一个是金融互联网,金融行业走向互联网;第二个是互联网金融,纯粹的外行领导,其实很多行业的创新都是外行进来才引发的。[②] 马云指出了互联网金融行业的两大发展方向:一是金融企业利用互联网拓展业务,传统的金融机构借助网络技术,突破时间、空间和物理网点的限制,实现业务全面升级,通过网络提供多种金融服务;二是互联网企业拓展金融业务,原本与金融毫无关系的互联网企业开展金融业务,通过互联网的外部力量作用于金融业,并导致金融业的生态发生巨大的变化。

此外,还有一些互联网金融的定义倾向于强调金融的本质,认为互联网金融本质上仍属于金融,没有改变金融风险隐蔽性、传染性、广泛性和突发性的特点。吴晓灵(2014)从金融的基本功能出发,认为互联网金融不会令创造信用货币、投融资的中介、信托和保险这四大

[①] 谢平,邹传伟. 互联网金融模式研究[J]. 金融研究,2012(12):11—22.
[②] 马云. 详解"金融互联网"和"互联网金融"[N]. 人民日报,2013.6.21.

金融功能产生本质变化,互联网的特性使得金融服务对象能够下沉和深入,使直接金融更方便,加速进入自金融时代,是金融改革的助推器。[①]

为了对互联网金融行业进行规范管理,中国人民银行等十部委于 2015 年 7 月 18 日发布了《关于促进互联网金融健康发展的指导意见》(后简称《意见》),从监管的角度对互联网金融进行了界定,明确指出互联网金融是指传统金融机构与互联网企业利用互联网技术和信息通信技术实现资金融通、支付、投资和信息中介服务的新型金融业务模式。[②] 从这个官方定义可以看出,互联网金融不是互联网和金融业的简单结合,而是在实现安全、移动等网络技术水平上,被用户熟悉接受后(尤其是对电子商务的接受),自然而然为适应新的需求而产生的新模式及新业务,是传统金融行业与互联网技术相结合的新兴领域。

从国内现有文献资料和行业现状来看,由于所考察的角度和侧重点不同,对于互联网金融并没有权威的定义,但至少互联网金融具有广义和狭义两个层面的含义:广义的互联网金融泛指一切使用信息技术和互联网手段开展金融服务的产业形态,是金融业与信息技术和互联网络结合而形成的产物,其涉及金融信息化的所有方面和全过程,不仅包括传统金融管理信息化、金融业务平移到互联网上的简单金融业态(比如网络银行、互联网证券、互联网保险等),也涵盖互联网虚拟经济自发形成的新的金融服务业态及这种新业态所催生的衍生业态(比如第三方支付、网络借贷、股权众筹、互联网消费金融等)。狭义的互联网金融主要指由网络金融化或者由网络金融化为主导的金融业与互联网混合作用而形成的金融业态。狭义互联网金融除依赖一般信息技术和互联网络外,还大量运用了移动支付、社交网络、搜索引擎和云计算等最新出现的计算机网络技术,其基本的模式是通过互联网金融平台对金融市场资源要素的重新整合,构建新型资金融通渠道,采取网络交易手段,发挥金融服务功能。

二、互联网金融的功能

金融的核心功能是实现资金供求双方的匹配,互联网金融在更高效地实现传统金融功能的基础上,进一步扩展了金融的社会功能。首先,互联网金融深化并拓展了莫顿的金融功能理论。金融的传统功能主要表现为:

(1)为商品、服务和资产交易提供支付和结算系统。

(2)分割股份和筹集大规模资金。

(3)在时间和空间上转移配置经济资源。

(4)管理不确定性和控制风险。

(5)提供价格信息和促进不同部门的分散决策。

(6)处理信息不对称和激励问题。

其次,互联网金融拓展了金融的"社会功能",通过金融普惠,实现创造机会、改善公平、减少贫困、缩小收入差距等社会功能。互联网金融摆脱了时空的限制,提高了金融服务的覆盖面和可获得性,降低了金融服务的成本和金融服务过程中的信息不对称程度。

---

① 吴晓灵. 从互联网金融看新金融的发展空间[J]. 清华金融评论,2014(9):97—101.
② 中国人民银行等十部委. 关于促进互联网金融健康发展的指导意见,2015.7.18.

　　在此,金融最基本的功能是实现资金的融通,优化资源配置;直白点说,就是把社会上资金盈余方(贷出方)的闲散资金,通过金融工具配置给资金短缺方(借入方),在时间和空间上实现资金的优化配置;同时,为了防止借入方的违约行为,贷出方需要对借入方的信息进行了解,并对所收集的信息进行处理,从而制定相应的风险防范措施,如图1-1所示。

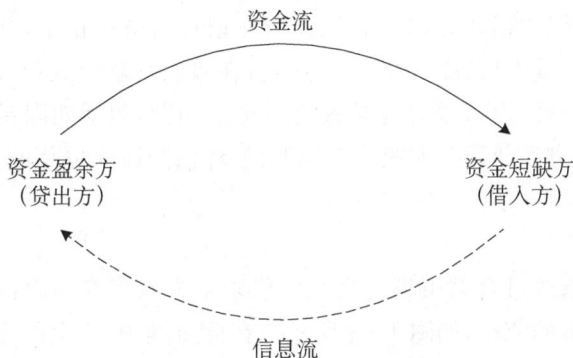

资金流

资金盈余方
(贷出方)

资金短缺方
(借入方)

信息流

图1-1　金融功能示意图

　　注:图中实线箭头代表资金流,虚线箭头代表信息流(下同)。

　　在实现资金融通的过程中,有三个关键问题构成了金融的支柱:(1)资金是如何流动的,即支付方式问题;(2)信息是如何流动的,即信息处理问题;(3)资金是如何配置的,即资源配置问题。根据这三个问题的不同,可以将金融划分为传统模式(金融中介模式和金融市场模式)和互联网金融模式。

　　1. 传统模式

　　(1) 金融中介模式

　　金融中介模式是指利用金融中介机构在资金的贷出方和借入方之间建立桥梁,实现资金的转移和信息的流动,典型的金融中介就是商业银行。商业银行一方面从资金贷出方手中吸收存款,另一方面通过对借入方的信息进行审核来发放贷款,从而实现资金的流动,如图1-2所示。

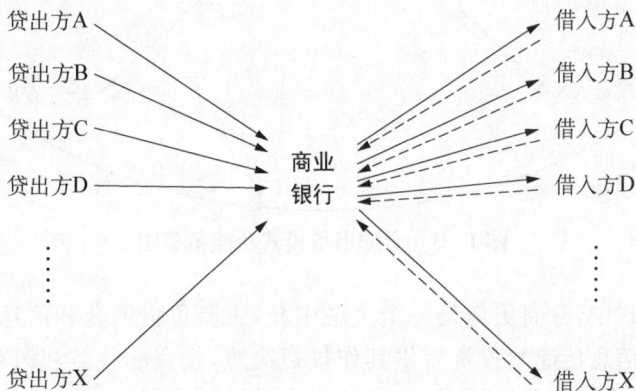

贷出方A　　　　　　　　　　　　　　　　借入方A
贷出方B　　　　　　　　　　　　　　　　借入方B
贷出方C　　　　　　　　　　　　　　　　借入方C
贷出方D　　　　　　商业　　　　　　　　借入方D
　　　　　　　　　　银行
贷出方X　　　　　　　　　　　　　　　　借入方X

图1-2　金融中介模式功能示意图

在此过程中,资金的流动一般通过传统的现金支付和银行支付清算体系来完成。借入方的信息收集主要依靠借入方主动申报和商业银行的尽职调查,信息处理主要是商业银行对借入方的资信状况和还款计划的评估,并根据评估结果来决定将资金贷给哪些借入方,从而实现资金的配置。这种模式下,金融中介机构既是支付中介,同时也是信用中介,不仅解决了资金的跨期、跨区流动问题,更在资金的贷出方和借入方之间建立信用的桥梁,但这座桥却只是一座"断桥",因为借入方的信息流到商业银行后就停止了,并没有传递给贷出方,资金供求双方的信息严重不对称。所以,商业银行在吸收存款形成资金池后,单方面对借入方评估后主导了资金配置过程,很容易导致资金错配问题,包括期限错配、额度错配和收益风险错配,这种错配一方面使资金配置效率低下,另外错配风险也是商业银行所面临的主要风险之一。

(2) 金融市场模式

金融市场模式是指通过金融市场将资金的供求双方聚集在一起,通过公平、公开、公正的交易机制来实现资金的流动,如图 1-3 所示。在此过程中,资金的流动主要通过股票、债券、基金、保险等金融产品的投资和融资功能来实现,支付方式主要靠"银证通"业务和第三方存管业务利用银行支付清算体系来保障;信息的流动则通过金融市场法律法规强制性要求融资方进行主动披露和券商的尽职调查;投资人根据公开披露的信息对融资方的资信状况和盈利前景进行评价,然后自主地选择投资对象,从而实现资金的优化配置。

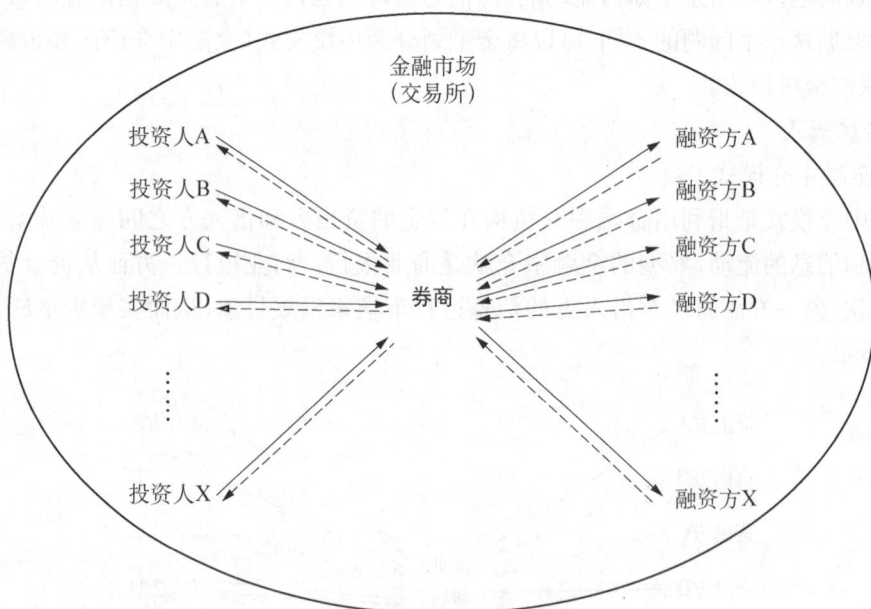

图 1-3 金融市场模式功能示意图

在金融市场模式中,券商更像是一个金融中介,主要负责资金和信息的处理和传递,将融资方全面有效的信息传递给投资者供其作投资决策,投资的收益和风险由投资者自主承担,充分发挥了金融市场的价格机制功能。但与此同时也存在着难以解决的难题:一方面,券商与融资方容易利用信息优势,通过合谋来欺诈处于信息劣势的中小投资者;另一方面,金融市场过高的进入门槛将绝大多数融资方拒之门外,使得资金配置效率大大降低。

2. 互联网金融模式

与传统的金融中介模式和金融市场模式相比,互联网金融模式在支付方式、信息处理和资源配置方式上都显著不同。资金的贷出方和借入方的个人信息通过互联网实现了充分共享,信息不对称程度大大降低;通过大数据和云计算等互联网技术对信息进行处理,贷出方可以对借入方进行客观评价,然后根据评价结果自主地选择与自身风险偏好相适应的投资对象,如图 1-4 所示。

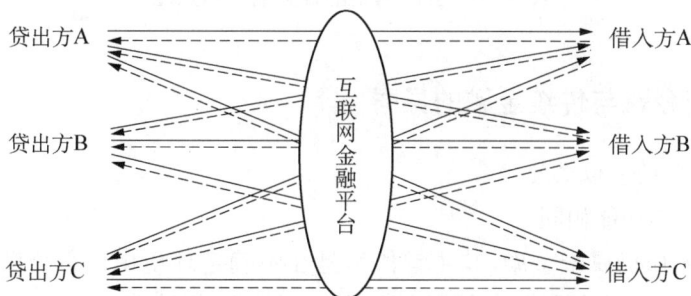

图 1-4　互联网金融模式功能示意图

(1)支付方式

互联网金融的支付方式,以移动支付和第三方支付为技术基础,与传统的以银行为主导的支付清算体系相比,显著降低了交易成本。不仅如此,互联网金融中的支付往往还与金融产品挂钩,促进了商业模式的丰富。此外,由于支付与货币的紧密联系,互联网金融中还会出现互联网货币。

(2)信息处理

由于传统的金融模式中资金供求双方存在严重的信息不对称,金融中介和金融市场必须通过法律和技术手段来促进信息流动,相应的也增加了资金供需双方的资金成本。在互联网金融中,大数据被广泛应用于信息处理,有效提高了风险定价和风险管理效率,显著降低了信息不对称程度。如图 1-4 所示,借入方的所有信息都在互联网上进行共享,贷出方随时可以对借入方的信息进行审核、筛选,根据其资信状况和风险偏好特征来确定适合自己的投资对象。互联网金融的信息处理方式,是其与商业银行间接融资模式、资本市场直接融资模式的最大区别。

(3)资源配置

传统金融模式中,信息不对称引起借入方的道德风险和贷出方的逆向选择,最终导致信贷配给和市场失灵,资金配置效率低下。在互联网金融模式下,金融产品与实体经济结合紧密,交易可能性边界得到极大拓展,不再需要通过银行、证券公司或交易所等传统金融中介和市场对资金供求进行期限和数量匹配,而可以由交易双方自行解决,极大地提高了资金配置的效率。如图 1-5 所示,假如资金供需双方都可分为风险偏好者、风险中性者和风险规避者三类,因为彼此都了解对方的资金规模、时间和风险偏好特征,很容易通过双向选择进行资金和风险匹配。因为不存在资金池现象,资金错配问题得到极大改善,风险大大降低。

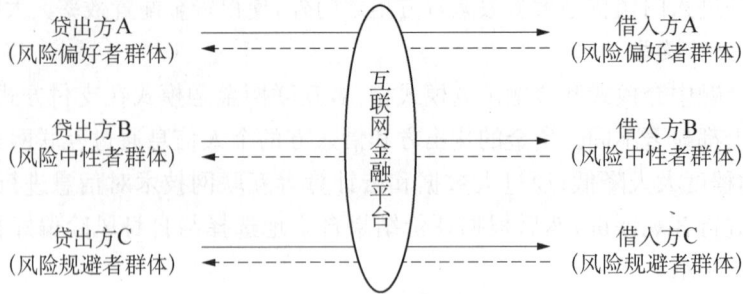

图 1-5 互联网金融资金配置示意图

三、互联网金融与传统金融的异同

1. 与传统金融的相似之处

（1）金融的核心功能相同

互联网金融本质仍属于金融，其主旨依然是在不确定环境中进行资源的跨期、跨区配置，以满足实体经济发展的需求，包括资金融通、支付清算、风险管理、信息提供等。

（2）金融契约的内涵相同

金融契约的本质是约定各缔约方在未来不确定情景下的权利与义务，主要针对未来现金流。比如，股权对应着股东对公司的收益权和控制权，债权对应着债权人向债务人收取款项的权利。金融契约有实物形式，也有电子形式，但不管金融契约以何种形式存在，其内涵不变。

（3）金融风险的内涵相同

金融风险是指金融资产未来收益的不确定性，互联网金融的风险仍然具有隐蔽性、传染性、广泛性和突发性等特点，市场风险、信用风险、流动性风险、操作风险、声誉风险和法律合规风险等概念和分析框架依旧适用。互联网金融同样也存在误导消费、夸大宣传、恶意欺诈等问题，金融监管的基础理论没有变化，审慎监管、行为监管、金融消费者保护等主要监管类型也都适用，尽管具体监管措施与传统金融不同。

2. 与传统金融的不同之处

互联网金融与传统金融最大的差异主要体现在互联网与金融的融合，它包括两个方面：互联网技术的应用和互联网精神的融入，这也是互联网金融的两大特点。

（1）互联网技术的应用

互联网技术主要包括移动通信、大数据、云计算、区块链和人工智能（AI）等。互联网技术的引入能显著降低交易成本和信息不对称程度，提高风险定价和风险管理效率，拓展交易可能性边界，使资金供需去中介化，改变金融交易和组织的形式。尤其是互联网技术发展的三个趋势：一是信息的数字化，这为大数据在金融中的应用创造了条件；二是计算能力的不断提升，在集成电路（IC）领域摩尔定律至今仍有效，而云计算、量子计算、生物计算等有助于突破 IC 性能的物理边界；三是网络通信的发展，互联网、移动通信网络、有线电话网络和广播电视网络等高度融合，高速 Wi-Fi 将覆盖全球。这三个趋势不仅会影响金融基础设施，还会促成金融理论的突破。

知识链接1-1

摩尔定律

英特尔前任总裁摩尔（Gordon Moore）在1965年4月19日的《电子学》（Electronics）杂志上首次提出了摩尔定律：半导体芯片上集成的晶体管和电阻数量将每年翻一番；1975年他又提出修正说，芯片上集成的晶体管数量将每两年翻一番，而其价格则下降到原来的一半。当时摩尔还是仙童公司的电子工程师，集成电路问世才6年，摩尔的实验室也只能将50只晶体管和电阻集成在一个芯片上。

摩尔当时的预测听起来好像是科幻小说，此后也不断有技术专家认为芯片集成的速度"已经到顶"。但事实证明，摩尔的预言是准确的，尽管这一技术进步的周期已经从最初预测的12个月延长到如今的近18个月，但摩尔定律依然有效，目前世界最先进的集成电路已含有17亿个晶体管。

摩尔定律归纳了信息技术进步的规律。计算机从神秘不可近的庞然大物变成多数人都不可或缺的工具，信息技术由实验室进入无数个普通家庭，因特网将全世界联系起来，多媒体视听设备丰富着每个人的生活，这一切背后的动力都是半导体芯片。如果按照旧有方式将晶体管、电阻和电容分别安装在电路板上，那么不仅个人电脑和移动通信不会出现，基因组研究到计算机辅助设计和制造等新科技更不可能问世。

（资料来源：百度百科 https://wapbaike.baidu.com/item/摩尔定律）

（2）互联网精神的融入

传统金融具有一定精英气质，讲求专业资质和准入门槛，不是任何人都能进入，也不是任何人都能享受金融服务的。传统金融创新主要是金融产品（契约）创新，使用金融工程技术和法律手段设计新的金融产品。有些新产品具有新的现金流、风险、收益特征，实现新的风险管理和价格发现功能，从而提高市场完全性，比如期权、期货、掉期等衍生品；有些新产品以更低的交易成本实现已有金融产品（及其组合）的功能，比如交易所交易基金（ETF基金）。传统金融创新的理论基础主要有：有效市场假说、资产组合理论、资本资产定价模型、套利定价理论、期权定价理论等。

互联网精神的核心是开放、共享、去中心化、平等、自由选择、普惠、民主等。互联网金融反映了人人组织和平台模式在金融业的兴起，金融专业和分工不断淡化，发展过程呈现出简单化、去中介化（金融脱媒）、民主化和普惠化。除投融资外，互联网金融的很多创新产品与人们的衣食住行和社交联系在一起，自适应而生成，产品实用化、软件化，强调行为数据的应用，甚至内嵌在App中，一定程度上体现了共享原则，比如微信红包、余额宝、网络借贷、众筹融资等。互联网金融创新与传统金融创新，理论逻辑和创新路径完全不同，隐含着监管上的差异。

知识链接 1-2

什么是互联网思维?

互联网思维,就是在(移动)互联网+、大数据、云计算等科技不断发展的背景下,对市场、用户、产品、企业价值链乃至对整个商业生态进行重新审视的思考方式。

最早提出互联网思维的是百度公司创始人李彦宏。在百度的一个大型活动上,李彦宏与传统产业的老板、企业家探讨发展问题时,李彦宏首次提到"互联网思维"这个词。他说,我们这些企业家们今后要有互联网思维,可能你做的事情不是互联网,但你的思维方式要逐渐从互联网的角度去想问题。现在多年过去了,这种观念已经逐步被越来越多的企业家甚至企业以外的各行各业、各个领域的人所认可了。但"互联网思维"这个词也演变成多个不同的解释,如图1-6所示,互联网思维所包含的9种思维方式和20条行为法则。

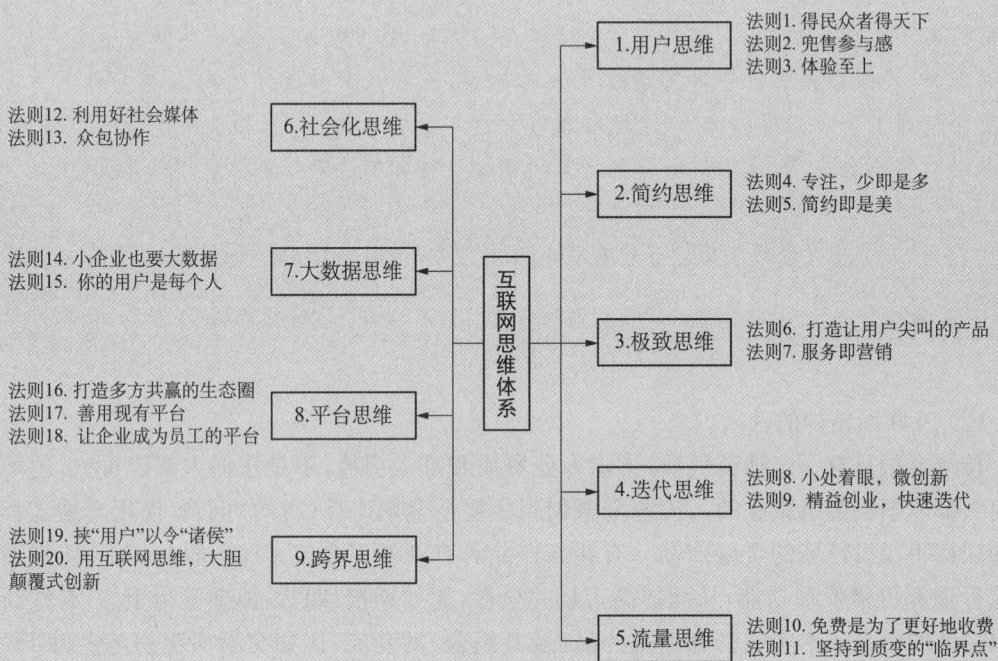

图 1-6   互联网思维体系

互联网时代的思考方式,不局限在互联网产品、互联网企业。这里指的互联网,不单指桌面互联网或者移动互联网,是泛互联网,因为未来的网络形态一定是跨越各种终端设备的,如台式机、笔记本、平板、手机、手表、眼镜,等等。互联网思维是降低维度,让互联网产业低姿态主动去融合实体产业。

不是因为有了互联网,才有了这些思维,而是因为互联网的出现和发展,使得这些思维得以集中爆发。互联网的发展过程,本质是让互动变得更加高效,包括人与人之间的互动,也包括人机交互。

互联网思维是怎么产生的? 生产力决定生产关系,互联网技术特征在一定程度上会影响到其在商业层面的逻辑。工业社会的构成单元是有形的原子,而构成互联网世界的基本介质则是无形的比特。这意味着,工业文明时代的经济学是一种稀缺经济学,而互联网时代则是丰饶经济学。根据摩尔定律等理论,互联网的三大基础要件——带宽、存储、服务器都将无限指向免费。在互联网经济中,垄断生产、销售以及传播将不再可能。

而且,一个网状结构的互联网,是没有中心节点的,它不是一个层级结构。虽然不同的点有不同的权重,但没有一个点是绝对的权威。所以互联网的技术结构决定了它内在的精神,是去中心化,是分布式,是平等。平等是互联网非常重要的基本原则。

在一个网状社会,一个"个人"跟一个"企业"的价值,是由连接点的广度跟厚度决定的。你的连接越广、连接越厚,你的价值越大,这也是纯信息社会的基本特征,你的信息含量决定你的价值。所以开放变成一种生存的必须手段,你不开放,你就没有办法去获得更多的连接。

所以,互联网商业模式必然是建立在平等、开放基础之上,互联网思维也必然体现着平等、开放的特征。平等、开放意味着民主,意味着人性化。从这个意义上讲,互联网经济是真正的以人为本的经济。

农业文明时代,最重要的资产是土地跟农民,工业时代最重要的资产是资本、机器(机器是固化的资本)、流水线上被异化了的人。工业时代早期考虑最多的是异化的人,因为人也被当作机器在处理。人只是流水线当中的螺丝钉。

到了知识经济的时代,最核心的资源,一个是数据,一个是知识工作者,就是德鲁克在上个世纪末讲的 KnowledgeWorker。企业的管理也会从传统的多层次走向更加扁平、更加网络、更加生态的方式。让 KnowledgeWorker 真正能够创造价值,变成任何一个组织和整个社会最重要、最需要突破的地方。

第二节　互联网金融的产生与发展

一、互联网金融的发展历程

互联网金融的发展历程可以分为四个阶段:

第一阶段:网络金融阶段(萌芽阶段)(1995—2005 年),以网络银行、网络证券和网络保险等形式的网络金融出现为标志。自从世界第一家网络银行美国安全第一网络银行 1995 年10 月创建以来,网上银行业务在全球发展迅猛,这个时期虽然业务形式很多,但没有产生对传统金融的根本性变革。银行、证券、保险等金融机构主要是借助互联网开展业务,以方便客户,降低服务成本,提高服务效率。

第二阶段:个别业态发展阶段(2006—2013年),传统金融机构不断利用互联网技术发展线上业务,而互联网企业则利用先天优势涉足金融业,尤其是电子商务企业利用其数据资源,将其业务范围渗透到金融领域。这个阶段发展最成熟的业态为以支付宝为代表的网络支付。

第三阶段:野蛮生长阶段(2013—2016年),传统金融机构包括银行、证券、保险开始纷纷涉足互联网金融,而传统互联网企业更是发挥技术、商务等优势开始全面布局互联网金融,社交网络、移动支付、大数据、云计算、搜索引擎等新技术与传统金融深度融合,催生出形态各异的互联网金融业态,行业呈现百花齐放的盛况。

第四阶段:规范发展阶段(2016年至今),从2015年7月的《意见》,到2016年7月后各监管机构陆续出台互联网金融各业态管理规定及其实施细则。

以上划分主要根据我国互联网金融各阶段发展的特点及相关规制措施等划分,由于政策颁布与实施的滞后性,我国互联网金融阶段划分上有所重叠。

二、我国互联网金融的发展现状

按照北京大学互联网金融发展指数的设计,依据业务的属性,互联网金融可划分为六种业态:互联网支付、互联网信贷、互联网货币基金、互联网保险、互联网投资理财和互联网征信。以2014年1月份为基期,根据各业务的广度指标和深度指标,合成单项业务的发展指数,然后用加权法汇总成反映互联网金融整体发展的总指数。

(一)我国互联网金融发展迅速,但增速不稳定

2016年3月,互联网金融指数创历史新高。2015年12月,互联网金融指数为386,在2016年2月,下降到354,但在3月,又迅速回升到430.3,并创历史新高,是2014年1月份的4.3倍。从同比看,互联网金融指数增长速度在2016年2月短暂下调后于3月略有回升,如图1-7所示。

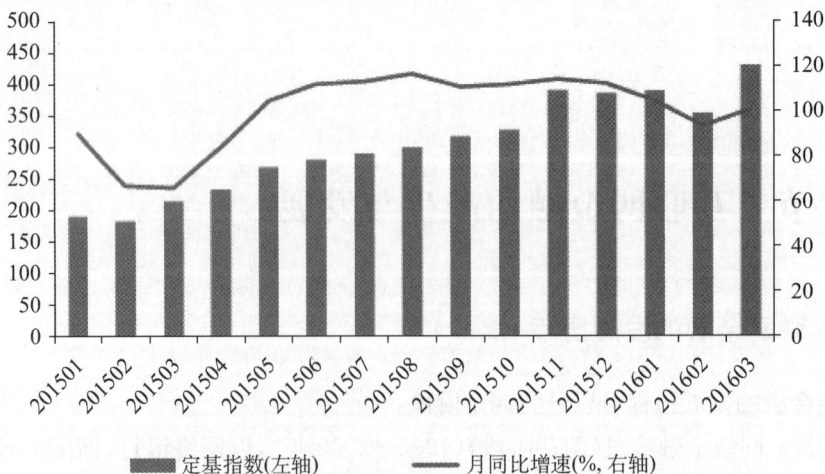

图1-7 我国互联网金融发展指数(定基指数和月度同比增速)

数据来源:北京大学互联网金融发展指数第三期(下同)

（二）互联网金融不同业态发展速度差异较大

从 2014 年 1 月到 2016 年 6 月，我国互联网金融及其各业态的发展指数如图 1-8 所示。2016 年 1 月到 3 月间，互联网金融各业务发展指数继续呈现较大差异。互联网支付发展指数和互联网货币基金发展指数增长都相对较慢，截至 2016 年 3 月，分别为 217.6 和 227.9，互联网投资发展指数则达到 401.6，而互联网保险发展指数更是高达 478.3。这些业态指数差别反映新兴业务，如投资和保险业务发展较快。比如，互联网支付已经有数年的历史，因此以 2014 年 1 月份为基期时，截至 2016 年 3 月，增长幅度确实相对较低；而互联网金融投资业务，则是最近一两年才兴起的新兴业务，因此发展速度较快。

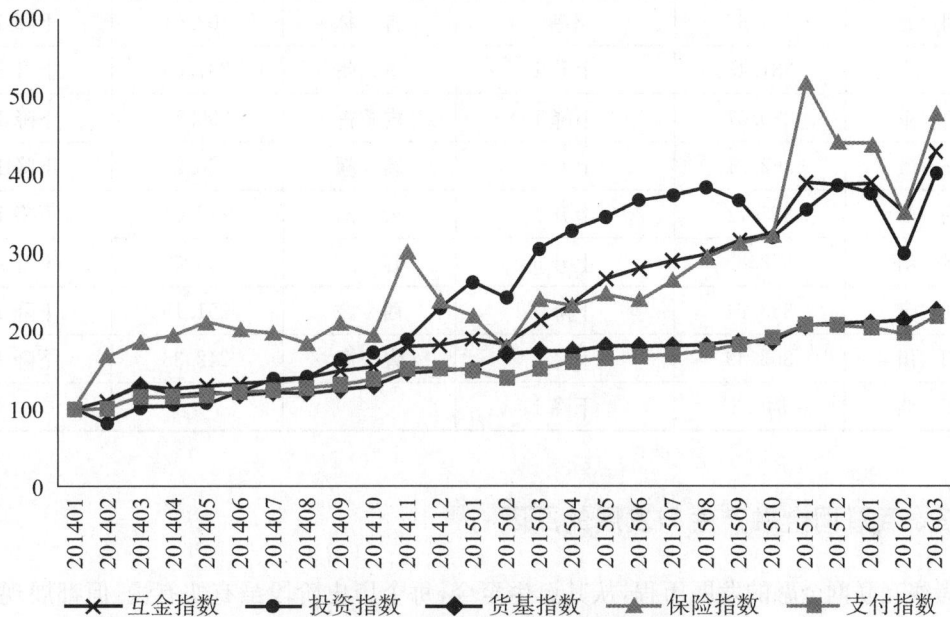

图 1-8 2014.1—2016.3 我国互联网金融发展指数

（三）地区间互联网金融发展水平差距较大

全国地区间互联网金融发展水平差异较大，但排名相对稳定。表 1-1 展示了 2016 年 3 月全国 31 个省级行政单位（不含港澳台，下同）互联网金融发展指数的基本情况。上海、北京、浙江、广东、福建、江苏和天津等省市的互联网金融发展水平高于全国平均水平，这与 2015 年 12 月相比没有变化。全国范围来看，绝大多数省份的排名和 2015 年 12 月相比也没有太大变化，但河南省上升了 5 位，非常显眼。排名第一和排名最末的指数差距（倍数），由 2015 年 12 月份的 3.59，略微下降为 2016 年 3 月份的 3.49。然而，如果从 2014 年 1 月份的期初算起，则下降更多，期初排名第一的省份是排名最末省份的 4.41 倍，这说明落后地区的后发优势正在显现。

表 1－1　2016 年 3 月我国各省市互联网金融发展指数及排名变化情况表

省份	指数	排名变化	省份	指数	排名
上　海	846.09	不变	海　南	342.75	下降 1
北　京	833.73	不变	山　西	341.89	下降 1
浙　江	756.55	不变	河　北	329.36	不变
广　东	603.1	不变	湖　南	329.24	不变
福　建	572.95	上升 1	广　西	324.57	不变
江　苏	565.39	下降 1	黑龙江	310.19	不变
天　津	453	不变	宁　夏	310.05	上升 1
湖　北	424.67	不变	吉　林	308.01	下降 1
重　庆	381.43	上升 1	贵　州	291.05	上升 3
山　东	380.57	下降 1	内蒙古	290.56	下降 1
安　徽	362.31	上升 1	新　疆	286.21	下降 1
陕　西	355.71	上升 1	云　南	277.04	下降 1
河　南	353.85	上升 5	甘　肃	255.62	上升 2
辽　宁	353.64	下降 3	西　藏	251.19	下降 1
四　川	353.49	下降 1	青　海	242.33	下降 1
江　西	349.3	下降 1			

三、互联网金融产生与发展的原因

考察互联网金融的发展历程,从其诞生至今,每个历史阶段虽有快有慢,但都展现出极强的生命力,究其原因,既有其自身的本质特征,更有社会环境的影响,归纳来看,主要有以下几个方面的原因。

(一) 互联网技术的迅速发展与应用

互联网技术进步从需求和供给两个维度极大地改变了金融。从需求来看,互联网及移动互联网使得客户的金融需求显性化,更容易被低成本地发现。从供给来看,大数据分析丰富了营销和风险管控的手段,云计算降低了金融服务的成本并提升了金融服务的效率。金融的需求和供给因此得到了更好的匹配。

1. 移动互联迅速普及

移动设备、3G/4G 网络的普及使得人们随时随地都处于"连接"和"在线"的状态,其偏好、行为甚至心情能够被实时发现和追踪。此外,移动设备的各种功能和属性为商业和金融应用打下了良好的基础。例如,高分辨率摄像头可以扫描条形码和二维码;GPS 定位功能可以与基于地理位置的服务及产品轻松相联;网络连接便于人们实时进行各种信息查询、支付和分享活动。移动互联网使商业服务和金融服务得以无形地嵌入到人们生活的方方面面，为互联网金融、移动金融的创新和广泛应用提供了基础。

2. 大数据技术迅速发展与应用

随着信息技术的发展，几乎所有数据都能得到记录和保存，由此产生的数据量是过去的数百倍甚至数万倍。例如，作为中国最大的小商品市场，义乌小商品批发市场共有 7.5 万卖家。相比之下，中国各类线上卖家总计已超过 1 000 万，而且这些卖家所有的交易活动都被完整地记录下来。又比如，全球数据总量有 90% 诞生于最近两年；沃尔玛每小时产生的交易数据量是美国国会图书馆藏书总量的 67 倍；一个人要看完 YouTube 上的所有视频，需要花 1 000 年的时间。

更重要的是，这些数据正在产生卓越的商业价值。例如，Visa 把发现信用卡欺诈的时间从 1 个月缩短到了 13 分钟，极大地降低了信用卡欺诈带来的损失；澳洲联邦银行运用大数据分析来提供个性化的交叉销售，从而成功将交叉销售率从 9% 提高到 60%；车联网数据正在通过精准的个性化定价来重塑汽车保险业。

金融行业本身具备丰富的数据资源，但目前对这些数据的利用率依然很低。未来可在了解客户、交叉销售、风险管理等多方面加强数据应用，比如根据浏览记录和消费记录来推送产品，创造支付和信贷等金融需求，尤其是与地理定位技术的结合能够显著增加移动支付等移动金融的应用，这种应用始于亚马逊，花旗银行等领先金融机构已将其运用于信用卡服务。又如，通过数据的积累和分析降低金融产品的不确定性，从而简化金融产品，推动金融的去中介化，使过去难以获得服务的金融客户也能够以低成本的方式得到覆盖。网络借贷公司对用户个人信息的分析已远超出人行征信的范畴，而是涵盖了社交网络痕迹、手机通信记录等全方位的信息，以降低借贷过程中的不确定性。

从长远来看，以大数据分析为基础的信用体系不仅能够运用于金融领域，还能广泛应用于所有需要解决陌生人之间诚信问题的场景。数据的战略地位堪比工业时代的石油，对数据的分析和应用能力将成为金融机构的核心竞争力，成为传统企业在"互联网＋"时代占领行业制高点的利器。

3. 云计算技术的发展与应用

云计算是一种通过互联网以服务的方式提供动态可伸缩的虚拟化资源的计算模式。从理论上说，所有的计算机应用与服务都可以通过互联网和云计算远程实现。云计算对互联网金融的意义体现在两个方面：

(1) 对客户来说，云计算是移动互联与多屏互动的基础

云技术通过对信息的远程存储和处理，降低了对终端的要求，使得基于轻终端（手机、平板电脑）的移动互联成为可能。同时，云平台作为跨终端的存储和处理"后台"，使得同样的内容和应用可以在不同终端之间流畅切换、无缝连接，由此实现多屏互动。例如，作为面向个人用户的云服务，"百度云"免费为用户提供网盘存储、个人主页、通讯录、相册、文章、记事本、短信、手机找回等多种应用。2012 年 10 月，"百度云"推出仅两个月，其个人用户量就已突破 1 000 万；到 2013 年 9 月"百度云"上线一年之际，其用户数量已超过 1 亿。

(2) 对金融机构来说，云计算有助于显著降低运营成本和创新成本

云计算本身是虚拟的主机资源,与传统的 IT 系统相比具有较强的伸缩性和灵活性,即"需要多少、使用多少",无需巨额的初始投入,并且能够从容应对互联网突发"高峰"事件,因此能够大幅降低中小金融机构和企业的系统投资及运营成本。更重要的是,云计算为金融机构提供了低成本创新和"试错"的基础。例如,2013 年 6 月,余额宝上线后短时间内交易量暴增,一期使用的传统系统遭遇挑战,改由"阿里云"支持,余额宝系统问题迎刃而解。这是首次以云计算支撑国内最大的基金直销和清算系统,但在将近一年的实践中,其处理能力和稳定性得到了验证。改用"阿里云"后,余额宝每日清算时间从 8 小时缩短至 30 分钟。2013 年 11 月 11 日,余额宝参加"双十一"大促,完成了 1 679 万笔赎回和 1 288 万笔申购的清算工作,成功为 639 万用户正确分配收益,且完成所有清算工作只花费了 46 分钟。更重要的是,具备强大处理能力和扩容灵活性的"阿里云",其成本不到一期系统投入的十分之一。

(二) 人类生活习惯的改变

1. 人类向互联网迅速迁徙

互联网催动了人类一场新的迁徙,由传统社会向网络化生存的"新大陆"的一次集体迁徙,在这场不可逆转的大迁徙中,互联网让人们不仅摆脱空间和时间的限制,让人们与组织之间的关系也发生了革命性的变化。越来越多的人成为彻底的自由工作者,他们不再和某一个组织保持归属性的关系,他们为互联网带来的所有机会而工作。新工作就在案头的电脑上、掌中的手机里、行走的街头或碎片化的所有缝隙中运行。各种网络社交使人与人之间的距离非常近,"六度分割"理论由此诞生。按照六度分割理论[①],地球上每一个人,都能通过很少的中间人与其他任何一个人联系起来。每个人都能在网上找到志趣相投的人,在分享与互动中重塑自我,重获认同。然而,也正是因为如此,我们忽略了身边的亲人朋友,"世界上最遥远的距离,莫过于我们坐在一起,你却在玩手机",这朴素的哀叹道出了人们心中的无奈。在我们的过去,人以自己的生存范围为半径,建构了紧密关系和情感依赖群体,它成为我们的责任感、爱和恨、亲与近的来源。互联网正在重新界定我们千百年来的情感与距离之间的关系。人类生活向数字化时代,向互联网全面地迁徙,是一个时代性的人类课题和不可阻止的人类命运。不论你是不是网民,无论你远离互联网,还是沉浸其中,你的身影,都在这场伟大的迁徙洪流中。

根据中国互联网络信息中心(CNNIC)发布的《第 38 次中国互联网络发展状况统计报告》显示,截至 2016 年 6 月,我国网民规模达 7.10 亿,互联网普及率达到 51.7%。我国手机网民规模达 6.56 亿,网民中使用手机上网的人群占比由 2015 年底的 90.1%提升至 92.5%,仅通过手机上网的网民占比达到 24.5%,网民上网设备进一步向移动端集中。随着移动通信网络环境的不断完善以及智能手机的进一步普及,移动互联网应用向用户各类生活需求深入渗透,促进手机上网使用率增长。

2016 年上半年,我国个人互联网应用保持稳健发展,除网络游戏及论坛外,其他应用用

---

① 六度分割(Six Degrees of Separation)理论是由哈佛大学心理学教授 Stanley Milgram 于 1967 年所提出,用于描绘连结人与社区的人际连系网,简单地说:"你和任何一个陌生人之间所间隔的人不会超过六个,也就是说,最多通过六个人你就能够认识任何一个陌生人。"

户规模均呈上升趋势。其中,网上外卖和互联网理财是增长最快的两个应用,半年增长率分别为 31.8 和 12.3%;网络购物也保持较快增长,半年增长率为 8.3%,具体数据如表 1-2 所示。手机端大部分应用均保持快速增长,其中手机网上外卖用户规模增长最为明显,半年增长率为 40.5%,同时手机网上支付、网络购物的半年增长率均接近 20%,具体数据如表 1-3 所示。

表 1-2　2015 年 12 月和 2016 年 6 月中国网民各类互联网应用的使用率

应用	2016 年 6 月		2015 年 12 月		
	用户规模(万)	网民使用率	用户规模(万)	网民使用率	半年增长率
即时通信	64 177	90.40%	62 408	90.70%	2.80%
搜索引擎	59 258	83.50%	56 623	82.30%	4.70%
网络新闻	57 927	81.60%	56 440	82.00%	2.60%
网络视频	51 391	72.40%	50 391	73.20%	2.00%
网络音乐	50 214	70.80%	50 137	72.80%	0.20%
网上支付	45 476	64.10%	41 618	60.50%	9.30%
网络购物	44 772	63.10%	41 325	60.00%	8.30%
网络游戏	39 108	55.10%	39 148	56.90%	—0.10%
网上银行	34 057	48.00%	33 639	48.90%	1.20%
网络文学	30 759	43.30%	29 674	43.10%	3.70%
旅行预订	26 361	37.10%	25 955	37.70%	1.60%
电子邮件	26 143	36.80%	25 847	37.60%	1.10%
网上外卖	14 966	21.10%	11 356	16.50%	31.80%
在线教育	11 789	16.60%	11 014	16.00%	7.00%
论坛	10 812	15.20%	11 901	17.30%	—9.10%
互联网理财	10 140	14.30%	9 026	13.10%	12.30%
网上炒股或炒基金	6 143	8.70%	5 892	8.60%	4.30%
网络直播服务	32 476	45.80%	—	—	—
在线政务服务	17 626	24.80%	—	—	—

数据来源:中国互联网络信息中心《第 38 次中国互联网络发展状况统计报告》(下同)

表 1-3　2015 年 12 月和 2016 年 6 月中国网民手机端各类互联网应用的使用率

应用	2016 年 6 月		2015 年 12 月		
	用户规模(万)	网民使用率	用户规模(万)	网民使用率	半年增长率
手机即时通信	60 346	91.90%	55 719	89.90%	8.30%
手机网络新闻	51 800	78.90%	48 165	77.70%	7.50%

应用	2016 年 6 月		2015 年 12 月		
	用户规模（万）	网民使用率	用户规模（万）	网民使用率	半年增长率
手机搜索	52 409	79.80%	47 784	77.10%	9.70%
手机网络音乐	44 346	67.60%	41 640	67.20%	6.50%
手机网络视频	44 022	67.10%	40 508	65.40%	8.70%
手机网上支付	42 445	64.70%	35 771	57.70%	18.10%
手机网络购物	40 070	61.00%	33 967	54.80%	18.00%
手机网络游戏	30 239	46.10%	27 928	45.10%	8.30%
手机网上银行	30 459	46.40%	27 675	44.60%	10.10%
手机网络文学	28 118	42.80%	25 908	41.80%	8.50%
手机旅行预订	23 226	35.40%	20 990	33.90%	10.70%
手机邮件	17 343	26.40%	16 671	26.90%	4.00%
手机网上外卖	14 627	22.30%	10 413	16.80%	40.50%
手机论坛/BBS	8 462	12.90%	8 604	13.90%	−1.70%
手机炒股或炒基金	4 815	7.30%	4 293	6.90%	12.10%
手机在线教育课程	6 987	10.60%	5 303	8.60%	31.80%

互联网、移动互联网的普及以及数字化新时代的兴起已经深刻改变了客户的金融意识和行为，并逐渐成为人类生活的主要使用场景。

（1）自主获取信息并决策

波士顿咨询公司（BCG）于 2014 年针对中国银行业消费者开展的一项调研显示，尽管仍有超过 50% 的消费者将金融机构官网作为获取信息的重要渠道，但选择社交网络、博客、手机应用等作为信息来源的客户也已经占到 10%—15%，并且这一比例正在快速增长。过去，消费者习惯于被动地得到信息推送，他们愿意相信官方和权威专家，并且往往是被告知可获得的金融服务。如今，传统金融机构在信息与产品上的"权威性"以及"特许供应"的地位已经相对弱化，消费者已日益习惯于主动获取信息，他们更愿意相信自己的判断或朋友的推荐，并且希望决定和主导自己获得的金融服务及投资决策。

美国一家名为 Motif 的投资网站很好地抓住了客户的这种变化，使普通的投资者有机会变身基金经理。Motif Investing 公司由前微软高管于 2012 年创立，其推出的 Motif 产品其实就是"投资组合"的概念，通常为某一主题下的股票组合，比如"3D 打印主题""医疗科技主题""网络游戏主题"等。客户可以直接购买并持仓一个已有的 Motif，也可以自己新建一个 Motif 并将它推荐给自己的好友，从而扮演类似基金经理的角色。该网站不像传统基金公司一样收取管理费，而是针对每只 Motif 收取不足 10 美元的交易费，以低佣金吸引更多的客户。当顾客自创的 Motif 取得较好业绩并吸引了一定数量的投资者后，网站还会与顾客进行交易费分成。如今，这家网站已获得摩根大通、高盛等战略投资者超过 5 000 万美元的投资。

（2）自主选择接受服务的时间

过去,传统金融机构单向规定了金融服务的提供时间,绝大部分金融交易只能在银行等金融机构的工作时间内完成。但互联网渠道打破了实体网点对金融服务的垄断,将金融服务的时间从 8 小时延伸至 24 小时,客户能够主导和决定他们希望在哪些时间进行交易。以余额宝为代表的网络货币基金为例,超过 50% 的互联网基金交易发生在金融机构工作时间以外,甚至有将近 20% 的交易发生在凌晨 12 点至早上 5 点这种出人意料的时间段,这正是客户金融自主的最好体现。

（3）自主选择接受服务的渠道

根据波士顿咨询公司的调查显示,目前我国商业银行的销售交易以及售后服务和转账交易主要来自实体网点和 ATM,仅有 20% 和 40% 来自互联网和移动渠道。但据波士顿咨询公司的预测,到 2020 年互联网和移动渠道总共将为银行贡献近 40% 的销售交易以及 66% 的售后服务和转账交易,实体网点和 ATM 的交易量相对稳定,新增交易则几乎全部来自网络和移动渠道。

2. 人们金融意识和金融行为的改变

互联网金融在我国的迅猛发展,是因为其将技术进步巧妙地与客户需求相融合,实实在在地为客户创造了价值。互联网金融通过其互联互通的优势,挖掘出传统金融无法触及的大量小众客户的金融碎片化需求,从而解决了我国金融体系中需求与供给不匹配的深层次问题。互联网、移动互联网的普及唤醒了客户的金融意识,改变了客户的行为模式,倒逼整个金融行业发生改变,从根本上动摇了金融市场需求和供给的传统格局,为互联网金融的发展创造了需求保障。

客户行为的改变必将倒逼整个金融行业发生改变,包括金融服务的生活化、金融服务覆盖客户群体的下沉、金融服务地域覆盖的拓展等。

（1）金融服务的生活化

金融服务的生活化是指金融服务和产品深度嵌入人们日常生活的方方面面,在客户既有的消费体验中无缝提供金融服务。例如,使用手机应用打车并在打车后直接通过手机进行支付并分享红包、查看电影排期并直接团购电影票、购买大型耐用消费品并直接分期支付等。引用 Brett King 的《Bank 3.0》一书的观点来说,就是"银行不再是你前往的一个地方,而是你使用的一种服务"。

（2）金融服务覆盖客户群体的下沉

传统商业银行最关注的几个客户群包括:家庭金融资产在规定金额以上的私人银行客户和财富管理客户(或称贵宾客户),以及至少达到 5 万元人民币银行理财门槛的理财客户。传统的银行网点和客户经理体系均是围绕这些客户展开。但互联网金融的出现使得金融服务所覆盖的客户群真正下沉到那些广泛存在却长期受到忽视的普通大众家庭,比如我国商业银行近几年上线的直销银行,其客户的户均管理资产额不到 3 万元人民币,而余额宝这样推崇真正的"草根"经济的产品,其户均余额更是只有约 5 000 元人民币。

（3）金融服务地域的拓展

一般来说,传统基金公司在渠道拓展方面通常只关注北上广深以及部分东部沿海发达省份,基金理财在三四线城市及农村地区几乎还是一片空白。而新兴的网络货币基金产品则完全打乱了传统的地域布局。余额宝统计数据显示,截至 2015 年年底,40% 的余额宝账户来自三四线城市。此外,2015 年支付宝全民对账单中,四线城市相比前一年增势最多,账户数量增长 64%,交易金额增长 68%。在手机支付方面,拉萨以 14.48% 的手机支付占比成为全国手机支付占比最高的城市,第二名和第三名分别是西藏林芝地区以及四川小城南充。在手机支付活跃度排名前十的城市中,有 7 个来自西部地区。

(三) 基于互联网的商务模式与金融的深度融合

近年来,以阿里巴巴、京东、苏宁等电子商务巨头公司为首,我国的电子商务模式不断创新,企业与消费者之间的电子商务(Business to Consumer,B2C)、企业与企业之间的电子商务(Business to Business,B2B)、消费者与消费者之间的电子商务(Consumer to Consumer,C2C)、线下商务与互联网之间的电子商务(Online To Offline,O2O)、企业通过运营者达成交易的电子商务(Business-Operator-Business,BOB)和企业网购引入质量控制的电子商务(Enterprise Online Shopping Introduce Quality Control,B2Q)等传统与新兴商务模式层出不穷,客观上要求传统金融进行模式创新,以适应电子商务不断发展的金融功能需求。

电子商务平台扮演了信用中介的角色,而这正是传统商业银行的重要职能。电子商务平台企业一开始就在电子商务贸易中,面临因信息不对称引发的逆向选择和道德风险问题。具体表现为,买家担心产品质量和售后服务,卖家担心不付款,加之我国尚未建立完善的个人和企业信用体系,电子商务发展困难重重。于是,在监管机构、电子商务平台、买家、卖家多方复杂博弈的情况下,由电子商务平台提供的第三方支付服务应运而生。第三方支付工具成为提供支付服务的关键,完善的信息流集中在第三方支付工具中,第三方支付集中完成电子结算,传统商业银行仅得到零散及不连续的信息流,成为第三方支付结算的通道。平台服务的买家和卖家开始在电子商务平台企业提供的第三方支付平台开户,所有商务交易的信息开始迁移至电子商务平台企业,包括企业的财务信息、营销信息、物流信息以及个人的消费信息等。至此,电子商务平台企业已成功为其客户提供了便利的支付结算服务,并很容易由此延伸出信贷、理财、保险等全面的金融服务和功能,如图 1-9 所示。

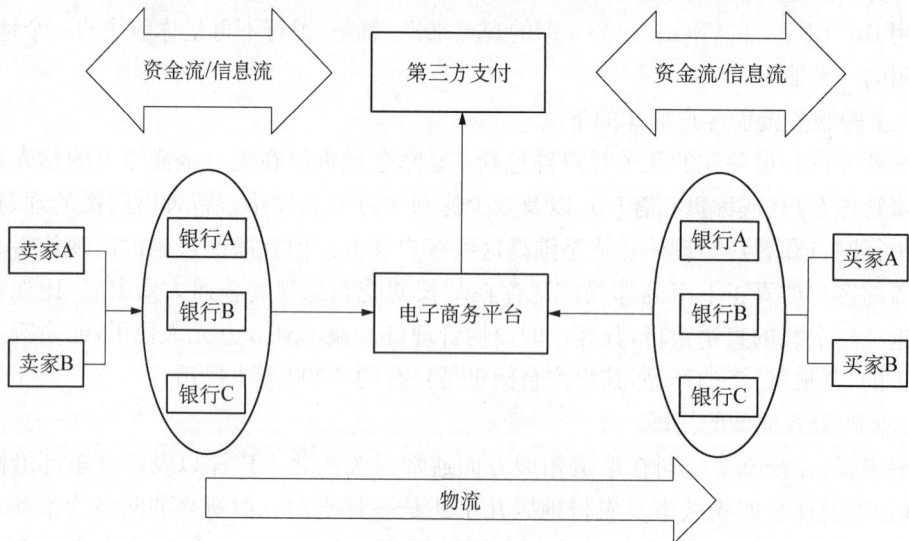

图 1-9 第三方支付与电子商务之间关系图

基于电子商务平台的互联网金融内生于商业领域的电子商务。正像传统金融起始于传统商业领域的需求一样。早期银行业的出现与商业的繁荣有着密切的关系,商业的繁荣对货币兑换和支付结算产生了内在的需求,从而出现了专业的货币兑换商,接着衍生出支付结算、存款、贷款等商业银行的功能。电子商务平台企业一开始是向商业领域交易的双方提供交易平台,这就为电子结算服务产生了内在的需求,当其开始提供第三方支付服务的那一刻起,就已经具备了传统商业银行的部分功能,接着也将衍生出其他金融功能。

(四) 我国金融市场的低效率与巨大需求之间的矛盾

(1) 低效率的金融市场无法满足经济发展的需要

长期以来,我国金融改革滞后于经济发展,虽然正在逐步实现利率市场化,但资金配置效率低下的状况并未得到根本性改善,金融体系中长期存在的一些低效率或扭曲的因素,中小微企业融资困难与中小投资者投资渠道不畅等金融压抑现象同时存在,传统的银行与证券等金融市场不能为中小客户提供有效的金融工具,资金供需矛盾突出。具体包括:正规金融对小微企业服务不足,而民间金融(或非正规金融)有其内在局限性,导致风险事件频发;正规金融无法满足经济结构调整所产生的大量消费信贷需求;普通投资者投资理财渠道匮乏,难以实现资金的保值增值;现行新股发行体制下,股权融资渠道不畅;在存贷款利差受保护的情况下,银行利润高,各类资本都有进入银行业的积极性;证券、基金、保险等机构的产品销售受制于银行渠道,有动力拓展网上销售渠道。

(2) 金融压抑下巨大的市场需求无法得到满足

我国的金融体系经过数十年改革发展取得了显著的成就,然而金融压抑依然普遍存在。根据波士顿咨询公司全球财富管理数据库的统计,财富水平较低(金融资产少于 10 万美元)的家庭数量占中国内地家庭总数的 94%,这一比例在美国仅为 49%,在香港地区仅为 42%,在日本甚至不到 15%,如图 1-10 所示。

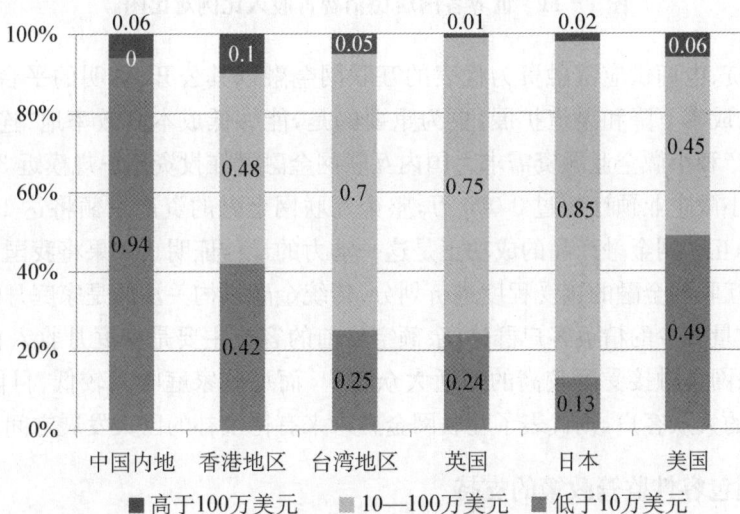

图 1-10 中、美、英、日等国家和地区家庭财富比例分布对比图

数据来源:波士顿咨询公司全球财富管理数据库(下同)

　　这说明我国市场的主体仍是普通家庭的大众型客户,他们代表了大部分金融需求,但是这些客户往往最缺乏金融服务,他们通常达不到 5 万元人民币的银行理财门槛,缺乏有关股票和基金交易的专业知识和经验,只懂得简单的储蓄;同时又因为缺乏有效的抵质押物和完善的信用记录,难以获得银行贷款。虽然大部分客户资产较少,但其总额却相当惊人,目前我国居民个人可投资的资产总值已近 77 万亿元人民币,个人资产在 1 000 万元以上的人群持有可投资资产高达 20 万亿元。与此同时,国内目前有 5 600 万小微企业和个体工商户,其中真正能够从银行获得贷款的只有 11.9%。据 2013 年波士顿咨询公司全球消费者信心调查显示,由于缺乏投资渠道,将收入的 20% 以上进行储蓄的我国消费者占比超过 30%,而在其他国家则不到 10%,如图 1-11 所示。我国客户的庞大需求没能在传统金融行业中得到充分满足,从而构成了我国的金融压抑,这种需求和供给之间的不平衡也成为了互联网金融发展的源动力。

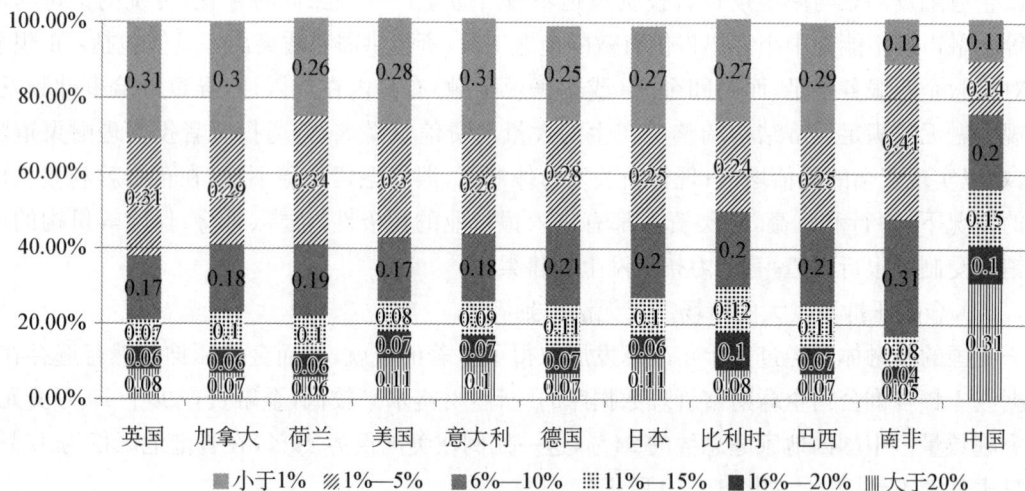

图 1-11　世界各国居民消费占收入比例对比图

　　以网络借贷、电商供应链融资为代表的互联网金融以其公开、透明的平台优势,实现了用户体验革命、成本下降和渠道扩展,更为重要的是,能够低成本高效率地"连接"金融压抑一端的个人资产和小微企业融资需求。国内互联网金融潜在投资用户规模近 3.6 亿,而通过互联网融资的小微企业预计超过 3 000 万,整个互联网金融的资产余额将达 15 万亿元。事实上,余额宝等互联网金融产品的成功正是这一动力的最佳证明。如果将我国 6 亿网民按照收入水平和对互联网金融的接受程度进行划分,传统金融机构关注的是家庭月收入在 1 万元人民币以上、数量较少的精英客户群体,余额宝目前的客户主要是家庭月收入在 1 万元人民币以下、对互联网金融接受度较高的普通大众客户,而那些家庭收入较低、目前对网络金融接受度还不高的大众客户,则代表了互联网金融未来有待填补的巨大发展空间。

(五) 我国包容性监管政策的支持

　　我国对普惠金融的支持与推动也是促使互联网金融发展的重要动因。普惠金融的实现与互联网金融息息相关。普惠金融的核心是有效、全方位地为社会所有阶层和群体,尤其是那些被传统金融忽视的农村地区、城乡贫困群体、中小微企业提供金融服务。发展普惠金融,实现金融资源的公平配置,已成为国家层面的政策取向。然而,由于缺乏传统金融的资本实力、网络渠道和客户资源,普惠金融在传统经营方面天然处于劣势。相比之下,互联网金融服务模式,能有效消除海量用户之间的信息不对称,降低交易成本,从而解决普惠金融所面临的诸多困难。通过利用互联网信息处理技术,结合丰富的数据资源,未来互联网金融将成为建设普惠金融的重要力量。

为了鼓励金融创新,打破行业垄断,在法律上我国对互联网金融一直采取包容性的监管政策,为互联网金融的发展提供了相对宽松的环境。在法律环境方面,为规范互联网金融行业发展,国务院及各省部委纷纷出台相关规章,鼓励和引导互联网金融健康发展。在政策环境方面,支持互联网金融发展的政策相继出台:降低准入门槛、鼓励金融创新、利率市场化改革、发展普惠金融、完善金融监管机制等。在征信环境方面,互联网金融与征信体系相互支持、相互促进,专门针对互联网金融的征信机构应运而生。互联网金融已进入我国各级决策层的视野,互联网金融创新在政府层面获得认可。上到国务院、相关监管机构,下到各级政府,都大力支持互联网金融的健康规范发展。

除此之外,互联网金融的监管架构也已初步成型。参考海外互联网金融监管的实践和电子商务监管的经验,互联网金融监管很有可能在未来几年形成官方监管、行业自律、市场自治的三层架构。

第三节 互联网金融的特征

尽管互联网金融在各国的发展不尽相同,并且谱系结构复杂,模式创新多样,但与传统金融相比,其特征优势依然十分明显。

一、交易成本降低

第一,互联网替代传统金融中介和市场中的物理网点和人工服务,从而能降低交易成本。比如,手机银行本身不需要设立网点,不需要另外的设备与人员等,交易成本显著低于物理网点和人工柜员等方式。

第二,互联网可以促进业务逻辑的优化,从而降低交易成本。比如,第三方支付集成多个银行账户,能提高支付清算效率。在传统支付模式下,客户必须分别与每一家商业银行建立联系。在第三方支付模式下,客户只需与第三方支付公司建立联系,第三方支付公司代替客户与商业银行建立联系。第三方支付公司通过采用二次结算的方式实现了大量小额交易在第三方支付公司的轧差后清算,从而能降低交易成本。

第三,互联网金融的去中介化趋势缩短了资金融通中的链条,能降低交易成本。

二、信息不对称程度降低

信息是金融行业最重要的资源,而互联网金融与传统金融最大的区别在于对信息处理的创新，凭借这一优势，互联网金融改变了产业价值链。这一变革拉近了人与人、商家与客户的距离，大大减轻了信息不对称的影响，主要表现在信息来源、信息特征、信息状态和信息处理技术等四个方面。

第一，互联网金融的信息来源更为广泛。互联网金融中的信息来自无所不在的互联网，既包括金融交易数据，也包括各种社交网络数据，在自愿分享和共享机制下，信息具有交换性、一致性、传染性和传递性等特征。

第二，互联网金融的信息更加丰富。传统金融数据由于其来源的局限性，一般呈现出单一性，比如时间序列数据、截面数据和面板数据；而互联网金融数据则表现为大数据，既包含了传统金融数据，更多的则是由各类看似毫无关联的"软信息"转化而来的"硬信息"，数据呈现出多维度的特征。

第三，互联网金融市场的信息状态更接近完全有效市场。传统金融市场中的信息容易被金融机构或者交易者本人独占、隐藏甚至恶意修改，而互联网金融信息来自于开放的互联网，非常接近理论假设中的完全有效市场，市场机制能够充分发挥作用，是一种完美的理想状况。

第四，互联网金融的信息处理技术更为先进。在云计算、搜索引擎和区块链技术的共同支持下，大数据经过处理最终形成时间连续、动态变化的信息序列，金融交易的信息基础得到满足。比如，大数据被广泛应用于信息处理（体现为各种算法，自动、高速、网络化运算），提高了风险定价和风险管理效率。

总之，互联网金融环境下的信息处理通过把海量信息显性化、集中化和公开化，首先实现了信息在人与人之间的"均等化"，然后通过区块链、搜索引擎和云计算对大数据进行处理，能凝练和反映汇聚来的信息，最后使每个人都能及时、免费地获取自己所需要的有效信息。

三、交易可能性集合得到拓展

互联网使交易成本和信息不对称逐渐降低，金融交易可能性集合得到拓展，原来不可能的交易成为可能。比如，在网络借贷中，陌生人之间也可以借贷，而线下个人之间的直接借贷，一般只发生在亲友间。在众筹融资中，出资者和筹资者之间的交易较少受到空间距离的制约，而传统风险投资遵循"20分钟规则"（风险投资家距被投资企业不超过20分钟车程）。在余额宝中，用户数达1.49亿（截至2016年三季度），其中很多不属于传统理财的服务对象。特别需要指出的是，互联网金融所具有的边际成本递减和马太效应等特征，也有助于拓展互联网金融的交易可能性集合。

但交易可能性集合扩大会出现"长尾"风险。第一，互联网金融服务人群的金融知识、风险识别和承担能力相对欠缺。第二，这些人的投资小而分散，"搭便车"问题突出，针对互联网金融的市场纪律容易失效。第三，个体非理性和集体非理性更容易出现。第四，一旦互联网金融出现风险，从涉及人数上衡量，负外部性很大。因此，金融消费者保护是互联网金融监管的重要内容。

四、交易去中介化

在互联网金融中，资金供求的期限、数量和风险的匹配，不一定需要通过银行、证券公司和交易所等传统金融中介和市场,可以通过互联网直接匹配。

在传统信贷领域,个人和小微企业在消费、投资和生产中,有内生的贷款需求(比如平滑消费、启动投资项目和流动资金需求等)。这些贷款需求属于合法权利(即贷款权)。与此同时,个人通过投资使财富保值增值,并自担风险,也属于合法权利(即投资权)。但这些贷款权和投资权都很分散,面临匹配难题和交易成本约束。比如,我国很多地方存在的"两多两难"(企业多融资难,资金多投资难)问题,就反映了信贷领域的这种摩擦。网络借贷能缓解贷款权和投资权匹配中的信息不对称,降低交易成本,有存在的必然性。很多传统金融不能满足的贷款权和投资权,通过网络借贷得到了满足。在征信基础比较好的地方(比如美国),网络借贷的生命力就显现出来。此外,网络借贷平台与借款者之间的重复博弈能抑制诈骗。在大数据背景下,金融民主化、普惠化与数据积累之间有正向激励机制。

在证券领域,在目前的技术条件下,投资者可以直接在证券交易所开户,不需要通过证券公司,实现百分之百的网络交易,使证券公司的经纪业务没有存在的必要。另外,"融资工具箱"可能出现。在信息足够透明、交易成本足够低的情况下,一些企业(特别是资质比较好的企业)的融资可以不通过股票交易所或债券市场等,直接在众筹融资平台上进行,而且各种筹资方式一体化。企业根据自己的需要,动态发行股票、债券或混合型资本工具,供投资者选择。投资者可以实时获取自己组合的头寸、市值、分红、到期等信息,相互之间还能进行证券的转让和交易。

在保险领域,会出现"众保"模式。保险的核心功能是经济补偿,即保险公司基于大数定理为投保人提供针对意外损失的经济补偿。在经济补偿中,没有发生意外损失的投保人通过自己交纳的保费间接补偿了发生意外损失的投保人。在充分竞争的理想情况下,全体投保人支付的保费应该正好能覆盖他们作为一个整体的意外损失敞口(即净均衡原理),保险公司居中起到保费转移支付的作用。"众保"模式则体现了保险的去中介化。在"众保"模式中,一群风险保障需求相当的人可以通过网络签署协议,约定只要有人发生意外损失,其他人均有义务给予补偿,以开展互助。比如我国的"抗癌公社",其目标是通过网络平台,征集到3万名公社成员,约定一旦有成员患癌,每一名会员提供10元捐助,从而筹集到30万的专项医疗费,并且平台本身非盈利、不经手捐助款。大数据技术使信息越来越透明,对"众保"模式有促进作用。

五、支付变革与金融产品货币化

在互联网金融中,支付以移动支付和互联网支付为基础,能显著降低交易成本。另一个可以设想的情景是,所有个人和机构通过互联网在中央银行的超级网银开账户。这样二级银行账户体系就不存在,货币政策操作方式完全改变。比如,中央银行和商业银行竞争个人和机构的存款,中央银行批发资金给商业银行发放贷款。在互联网金融中,支付与金融产品挂钩,会促成丰富的商业模式。突出例子是以余额宝为代表的"第三方支付+货币市场基金"合作产品。余额宝通过"T+0"和移动支付,使货币市场基金既能用作投资品,也能用作货币,同时实现支付、货币、存款和投资四个功能。未来,随着支付的发展,在流动性趋向无穷大的情况下,金融产品仍可以有正收益。许多金融产品(或投资品)将同时具有类似现金的支付功能,称为"金融产品货币化"。比如,可能用某个保险产品或某支股票来换取商品。这对货币政策和金融监管都是挑战,需要重新定义货币、支付、存款和投资。

互联网金融中还会出现互联网货币,以比特币为代表的互联网货币的流行说明了,点对点、去中心化的私人货币(根据密码学和互联网技术设计),在纯粹竞争环境下不一定比不上中央银行的法定货币。在现代社会,货币不一定总与信用联系在一起。此外,互联网货币天生的国际性、超主权性,丰富了对可兑换的认识。从理论上可以设想,互联网市场体系中产生多边交易所认可的互联网货币,以"自适应"方式存在于互联网,内生于以互联网为主的实体经济交易中,根据规则自动调整发行量(不是像比特币那样事先限定发行量,而是随着互联网市场运转,货币成比例增长)以保持币值稳定。这种情况下,货币政策也会完全改变。目前主流的货币理论假设货币是外生变量,因此有控制的必要。但对这种内生、超主权的互联网货币,货币政策既不是数量控制,也不是价格控制,而是对经济体中总的风险承担水平的控制,更接近宏观审慎监管。

六、银行、证券和保险的边界模糊

一些互联网金融活动天然就具有混业特征。比如,在金融产品的网络销售中,银行理财产品、证券投资产品、基金、保险产品和信托产品完全可以通过同一个网络平台销售。又比如,网络贷款就涉及银证保三个领域。从功能上,网络借贷是替代银行存贷款。网络借贷还可以视为通过互联网的直接债权融资,美国主要就是 SEC 监管网络借贷。从保险角度,网络借贷的投资人相当于购买信用保险产品。比如,假设一个投资者有 100 万,去银行存款的话,一年期利率是 3.5%,年收益为 3.5 万;在网络借贷平台上给 50 个人贷款(假设平均贷给每人 2 万),利率在 12%—15%之间。在 50 个借款人中,如果只有 3 个人违约(假设违约后贷款完全损失),投资者的年净收益为 $47×2×12\%-3×2=5.28$ 万(按最低利率 12%计算),还是高于银行存款的收益,这就体现了对大数定理的应用。但也需要指出,互联网金融的混业特征会带来一些监管难题。

七、金融和非金融因素融合

互联网金融创新内生于实体经济的金融需求,在一定程度上有"内生金融"的含义。一些实体经济企业积累了大量数据和风险控制工具,可以用在金融活动中,代表者是阿里巴巴和京东等电子商务公司。比如,阿里巴巴为促进网上购物、提高消费者体验,先通过支付宝打通支付环节,再利用网上积累的数据发放小额信贷,然后又开发出余额宝,以盘活支付宝账户的沉淀资金并满足消费者的理财需求。阿里巴巴的金融创新经验表明,互联网金融的根基是实体经济,互联网金融一旦离开实体经济,会变成无源之水、无本之木。不仅如此,分享经济正在欧美国家兴起,我国也出现了一些案例。交换活动普遍存在,只要人与人之间资源禀赋不一样或者分工不一样,就存在交换和匹配。从互联网视角解读市场、交换和资源配置等基本概念可以发现,互联网提高了交换和匹配的效率,使很多原来不可能交易的东西,以交易或共享的方式匹配。比如,打车软件使出租车的市场匹配发生了很大变化,减少了用户排队等出租车的时间,也减少了出租车"扫大街"空驶的情况。将来可能情景是,每辆出租车有若干固定客户,每个客户也有若干出租车司机为他服务,每个人还可以通过市场自行拼车,这样出租车市场的资源配置效率会大大提高。再比如住房分享(代表者是美国的 Airbnb 公司),不一定交换房屋产权,但可以交换房屋的使用权。住房分享平台为房东提供在线服务平台,将其未使用的居住空间(包括整套房子、单个房间和床位等)短期租赁给来房东所在城市旅行的房客。通过这种方式,闲置住房资源通过互联网实现共享。电子商务、分享经济与互联网金融有天然的紧密联系。它们既为互联网金融提供了应用场景,也为互联网金融打下数据和客户基础,而互联网金融对它们也有促进作用,从而形成一个良性循环。

　　未来,实体经济和金融活动在互联网上会达到高度融合,这就使得互联网金融创新具有完全不同于传统金融创新的特点。目前的典型案例包括:(1)余额宝实现了支付、货币、存款和投资的一体化。(2)京东白条,本质是"免息赊购＋商品价格溢价",给消费者一定的信用额度,不计利息,但能从商品价格中得到补偿。(3)微信红包颠覆了传统的红包概念,体现了互联网金融在社交中的应用。类似这样的"跨界"创新产品还会大量涌现。

第四节　互联网金融的谱系结构

　　互联网金融是一个谱系概念,它的两端,一端是传统银行、证券、保险、交易所等金融中介和市场,另一端是瓦尔拉斯一般均衡对应的无金融中介或市场情形,介于两端之间的所有金融交易和组织形式,都属于互联网金融的范畴。按照目前各种互联网金融形态在支付方式、信息处理、资源配置上的差异,可以将它们划分成以下一些主要类型:

　　1. 金融互联网化

　　金融互联网化是指传统金融业务的互联网化,体现了互联网对金融中介和市场的物理网点、人工服务等的替代,包括网络金融(网络银行、网络证券、网络保险)、互联网银行(包括直销银行)、互联网证券和互联网保险等。

　　2. 第三方支付

　　第三方支付狭义上是指具备一定实力和信誉保障的非银行机构,借助通信、计算机和信息安全技术,采用与各大银行签约的方式,在用户与银行支付结算系统间建立连接的电子支付模式。从广义上讲第三方支付是指非金融机构作为收、付款人的支付中介所提供的网络支付、预付卡、银行卡收单以及中国人民银行确定的其他支付服务。第三方支付的最大特色是在结算过程中,客户不直接与银行进行支付清算,可以起到类似中央银行集中清算的作用。

　　3. 网络借贷

　　网络借贷是互联网上个人之间的借贷,其核心技术是内部信用评级和贷款利率定价。以 Prosper、LendingClub(美国)、Zopa(英国)、宜信、陆金所、拍拍贷、人人贷等为代表。其个人对个人借贷的模式弥补了正规金融机构一直未能有效解决的中小微企业融资问题。

　　4. 众筹融资

　　众筹融资即大众筹资,人们通过互联网汇集资金,以支持由他人或组织发起的项目,以 Kickstarter(美国)、天使汇、点名时间等为主要代表。众筹融资由项目发起人利用互联网平台发起项目,并且以实物、服务或股权等作为回报,通过大众投资者的力量获得其所需资金,最终实现资金与项目有效对接。众筹融资的行为主体主要有三方:资金需求方、大众投资者和平台方。

5. 互联网消费金融

互联网消费金融是以互联网等现代信息技术为核心,通过将消费金融功能延伸至互联网平台,采用互联网的思维和理念,面向社会各个阶层的消费者,提供创新性、差异化的消费金融产品,是满足消费者跨期消费需求的金融服务。互联网消费金融的本质还是消费金融,它将互联网、大数据等技术嵌入传统消费金融活动的各环节。

6. 互联网供应链金融

互联网供应链金融,是指兼具电商平台经营者、资金提供者、供应链掌控者身份的电商或商业银行或核心企业或其他第三方,在对供应链交易长期积累的大量信用数据以及借此建立起来的诚信体系进行分析的基础上,运用自偿性贸易融资方式,引入资金支付工具监管的手段,向从事交易的中小企业提供封闭的授信支持及其他资金管理、支付结算等综合金融服务的一种全新的金融模式。

7. 互联网理财

互联网理财,是指投资者通过互联网渠道获取理财产品、理财服务,从而获得相应收益的一种理财方式。本质上来讲,互联网理财就是线下传统理财的一种延伸,线下理财的各类产品或者理财服务通过互联网这一便捷的渠道推向大众。只是互联网渠道具有自己的特性,优化了线下理财产品或者服务,如收益率大幅提升,进入门槛大大降低,操作上便捷灵活等。以阿里巴巴、苏宁、京东为代表的中国主要电子商务企业和以腾讯、百度等为代表的互联网公司均已推出互联网理财产品。例如百度推出的百赚、阿里巴巴推出的余额宝、腾讯推出的理财通等产品均已成为中国主流的互联网理财产品。

8. 互联网金融信息服务

互联网金融信息服务泛指利用互联网技术开展金融信息服务的所有业务,目前发展较快的有在线投资社交平台、垂直搜索、区块链技术等。

需要说明的是,互联网金融谱系的各种业态随着互联网与金融的互相渗透,催生出各种互联网金融模式。互联网金融的发展提高了金融业务的普惠性,这与中国金融业发展和改革的目标不谋而合,与中国深化金融机构改革的步伐相适应。因此,互联网金融各种业态之间跨交叉特征明显,相互之间不存在清晰的界限,并且相互之间呈现出动态变化趋势。例如,保险业出现了根据汽车使用情况确定费率的车险,证券研究发现社交网络的活跃度对股价有预测力,未来大数据与保险精算、证券投资结合,会促成许多新商业模式。所以,这里对互联网金融业态的划分,还达不到严格分类应有的"不重复,不遗漏"标准,这些业态的具体分析将在第二编中进行详细介绍。

本章小结

互联网金融是指传统金融机构与互联网企业利用互联网技术和信息通信技术实现资金

融通、支付、投资和信息中介服务的新型金融业务模式；其在支付方式、信息传递和资源配置等方面与传统金融模式有较大差异，但并没有改变金融功能的本质特征；互联网金融在我国迅猛发展的原因包括5个方面：互联网技术的迅速发展与应用、人类生活习惯的改变、基于互联网的商务模式与金融的深度融合、我国金融市场的低效率与巨大需求之间的矛盾、我国包容性的监管政策。

★★★★★ 关键术语 ★★★★★

互联网金融　互联网技术　互联网精神　金融功能　金融压抑　资金供需　第三方支付金融监管

★★★★★ 思考题 ★★★★★

1. 什么是互联网金融？其与传统金融在金融功能的实现上有何差异？
2. 互联网金融在我国产生与发展的原因有哪些？
3. 互联网金融的主要业态有哪些？

案例应用

金融科技蓬勃发展　传统金融面临巨大挑战

近年来，随着互联网普及率的快速提升，互联网信息技术与金融的融合步伐不断加快，作为一种新的金融模式，互联网金融凭借成本低、效率高、覆盖广、发展快等优势，逐渐成为了未来金融业发展的主要趋势。同时，互联网金融的发展也对传统金融行业造成了巨大的冲击。面对挑战，是坚守传统金融阵地还是积极谋求转型？传统金融业究竟该何去何从？

一些互联网金融领域内的专家认为，传统金融机构管理层次过多，流程过于复杂，尾大不掉，难以适应互联网金融行业快速、灵活的发展节奏。此外，过于昂贵的技术更新费用更是阻碍了传统金融业的互联网化转型。也有一些专家认为，加强与互联网金融机构的合作将是传统金融机构实现转型的关键。通过交流合作，传统金融机构能够弥补技术方面的短板，同时学习到互联网的用户思维模式，实现互联网化转型。此外，还有极少数专家坚信，互联网金融的强势冲击能够激发出蕴藏在传统金融机构中的"创新基因"，通过内部培养、内部研发等方式，传统金融机构能够依靠自身完成互联网金融业务模式的创立与发展。

近日，《经济学家》的高级编辑 Matthew Bishop 接受了 Crowdfund Insider 的采访，针对当今传统金融行业发展所面临的挑战，发表了自己的看法。Bishop 认为，在世界范围内，只有极少数的传统金融机构能够成功实现互联网化转型。

1. 传统金融行业面临的挑战

近年来,大数据、机器学习、区块链等新兴科技的发展,给传统金融行业带来了巨大的发展空间。同时,一大批相关领域的初创公司也应运而生,金融市场的竞争变得愈加激烈。在这个过程中,掌握先进技术的互联网金融公司将对传统金融机构的龙头地位发起强烈的冲击。

随着传统金融机构逐渐意识到了所面临的挑战,并积极谋求转型,传统金融行业所拥有的包括产品种类齐全、风控体系成熟、监管政策完善在内的众多优势能够确保其在短期内处于行业主导地位。同时,传统金融机构也面临着巨大的挑战。由于长期受到社会资本以及国家政策方面的支持,传统金融机构在面对市场竞争时的应对能力明显不足,此外,业务模式的僵化也导致了创新能力的低下。因此,传统金融机构的互联网化转型是极其艰难的过程,只有提高自身科技创新能力,掌握先进技术,彻底完成从产品思维到用户思维模式的转变,才能真正实现互联网化转型。

2. 互联网金融监管环境现状

在世界范围内,英国、新加坡和澳大利亚对于金融科技创新的监管相对宽松。此外,近年来,美国也逐渐意识到了其监管法规已严重脱离了金融科技的发展现状,并已经成为了阻碍其发展成为全球性金融科技创新中心的重要因素。

3. 互联网金融的发展前景

在未来互联网金融的发展过程中,大数据、云计算、区块链等新兴技术将对整个金融行业产生巨大的影响。同时,毫无疑问,掌握最先进技术,并且能够为用户提供极致服务体验的互联网金融公司将掌握最优质的资源,占据最大的市场份额,而用户也能够获得最便宜、最有效的金融服务。

(资料来源:CROWDFUND INSIDER,经济学人(英文)。译者:张沛祺.未央网(中文),2017 年 1 月 18 日)

案例讨论

1. 结合案例,谈谈互联网金融的发展对我国传统金融行业造成什么影响?
2. 你认为我国互联网金融未来的发展会出现哪些趋势?

第二章
互联网金融的基本结构与生态演变

学习目标
◆ 重点掌握互联网金融的功能、构成要素与平台架构
◆ 了解互联网金融的技术支撑与应用支撑
◆ 掌握互联网金融生态系统的结构及演化

本章内容导引

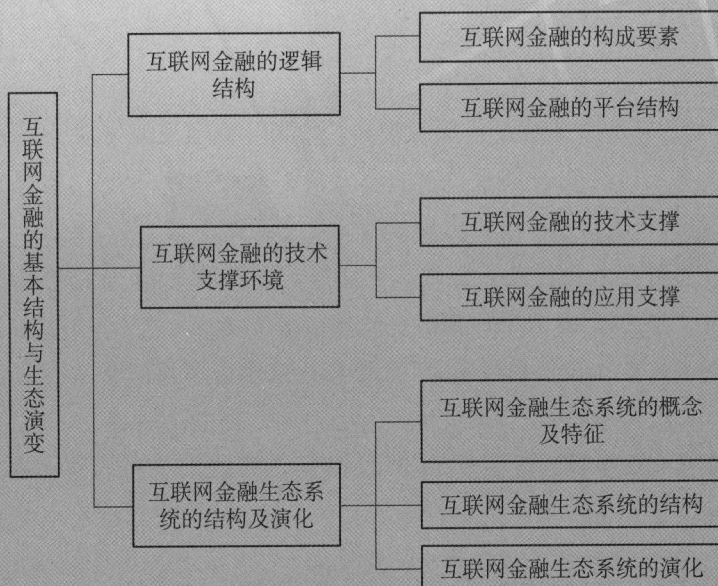

```
                                          ┌─────────────────┐
                         ┌──────────────┐ │ 互联网金融的构成要素 │
                         │ 互联网金融的逻辑 ├─┤                 │
                         │ 结构          │ ├─────────────────┤
                         │              │ │ 互联网金融的平台结构 │
                         └──────────────┘ └─────────────────┘
  ┌──────┐
  │互     │               ┌──────────────┐ ┌─────────────────┐
  │联     │               │ 互联网金融的技术 │ │ 互联网金融的技术支撑 │
  │网     │               │ 支撑环境      ├─┤                 │
  │金     ├───────────────┤              │ ├─────────────────┤
  │融     │               │              │ │ 互联网金融的应用支撑 │
  │的     │               └──────────────┘ └─────────────────┘
  │基     │
  │本     │                              ┌─────────────────┐
  │结     │                              │ 互联网金融生态系统的概念 │
  │构     │               ┌──────────────┐│ 及特征          │
  │与     │               │ 互联网金融生态系 │├─────────────────┤
  │生     │               │ 统的结构及演化  ├┤ 互联网金融生态系统的结构 │
  │态     │               │              │├─────────────────┤
  │演     │               └──────────────┘│ 互联网金融生态系统的演化 │
  │变     │                              └─────────────────┘
  └──────┘
```

"搅局者"驾到:金融业的边界正在变得模糊

金融业最近有点儿烦。不是因为钱荒也不是因为盈利能力下降,用和讯网副总经理王炜的话说,这是因为金融界来了一群"搞互联网的野蛮人"。宣称只做"平台"的互联网企业,似乎总能对准传统银行的弱点,直截了当却又恰到好处地在这些金融巨人身上,划出极佳的突破口。

这些来搅局的"野蛮人"让传统金融业界开始忐忑不安:没有人能够确切说出,未来金融业究竟会被带往何处。

搅局者晋升榜样

2013 年 7 月 7 日,阿里小贷资产证券化获批。这是首单获批的基于小额贷款的证券公司资产证券化产品,也是证券公司与小贷公司合作的初次探索,被金融业界视为信贷资产证券化的破冰之举。

此前两天,国务院刚刚发布"金十条",要求金融机构逐步推进信贷资产证券化常规化发展,盘活资金支持小微企业发展和经济结构调整。而获批后仅仅过了 4 天,阿里小贷与诺亚财富等公司发布的私募信贷资产证券化产品就在 2013 年 7 月 11 日宣布募集完成。

仅仅一周的时间,阿里小贷再次让整个金融业界汗颜:资产证券化,这个刚刚出现在国务院文件中的、用以要求传统金融行业的金融词汇,转瞬间出现在一家互联网企业新发的产品名称中。反应速度之快,也让阿里再度成为金融业界关注的焦点。

"阿里小贷已经成了金融业创新的榜样。"中国小额信贷发展促进网络秘书长白澄宇说。所谓资产证券化,是将能够产生稳定现金流的一部分资产,打包建立一个资产池,并以其将来产生的现金收益为偿付基础发行证券。

来势汹汹的阿里小贷其实一直为资金发愁。按照规定,小贷公司只能用自有资本金进行放贷。目前,阿里旗下两家小贷公司注册资本金总和为 16 亿元。按照小贷公司融资杠杆率只有 0.5 倍的规定,阿里金融两家小贷公司可供放贷的资金最多为 24 亿元。

而资产证券化最多可滚动盘活 50 亿元,等同于帮助 80 万家微型企业获得资本市场的融资支持。虽然在阿里小微创新金融公关总监王彤看来,阿里小贷并无意对战传统银行业,但这却足以让传统银行有了危机感。

银行家们在颤抖

"很明显,阿里金融对银行业已经形成挑战。"民生银行行长洪崎说道。

"我已经深切感觉到互联网金融的发展会彻底颠覆传统商业银行的经营模式、盈利模式和生存模式。"交通银行董事长牛锡明坦言。

银行家们在颤抖。而让他们颤抖的,不仅是阿里小贷的资产证券化,也是在2013年6月份银行业"钱荒"中,那些被互联网金融席卷而去的、他们梦寐以求的资金。局外之手正在伸出,金融行业的边界在变得模糊。

2013年6月17日,对于银行业来说一片阴霾。在资金上勒了半个月裤带的银行没能得到央行的一丝怜悯。银行业似乎已经预感到,央行态度的强硬或将推高同业拆借利率。3天后,银行间同业拆借利率升至13.444%的历史最高位。

就在这天,半道"杀"出的余额宝悄无声息地"偷"走银行原本就不富裕的资金。上线18天后,这个看起来并不起眼的基金产品,便拥有了250万用户、60亿的规模,而现在余额宝每天还在以数亿元的资金量流入,这让银行家们更加深切地感受到互联网带来的强大冲击。

实际上,银行业防范的对象并不仅仅是阿里金融一家。近年来基于互联网模式产生的P2P借款服务平台也呈现出"爆炸式增长"。一项数据显示,2012年末,P2P借贷服务平台超过了200家,可统计的P2P平台线上业务借贷余额超过100亿元,投资人超过5万人。若是加上尚未统计的P2P线下业务,其借贷余额和投资人数还将倍增。

在白澄宇看来,传统银行业担心的不是信贷业务的流失,而是存款的流失。央行的数据也证实了这一点。在"钱荒"最严重的2013年6月份,银行业的存款较去年同期少增了近一半。而近年来存款负增长的现象也数不胜数。

监管仍相对空白

不过,不可否认的是,如火如荼的互联网金融的监管仍处于相对空白期。

清华大学五道口金融学院常务副院长廖理介绍说,以筹集资金为主业务的众筹网站,如P2P网站等,有将近40%的项目能拿到钱,参与人数达几十万之多。"这样一个大规模的融资,如果不加快监管,会使数千人上万人面临巨大风险。"

中国人民银行消费者保护局局长焦瑾璞也表示,互联网金融时代应完善互联网金融法规,更加关注和重视金融消费权益保护。

对于互联网金融,美国的监管体系对于消费者的保护无非三点:公平对待所有投资者、保护消费者的隐私,并给这些使用者进行消费意识的教育。而互联网金融平台也会出台相关措施来保护消费者,如将投资者的投资上限设为其净财产的10%,减少投资失败带来毁灭性个人财务问题的可能性。

此外,对于互联网金融平台,美国监管部门要求他们每天至少一次或者多次提交报告。消费者可以有各种途径了解到这些金融平台的信息,帮助他们衡量自身的风险承受度、多样化投资、理智而非盲目地投资。

在中国，央行刚刚将互联网金融中的线上支付纳入《中国银行卡行业管理办法》当中，焦瑾璞表示，其他方面的监管应尽快出台。

（资料来源：北京晨报，B01 版，2013 年 7 月 15 日）

第一节　互联网金融的逻辑结构

一、互联网金融的构成要素

传统金融功能都是通过金融中介机构、金融产品和金融市场来实现的,同样互联网金融功能也需要通过特定的组织结构来实现。通过互联网与金融的结合,扩展了传统的金融生态系统,特别是通过跨界与融合,使得互联网金融组织结构中的主体、客体、中介、手段、模式等方面产生了演进和变革,区别于传统的中介机构、金融产品、金融市场。

(一) 主体

互联网金融主体是指互联网金融活动中处于业务流程两端,具有投资、融资需求的参与者,或是互联网金融信息的供、求者。在具体的互联网金融业务中,主体不仅涵盖了企业(公司)、个人,还可能包含特定的互联网金融机构。

与传统金融活动不同,互联网金融的主体构成发生了颠覆性变化。小、微用户成为互联网金融活动的主要参与者,部分用户兼有金融产品与服务的提供者和需求者的双重身份(或者多重身份),呈现出"人人可金融、金融为人人"的特征。

(1) 身份虚拟、身份转换成本低。

(2) 风险识别能力、控制能力相对较低。

(3) 用户规模大、社会影响大。

(4) 用户收入水平相对较低,平均资金规模小,一些用户生活是传统金融难以覆盖的长尾客户。

(二) 客体

互联网金融客体泛指互联网金融所提供的各种金融产品和服务,以互联网金融的功能为基础,可衍生、创新出多种金融产品和服务。互联网金融产品有产品新、需求碎片化、变化快、周期短、需求驱动、服务场景化、注重客户体验等特点。互联网金融激发了长尾市场的消费金融、大众理财、小微贷款的需求,创造出大规模的用户和小额、巨量的金融交易。

1. 支付服务

支付服务与电子商务业务场景紧密结合,可利用计算机、手机、POS 等设备,按照订单、二维码提供的支付信息,通过网上银行、第三方支付等支付接口,实现从银行账户(储蓄卡、信用卡等)或在第三方开设的资金账户的转账业务。

移动互联网支付更体现了互联网精神,由第三方支付衍生、创新的各类支付方式更加便捷、具有更好的用户体验,如快捷支付、二维码支付、微信红包等。

2. 投资理财服务

投资理财服务更加便捷地满足了小众的投资需求,实现了普惠金融。诸如支付宝与余额宝的集成,在保持流动性的前提下,又满足了"低门槛、高收益"的投资需求;P2P 服务为具有不同风险偏好、不同风险管理能力的用户自主选择相应的投资项目提供了便捷渠道和安全保障。

3. 融资贷款服务

互联网金融能够把融资需求和投资需求有效对接,通过 P2P、众筹、消费贷等形式,满足用户的融资需求。诸如阿里贷款、京东白条与资金应用场景紧密结合,在满足用户贷款需求的同时,对风险控制、贷款资金运用进行了有效的监管。

4. 信息服务

采集、集成、共享互联网金融用户的相关信息,既是互联网金融的服务功能之一,也是互联网金融业务得以开展的前提。依赖于广泛采集、共享的用户业务数据、用户信用信息,可使互联网金融业务流程更加便捷、可靠,通过电子、虚拟方式开展各种支付、投融资活动。例如,P2P、众筹、消费贷款等业务活动均需要可靠的用户信用信息;2014 年 12 月成立的深圳前海微众银行,其发放贷款信用评级时所依赖的大数据即是来自腾讯用户。

(三) 中介

传统金融中介和市场存在的基础是信息不对称和交易成本等摩擦性因素。金融中介有专业的信息处理能力,能够降低投资者和融资者之间的信息不对称程度,有效控制由此引发的逆向选择和道德风险,同时金融中拥有专门技术可实现规模经济,能够降低资金融通的交易成本。金融中介是间接融资活动中不可或缺的角色之一,也是传统金融机构的主要职能。

在互联网金融业务活动中,仍然存在"中介"机构。金融中介在互联网金融活动中承担着重要角色。这是因为:

第一,从信息不对称角度分析,互联网金融中介的产生源于互联网金融领域信息专业化服务的需求。首先,互联网不能彻底消除私有信息或隐藏信息,大数据技术仅是一种手段,不是使互联网信息完整、真实、共享的充分条件,互联网及大数据技术在提高信息交换的数量、频率和密度的同时带来了信息爆炸,对信息处理能力提出了更高的要求。其次,借助互联网仅能获取依法律法规、商业惯例、信息相关人授权而披露的"名义信息",未披露的其他"实际信息"仍需依赖金融中介来搜寻与处理;而且互联网虚拟经济活动模糊了个体之间的距离,降低了虚假信息的制造成本,恶意的数据隐藏,往往隐含着个体存在"劣信用"的可能,这一切均加大了信息调查和鉴别的难度;最后,处于长尾的互联网金融消费者并不完全具备处理和解读信息的能力,依靠金融中介才能筛选出有价值的信息。

第二,从交易成本角度分析,一方面,尽管互联网在一定程度上降低了金融活动"事前的交易成本"(搜寻、谈判、签约的成本),但由主体自身将大数据加工成有价值的信息仍需要较高的成本。金融中介利用规模经济效应和专业技术、能力,可以进一步减小信息处理成本。另一方面,"事后的交易成本"(监督、违约、救济的成本)因互联网金融消费者保护机制的欠缺而可能会有所提高。委托金融中介作为监督者,并通过契约设计解决"监督监督者"的问题,使监督金融中介的成本低于直接监督交易个体的成本。

第三,从金融中介的服务功能角度分析,金融中介的总体功能是稳定的,而随着市场环境、技术变迁以及创新、竞争的影响,金融中介的结构、形式也随之变化,逐渐出现了支付中介、信息中介、信用中介及三者的混合形式。

正是由于各类互联网金融中介的存在,使互联网金融业务不断创新,服务更加便捷、高效。互联网金融的中介机构也呈现为跨界特征,网络借贷平台、众筹融资平台是典型的互联网金融中介;各类电商平台凭借积累的业务数据和信用数据,并与业务场景结合,向客户提供互联网消费金融、互联网供应链金融等信用中介服务;传统金融机构也纷纷拓展互联网支付中介、信息中介服务,或通过与新兴的互联网金融机构合作,进而提供信用中介服务。

在互联网金融中,金融中介的功能更加细分,产生支付中介、信息中介、信用中介、担保中介等多种互联网金融服务;金融中介的角色更加多元,一个互联网金融中介机构可能同时具有信息中介、信用中介等多种角色,一次互联网金融服务流程中可能涉及多个中介环节;金融中介的实施更加虚拟,借助于互联网金融中介的职能履行网络化、隐性化,表现为"去中介化实体"。

(四)制度

制度是指互联网金融业务开展所依据的业务规则及监管制度。将互联网技术应用于金融领域中,并未降低金融活动的风险,相反,互联网的快捷性和普惠化在一定程度上还给金融活动增加了新的风险。因此既要保护互联网金融创新,又要防范风险,依靠制度促进互联网金融健康有序发展。

我国现行的互联网金融业内规章制度主要由中国互联网金融协会发布,陆续发布的相关规章、制度有《中国互联网金融协会章程》《中国互联网金融协会会员自律公约》《互联网金融行业健康发展倡议书》《中国互联网金融协会会员管理办法》和《中国互联网金融协会自律惩戒管理办法》《互联网金融信息披露个体网络借贷》和《中国互联网金融协会信息披露自律管理规范》等。

我国政府相关部委发布了一系列相关监管、管理制度,主要有《关于促进互联网金融健康发展的指导意见》《互联网金融风险专项整治工作实施方案》《网络借贷信息中介机构业务活动管理暂行办法》等。各地区也陆续发布了相关的地方性管理政策。

二、互联网金融的平台架构

互联网金融通过平台展现金融产品,连接供需双方,提供金融服务。通过平台集成各类中介机构,可以灵活的创新、构建新型的互联网金融业务模式。在我国的互联网金融实践中,参与者(主体、中介)跨界,可拥有多重身份;业务融合导致功能边界模糊,业务流程繁杂;制度尚待完善,存在灰色地带,追逐监管套利;这一系列因素的存在,致使我国互联网金融业务模式衍生出多种形式,业务流程多样。图2-1展示了我国互联网金融的平台架构。

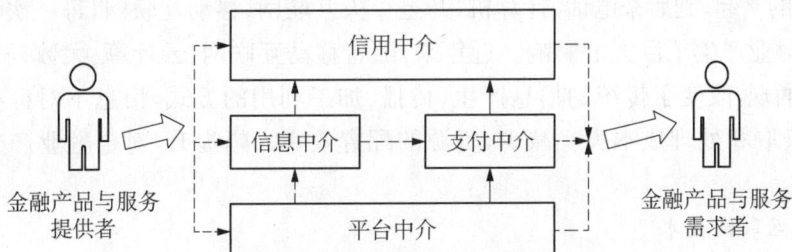

图2-1 我国互联网金融的平台架构

（1）平台中介是主体开展互联网金融业务所必需的"活动场所"，是互联网金融的初级形式，是虚拟的"市场空间"，除提供交易场所外，也可提供主体身份认证、质押担保等服务。平台中介可以是独立于主体的第三方，也可以与主体合二为一，即中介平台属于某一主体（一般为服务提供方），如网上银行服务模式。

（2）支付中介主要完成资金的收、付款业务。支付中介一般与平台中介结合、与业务场景集成，为主体提供快捷的网络支付或移动支付，其后台服务端连接我国的金融支付网络。支付中介又称为第三方支付，是我国互联网金融发展比较成熟的业务模式之一，如支付宝、财付通、银联商务等。

（3）信息中介主要为互联网金融主体提供信息服务，除提供涉及主体、客体的基本信息外，还可提供交易撮合、资信评估等中介服务。信息中介一般与平台中介相结合，提供综合化的信息服务，如网络借贷平台。

（4）信用中介是互联网金融应用的高级形式，发挥了金融的核心职能，通过"互联网＋金融"真正实现信息不对称和交易成本的降低。对提供信用中介服务的互联网金融机构的风险管理能力提出了更高的要求，包括风险识别，风险的评估、定价、风险的控制和风险的补偿等方面的能力及措施，应由取得信用中介牌照的机构提供相应服务。

随着我国互联网金融的业务创新和相关管理制度的不断完善，各类互联网金融服务及业务模式纷纷涌现，在主体、客体、中介与业务场景的结合中，业务模式及流程仍在不断演化。同一互联网金融服务可能会涉及不同的流程、涉及一个或多个中介，同一主体可能会在一个服务流程的多个环节中以不同的角色出现。互联网平台的某个服务入口可能会涉及一项单一的金融服务，也可以会涉及多项捆绑式的金融服务。基于上述因素的综合作用，我国互联网金融模式仍处于不断变革、更新阶段，并逐步完善和规范。

第二节　互联网金融的技术支撑环境

一、互联网金融的技术支撑

互联网金融之所以能够实现如此快速的发展，多样化的技术支撑是重要的因素之一。金融是一个信息密集型产业，信息、技术、制度构成金融业的三大基石，纵观历史，从 19 世纪30 年代电报的兴起，到后来电话、计算机，乃至今天互联网、移动互联网，每一次信息技术的变革都对金融业产生了巨大的影响。近年来，随着移动互联网、云计算、大数据等新兴信息技术的不断涌现，改变了传统的信息产生、传播、加工利用的方式，信息不对称程度大幅下降，信息的获取和处理成本大幅减少，资源的配置效率大幅提升，对金融业产生了巨大的影响。

1. 移动互联网技术

20 世纪出现并且广泛普及的互联网让人们的学习、工作以及生活方式、思维理念受到越来越深刻的冲击和改变,人们也因此充分享受到社会进步和科技发达带来的各种方便和快捷。但是,随着宽带无线接入技术和移动终端技术的不断发展,人们越来越不满足于静态固定方式,更希望随时随地甚至移动过程中随时从互联网获取信息和服务,移动互联网在这种背景下脱颖而出。移动互联网是一种采用移动无线通信方式,通过智能移动终端获取业务和服务的新兴业务模式。移动互联网包含终端(包括平板电脑、智能手机、电子书等)、软件(包括操作系统、数据库、中间件和安全软件等)和应用(包括工具媒体类、休闲娱乐类和商务财经类等不同应用与服务)三个层面。移动互联网具有下列应用特点:

(1) 操作更便捷。随着智能手机、平板电脑的使用越来越便捷、应用越来越广泛,用户可以因为它们的操作简单、随时上网、携带方便的优点,更好地享受互联网提供的各类服务。同时,应用移动网络的推送功能,更能让广大用户及时获得自己个性化订制的信息或服务。

(2) 参与、协作度更高。移动互联网融合了通信、IT、信息和金融等多个行业,使众多用户能够直接参与业务中,与业务场景高度融合,体验度高、协作性好。如通过移动终端,实现水、电和煤气等费用缴纳的移动支付,实现股票类交易的移动证券,实现购物消费的移动电子商务,实现行内或者跨行不同账户间的移动转账等。在移动互联网时代,商业机构可以基于大数据分析,有针对性地邀请用户主动提出需求,可以根据客户需求来发行相应产品,从而实现商业机构与客户的价值共创,甚至建立多方合作、共生共赢的模式和机制,形成各行各业更为紧密的协作和配合关系。

(3) 透明度更强。移动互联网将过去固化的生活方式转变成移动化,将传统行业的经营和管理模式变得更加开放透明。移动互联网的开放、共享精神,促使更多的用户主动将体验过程与人分享,促进了朋友圈子的建立及信任度的提升,使各类信息更加透明和公开。

(4) 具有广阔应用前景:

① 为全民移动互联提供了客户基础。据工业和信息化部最新发布的数据显示,截至2016 年9 月末,我国移动互联网用户总数已达10.64 亿户,使用手机上网的用户数再创历史新高,总数达到10.1 亿户,手机保持第一大上网终端地位。数据表明,我国移动互联网发展已进入全民时代,移动互联网应用具有庞大的客户基础。

② 为移动支付设备和平台的创新发展奠定了坚实基础。通过可穿戴移动设备的推出和应用,业务应用将更具多样化和便捷化,如声音控制、虹膜识别等先进技术的应用使得各类应用和个人之间的关系也将是如影随形。

③ 为新产品和服务的探索应用注入了持续动力。信息技术以及移动互联网的飞速发展,让越来越多的企业、创业者进入移动互联网应用领域,在各行各业创新出更多的产品和服务。

2. 云计算技术

云计算是一种通过互联网以服务的方式提供动态可伸缩的虚拟化资源的计算模式,使计算工作分布在大量的分散的计算机上,利用它强大的计算能力,帮助人们解决各种各样的实际问题,如可以提高生产效率,降低成本,节省能源,做到可持续发展,解决目前资源紧缺问题、技术共享问题等。我国金融行业的信息化理念、信息化应用程度高,已经逐渐转向"IT资源的整合"阶段,利用云计算的优势和特点,可以构建物理集成平台,对各类的基础设施以及服务器进行集成、整合,从而实现统一的资源管理,进而对内容和服务进行整合和统一。云计算具有以下优势和特点:

（1）超大规模。"云"是一些可以自我维护和管理的虚拟计算资源，一般是指一些大型服务器集群。"云"能赋予用户前所未有的计算能力，并且具有相当的规模，Google 云计算已经拥有 100 多万台服务器，亚马逊、IBM、微软、Yahoo 等的"云"均拥有几十万台服务器。客户私有云一般拥有数百上千台服务器。

（2）虚拟化。云计算支持用户随时随地地使用各种终端获取应用服务。用户请求的资源就来自"云"，而不是固定的有形的实体。服务应用在某处"云"中运行，但用户无需了解、也不用担心应用运行的具体位置。只需要一台电脑或者一个智能终端，就可以通过网络服务来实现我们需要的一切，甚至包括超级计算这样的任务。

（3）高可靠性。"云"使用了数据多副本容错、计算节点同构可互换等措施来保障服务的高可靠性，使用云计算比使用本地计算机可靠。

（4）通用性。云计算不针对特定的应用，在"云"的支撑下可以构造出千变万化的应用，同一个"云"可以同时支撑不同的应用运行。

（5）高可扩展性。"云"的规模可以动态化的、差异化的、可以实时调整动态伸缩，满足应用和用户规模增长的需要。

（6）按需服务。"云"是一个庞大的资源池，用户可按需购买。实际上可以理解为云可以像话费、自来水、煤气、电那样按用户实际需求计费，用户可以充分享受"云"的低成本优势。

3. 大数据技术

大数据（Big Data）是一种规模大到在获取、存储、管理、分析方面大大超出了传统数据库工具处理能力范围的数据集合。大数据具有规模大（Volume）、速度快（Velocity）、类型多（Variety）和价值大（Value）的"4V"特征。大数据不仅是适应时代发展的技术产物，更是一种全新的思维理念，即基于数据资产的商业经营模式。大数据技术能够从海量的数据中提取出最有效的信息，在商业经营中发挥着至关重要的作用。大数据技术可具体划分为以下几种：

（1）大数据采集技术。快速而广泛地搜集分布在互联网上的数据，并且将一些其他平台中的数据源中的数据导入到该应用中，对数据进行清洗、转换、集成等。

（2）大数据处理技术。运用分布式系统对超大规模的数据进行快速统计、归纳、分类，便于高质量、高效率地存储数据和提取数据。

（3）大数据分析技术。根据单组数据的对应分析和多组数据的聚类分析，通过定量描述对于不同现象的各种利害要素的相关程度，让数据开发更接近人们的应用目标。

大数据技术在商务领域的应用主要体现在以下方面：

（1）应用于客户体验。为了提高客户的交易体验，电商企业应用大数据技术分析客户历史消费行为，提高用户检索商品的精准率，并且针对不同的客户，动态地调整页面内容及布局，全方位地展现客户的实际需求，实现对商品的合理聚类和分类，最大限度地提高商品的页面展示效果，满足客户的个性化需求，改善客户的购物体验，提高客户的满意度。

（2）应用于市场营销。通过应用大数据技术，电商企业在市场营销环节可以最大限度地降低人力、财力以及时间成本，通过分类客户、挖掘潜在客户，实现精准营销。

（3）应用于库存管理。在零售业中，库存销量比是一种重要的效率指标，大数据技术使管理人员可以实时追踪商品库存的变动，并通过在线的市场供求变化分析，准确预测市场供求,制定合理的生产计划,降低库存积压风险,提高企业的资金周转能力。

(4) 应用于客户管理。运用大数据分析,金融和电商企业可以识别和划分普通客户群和 VIP 客户群,根据客户交易的历史数据,对客户生命周期价值进行比较和分析,发现最有价值的当前和潜在客户,通过满足其对服务的个性化需求,提高客户忠诚度和保持率,实现客户的价值管理。

二、互联网金融的应用支撑

从金融业务层面看,互联网金融是金融商务活动的互联网化,这一虚拟、便捷的金融业务模式的开展离不开电子支付清算系统、大数据征信系统、移动金融应用系统的支撑。

1. 电子支付清算系统

支付清算系统也称为跨行业务与资金清算系统,是国民经济资金流动的大动脉,社会经济活动大多都要通过跨行业务与资金清算系统才能最终完成资金支付。支付清算系统一般可分为行内系统、行际系统及第三方支付平台系统。

行内系统是在同一银行或金融机构内部运行的、用于分支机构和网点间的资金支付与清算业务,如我国各商业银行开办的电子汇兑、速汇通等实时转账、汇款业务就是建立在商业银行的行内支付清算系统基础上的。

行际系统是严格意义上的支付清算系统,由中国人民银行运营和管理,吸收各家商业银行和金融机构为会员,为会员间的资金支付与清算提供服务,经过多年的电子化建设,已经建成了覆盖全国的中国现代化支付系统,是我国各银行和货币市场的公共支付清算平台,是人民银行发挥其金融服务职能的重要的核心支持系统。中国现代化支付系统主要包含以下应用系统:

(1) 大额实时支付系统。主要处理规定金额起点以上的跨行贷记支付业务、规定金额起点以下的紧急跨行贷记支付业务、商业银行行内需要通过大额支付系统处理的贷记支付业务、特许参与者发起的即时转账业务、城市商业银行银行汇票资金的移存和兑付资金的汇划业务。大额支付系统逐笔实时处理支付业务,全额清算资金。目前,系统运行工作日为国家法定工作日的 8:30—17:00。中国人民银行根据管理需要可调整运行工作日及运行时间。

(2) 小额批量支付系统。主要处理跨行同城、异地纸质凭证截留的借记支付以及金额在规定起点以下的小额贷记支付业务。小额支付系统基本业务处理流程整体上是"24 小时运行,逐笔(批量)发起,组包发送,实时传输,双边轧差,定时清算",即:24 小时运行,支付指令批量或实时发送,净额清算资金。小额支付系统,支撑各种支付工具的应用,为银行业金融机构提供低成本、大业务量的支付清算服务,满足社会各种支付的需要。

(3) 网上支付跨行清算系统。处理规定金额以下的网上支付业务和账户信息查询业务,包括:网银贷记业务、网银借记业务、第三方贷记业务、网络购物、商旅服务、网银缴费、贷款还款、实时代收、实时代付、投资理财、交易退款、慈善捐款等。系统处理的支付业务遵循"实时入账、定时清算"的原则,逐笔实时处理支付业务,轧差净额清算资金。网上支付跨行清算系统实行 7×24 小时不间断运行。

(4) 全国支票影像交换系统。综合运用影像技术、支付密码等技术,将纸质支票转化为影像和电子信息,实现纸质支票截留,将支票影像和电子清算信息传递至出票人开户行进行提示付款,实现支票全国通用的业务处理系统。影像交换系统定位于处理银行机构跨行和行内的支票影像信息交换,资金清算通过小额支付系统处理。影像交换系统支持7×24小时连续运行。每个系统工作日的运行时间为上一工作日16:00至当前工作日16:00。影像交换系统日切时间和小额支付系统日切时间保持一致,系统在每一工作日16:00日切后进入下一工作日。中国人民银行可根据需要调整日切时点。

(5)电子商业汇票系统。由中国人民银行建设并管理,依托网络和计算机技术,接收、登记、转发电子商业汇票数据电文,提供与电子商业汇票货币给付、资金清算行为相关服务并提供纸质商业汇票登记、查询和商业汇票(含纸质、电子商业汇票)公开报价服务的综合性业务处理平台。目前,电子商业汇票系统各类业务的运行时间均与大额支付系统运行时间相同。

(6)境内外币支付系统。为我国境内的银行业金融机构和外币清算机构提供外币支付服务的实时全额支付系统,是境内商业银行间外币支付的主要渠道。境内外币支付系统运行时间为每日9:00—17:00,可处理港币、英镑、欧元、日元、加拿大元、澳大利亚元、瑞士法郎和美元8种货币支付业务,满足了国内对多种币种支付的需求,提高了结算效率和信息安全性。

(7)第三方支付平台系统是由具备一定实力和信誉保障的独立机构,通过与各大银行合作、接入银行支付结算系统、为用户提供支付服务的网络平台系统。若网络系统依靠移动通信设备和无线电通信技术连接账户,则称为第三方移动支付平台。第三方支付的实质是通过在买卖双方之间设立一个中间过渡账户,使交易资金实现可控性停顿,包括线上支付、移动支付、预付卡的发行与受理、POS收单等业务。

2. 大数据征信系统

互联网金融的核心竞争力在于借助对大数据的挖掘与分析能力,降低信息不对称程度和交易成本,进而提升资源配置效率并促进经济增长。当大数据运用于互联网金融后,可以全方位地助力于互联网金融的发展,在精准营销、产品设计、风险管控等方面,通过分析海量数据,可以做到定位营销、产品改善、提高抵御风险的能力。由于互联网金融具有"虚拟"、"开放"、"共享"等互联网特征,为确保金融业务活动的可信、安全,大数据征信成为互联网金融得以健康发展的基石。

大数据征信是指通过特定算法和征信评价模型,运用多元化与多维度的信用信息,形成对个人、企业、社会团体的信用评价。由于拥有更加多元化、非结构化和多维化的征信数据来源,大数据能更真实、更全面地反映信息主体的信用状况。其不但为征信体系的建设提供了更丰富、有效的数据资源,也在很大程度上改变了传统征信业务的数据收集、加工和分析方式,以及相关征信产品的设计理念。

我国现阶段已经逐步发展起来的大数据征信系统有中国人民银行征信系统、第三方征信系统。

(1)中国人民银行征信系统。系统包括企业信用信息基础数据库和个人信用信息基础数据库。企业信用信息基础数据库始于1997年,在2006年7月份实现全国联网查询。个人信用信息基础数据库建设最早始于1999年,2005年8月底完成与全国所有商业银行和部分有条件的农信社的联网运行,2006 年 1 月个人信用信息基础数据库正式运行。截至 2015 年 4 月底,征信系统已经收录了 8.64 亿自然人(其中有信贷记录的自然人为 3.61 亿人)、2 068 万户企业及其他组织(其中有中征码的企业及其他组织为 1 023 万户);2015 年前四个月个人征信系统机构用户日均查询 161.2 万次、企业征信系统机构用户日均查询 24.5 万次。此系统的主要使用者是金融机构,通过专线与商业银行等金融机构总部相连,并通过商业银行的内联网系统将终端延伸到商业银行分支机构信贷人员的业务柜台。

中国人民银行征信系统已经建设成为世界规模最大、收录人数最多、收集信贷信息最全、覆盖范围和使用最广的信用信息基础数据库,基本上为国内每一个有信用活动的企业和个人建立了信用档案。征信系统收集的信息以银行信贷信息为核心,还包括企业和个人基本信息以及反映其信用状况的非金融负债信息、法院信息和政府部门公共信息等;既有正面信息,也有负面信息。为了全面反映企业和个人信用状况,近年来积极推动工商、环保、质检、税务、法院等公共信息纳入征信系统,共采集了 16 个部门的 17 类非银行信息,包括行政处罚与奖励信息、公积金缴存信息、社保缴存和发放信息、法院判决和执行信息、缴税和欠税信息、环保处罚信息、企业资质信息等。

(2) 第三方征信系统是由社会信用机构运营的信用平台系统,如芝麻信用、腾讯征信、中诚信征信等。第三方征信的数据除了来源于信贷机构外,还包括人们的日常生活、政府部门以及互联网企业,扩充了中国人民银行征信系统的数据来源,同时第三方征信可覆盖更多的信用主体对象。在互联网金融飞速发展的时代背景下,我国的部分第三方征信机构相继获得了征信牌照,数据挖掘能力逐渐增强,评分模型逐渐完善,第三方征信机构的潜在市场规模越来越大,征信行业的市场占有率得到显著提高。

大数据时代为第三方征信机构的发展带来新的机遇:

① 提供日益精准的数据。第三方征信机构在大数据时代背景下,将突破传统征信收集数据的模式,不再局限于信息主体的基本信息、财务信息等静态信息,借助大数据平台及时跟踪和收集信息主体的行为信息等多层次的动态信息,将更能立体客观地定位信息主体的征信坐标。

② 提供多样化的数据采集渠道和采集方式。大数据时代的到来,让第三方征信机构的数据来源不再局限于政府部门、金融机构等实体机构的限制,开始利用互联网从虚拟世界中获得征信信息,及时掌握信息主体交易动态、交易习惯等信息,并采用多种算法将数据分类到结构化、半结构化、非结构化的数据仓库中。

③ 促使产品层次和服务水平的提升。大数据平台可以提供多样化的细分数据分析,满足不同客户的不同需求,实现从征信向数据分析转型,利用数据分析方法,挖掘和萃取具体客户的规律性信息,准确预测客户行为。

3. 移动金融应用系统

移动互联网金融是传统金融行业与移动互联网相结合的新兴领域,以平板电脑、智能手机和无线 POS 机等各类移动设备为媒介工具,充分发挥移动终端便携的优越性,实现资金支付、股票交易、基金买卖、购买保险等业务的新兴金融模式。移动金融进一步拓展了金融服务渠道、促进了金融服务与消费场景的融合、改善了金融服务的可获得性,已经成为金融机构的核心渠道。来自 TalkingData 的统计数据显示,截至 2016 年 3 月,移动金融用户规模达到 8.3

亿台,在移动互联网整体用户中的渗透率为 63.7%。基于各类金融服务的 App 也层出不穷。

（1）手机银行类 App 是传统银行的移动端平台,除账户管理、转账汇款、交易查询等传统业务外,手机银行还提供网点查询、移动支付、投资理财、网上充值、生活服务等增值服务,如活跃用户规模较大的 App 有中国建设银行、中国工商银行、招商银行等。

（2）证券股票类 App 是券商为用户提供的开户、证券买卖交易平台,集资讯、行情、转账、财富管理等功能于一体,全方位满足用户的投资需求。活跃用户规模较大的证券股票类 App 有同花顺、大智慧、东方财富网等。

（3）保险服务类 App。随着移动互联网的飞速发展和智能手机的普及,各大保险公司纷纷开辟移动互联网创新服务模式,通过手机终端实现保险业务流程提醒、险种推荐、客户情感沟通、进行移动展业、查勘理赔等。活跃用户规模较大的保险类 App 有平安人寿、保险师、e 宝账等。

（4）理财类 App。功能可分为信息服务功能、金融服务功能两大类。信息服务功能就是对用户生活信息进行管理和服务的功能,包括账务管理、信用卡账单管理等功能。金融服务功能则是为用户提供资产管理和金融服务的功能,包括购买理财、贷款申请、信用卡申请等功能。活跃用户规模较大的理财类 App 有涨乐财付通、随手记、京东金融等。

（5）移动支付类 App。提供用户支付、商户收款等支付相关服务,如在线支付、充值缴费、信用卡还款,还可包含理财、记账等其他功能。活跃用户规模较大的支付类 App 有支付宝、财付通、翼支付、京东钱包等。

第三节　互联网金融生态系统的结构及演化

一、互联网金融生态系统的概念及特征

所谓的"互联网金融生态系统"是指融合了互联网思维与技术的金融服务在信息化时代的变革中,形成的具有一定外部发展规律和内在逻辑安排的群体性生态特征的金融新秩序与新结构。其内部各种业态组织为了生存与发展,在特定的经济、制度、法律与信用等外部环境的激励与制约下,通过分工、合作形成一个具有一定功能作用、结构特性的动态平衡系统,并确保互联网金融行业发展的可持续性与稳定性。互联网金融生态系统具有下列特征:

1. 互联网金融生态与传统金融生态互补

互联网金融与传统金融之间既有替代关系,更有互补关系,同时还是一种互联网促进关系。互联网金融垂直细分专注于传统金融服务不足的长尾市场,从某种程度上来说,互联网金融的出现大幅度提高了金融资产的资源配置效率,与传统金融共同承担着为市场主体提供金融服务的重要责任。因此,互联网金融生态与传统金融生态存在互补关系,二者共同构成了整个金融生态系统。

2. 互联网金融生态是一种新型的金融生态

依托移动互联网、大数据、云计算等新一代信息科技的广泛运用,互联网金融成为现代

金融体系中的"新贵",大大降低了市场交易过程的信息不对称性、降低了交易成本、扩大了交易边界,带来了一场新的金融革命。在整个金融生态体系中,互联网金融系统内各个部分相互影响、彼此作用,从简单到复杂、从低级向高级演进,在优胜劣汰的竞争中曲折成长。从网络链中一个业态的不同主体向另一个主体延伸,通过统筹考察实现整体的协同效应,使得互联网金融体系形成一个有别于传统金融生态,可以自我更新与进化的新金融生态圈。

3. 互联网金融生态凸显互联网思维及技术应用

大数据及云计算运用、精准营销、客户为中心等互联网技术及互联网思维构成了互联网金融运营的主导。利用大数据技术,从海量的用户网上浏览、社交、消费、投资痕迹中提取有价值信息,将符合用户特质的金融产品推送给相应金融服务需求者,从而实现精准营销。在改善客户服务体验的同时还能够有效缓解双方信息不对称难题,最终提高金融生态系统各因素的整体效用。

二、互联网金融生态系统的结构

互联网金融生态系统主要包括生态主体、生态环境、生态模式三个方面,如图2-2所示。互联网金融的生态主体涵盖互联网金融产品与服务的供求双方及中介等。互联网金融的生态环境包括法制环境、监管环境、信用环境及系统环境。互联网金融的生态模式是指主体与主体之间、主体与环境之间相互作用而呈现的新业态运营模式,包含客体(产品、服务)、渠道、场景、媒介、流程等内容。互联网金融生态主体之间是一种竞争合作关系,互联网金融生态主体与环境之间互相影响,主体活动促进外部环境更新,外部环境更新进一步影响主体发展,主体之间、主体与环境之间的相互作用形成了互联网金融生态系统的运行机制。

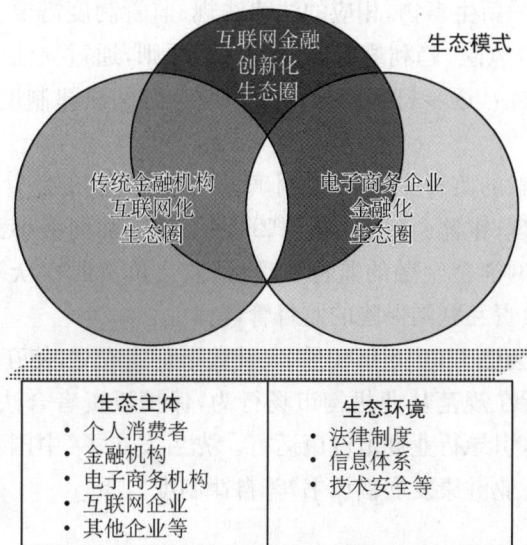

图2-2　我国互联网金融的生态结构

1. 互联网金融的生态主体

与传统金融生态相比,互联网金融的生态主体呈现主体多样、跨界、竞合的特征。

(1) 互联网金融生态主体具有多样性

互联网金融生态系统拥有个人消费者、金融机构、电子商务机构、互联网企业等多种主体，主体间差异大，即使同一类主体间的经营规模、资信水平、业务能力也会存在较大差异。个人、小微企业数量众多，长尾客户特征明显，但此类客户的风险识别能力、风险控制水平相对较差。

互联网金融生态主体的多样性完善了金融生态结构，丰富了金融生态链，随着主体种类和数量的增加，互联网金融生态也会越来越丰富和稳定。

(2) 互联网金融生态主体具有跨界性

金融与互联网的结合，使互联网的"开放、平等、协作、分享"精神注入金融生态系统中，打破了金融服务的约束边界，通过互联网触角摆脱空间的限制，各类主体纷纷实现跨界经营，提高了金融服务的覆盖面，增强了金融多层次服务能力。如银行跨界电商领域，建行"善融商务"、交行"交博汇"、工行"融 e 购"等新兴银行系电商向传统银行客户提供全新销售渠道，整合银行自身资源促进金融服务；电子商务企业跨界金融服务，如阿里金融、京东金融、苏宁小贷等。

同时，互联网金融生态主体可在不同的业务模式中担任不同的主体角色，如金融产品或服务的提供者、消费者或业务中介，使主体具有多重身份。

(3) 互联网金融生态主体间存在竞争与合作的关系

互联网金融生态系统中的每个参与主体都有其利益追求，各个主体间既竞争又合作，共享互联网金融新型服务模式带来的红利，跨界合作、金融溶于场景成为趋势，使互联网精神和共享经济得到充分体现。生态主体的融合与共生构建了互联网金融的复杂适应生态系统。

2. 互联网金融的生态环境

互联网金融的生态环境主要分为法律制度、信息体系、技术安全三个方面。

(1) 法律制度

由于互联网金融是一新生事物，相应的法律法规、监管制度需要在其发展过程中逐步完善，本着"鼓励创新、防范风险、趋利避害、健康发展"原则，通过立法引导、法律监管、企业自治、消费者自律等协同共治，逐步打造有效的互联网金融的法律制度体系，为其健康发展提供制度保障。

当前我国互联网金融的监管体系，已经明确了"一行三会"的监管主体：人民银行负责互联网支付业务的监督管理；银监会负责包括 P2P 网络借贷和网络小额贷款在内的网络借贷以及互联网信托和互联网消费金融的监督管理；证监会负责股权众筹融资和互联网基金销售的监督管理；保监会负责互联网保险的监督管理。

中国互联网金融协会也于 2016 年 3 月 25 日宣布正式成立，使互联网金融行业有了第一个全国性的自律组织，旨在规范从业机构市场行为，保护投资者合法权益，推动从业机构更好地服务社会经济发展，引导行业规范健康运行。先后发布了《中国互联网金融协会会员自律公约》、《互联网金融行业健康发展倡议书》等自律制度。

(2) 信息体系

互联网金融的信息体系包含信息共享体系、信用体系两个方面。信息体系的建设和完善将为互联网金融的发展提供持续源动力，为金融风险控制提供基础保障。

首先，借力于互联网、大数据降低信息不对称是互联网金融产生和发展的源动力，各互联网金融主体纷纷依托自己的客户信息优势，跨界拓展其他业务，如传统金融机构凭借长期、稳定的客户资源开展电商业务,而电商企业则依据积累的客户交易信息开展消费信贷、供应链金融等业务,再如国内首家互联网银行——微众银行利用腾讯客户数据开展互联网贷款业务。互联网金融信息除在企业内部使用外,逐步扩展到跨机构、跨部门的信息共享。

其次,信用体系建设成为互联网金融风险管理和健康发展的关键。互联网金融大数据及大数据处理技术为互联网金融信用体系建设提供了信息基础和技术手段,已经形成了国家征信、社会征信相结合的信息体系,前者建设有企业征信系统和个人征信系统,后者有上海资信的网络金融征信、安融惠众的小额信贷行业信用信息共享服务、国政通的互联网金融信用服务等互联网金融同业征信系统和互联网金融企业自建的征信系统(如芝麻信用、腾讯征信等)。

(3)技术安全

互联网金融技术安全包含平台安全、应用端安全及信息安全三个方面,通过采用相应的技术手段、安全措施,以保证平台的安全性、可靠性和服务持续性,为用户提供便捷而又安全的服务,同时保障用户的交易安全和信息安全。

互联网金融离不开应用平台的支持,各类互联网金融应用平台需要采取多种技术措施,能够有效防范各类攻击、入侵的威胁,确保平台系统的安全、可靠、持续地运行。平台系统通过采用防火墙技术、病毒检测和防护技术、漏洞扫描与安全检测技术、入侵检测技术、系统应急灾备技术等来保障平台的安全运行。

应用端安全可分为桌面端和移动端。由于桌面应用系统的安全防护技术较为成熟、桌面用户的安全应用意识较为普及,且桌面型的互联网金融应用种类相对稳定,使得针对互联网金融桌面应用端的安全威胁较少。而移动应用端面对着较大安全威胁,一是来自移动端操作系统层面的安全漏洞或缺陷,二是金融 App 的种类多、来源广,存在信息泄漏、功能泄漏、代码篡改等威胁。应用端安全需要通过构建应用软件(App)安全标准、推动应用软件(App)安全监测、普及用户安全知识等措施来加强保护。

互联网金融涉及大量的用户隐私信息和金融敏感信息,要保障相关信息的存储、传输安全,利用加密技术防篡改、防隐私泄漏,应用数据库安全技术防止数据的泄漏、盗用,应用数据冗余备份技术防止数据丢失。

3. 互联网金融的生态模式

金融生态系统随着时间和外部环境的变化,落后的机构(主体、中介机构)、产品与服务被淘汰,适应新变化的机构、产品与服务得以产生、生存、发展、衍化,呈现为新的金融生态。互联网金融所具有的开放、公平、共享、跨地域、跨界融合等特征,使其生态模式多样且融合衍生。根据我国互联网金融各类生态的发生、发展、衍化特征,可分为传统金融机构互联网化生态圈、电子商务企业金融化生态圈、互联网金融创新化生态圈等三种典型的生态模式,各子生态圈相互重叠,表示各子生态圈在演化过程中部分业务形态会融合、覆盖,如图 2-2 所示。

(1)传统金融机构互联网化生态圈

为了应对互联网金融挑战,传统金融机构,包含银行、证券、保险等各类金融机构,纷纷布局互联网金融,依托客户资源和金融服务领域,拓展新的服务内容和服务方式。例如,工商银行的"融 e 购"、建设银行的"善融商务"通过搭建电子商务平台,与业务场景结合,提供更深入、细致的金融服务;再如多家银行推出的"宝宝类"理财类产品,提升客户理财的便捷性、体验性和收益水平。在服务渠道方面,各家金融机构力推手机端,吸引客户转向手机银行、移动证券,如多家银行推出的手机银行跨行、异地免费转账业务就是推行手机银行渠道的强有力措施。传统金融机构在巩固传统金融服务领域的同时,积极响应"互联网＋"战略,接纳互联网精神,充分利用移动网联等信息技术,开拓电子商务、手机理财、移动支付等业务形态,形成了更加开放、小众、注重体验、与应用场景相结合的业务模式。传统金融机构通过互联网化,构建了新型的金融生态圈。

(2)电子商务企业金融化生态圈

电子商务企业利用其互联网平台,在为买卖双方提供中介服务的过程中,积累了大量数据,深度贴近客户,拥有用户结算账户,为其开展信贷业务、支付业务及其他金融业务打下了坚实的基础。如阿里的消费信贷、京东的供应链金融,打造了集中介、贸易、金融等服务为一体的闭环,形成了自金融的服务形态。同时,电子商务企业积极拓展理财、支付等其他的金融服务形态,如"余额宝""支付宝"等服务形式。随着电子商务企业金融服务生态圈的逐步构建和规模的不断扩大,企业通过申请金融运营牌照、成立独立金融机构,如"蚂蚁金服""京东金融"等,通过身份跨界和业务融合,把金融服务向传统金融领域拓展,从支付结算渗透到转账汇款、小额信贷、现金管理、财富管理、供应链金融、基金和保险代理等传统银行业务,进一步扩大了其金融服务生态圈。

(3)互联网金融创新化生态圈

互联网金融创新化生态圈是由独立于金融机构和电子商务企业的其他机构,依托互联网、大数据和社交网络,通过提供互联网金融基础服务、创新化服务而构建的金融生态圈。此生态圈的机构不依赖于传统业务,更具有创新性,提供全新的互联网金融服务形态。互联网金融基础服务是指为互联网金融交易结构或业务流程提供的平台服务和信息服务,如第三方支付服务、金融产品(金融信息)搜索服务、互联网金融征信服务、互联网货币服务等。例如,腾讯公司先后提供了第三方支付、Q币、征信等服务。互联网金融创新化的服务形态包括P2P网络借贷、众筹等为代表的在线融资服务形态。

互联网金融创新化生态圈引领了互联网金融的商业模式创新,改变了用户体验的方式,为金融产品和服务创新不断提供了新思路。例如,第三方支付服务的多样化、个性化较好地满足了电子商务企业和个人的支付需求,促进了电子商务的发展,拓展了传统金融机构支付业务的广度和深度,延长了金融服务的产业链;而P2P网络借贷和众筹融资平台让交易方通过网站了解对方,降低信息不对称,增加了透明度、降低了交易成本,丰富了服务小微企业和个人的产品内容和服务方式,让资本以较低成本流向生产实体企业。互联网金融创新化生态圈所带来的服务创新、产品创新也会逐渐蔓延到其他生态圈。

三、互联网金融生态系统的演化

互联网金融在我国经历了起步、飞速发展阶段后,逐步进入健康发展、规范发展阶段。互联网金融本质上仍为金融,是"金融再中介"的过程,中介形式更加扁平化和透明化,同时更多的小微机构、个人成为互联网金融的主体和参与者,逐步实现普惠性金融。在互联网金融生态系统的演化过程中,各种金融服务、参与主体、中介机构同时并存,业务形态的多样性,增强了互联网金融生态系统的稳定性。随着中介逐步弱化、主体参与程度加强、主体规

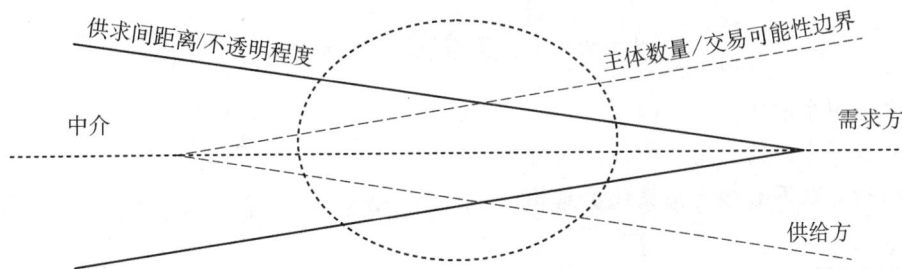

图 2-3 我国互联网金融生态系统的演化路径

模扩大,互联网金融生态系统呈现出从左至右的演化路径(如图2-3所示)。

图2-3表示我国互联网金融生态系统从左侧"强金融中介",逐步演化到"无金融中介"的状态,在从左至右的演化过程中,表现出下列特征:

(1)金融中介的作用逐渐弱化。两条斜实线之间的距离越来越小,中介呈现出扁平化,由于中介存在所导致的金融业务活动供需主体之间的距离越来越小,中介更加透明。某些业务形态可以真正实现"去金融中介",但需要引入其他的中介形式,如平台中介、信息中介等。

(2)金融业务活动供需主体的参与程度逐渐增强。两条斜虚线之间的距离越来越大,表示在左侧"强金融中介"生态下,供需主体间被隔离,能够参与的主体数量较小,交易的可能性边界受限;而发展到右侧,主体数量大量增加,涵盖了小、微主体,同时交易的可能性边界得到扩展。

(3)当前处于多种形态并存的生态演化阶段。虚线椭圆所覆盖的范围表示我国互联网金融发展现阶段仍处于多种业务形态并存的状态,不同的互联网金融业务模式所涉及的金融中介程度、主体参与程度会有所不同,即使同一种业务也会由于业务流程的不同呈现出不同的互联网金融生态阶段。

本章小结

互联网金融在延续传统金融功能的基础上,扩展了社会功能。互联网金融包含了主体、客体、中介、制度等诸要素,主体更加丰富、多样,客体得到创新。互联网金融离不开中介平台,多样化的中介服务模式为互联网金融业务创新提供了功能基础。同时,移动互联、云计算、大数据等提供了技术支撑,各类金融应用系统提供了应用支撑。互联网金融的发展使金融系统呈现出新生态,未来将长时间处于"强金融中介"和"无金融中介"的过渡状态。

★★★★★ 关键术语 ★★★★★

互联网金融的功能 互联网金融的构成要素 互联网金融的技术支撑 互联网金融的应用支撑 互联网金融的生态结构

★★★★★　思考题　★★★★★

1. 互联网金融的主体、客体是指什么？其与传统金融有何差异？
2. 互联网金融的应用支撑系统有哪些？
3. 简述互联网金融生态系统的结构。

案例应用

京东"白拿"

张先生计划从京东电商平台通过"白拿"业务买一款价格为 5 199 元的 32G 黑色 iPhone7。首先，张先生从中融信托借贷 5 199 元，将这笔贷款资金支付给京东电商平台用于购买 iPhone7；其次，张先生需要在广州金融资产交易中心（广金中心）投资一笔金额为 103 980 元的理财产品（限期 1 年、年化净收益为 5%）。待理财产品与信托贷款到期后，按合同要求张先生委托京东将理财产品收益 5 199 元用来偿还信托贷款的本息；最后，张先生的理财本金 103 980 元返还。

上述"白拿"业务的交易结构如图 2-4 所示。其中涉及四方直接参与主体，分别为客户、京东平台、广州金融资产交易中心、中融信托，包含三笔金融交易（理财、借款、还款）和一个商品交易（购买手机），所有业务均集成于京东平台，由客户从京东平台发起办理相关业务。

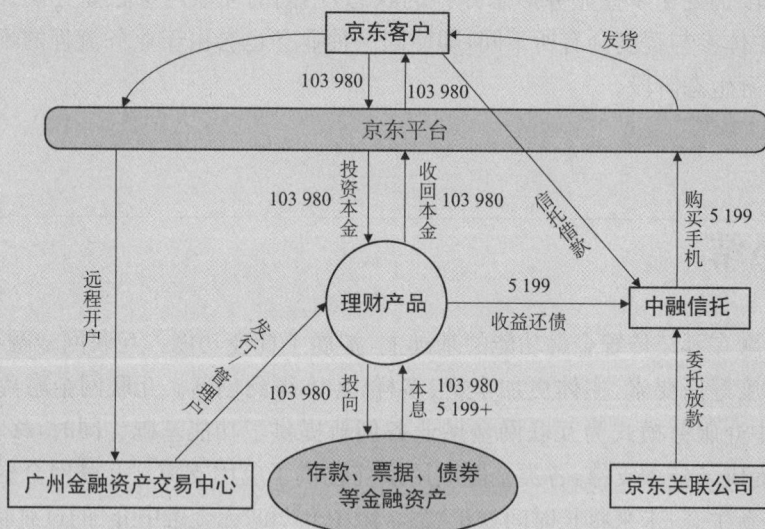

图 2-4　"京东"白拿的业务结构

案例讨论

"白拿"业务是否提升了效率？节约了成本？满足了客户需求？

第三章
互联网金融的基本理论

学习目标

◆ 理解产业经济学对互联网金融产生与发展的解释

◆ 掌握信息经济学分析互联网金融的思路与方向

◆ 理解互联网如何降低了金融交易的成本

◆ 了解互联网金融对金融理论的丰富与突破

本章内容导引

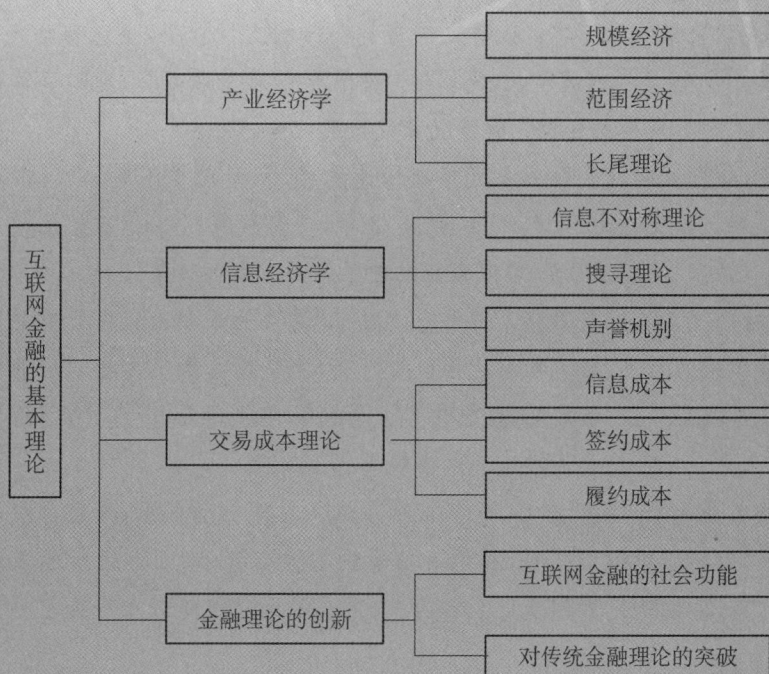

```
                              ┌─────────────┬─── 规模经济
                    ┌─ 产业经济学 ┼─── 范围经济
                    │             └─── 长尾理论
                    │
                    │             ┌─── 信息不对称理论
  互联网金融的基本理论 ┼─ 信息经济学 ┼─── 搜寻理论
                    │             └─── 声誉机别
                    │
                    │             ┌─── 信息成本
                    ┼─ 交易成本理论 ┼─── 签约成本
                    │             └─── 履约成本
                    │
                    │             ┌─── 互联网金融的社会功能
                    └─ 金融理论的创新 ┤
                                  └─── 对传统金融理论的突破
```

互联网金融：颠覆还是融合？

微信 5.0 版本正式上线，增加快捷支付；支付宝未来一周将推信用支付服务，直接透支消费额度最高 5 000 元；京东商城、当当网等 33 家企业发起成立国内首家互联网金融行业组织；京东商城已成立金融集团，且已累计放款几十亿元……这是近期金融领域最热的几则新闻，只不过，相比过往，新闻主角已由银行、基金、券商等变成清一色的互联网企业。

过去的这一周，你跟金融打过哪些交道？用拉卡拉还了信用卡欠款、把多余的闲钱存进余额宝或用支付宝在网上买了一件新衣？不仅如此，很快，你可以在淘宝网上购置基金；如果想方便快捷获得贷款，有一个选择是"人人贷"……在人们日常工作生活中，以前由银行扮演的金融服务提供者正在被互联网公司取代，互联网金融"来势汹汹"。

迄今为止，互联网金融似乎还没有一个严格定义。从已出现在周遭的服务看，大体可以分为三类：第一类是支付行业，如今持牌第三方支付机构已达 200 多家；第二类是网络借贷模式，有粗略统计称目前全国大体有 300 家网络借贷公司；第三类则是淘宝、京东、腾讯等互联网平台公司对接持牌的金融机构、类金融机构，针对其平台上的商户、个人所推出的金融服务。

这些互联网金融模式将会带来什么？有人认为，这将颠覆传统金融业的生存地位，一份颇具影响的报告指出，互联网金融模式会给信贷市场、证券市场带来巨大商机，也会促成竞争格局大变化：移动支付将替代传统支付业务，全球移动支付未来 5 年将以年均 40% 以上的速度增长；网络借贷替代传统存贷款业务；通过互联网为投资项目募集股本金的众筹融资模式将替代传统证券业务。

事实上，我国互联网金融业务近年来快速发展，新型机构不断涌现，市场规模持续扩大。以第三方支付为例，2010 年至 2012 年，交易规模从 3.2 万亿元增长到超过 10 万亿元。目前央行已向 200 多家企业发放了第三方支付牌照。

不过，在金融业界以及研究人士看来，"颠覆"说法过于夸大。央行有关负责人近日在接受媒体采访时说，目前和今后相当长时间，互联网金融三大板块的业务量还不会撼动传统金融业务。"目前，金融机构各项贷款余额超过 68 万亿元，网络借贷就算做得再好，未来 5 年可能也很难达到这个规模的 1%。"

一位银行业人士也公开表示，80 后、90 后进入主流社会以后，消费付款平台更多选择互联网，对传统银行影响较大，但目前影响力被夸大了，因为银行很多业务功能互联网公司都不具备，比如创造货币的功能、发卡派生功能等。在传统银行业不做改变的情况下,互联网金融对其产生冲击的地方还是会局限于渠道方面。

尽管如此,人们仍对互联网金融寄予更多希望:互联网与金融融合给传统金融业务发展带来新机遇。渠道的拓展、产品的创新、风险甄别与控制手段的创新等都是这两者融合后给传统金融业带来的改变。一位业内人士说:"互联网金融是在互联网时代不可不重视的一个新的业态,也可以说是'新金融',它的一个特点就是明天不可知。"

作为传统金融业代表的银行已充分感受到新金融的压力,并更加深入反思。一家国有银行人士坦言,现在互联网电商企业要做金融,银行也想做互联网和电商,但总体上还是前者做得好一些,原因是双方思维方式不同:"互联网的精神是平等、开放、分享、合作、共赢,所以电商企业能更多地考虑消费者利益,而传统银行往往站在自己的角度考虑问题。"

事实上,当前,银行最缺乏的不是新技术,而是理念革新。有分析人士指出,银行管理者习惯了几十年来封闭、独享的市场,习惯居高临下的服务方式,面对互联网时代平等、开放、分享之类的理念,每一个都会触动原有的利益。银行应该清醒,不能自己革去旧疾,就只能等别人来革自己的命。

(资料来源:新华网,作者:华晔迪,罗宇凡,2013 年 8 月 12 日)

自 2013 年互联网金融元年以来,互联网金融异军突起,以其便捷、灵活、普惠等特质迅速成为我国金融创新发展的前沿产业,但短时间急剧发展促成的繁荣背后,互联网金融发展乱象也开始凸显,互联网金融发展现状与国家对互联网金融健康发展的要求之间,尚存在较大差距。

互联网金融发展的种种问题,追根溯源在于对互联网金融这种"互联网十"时代新兴金融服务模式的基本理论认识不清。因此,从理论上廓清互联网金融产生发展的内在规律,以此为基础设计科学合理的实践指引和政策体系,指引互联网金融产业持续发展,进而推动互联网金融整体健康发展,是破解互联网金融健康发展问题的关键。本章主要从产业经济学、信息经济学和交易成本理论等角度来探寻互联网金融产生与发展的理论基础,并分析互联网金融对传统金融理论的创新与拓展。

第一节　互联网金融与产业经济学

规模经济(Economics of Scale)、范围经济(Economicsof Scope)和长尾理论(The Long Tail)是产业经济学的基本理论。互联网金融从本质上讲依然属于金融行业,因此其产生与发展也可以从规模经济、范围经济和长尾理论的视角进行解释。

一、互联网金融中的规模经济

从传统经济理论看,生产成本曲线呈"U"形,当金融服务的业务量达到规模经济的条件后,金融企业短期的成本曲线和长期成本曲线中的边际成本均显示出不断上升的趋势,表现出规模的不经济。而互联网金融服务的固定资本等条件要求与传统的金融服务有很大区别,互联网金融服务所需的固定资本一般是用于互联网金融体系的产品研发费用、互联网金融平台的计算机及其行相关设备购置费用和软件研发费用等。并且,互联网金融服务是虚拟服务业务,其服务不受时空的限制,大幅提升了金融业务的办理效率,可变成本趋于零。因此,伴随业务量的不断增长,互联网金融服务的平均成本逐渐降低,互联网金融的边际成本曲线是逐渐下倾的曲线,即业务量和产出越多,其规模经济效应体现就愈加明显,打破了边际成本递增、边际收益递减的传统经济学规律。

规模经济又可分为"供方规模经济"、"需方规模经济",分别指同一供方内部成本随规模扩大而下降,需方所获价值随规模扩大而上升。互联网保险销售业务就是典型的供方规模经济案例。互联网保险销售平台不受货架和仓储的物理限制,成本主要有平台建设投入和宣传费用,投入运营后,依托计算机系统推行自助业务办理,打通标准化产品生产与流通通道,实现"批量化生产"、"程序化服务",边际成本很低,在客户人数增加的同时不断摊薄刚性成本,并通过动态交易创造出大量集成资产,从而低成本地调配各种金融合约风险,形成了供方规模经济,进一步提高盈利能力。余额宝等互联网货币基金显示出了较强的需方规模经济性。余额宝问世初期其价值并未凸显,所对应货币基金的客户数量较少;随后较高的收益吸引客户不断集聚,使边际成本递减的同时也加强了效益示范作用,越来越多的人发现其值得购买。客户数量和产品价值因"正反馈效应"相互助长。当到达客户数量的临界值后,该类基金的规模迎来爆发式增长,价值的增长速度变得非常惊人。

对于小微金融来说,互联网金融可以促进线下小微金融的规模不经济向线上规模经济转变。在信息经济环境下,互联网技术能够方便快捷地处理和分析数据,获取个体的信用等级和偿还能力的信息成本较低,使得小额贷款供给成为可能,从一定程度上消除了对微型主体的金融抑制。对投资者而言,借助于互联网金融的技术和平台,明显降低了其参与门槛,更有利于社会资本的形成,从而实现规模经济。

二、互联网金融中的范围经济

范围经济是指当生产者生产两种或两种以上产品的成本低于生产每种产品所需成本的总和时所存在的状况。互联网金融所体现的混业经营、金融一体化服务的快捷、方便特性,能更大限度地整合互联网信息,采取研发多种金融产品以达到降低生产成本的协同效应,从而产生范围经济效应。梅特卡夫于1973年提出的梅特卡夫法则(Metcalfe's Law)是对范围经济的精练总结:"网络价值以用户数平方的速度增长,网络的价值等于其节点数的平方。"伴随着互联网用户数量的不断增长,互联网产生的效益呈现指数级增长。

互联网金融模式的多元化,可以针对小微企业及个体的融资需求提供不同的金融产品,降低了单一金融产品的交易成本,提升了互联网金融的市场份额,也同样存在着范围经济的现象。比如第三方支付平台,整合了手机话费充值、信用卡还款、公用事业缴费、保险理财、日常生活服务等多元化业务,能吸引更多客户,将业务叠加所带来的额外成本控制在较低水平。随着支付范围的逐步扩张,支付交易体系逐渐健全,交易更安全和便利,用户能直接享受到低价格、高品质的在线金融服务。

"网络外部性"是范围经济背后更深刻的定义,也是产业经济学分支——"网络经济学"的重要概念。在互联网金融领域,具有网络外部性的产品对于某一金融消费者的价值,将随着其他金融消费者人数的上升而递增,因此,用户在做出消费选择时除了考虑产品本身性能,还应关注其是否受众广泛。"交叉网络外部性"和"自网络外部性"是双边市场的常见效应,前者使双边平台的一方客户的效用随着另一方客户人数的变化而变化;后者指因同一方存在集聚效应和竞争关系而分别带来的正负两面性的影响。网络借贷平台就典型地具有上述两种效应,其撮合资金供需双方,既利用平台集聚功能促进双边用户规模与效用的交互增长,又在每一方用户内部形成集聚和竞争关系。与此同时,网络借贷领域也存在网络外部性减弱的情况。由网络外部性导致的"锚定效应",往往使客户不愿在不同供方之间转换,因此传统金融领域常出现"强者愈强""赢家通吃"的局面。但网络借贷市场的激烈竞争迫使互联网金融企业维持较低的服务费率、积极推出差异化产品、在细微处改善服务,满足需方不断提高的要求,需方的选择极端丰富,而且转换成本低廉、手续便捷,因此客户迁移极易发生,"锚定效应"被明显弱化。

互联网金融服务覆盖范围愈广,互联网金融的外部性就越能得到体现。小微企业对互联网金融产品的需求也会受到互联网金融活动外部性的影响。比如,小微企业是否可以享受互联网金融服务,极大地受制于该服务模式是否能在尽可能大的商业范围内取得金融供给方的认同,而供给方对新型的互联网金融模式能否认可,又与互联网金融服务需求对象是否广泛密切相关。

三、互联网金融中的长尾理论

长尾理论最早由 Anderson 于 2004 年提出,用以描述亚马逊等销售网站的商业和经济模式。该理论指出,需求较小但商品数量众多的尾部所占份额与需求较大但商品数量较少的头部所占份额大体相当,如图 3-1 所示;用数学集合论表述的原理是:一个极大的数(长尾中的产品)乘以一个相对较小的数(每一种长尾产品的销量),仍然等于一个极大的数(总销量)①。

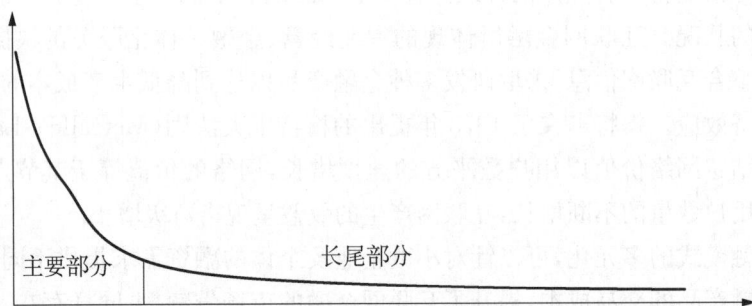

图 3-1 长尾理论模型

在传统销售模式中,由于处于尾部的大量消费者难以捕捉,所以大部分生产者都将精力专注于处于头部的少部分消费者的热门产品需求,而忽视了尾部大量消费者的冷门产品(利基产品,Niche Product)需求。但是,互联网的诞生使得处于尾部的消费者可以触及,利用大数据、云计算、搜索引擎等先进的互联网技术,可以使生产者低成本地准确了解到大量一般消费者的独特需求,其潜在的个性化需求被轻易地挖掘,成为网络经济对传统销售模式的最大突破。长尾理论与范围经济都注重品种的增多和降低协同成本,但前者是就整个市场而言,包含了大量冷门需求,后者则是同一企业内部的长尾经济,且限于增加相对热门的品种。长尾理论适用于描述某些传统经济学未能充分解释的互联网金融现象。

金融市场包含大量被传统金融市场所遗弃的、"微不足道"的用户和需求,互联网金融的发展意味着这些此前无法享受金融服务的人也拥有获取服务的潜在机会,具有典型的普惠意义。金融的发展由只关注 20% 的共性需求到开始关注 80% 的个性需求,标志着我国金融行业由粗放式向集约式发展的转变,是互联网企业对传统金融行业的最大启发。

互联网金融居于金融产业的长尾之上,催生出一系列充分满足"普惠金融"需求的产品与服务,提升了金融的便捷性、平等性和开放性。互联网货币基金增加了小额、零散的投资

---

① 克里斯·安德森著,乔江涛、石晓燕译."长尾"理论[M].北京:中信出版社,2012.

机会,提供了"零门槛"的投资途径,从而开发了那些对手续简便度、额度灵活度十分敏感的尾部客户。互联网微贷公司凭借信息处理优势,全流程、高效率、低成本地把控借款人的信用水平,使微贷业务规模化成为可能,并设置灵活的期限与额度政策,服务人性化、个性化,迅速释放了大量小微借款、甚至碎片化借款的尾部需求,探索出一条改善传统信贷配给困境的新途径。

互联网金融对长尾客户需求的开拓打破了短缺经济学的假设。当互联网改变了市场环境,长尾理论作为"二八定律"的补充出现,分别解释了同一需求曲线的短头和长尾现象,并对应着丰饶经济学和短缺经济学的假设。互联网在云计算、大数据相关科技手段的支撑下,能超越传统的商业边界,创造足够大的"交易可能性集"。传统金融市场上,流行的金融产品销量很大,但并不等同于其需求很大,可能是因为金融消费选择短缺;互联网将金融业引入了丰饶经济时代,客户越来越追求个性化。互联网金融企业必须坚持创新战略,通过对庞大多样化需求的柔性整合、提取共性,或者精细化打造非标产品、推出"私人定制",新辟传统金融业缺乏动力开发的新的盈利空间。典型案例有专供互联网销售的保险产品,如保费 8 元/月/份的某肠胃健康险,保费 3 元/年/份的某手机资金安全险,保费 100 元/年/份的某电商平台医药险,保费 15 元/季/份的高温中暑意外险,保费 0.01 元/月/份的某公交出行意外险等,满足了大众的异质化需求,保费低廉、手续便捷的特色也具有较强的吸引力,与传统保险产品错位竞争。

第二节　互联网金融与信息经济学

起源于 20 世纪 60 年代的信息经济学(Economics of Information)以信息不对称理论为研究起点,经过不断地补充和完善,逐渐形成了包括逆向选择与信号传递、委托-代理理论与激励机制设计、价格离散理论与信息搜寻理论等内容在内的庞杂的学科体系。而互联网金融则依靠不断创新的信息处理方式突破了传统金融模式,信息经济学的基本理论在互联网金融的实务中得到了充分实践和新的延伸。

一、互联网金融中的信息不对称理论

(一) 传统金融市场上的信息不对称状况

两百多年前,现代经济学的鼻祖亚当·斯密提出,市场恰似一只"看不见的手",通过价格机制、供求机制和竞争机制,支配着市场主体优化自身决策,引导社会资源朝着最有效率的方向配置。20 世纪 50 年代,美国经济学家阿罗和德布鲁运用数学方法论证了这个经济思想。然而,他们的理论有一个缺陷,那就是假设消费者和生产者拥有的信息是完整的,市场环境是理想化的。但现实情况却并非如此,比如:不同行业从业主体之间存在较高的信息壁垒,"隔行如隔山";供求双方对产品信息的了解存在巨大差异,"买的没有卖的精"。这就导致市场信息分布不对称,掌握信息比较充分的一方,往往处于有利的地位,而不掌握信息或信息贫乏的一方,则处于不利地位。金融领域的骗贷、骗保等现象,就是资金需求方极力掩盖自身的不利信息,乃至提供虚假信息,而资金供给方未能识别所造成的。由此可见,信息不对称严重影响资源配置效率,导致市场失灵,很多原本可以实施的市场交易无法完成。

为了解决信息不对称问题,20世纪70年代美国经济学家阿克尔洛夫、斯蒂格利茨和斯彭斯展开了系列研究,并因"对不对称信息市场理论做出的拓荒性贡献"共同获得2001年诺贝尔经济学奖。从此,作为制度经济学的理论基础和博弈论在经济学中的应用,信息经济学逐渐发展起来。从研究成果看,信息不对称主要造成两类后果:一是交易达成前隐藏信息,导致"逆向选择"。例如,在吸收公众存款方面,合法金融机构按照国家核定的存款利率区间吸收存款,而非法金融机构或个人高息揽存,部分公众因信息不对称,转而选择非法金融机构,出现"劣币驱逐良币"现象。二是交易达成后隐藏行动,导致道德风险。例如,由于被保险人与保险公司间信息的不对称,造成车主在买过车险后疏于保养,使保险公司赔不胜赔。再如,借款人对借入资金的使用效益漠不关心,不负责任,致使借入资金发生损失等。

针对"逆向选择"问题,一种解决方法是通过可观察的行为或特征,来传递机构或产品的确切信息。如通过各类行政许可、第三方评价和客户赞誉,来标示机构资质和能力。另一种解决方法是科学设计面向不同客户群体的产品类型,通过客户购买行为,自动揭示客户风险类型。如同时提供低保费低保额、高保费高保额的保险产品,驱使高风险客户购买高风险保单。针对道德风险问题,重点是加强事中事后监督和管理,调动交易对象的积极性,整合各方面信息,确保交易达成后主体行为不偏离合同约定的内容。

总体来看,信息不对称会显著增大交易成本,抑制市场交易和经济金融发展。缓解信息不对称需要完善制度,加强监管,但这本身也要花费成本。在现实中,很多金融机构为应对信息不对称可能造成的道德风险,普遍采用了抵押贷款的方式。这种做法看似减少了风险,实际上与金融机构本身经营管理风险的职责相悖,也使抵押品不足的中小微企业和个体客户难以获得资金支持。

(二) 互联网金融对信息不对称状况的改善

制度经济学告诉我们,技术创新可以带来制度创新,往往能解决许多管理的难题。当前,以宽带传输、移动互联、云计算、大数据和社交网络为标志,互联网进入了新时代,越来越多的人类活动从线下向线上迁移,"数字化生存"正在成为现实。如交通监控系统有效治理了违章问题,电子政务对提高效能、减少寻租发挥了积极作用等等。

互联网金融从一出现就备受争议,争议的焦点在于互联网和金融都有助于缓解信息不对称,互联网金融作为两者融合的产物,在这方面潜力更大。信息是金融行业最重要的资源,而互联网金融与传统金融最大的区别在于对信息处理的创新,凭借这一优势,互联网金融改变了产业价值链。这一变革拉近了人与人、商家与客户的距离,大大减轻了信息不对称的影响,主要表现在信息来源、信息特征和信息处理技术等三个方面,如表3-1所示。

表 3-1　传统金融与互联网金融的信息差异对比表

	传 统 金 融	互 联 网 金 融
信息来源	金融交易记录、客户主动披露、金融机构尽职调查	互联网：金融交易平台＋社交网络
信息特征	传统数据（两维数据）：时间序列数据、截面数据、面板数据	大数据（多维度）：软信息＋硬信息
信息处理技术	数据仓库、数据挖掘	云计算、搜索引擎、区块链等

1. 互联网金融的信息来源更为广泛

传统金融数据主要来自金融市场中的交易记录，或者客户按照规定主动披露，或者由金融机构进行尽职调查，信息来源比较单一且有局限性。而互联网金融中的信息却来自无所不在的互联网，既包括金融交易数据，也包括各种社交网络数据，在自愿分享和共享机制下，信息具有交换性、一致性、传染性和传递性等特征。

2. 互联网金融的信息数据更加丰富

传统金融数据由于其来源的局限性，一般呈现出单一性，比如时间序列数据、截面数据和面板数据；而互联网金融数据则表现为大数据，既包含了传统金融数据，更多的则是由各类看似毫无关联的"软信息"转化而来的"硬信息"，数据呈现出多维度的特征。

3. 互联网金融市场的信息状态更接近完全有效市场

由于信息来源所限，传统金融市场中的信息容易被金融机构或者交易者本人独占、隐藏甚至恶意修改，造成严重的信息不对称状况，影响市场效率；而互联网金融的许多信息来自开放的互联网，非常接近理论假设中的完全有效市场，市场机制能够充分发挥作用，是一种完美的理想状况。

4. 互联网金融的信息处理技术更为先进

云计算保证了对海量信息的高速处理能力；搜索引擎对信息的组织、排序和检索，能缓解信息超载问题，有针对性的满足信息需求；区块链技术利用块链式数据结构来验证与存储数据，利用分布式节点共识算法来生成和更新数据，利用密码学的方式保证数据传输和访问的安全，利用由自动化脚本代码组成的智能合约来编程和操作数据；在云计算、搜索引擎和区块链技术的共同支持下，最终形成时间连续、动态变化的信息序列，金融交易的信息基础得到满足。

综上所述，互联网金融环境下的信息处理通过把海量信息显性化、集中化和公开化，首先实现了信息在人与人之间的"均等化"，然后通过区块链、搜索引擎和云计算对大数据进行处理，能凝练和反映汇聚来的信息，最后使每个人都能及时、免费获取自己所需要的有效信息。

（三）不同互联网金融改善信息不对称的路径

伴随着利率市场化等金融改革的推进以及监管措施的完善，互联网金融"钻政策空子"的套利空间大大压缩，而基于互联网强大信息处理能力的资金配置效率将不断提升。凭借信息处理优势,互联网金融各种业态都在探索解决金融交易前后两大信息不对称问题的全新路径。

1. 第三方支付

第三方支付整合资金流(银行)、信息流(交易订单)和物流订单(物流公司),成功地解决了电子商务交易信用中介担保问题。支付宝第三方担保交易模式是通过支付机构预先归集卖家支付的货款,待客户收货确认后,再将资金转入卖家账户。其流程是:(1)买方拍下商品并付款给支付宝;(2)支付宝通知卖方发货;(3)买方收到货物确认付款;(4)支付宝将货款转给卖方。如果买卖双方以及物流任何一个环节出现问题,支付宝都会暂停付款,从而保障了买卖双方的权益。由此可见,支付宝实际上扮演了中间人角色。更重要的是,第三方支付作为网络借贷、众筹融资、理财等其他互联网金融业态以及公共事业等领域服务的资金支付渠道,留存了大量的交易信息,为解决信息不对称问题提供了信息基础。

2. 网络小贷

网络小贷运用电子商务交易数据,解决了网上商户和消费者贷款的信用审批难题。比如,阿里小贷运用从淘宝、天猫、支付宝等一系列平台获取的数据,包括卖家会员的交易量、活跃度、用户满意度、库存、现金流等数据,为他们提供无抵押、低门槛、快速便捷的融资服务。在贷前从数据库提取数据,导入信用评估模型,并引入交叉检验技术,将隐性的“软信息”转变为显性的“硬信息”,提高了信用水平甄别的准确度;在贷中,分散、无序的信息形成了动态、连续的信息序列,以趋于零的边际成本给出任何借款人处于动态变化中的动态违约概率及风险定价,为远程监测、实时预警提供了可能;在贷后,电商平台和小贷系统设有严格的曝光、禁入等违约惩罚措施,从而减少机会主义倾向。京东的“京保贝”,通过向银行提供供货商的在线订单、交易记录等数据,降低银行的审贷成本和放贷风险,搭建了商家、平台、银行之间的资金对接桥梁,供货商可以无担保、无抵押快速获得贷款。

3. P2P 网络借贷

网络借贷也是互联网时代突破传统借贷瓶颈的一大创新。网络借贷基于客户信息居间撮合,促进了资金供需双方直接对接。网络借贷平台根据借款人上传的身份信息和证明材料进行信用初评,信用评价结果随着其借款成功次数、逾期率、逾期天数等信用记录的改变而动态调整。在贷前,贷款人通过观察公开的借款人信用评价结果、信用记录、该笔借款特征、借款人的人口统计学特征等“硬信息”来做贷款决策,并可利用社交网络、甚至“人肉搜索”掌握更多借款人的“软信息”,使网络借贷的逆向选择风险得到一定程度的遏制。在贷后,网络借贷平台及业内有关第三方组织的“黑名单”、“曝光栏”能及时警示失信的借款人情况,能较为有效地防止道德风险发生。采取线上运营加第三方担保模式的陆金所,放贷人通过网络借贷平台获取借款人信息,签订借款合同,担保公司对本金、利息担保并进行风险审核。“人人贷”采取线上线下结合模式,通过线下发展贷款用户、实地考察、委托线下公司进行信用评级,再将贷款信息发布在网络借贷平台上,供放贷人投资选择。

4. 众筹融资

众筹通过项目筛选和信息披露,为初创企业提供了融资支持。众筹企业一般要求筹资人提供详细的项目内容、进展安排、筹资金额和期限,对投资者的回报以及必要的风险提示等信息,由平台审核、筛选上线,有的还为筹资人和投资人提供交流互动的机会,投资人选择投资项目并获得股权收益、实物等回报。2011年7月点名时间成立以来,收到13 000多个创业提案,其中发布1 500多个,筹资成功率43%。

5. 互联网金融超市

"金融超市"通过整合金融产品信息和搜索服务,为投资理财提供专业化咨询服务。互联网理财产品种类繁多、五花八门,一般投资者很难甄选。"金融超市"运用爬虫(爬虫又称为"网页蜘蛛"、网络机器人,是一种按照一定的规则,自动地抓取网页信息的计算机程序)技术对线下线上所有在售金融产品信息进行遍历(遍历是指沿着某条搜索路线,依次对"树"型结构中每个结点均做一次且仅做一次访问,是数据结构中的专业术语),建立结构化的金融产品数据库,为用户选择理财产品提供便捷的搜索查询服务。"融360"网站为用户提供搜索的各种理财产品1万多种,其中仅网贷投资产品就有上千款。

未来互联网技术创新步伐依然很快,应用更加广泛,缓解信息不对称的功能和作用会越来越强大。

二、互联网金融中的搜寻理论

搜寻行为之所以存在,广义原因是信息不对称所导致的"搜索前置"。狭义原因是"价格离散",即信息在交易双方之间的非均衡分布所引发的同地区、同质量产品的价格差异,信息搜寻因此才有利可图,专业化信息服务机构才得以产生。搜寻成本影响着定价和价格离散程度,搜寻成本越高,价格竞争越弱,离散程度愈高,搜寻所获收益就越大。目前互联网信息搜寻效率已达较高水平,与传统金融市场相比,若互联网金融市场搜寻成本不能有效降低,就会失去发展后劲。以货币基金市场为例,传统市场上搜寻成本较高,信息扭曲严重,寻找高口碑供方的难度较大,只要低口碑供方有可能凭借降价(即降低利差或手续费)来弥补口碑劣势,高口碑供方受到建立、维护、宣传口碑成本的限制,就不可能占据全部市场,因此会出现高口碑供方的产品价格和市场份额较高、低口碑供方的产品价格和市场份额较低的均衡,价格竞争较弱,离散程度较高。而在互联网市场上,搜寻成本大大降低,高口碑供方更易被需方选择,供方群体内部将加强价格竞争,均衡时的价格离散程度发生改变;低口碑供方不得不进一步降价,最终可能因产品价格低于成本而难以生存,市场结构发生质变,形成"良币驱逐劣币"的局面。

互联网信息搜寻中,搜寻方式代替搜寻成本成了核心内容。随着互联网信息技术不断进步,传统金融信息被动获取方式已转变为主动搜索方式。不过,互联网上的信息数量空前丰富,"信息噪音"也相应增多,单纯的主动搜索可能仍无法满足个体某个独特、切实的需要。大数据技术支持下的搜索引擎利用信息过滤技术和推荐技术,为互联网金融消费者提供了"刻画需求"和"推荐喜好"等新的信息搜寻手段,实现了"信息的定制化供给",进一步降低了搜寻成本。"刻画需求"是指客户对金融产品构成因素进行自由选择与组合,互联网金融产品信息集散平台根据其具体要求反馈信息;"推荐喜好"是指凭借大数据,分析每一位客户对金融产品的喜好和接受金融服务的习惯,抛弃覆盖面大但成本高昂的渠道,使用狭小但定位准确的互联网渠道向客户推送针对性的内容。与此同时,搜寻成本的下降和搜寻方式的改进,促使拥有特殊需求的需方在互联网上快捷地匹配具备条件的供方,供方也可利用大数据挖掘技术主动寻找少数具有相似需求的需方，从而解决生产规模过小带来的成本问题，这为未来互联网金融产品的"私人定制"提供了便利。

三、互联网金融中的声誉机制

声誉机制建立在信息经济学、博弈论基础之上。"声誉"是显示经济主体行为倾向或内在特质、甄别其类型的一种可传递的信号。连续的声誉信息形成了声誉信息流，市场能自发产生短期声誉信息流，而经第三方组织协调能产生具有较高可信度的长期声誉信息流。不同的声誉信息流因社会关系而联结交互，形成了"声誉信息网络"。互联网环境中，声誉形成和积累的速度较快，声誉信息流、声誉信息网络更易产生。

声誉机制是促进博弈双方合作的重要机制，对其研究被纳入两个框架：一是在完全信息无限次重复博弈理论的框架内，"冷酷战略"意味着一旦背叛合作，声誉就会消失；二是在标准声誉模型的框架内，依靠声誉机能够解决囚徒困境，若信息传播机制完善，除了"自我实施"机制，声誉的形成和维持还可通过"社会实施"机制实现，因此交易者有足够的积极性保持良好声誉。在各类互联网交易中，互联网信息技术的发展极大地提高了声誉信息的采集与传播效率，降低了声誉约束成本，并将声誉机制的作用范围拓展到全球。声誉机制可在借贷市场上发挥作用，在网络借贷市场上，借款人的借款记录和还款记录是其"声誉"的主要构成因素。现实中存在借款人凭借小额借款建立"好声誉"后再行诈骗，一旦留下失信记录后伪造身份信息重新"入场"的现象，因此针对借款人的声誉机制要想真正生效，必须满足两个基本条件：一是信息高效率、低成本地传播，确保借款人不良声誉被及时披露和识别，促成集体惩罚；二是信息真实、完整，通过建立网络借贷信用信息共享系统接入我国正式的征信系统，使来自各个网络借贷平台的借款人信息互相补充和校验，构建网上网下统一联防机制，从而最大限度地提高信息造假的成本，降低信息甄别的难度，切实保障贷款人的合法权益。

互联网金融企业可能与金融消费者形成委托合同关系，扮演代理人的角色。声誉能够替代"显性激励"，给代理人带来"隐性激励"。在网络借贷行业中，借贷平台必须经受借贷双方委托人的审视和检验。每一位客户的评价经互联网广泛传播，以及第三方组织的正式评价，组成了网络借贷平台的"声誉"，是客户在众多网络借贷平台中"用脚投票"的决定性因素。好的声誉将提升盈利、促进经营规模的持续增长，因此即使没有显性激励，借贷平台也有积极性采取高度诚信与尽责的策略，以便改进和维持声誉。

第三节　互联网金融与交易成本理论

传统金融行业与互联网、移动互联网等现代信息技术的融合，形成了不同于银行间接融资和资本市场直接融资的新型金融模式——互联网金融，其依托横向、纵向一体化的技术范式内驱和网络产业集群的技术环境外推，使得交易成本更低、交易效率更高，从而促进互联网金融的发展。互联网金融依托信息处理技术、移动支付技术和安全风险控制技术，通过降低信息成本、签约成本和履约成本，促进了互联网金融的流动性、盈利性与安全性的提升；而流动性、盈利性和安全性的提升会反过来提升交易效率、节约交易成本，带动信息处理技术、移动支付技术和安全风控技术的优化升级，并最终形成良性循环。

一、信息处理技术降低了信息成本

信息处理技术统指信息的采集、存储、处理、传输及应用技术，是互联网金融区别传统金融业务的核心。信息处理技术的广泛应用使信息的重要生产要素和战略资源的作用得以发挥，使人们能更高效地进行资源优化配置，从而节约交易成本，提高社会劳动生产率和社会运行效率。信息处理技术能使信息更快更准地收集、传递、处理并执行，成为支撑互联网金融交易活动的基石。

（1）互联网金融交易者数量非常庞大，产生规模经济，降低交易成本。

（2）互联网信息共享降低了信息不对称、信息不透明而产生的交易成本，同时由于企业间的资源、技术和知识具有互补性，可以降低专用性资产频繁交易产生的交易成本，促进企业吸收、管理、创新资源、技术和知识，推动技术范式的产生、形成和转移，增加交易收益，提升交易效率。

（3）搜索引擎技术缩短了搜寻相关信息的时间，能帮助用户在最短时间内获得最需要的信息，降低了信息搜集的成本。

（4）发达社交网络与信息平台降低了个人信息发布、联系、共享、揭示的成本，而增加信息交流的频率、时间及持续性能促进相关利益者之间形成非契约的信用机制，在"连续公平"而非"一次性公平"的交易行为博弈中，抑制机会主义行为与违约行为，减少了传统契约、合同的监督、考核的维持成本。

二、移动支付技术降低了签约成本

互联网金融的支付方式是基于移动无线通信来实现资金融通、价值流动，以移动支付技术为基础，包括终端、软件和应用三个层面。终端层指智能手机、平板电脑、电子书、MID（Mobile Internet Device，移动互联网设备）等；软件指操作系统、中间件、数据库和网络传输软件等；应用层包括休闲娱乐类、工具媒体类、商务财经类等不同应用与服务。

移动终端和移动电子商务、移动互联网和多网融合以及云计算和云储存等技术的发展、普及和完善，改变了传统企业和消费者的生产、经营、管理、支付和消费的流程，影响到整个社会的经济运行与结构。

（1）实现了商务流程运作的网络化、电子化，既替代了传统的实物流，减少了大量的人力、物力成本，节约了签约成本，也突破了时空的约束，保障了可以在任意时间与地点进行交易，很大程度上提升了交易效率。

（2）互联网本身具备的全球性和开放性特征，创造了更多层次、无差异化的交易机会，打破了国际贸易壁垒，降低了传统生产、消费中交易双方由于较高依赖性形成的交易成本。

（3）重新定义了传统的支付模式，减少了中间环节，使得交易双方直接交易成为可能。

三、安全风险控制技术(大数据处理技术)降低了履约成本

互联网金融企业的风控大致分为两种模式：一种是类似于蚂蚁金服的风控模式,通过自身系统大量的电商交易数据和支付宝交易数据、新浪微博等社交信息建立了封闭的信用评级和风控模型;另外一种则是众多中小互联网金融公司通过贡献数据给一个中间征信机构,再分享征信信息。在不依赖央行征信系统的情况下,互联网金融市场已自发形成了各具特色的风险控制生态系统：大公司通过大数据挖掘,自建信用评级系统;小公司通过信息分享,借助第三方获得信用评级咨询服务。

互联网金融安全风控技术,关键在于基于大数据挖掘的信用评估,需要不断挖掘和添加庞大的互联网在线动态大数据,更新数据的时效性,在此基础上,借助信用风险评估模型动态评估客户的信用风险。通常被征信行业公认有效的动态数据是从现在开始倒推24个月的数据。因此,互联网安全风控技术能有效防范基于网络信息技术导致的技术风险(包括安全风险、技术选择风险)和基于网络金融业务特征导致的业务风险(包括信用风险、流动性风险、支付和结算风险、法律风险及其他风险),提升交易效率,降低交易成本,增加交易收益,促进互联网金融健康发展。

所以,基于交易成本或者交易效率衡量互联网金融发展的水平,关键是从构成交易成本或交易效率的移动支付技术、信息处理技术和安全风控技术因素出发,衡量互联网金融发展的流动性、盈利性、安全性三方面的总体水平,这是互联网金融发展所表现的特殊性。

第四节　互联网金融推动金融理论创新

作为一种新兴的金融业态和业务模式,互联网金融的影响已不容忽视,对金融理论发展产生新的驱动力。

近年来互联网金融在我国的发展已经远超过了欧美等发达市场,尽管互联网金融对我国整个金融体系和经济发展的绝对影响还不算大,但边际影响已不容忽视。互联网金融不仅深化了对传统金融理论中信息不对称、货币属性、支付体系等重要范畴的理解,也在不断扩展传统金融理论的边界,甚至可能催生新的金融理论。

诺贝尔经济学奖得主罗伯特·莫顿在1995年提出了著名的"金融功能理论",其核心观点是金融体系拥有六大基本功能：一是为商品、服务和资产交易提供支付和结算系统;二是分割股份和筹集大规模资金;三是在时间和空间上转移配置经济资源;四是管理不确定性和控制风险;五是提供价格信息和促进不同部门的分散决策;六是处理信息不对称和激励问题。莫顿关于金融功能的概括被学术界认为是相当经典和全面的,但互联网金融的发展正日益凸显金融的其他功能。

一、互联网金融的社会功能

从我国互联网金融的发展演进看,其在创造机会、改善公平、消除贫困、缩小收入差距等

方面发挥了传统金融体系难以替代的作用。网络借贷缓解了小微企业的信贷约束,股权众筹融资为个人创业和企业投资提供了资金来源,本质上都是在为企业和个人的发展创造机会,激发社会创造力。余额宝类产品对投资金额没有限制,为广大小额投资者和投资者的小额资金提供了增值渠道,降低了金融市场投资的准入门槛,提高了金融投资的公平性。互联网金融的交易成本低、服务效率高、覆盖范围广,更好地缓解了信息不对称问题,并且促进了金融竞争,有助于低收入群体更好地积累资金、平滑消费、管理风险和改进生产技术,从而降低贫困和缩小收入差距。

如果把创造机会、改善公平、消除贫困、缩小收入差距等命名为金融的"社会功能",很自然需要回答的一个问题是:社会功能究竟是金融的一种越来越凸显的新功能,抑或只是以上六种功能的延伸?罗伯特·希勒在《金融与好的社会》中也提出了类似的问题:"金融到底能在社会良性发展中扮演怎样的角色?不论作为一门学科、一种职业,还是一种创新的经济来源,金融如何帮助人们达成平等社会的终极目标?金融如何能为保障自由、促进繁荣、促成平等以及取得经济保障贡献一分力量?我们如何才能实现金融民主化,从而使得金融能更好地为所有人服务?"[1]

很多人认为,社会功能不是金融体系的一项新功能,可以由其他功能推演而来,是传统金融功能正外部性的极大体现。例如,学生贷款、风险投资都是很好地帮助贫困阶层或创业者实现上学或创业理想的工具,只是金融在"时间和空间上转移配置经济资源"的功能客观上达到了社会效果而已。微型金融服务在减少贫困方面的作用不可忽视,但其中金融的基本功能并没有发生改变,改变的只是金融服务的边界范围。同时,持这种观点的人也担心,扶贫、消除不平等本应是政府财政的主要职责,金融体系的经济功能是其本职职能,而社会功能是其辅助职能,金融体系的社会功能要以商业可持续为前提。一旦把这些功能加到金融体系,会导致金融的异化和金融风险的集聚,这在发展中国家尤其应当警惕。美国次贷危机爆发的一个重要原因是,政府将改善低收入群体居住条件的"居者有其屋"计划,通过房利美和房地美等转嫁给了金融体系。我国近年来地方政府融资平台增长加快,也是政府财政职能金融化的另一种表现。需要指出的是,担忧财政职能金融化的一个重要原因是,政府干预导致了金融资源错配。但如果技术进步、管理革新改变了金融机构经营的风险函数和收益函数,风险和收益组合的无差异曲线发生了变化,金融体系因此将业务经营的可行性边界或有效边界扩展到了"社会功能"或者"财政职能"范畴,政府干预和资源错配问题也就不复存在。

近年来,越来越多的学者已开始强调金融的社会功能,甚至有学者倾向于认为社会功能应成为一种新的金融功能。例如罗伯特·希勒等认为,金融的存在是为了帮助实现其他社会目标而存在的,金融应当促进社会公平,不应是为了赚钱而赚钱;金融学作为一门功能性学科,应在这些方面有所造诣。经济学家拉古拉迈·拉詹的研究以及"穷人银行家"穆罕默德·尤努斯的实践等也表明,金融是实现社会公平的基本手段,金融体系的包容性发展有助于更好地促进公平竞争,缓解富人更加富有、穷人更加贫穷的"马太效应",让财富服务于技术、思想和努力工作的人,而不仅是为了积累财富。近年来在微型金融领域颇有建树的贝琪

---

[1] 罗伯特·希勒. 金融与好的社会[M]. 北京:中信出版社,2012.

兹·阿芒达利兹、乔纳森·默多克等认为,致力于为穷人服务的微型金融既是一种经济理念,也是一种社会思想,可以帮助人们更好地应对贫困。世界银行在评价一国金融体系的发展程度时,也明确把金融可获得性作为四维评价体系中的重要一维。

其实,互联网金融的社会功能是否为金融体系的新功能并不是关键,重要的是其与经济功能之间的关系。基本功能与新功能之间的界限并不好划定,即使在罗伯特·莫顿界定的金融体系六大基本功能中,最基本的功能可能是支付结算和配置资源,而其他四项功能则是在这两项功能上衍生出来的"新功能";金融体系的社会功能则是在其经济功能的基础上演化出来的,如图 3-2 所示。互联网金融发展需要我们重新思考的核心问题是,金融体系的社会功能与其经济功能是否矛盾,两者之间是此消彼长的替代关系,还是相互促进的互补关系? 金融体系的社会职能是否影响金融体系的盈利性和可持续发展?

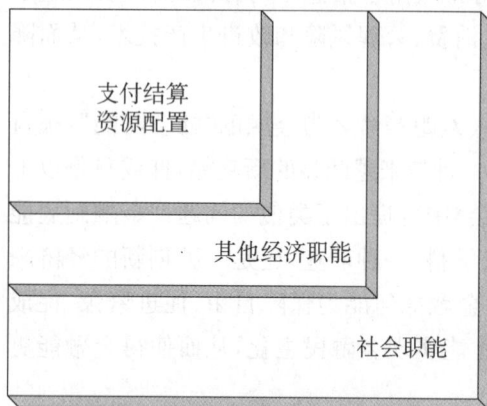

图 3-2 金融体系功能演进

二、互联网金融对传统金融发展理论的突破

1. 互联网金融丰富了金融深化理论的实践路径

金融深化理论是金融发展理论的重要组成部分。20 世纪六七十年代,罗纳德·麦金农和爱德华·肖的研究指出,政府对金融市场的价格和数量管制,影响了金融市场的资源配置效率,阻碍了整个经济发展;其建立的"金融深化理论"指出,政府应推进金融市场化改革,放开市场准入,鼓励金融机构充分竞争;放开利率管制,使金融资源能够根据利率水平的高低更多地配置到高效率部门。由此可看出,按传统的"金融深化理论",金融市场化改革需要政府主动作为,在现有的金融体系中推行。

互联网金融的发展推进了我国的金融市场化改革进程。余额宝在推动我国的利率市场化改革,网络借贷在很大程度上通过提供信贷居间服务给信贷机构带来了竞争。这表明,市场自发力量从现有金融体系之外突破,也是金融市场化改革和金融深化的重要途径。因此,在践行金融深化理论的实践中,既可以在现有金融体系之中推行,也可以从现有金融体系之外突破;既可以是政府主动为之,也可以是市场自发而行。

2. 互联网金融丰富了金融发展对经济增长的影响机制

在传统的金融发展理论中,金融发展对经济增长的影响机制主要是提高储蓄向投资的转化效率以及资金的配置效率。而我国互联网金融发展实践表明,激发创业精神和企业家精神、节约交易成本和提高经济活力也是金融发展促进经济增长的重要机制。在激发创业方面,支付宝等第三方支付的"第三方担保交易模式"有助于解决交易支付过程中的信息不对称问题,净化电子商务环境,推动了电子商业领域的创业潮;网络借贷、众筹、网络小贷等缓解了小微企业和个人投资创业的信贷约束,有助于激发整个社会的创造活力,提高整个经济的生产效率。相关研究测算表明,受益于互联网金融发展对小企业增加的资金支持,可能在我国经济领域内创造 500 万—1 100 万个就业岗位。在降低成本方面,互联网金融所具有的网络效应可以大大降低经营成本,通过"薄利多销"扭转了传统金融服务在收益上的边际递减规律,或者提高金融服务收益从边际递增向边际递减的阈值。以互联网支付和移动支付为例,2013 年由互联网支付和移动支付节约的支付成本约为 500 亿元,到 2020 年其累计节约的成本将达到 1 万亿元左右。在当前我国经济发展所处的特殊阶段,这无疑有助于促进经济发展转型。

3. 互联网金融有助于推进普惠金融的开展

当前,金融市场中的很多创新都是一种非生产性的零和博弈。这些创新虽然丰富了金融产品,提高了市场流动性,有助于更好实现价格发现,但对实体经济的直接贡献并不明显,有些创新甚至是脱离实体经济需求的自我循环、自我膨胀。对此,美联储前主席保罗·沃尔克曾略带批判性地指出,这几十年来唯一有益的金融创新是发明了 ATM 机。互联网金融则不同,它依托于互联网和移动通信技术,在降低金融服务成本的同时,实实在在地放松了金融体系优化资源配置的条件,将低收入群体、边远地区客户、小微企业等纳入服务范围,缓解了贫困群体、小微企业等的金融约束,提高了服务效率,改善了服务体验。因此,传统的金融创新主要是对现有金融服务对象、金融交易产品进行"排列组合",对实体经济的作用大多是间接的;互联网金融则是以实体经济需求为导向,增加了金融服务对象,丰富了金融交易产品,对于实体经济的作用大多是直接的。

普惠金融的实质在于全方位、有效地为社会所有阶层和群体提供金融服务,关键是为社会的弱势群体(如农户、低收入群体、小微企业等)提供平等获取金融服务的机会。就金融体系发展而言,发展普惠金融对应的是提高金融体系的深度、广度和可获得性。然而,发展普惠金融与保障金融机构的商业可持续性并非没有矛盾。普惠金融要求改善贫苦地区、低收入群体、小微企业的金融服务,但这些金融需求者的收入波动大、价格承受能力低、可供抵押的资产少。但对于作为金融供给者的金融机构而言,这些领域的金融服务成本高,难以形成规模效应,风险也相对较大,有悖于商业可持续和利润最大化原则。因此,理论界将此称为普惠金融发展"悖论"——需求方希望低成本获取金融产品和服务与供给方希望高收益提供金融产品和服务之间的矛盾。世界银行的统计数据也印证了此"悖论":从开户比例、储蓄比例、贷款比例、ATM 和金融机构分支机构的分布密度来评价,发展中国家的普惠金融要落后于发达国家,高收入群体获得的金融服务远高于贫困人群;并且传统金融机构在开展普惠金融服务中可能发生"使命漂移",即迫于盈利压力和可持续性发展而改变服务宗旨和经营策略,转以盈利为导向,偏离扶贫和普惠使命。这一"悖论"拖延了世界各国普惠金融的发展步伐,也最终制约了金融体系在改善公平、消除贫困、缩小收入差距等方面的效力。在没有新的金融服务技术和运营模式出现前,世界各国只能寄望于财税补贴或者政策性金融来缓解此矛盾。但由于低收入国家和贫困地区的政府财政实力本来就比较薄弱,财政补贴方式难以从根本上破解这一困局。

普惠金融的发展本质上需要金融体系的包容性发展,互联网金融发展有助于解决普惠金融发展中的"悖论"。互联网金融促进普惠金融发展的贡献,是由于技术进步使然,是基于成本、风险和收益考量之后的主动行为。一方面,在经营技术层面,互联网金融通过互联网和移动通信等新渠道可以弥补传统金融物理网点和基础设施的不足,有助于改善金融体系的深度、广度和可获得性;另一方面,在经营模式层面,互联网金融具有分散性、开放性以及独特的网络效应(规模越大、参与者越多,成本越低、效率越高、收益越高),有助于缓解贫困地区和低收入群体金融服务的高成本支出和规模不经济。互联网和移动通信技术降低了服务成本,扩大了服务边界,特有的网络效应保障了服务收益,两方面的结合使得互联网金融在发展普惠金融业务上具有了商业可持续性,也将传统金融机构的"财政使命"转化成了自身的"商业业务"。从我国实践来看,互联网金融发展在更多地惠及三四线城市和农村、偏远地区群体,在发展普惠金融上表现出了不俗效果。当前,我国三四线城市及农村地区的手机支付在电子支付中的占比远高于一线城市;西藏的拉萨和林芝是手机支付占比最高的城市,按照手机支付活跃度排名,前十大城市中西部城市有七个,另外三个是广东云浮、茂名和海南三亚。相关研究的测算表明,在网络借贷、电商网贷等互联网金融的驱动下,我国小微企业融资覆盖率有望从 2013 年的 11% 提升至 2020 年的 30%—40%。

互联网金融的创新不只体现在服务技术上,还有经营模式的转变。互联网金融发展对金融理论的影响并不局限在金融功能理论、金融发展理论和普惠金融理论三个方面,其在推动金融中介理论、货币理论、风险管理理论、货币政策调控理论、金融监管理论等发展上,是否具有"这次不一样"的表现,还有待于继续观察和研究。

本章小结

本章为互联网的产生与发展寻求理论支撑,传统的产业经济学认为互联网金融的理论基础是规模经济、范围经济和长尾理论。信息经济学则认为互联网能够解决传统金融市场上的信息不对称难题,搜寻理论在信息处理方面极大地节约了交易的成本,声誉模型很好地克服了逆向选择问题。交易成本理论认为互联网金融的信息处理技术、移动通信技术和安全风险控制技术分别降低了金融交易的签约成本、信息成本和履约成本,成为互联网金融发展的理论基础。除此之外,互联网金融还极大推动了传统金融理论的创新。

★★★★★ 关键术语 ★★★★★

规模经济　范围经济　长尾理论　信息不对称　搜寻理论　声誉模型　交易成本　普惠金融

★★★★★ 思考题 ★★★★★

1. 传统的产业经济理论是如何解释互联网金融的发展的?
2. 从信息经济学的视角,分析互联网金融如何降低了信息不对称状况?
3. 互联网与金融的融合,从哪些方面降低了金融交易的成本?
4. 互联网金融的发展对传统金融理论有何贡献?

互联网金融的理论支撑：平台经济学

平台经济学是法国图卢兹大学的一些卓越学者提出的产业组织理论。和传统微观经济学中厂商和消费者无摩擦地形成供求关系和市场均衡不同，平台理论认为，厂商和消费者必须接入一个平台，才能解决时空搜索和邂逅，但平台两端为平台支付的费用是极不均衡的，通常厂商全部负担平台成本，而消费者免费甚至可受补贴使用。例如消费者进菜市场、机场，接收电视广播、使用微信等，就完全不付费，平台经营者向厂商收费。

平台之所以出现，在于平台虽然是垄断的，但基于垄断的平台维持费用，不一定高于无平台时社会福利最大化的费用。以第三方支付为例，为什么银行之间的账户不是相互直连，而是要通过 Visa、Master 或者银联？原因在于平台带来的节约。按简单的排列组合，如果 10 家、100 家或 1 000 家银行的数据中心要两两配对直连，那分别需要 $10×9/2$、$100×99/2$、$1 000×999/2$ 条电信专线，即 45、4 950、499 500 条专线，而如果所有银行将其数据中心直连到一个平台进行数据传递，那么专线数降为 10、100 或 1 000 个，每增加一个银行数据中心只需要增加一条专线。考虑到不少小银行可能会委托平台进行数据中心的管理，那么专线可能更少。这可以用来解释视窗、VISA、CCTV 和银联的产生及其社会地位。以第三方支付而言，目前中国只有银联和支付宝与所有银行的数据中心物理直连，因此它们是平台，只是银联主要在线下收单，而支付宝在线上收单。财付通等其余 240 多家第三方支付是不完整平台，甚至不是平台。这决定了互联网金融机构中后端的竞争实力。

平台的重要性很强。例如，政府为打破垄断又不想失去控制力，往往只需要控制平台即可，其余皆可市场化。例如电视，只需要控制电视塔和有线网络，连节目制作和新闻采播都可外包；铁路，只需要控制全国一张网和集中调度，连高铁动车售票及未来票务现金流皆可市场化；电力，电网及其智能化是关键，发电的供给侧和供电的需求侧也可市场化。

平台还可以清晰解释银联、支付宝和财付通的异同。目前支付宝和银联已和各银行的数据中心物理直连，财付通远没有做到和银行的直接互通，因此腾讯还不具备中后端处理能力。为弥补这种能力的缺失，只好购买京东了。平台价值的改变很大程度上在于其接入厂商和客户的价值。例如，如果终端智能化的风暴从手机转向电视，使家庭电视智能化并成为智能家居的终端，则有线广电网络运营商的网络价值和单个客户价值将跃升。

互联网金融的实质就是平台经济，不管具体呈现出什么样的模式和业态，归根结底都是通过平台整合金融资源，通过大数据技术对数据进行采集与处理，然后根据市场结构特征设计和优化各种规则，最终根据客户需求开发与改进应用，其构架如图 3-3 所示。

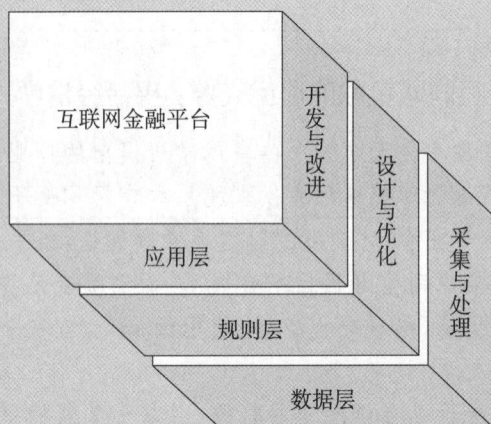

图 3-3　互联网金融平台架构

(1) 数据层

数据是海量的、多样化的、呈现高增长率的信息资产。数据层通过对原始数据进行采集、统计分析和挖掘,可以满足客户的各种应用对数据的不同需求。数据采集是利用轻型数据库对客户端数据进行收集整理,并且对这些数据进行简单的查询和处理;数据统计分析是将海量数据快速导入到集中的大型分布式数据库或者分布式存储集群,利用分布式技术对海量数据进行普通的查询和分类汇总,以满足不同的分析需求;数据挖掘则在前面所查询数据的基础上通过具体算法进行搜索以获取隐藏信息发现新的知识,来满足高级别的数据分析需求。

(2) 规则层

规则是互联网金融平台形成的核心,客户的一切金融活动都以一定的规则为基础来展开。规则可以根据不同的目的或功能来设计以满足客户的具体需求,比如价格形成规则、供求交易规则、客户管理规则、安全保障规则等。

(3) 应用层

大量的数据在具体的规则指引下,可以达到最初设计的目的,以实现客户的特殊需求,而实现这一过程的工具就是应用。一系列功能不同的应用按照不同的数量、方向、维度进行叠加和集成,就构成了应用层。

(资料来源:张成虎,金虎斌.互联网金融驱动创新机制研究[J].财经论丛,2016,2.)

案例讨论

1. 结合案例材料,平台经济学是如何解释互联网金融的架构的?

2. 结合平台经济学理论,解释不同的互联网金融业态之间有何异同。

3. 根据案例进行发散性思维,互联网金融的发展还能用哪些理论来解释?

第二编
互联网金融实务编

第四章
传统金融的互联网化

学习目标

◆ 了解传统金融互联网化的业态及其特点
◆ 理解互联网银行与直销银行的业务差异
◆ 了解互联网证券的概念、特点及其发展
◆ 掌握互联网保险的各类模式

本章内容导引

	网络金融概述	网络银行
		网络证券
		网络保险
传统金融的互联网化	互联网银行	互联网银行
		直销银行
		互联网银行与直销银行的比较
	互联网证券	互联网证券的概念
		互联网证券的发展历程
		互联网证券的主要模式
		互联网证券的主要业务
	互联网保险	互联网保险的概念
		互联网保险的发展
		互联网保险的模式

互联网巨头牵手传统银行，各怀鬼胎？

在科技金融浪潮下，传统金融机构与互联网金融巨头们的强强联手已经成为常态。当大佬们都不约而同地指着同一个方向时，科技金融正式拉开了帷幕，布局未来金融领域已成共识。在人工智能、大数据等技术逐渐成熟的条件下，金融正在爆发极大的发展潜力，新金融时代正在到来。

阿里联手建行挥师信用建设

2017年3月28日，中国建设银行与阿里巴巴、蚂蚁金服宣布战略合作。信用体系是阿里布局新金融的重点，在近日的网商大会上，蚂蚁金服CEO井贤栋表达得很清楚：打通信用体系，是阿里和建行合作的主要意图，而他们合作的动力正是来自于双方互补的高度认知。芝麻信用作为一种线上信用体系，门槛较低，用户只要使用支付宝达到一定要求即可开通蚂蚁花呗，享受一定的信用额度，既可花钱，也可借钱。由于背靠阿里巴巴和支付宝，连接着阿里系的淘宝、天猫等流量平台，因此获客成本低。而建行作为国有五大行之一，用户基数庞大，在信用卡业务上已经与汽车、教育、航空等行业进行深度合作，实现了多维度创新。

百度牵手农行剑指普惠金融

2017年6月20日，中国农业银行与百度金融达成战略合作。百度一直把科技作为第一生产力，如今，百度在人工智能等技术上拥有超前的自信。《财富》曾将谷歌、Facebook、微软和百度评为全球四大人工智能巨头。而农行目前也已经走在了科技金融的前列，农行掌上银行App目前已经将刷脸登录、大数据技术等融进服务流程中，可以说已经成为科技金融的先行者。百度与农行的合作可以从两个角度理解。一方面，百度可以依靠农行丰富的线下网点对科技金融尤其是人工智能金融产品进行大范围推广，深入农村等偏远地区，实现普惠；另一方面，农行能够借助百度世界领先的技术实现突破，不断消除繁冗的制度缺陷，提升办事效率。

腾讯联合中行意在海外支付

2017年6月22日，中国银行与腾讯金融合作成立"中国银行—腾讯金融科技联合实验室"。就腾讯和中行的合作框架来看，与百度农行还是存在众多相似之处，但腾讯和中行的目标有所区别。首先，腾讯与阿里向来是对立面，目前又和支付宝在第三方支付领域酣战，所以腾讯此次加速推进金融科技的研究，表面是指向普罗大众的金融科技产品，以加速占领更多的场景，潜在是为了加快占领第三方支付市场，尤其是海外第三方支付市场。而对于中国银行来说，向来在对外投资方面十分强劲，此次牵手腾讯，可能是主要为自己的国际化科技金融做铺垫，借助腾讯系产品的巨大流量，中行能够迅速打通国际金融通道的行业壁垒。

京东携手工行对准共同敌人

2017年6月16日,中国工商银行与京东金融签署全面合作协议。工商银行作为国内最大的商业银行,拥有578.4万公司客户和5.3亿个人客户,与京东金融达成全面业务合作,对于京东金融来说无异于锦上添花。对于京东金融来说,之所以会与工商银行走到一起,很大部分原因是因为敌人的敌人就是朋友。此前因为余额宝,工商银行曾与支付宝开撕,而京东金融又是蚂蚁金服的死敌。在京东金融与工商银行的合作当中,双方将围绕金融科技、零售银行、消费金融、企业信贷、校园生态、资产管理、个人联名账户等方面。众所周知,工商银行在线下拥有庞大的客户量,借助大数据、人工智能、云计算等科技优势,京东与工商银行在获客与用户运营、智能风控、产品服务创新、流程优化等各核心业务层能力上都能够优势互补,无异于将大大增强京东金融与蚂蚁金服的竞争力。

小米搭档民生志在弥补生态

2017年7月5日,民生银行和小米金融签署战略合作协议。相比之下,小米与民生银行的合作就低调了很多,雷军也非常低调地宣布了双方将在金融、电商、生态链等各个业务版块展开深入合作。小米进军银行业也有一年之久,2016年6月,小米宣布其联合包括新希望集团在内的七家企业申请筹办的银行获得中国银监会批复筹建,小米占股29.5%,仅次于新希望集团占股的30%,成为第二大股东。该银行注册资本30亿元人民币,是四川省首家民营银行。不过小米在银行领域缺乏足够的经验,此番与民生银行达成战略合作,能够弥补小米在银行领域的经验不足。此外,民生银行作为国内首家网上直销银行,客户数已突破700万户,管理金融资产超过800亿元;民生银行个人网银经过10多年的专业经营,已发展成为覆盖各层级客户,支持存、贷、汇、资管、理财、融资等各类交易的网络金融服务平台,目前用户已超过1 700万户……这些都能够大幅弥补小米在金融生态链的不足。

万变不离其宗,客户仍然是科技金融未来的核心所在

对于什么是科技金融,上海现代服务业联合会会长此前在智能金融发展与创新应用论坛上谈到,身份识别认证、大数据风控、智能投顾、量化投资、金融云、智能获客将成为科技金融和智能金融应用的主要领域。如此看来,科技金融的应用存在两个关键节点,一是客户本身,二是投资行为。

其一,就客户而言,身份识别认证、智能获客是以客户为服务中心的。其二,在投资行为这一节点上,大数据风控、智能投顾、量化资金是服务于投资行为并忠于投资结果的。由此看来,在人工智能、大数据等新技术的引领下,尽管互联网巨头与传统

银行频频牵手预示着一个全新的金融时代到来,但是不管如何变,如何提升客户的金融体验,如何帮助客户实现更好的收益并最大限度降低风险都是关键所在,客户始终是金融服务的核心。

(资料来源:微信公众号:互联网金融,作者:刘旷,2017 年 7 月 22 日)

　　从国内外的实践看,互联网金融沿着两个路径发展:传统金融的互联网化和互联网的金融化。传统金融的互联网化开始于 20 世纪末到 21 世纪初,金融机构为了适应互联网迅速发展与应用所带来的机遇,以互联网作为业务渠道,利用互联网开展的传统金融业务,以提高金融服务效率,降低金融服务成本。这个阶段的金融互联网化国内一般叫网络金融(其英文也为 Internet Finance,与互联网金融相同),在我国的主要业态有网络银行、网络证券和网络保险。而互联网金融化则是指 21 世纪初期以来,随着云计算、大数据和搜索引擎等新的信息技术的发展与应用,电子商务企业、IT 公司等凭借其积累的巨大客户入口流量数据和先进的信息应用技术,而开展的金融服务。当然,受到互联网金融化的挑战,传统金融业也奋起直追,在创新业务模式,改变经营战略的基础上,也建立起自己的互联网银行——直销银行、互联网证券和互联网保险等。

第一节　网络金融概述

　　20 世纪末到 21 世纪初,信息技术,特别是互联网技术在金融业的扩散和渗透,促成了金融服务组织机构和服务提供形式的创新成果——网络金融。银行、证券、保险等传统的金融机构利用互联网快捷、低成本、方便的特性,把业务纷纷移植到互联网上,出现了网络银行、网络证券、网络保险等新的网络金融服务渠道。至今,网络金融仍然是金融机构最重要的服务渠道。

一、网络银行

　　1995 年 10 月,全球第一家网络银行——安全第一网络银行(Security First Network Bank,SFNB)在美国诞生。其营业厅就是计算机屏幕,所有交易都通过互联网进行,只有 10 名员工,没有建筑物,没有地址,只有网址。从此,拉开了银行业网上竞争的序幕。

(一) 网络银行的概念

　　目前,对于网络银行还没有十分严格的定义,从不同的角度可以有不同的定义和解释。从广义上来说,网络银行是指基于互联网或其他网络通信手段,向银行客户提供金融服务的银行机构或网站。网络银行业务就是指银行基于互联网提供的金融服务。按照这一定义,电话银行、PC 银行、网上银行、手机银行等都属于网络银行的范畴。

　　比网络银行概念更为宽泛的一个概念是电子银行。根据国际清算银行的定义,电子银行泛指银行利用电子化网络通信技术从事与银行业相关的活动,包括电子银行业务和电子货币行为。电子银行提供产品和服务的方式包括商业 POS 机、ATM、电话自动应答服务系统(电话银行)、个人计算机、智能卡、手机等。电子货币行为是与电子货币创造和应用有关的各种活动,电子货币的核心是"价值储存"和预支付机制,通常以 POS 机、端对端互联设备以及互联网等开放型通信网络实施其功能。储值产品是基于各种卡的"电子钱包"和基于网络技术的"数字化现金"。在我国工商银行网站,网上银行、电话银行、手机银行等都是作为电子银行服务的一个子项目而出现的。

从狭义上来说,网络银行是指通过互联网向银行客户提供金融服务的银行机构或网站。从这一层面上来说,网络银行等同于网上银行。本书所称网络银行即是狭义上的网络银行。

无论是广义上的还是狭义上的网络银行,一般都包括三个要素:(1)互联网或其他电子通信网络,如计算机网络、电话网等。(2)利用电子通信手段提供服务的金融服务提供者。(3)利用电子通信手段接受金融服务的金融服务消费者,如以电子通讯形式消费的各类终端用户,基于虚拟网站的各种金融服务代理商等。

(二) 网络银行的特征

网络银行相对于传统的实体银行而言,无论是在服务效率、业务成本,还是技术应用方面都是一种创新。与传统的实体银行相比,网络银行具有以下特征。

1. "3A"(Anytime Anywhere Anyhow)服务

网络银行借助互联网网络优势,通过互联网与用户相连接。在有关安全设施和技术的保护下,客户可以在任何地方自行办理金融业务,而且比传统银行提供的业务更多、更快、更好。"3A"服务使银行可以在任何时候(Anytime)、任何地点(Anywhere)、以任何方式(Anyhow)突破时间、地点的限制,全天候为用户提供多样化的金融服务。

2. 速度和效益双赢

借助迅猛发展的互联网技术,银行业务不仅赢得了速度,而且也带来了可观的经济效益。网络银行服务的高效率和交互性特征,在降低银行经营成本的同时也吸引了高价值客户,提高了银行的赢利能力。网络银行服务的交易成本比以传统银行服务手段提供服务的交易成本更低。比如,处理一笔资金清算业务,传统银行分支机构的处理成本是 1.07 美元,网络银行为 0.01 美元。同时,客户采用的是公共浏览器软件和公共网络资源,节省了金融机构的软硬件开发和维护费用。

3. 侧重于标准化和程序化业务

网络银行业务侧重于传统银行柜面业务中的"劳动密集型"业务,比如账务信息查询、转账、挂失、代收代缴等,而对于风险比较大、高知识密集型业务,网络银行则具有一定的局限性。如企业并购、金融工程、国际信贷业务等。

4. 信用更加重要

网络银行比传统银行更重视信用。在网络银行业务中,客户面对的不再是有形的实体,而是通过账号与密码进行业务操作的虚拟的银行系统,这对银行和客户都提出了更高的信用要求。

5. 安全问题突出

与传统银行相比,网络银行是建立在互联网开放式网络环境下的虚拟银行。由于实际网上交易都可能引来网络入侵者,无论是盗窃还是更改电子数据资料,对于信用重于一切的银行来说都会是极大的风险。

6. 全能银行

网络银行打破了传统金融业的专业分工,模糊了银行业、证券业和保险业之间的界限,使得银行业在提供存、贷、结算等传统业务的同时,还可以低成本高效率地为客户提供投资、理财、保险等综合性的金融服务,使商业银行经营创新有了新的空间,业务范围得到了拓展,而成为全功能的银行。在我国金融业目前分业经营、分业监管的环境下,网络银行所提供的全能服务在为金融监管带来难题的同时,也为商业银行带来了发展的机遇。

(三) 网络银行的业务

经过 20 多年的发展,网络银行已经成为我国各商业银行成熟的重要业务渠道之一,各家商业银行都会根据业务的发展和新技术的应用而不断更新和完善网络银行业务。网络银行提供的产品和服务不仅包括传统银行业务,而且突破了银行经营的行业界限,深入到证券、保险及商业流通领域,其业务流程也从柜台式服务转为网上自助式服务。

商业银行开办的基础网络银行业务一般分为三类:信息服务、客户交流服务和银行交易服务。

1. 信息服务

这是银行通过互联网提供的最基本的服务。信息服务的内容主要是宣传银行能够给客户提供的产品和服务以及公共信息。主要包括:公共信息发布、银行业务介绍、存贷款利率发布、外汇利率发布、投资理财咨询、银行分支机构分布情况、最新市场行情(如外汇市场行情,股票市场行情等)和最新经济信息(如外汇储备、进出口贸易、工农业生产、国民收入)等。

2. 客户交流服务

客户交流服务允许客户与银行系统之间进行互动交流活动。包括客户信箱服务、查询服务、贷款申请、档案资料定期更新(如地址、姓名、联系方式)等。

查询服务可分为个人业务和公司业务两类,主要以账户查询和信用查询为主,是客户交流服务的重要内容。账户查询包括账户余额明细、账户当天及历史交易明细和付款方信息查询。信用查询是指了解客户在银行发生的信用情况,包括信用的结构、余额、当前和历史交易记录等。

3. 银行交易服务

银行交易服务是银行与客户之间通过互联网发生的实质性的资金往来或债权债务关系,是网络银行业务的主体。按服务对象分为个人网络银行业务和公司(企业)网络银行业务两类。个人业务包括银行卡业务及账户管理、汇款、存款、理财、债券、基金、证券、期货、贵金属、外汇、保险、养老金、社保、信使、网点预约、私人银行、生活缴费、本地特色业务账户服务。

企业网络银行业务主要有为客户提供便捷的在线账务查询与对账、支付结算、代发工资、贷款融资、电子票据、现金管理、账户整合等服务。在办理网络银行交易服务时,银行的系统服务器与银行内部网络直接相连,无论从系统本身还是网络系统安全角度看,均存在一定的风险。

不同的银行提供的网络银行交易服务会有一些差异。读者可以通过访问各网络银行网站获取或体验网络银行业务的服务功能。

(四) 网络银行业务一般流程

网络银行提供的服务领域日益广泛,应用也日益普及。对于个人客户只要拥有银行的存款账户、定期账户或银行卡账户,就可以在网上或营业柜台填写开户申请表单,成为网络银行的客户。如个人网络银行客户类别和应用权限不一样,申请流程上也会有一些差异。与个人网络银行客户申请不同的是,企业网络银行客户必须到银行柜台签约验证以后,才能开通相应的网络金融服务,这主要是因为涉及企业的相关资料,如营业执照、公章等资料的真实性验证与备份。

对于银行业务流程及有关手续的办理,各网络银行都在自己的网站有相关的说明和业务指导,提供相应的业务操作演示功能和在线帮助服务,以引导客户学习使用网络银行并进行业务操作。

二、网络证券

网络证券是一种新型的证券市场运作模式,是互联网应用和证券业发展到一定阶段的必然产物,是网络金融应用中较高级的虚拟经济形式。20 世纪 90 年代中后期,网络证券首先在美国出现,随着中国证券市场化步伐的加快,网络证券逐步得到发展,竞争的加剧、收益率的降低,进一步加速了网络证券的发展。如今,网络证券委托业务已经占我国证券交易的 90%以上。

(一)网络证券概述

1. 网络证券的基本概念

(1)网络证券的含义

网络证券有狭义和广义之分。狭义的网络证券是指以互联网作为交易手段进行的证券交易活动。而广义的网络证券是指投资者利用互联网获取国内外各种证券交易的实时行情信息,检索国际、国内各类与投资相关的经济、金融和市场分析信息,并通过互联网进行委托,完成交易的一系列活动的总称。与狭义的概念相比,广义的网络证券还包含了信息服务、咨询理财等增值服务。

(2)网络证券的业务内容

网络证券是把计算机、网络等信息技术应用到证券活动中而形成的一种证券经营模式,它涉及传统证券市场的各类业务和所有环节,并在此基础上实现了一系列的业务创新。网络证券业务包括网络证券发行、网络证券交易、网络证券信息服务三大种类,如图 4-1 所示。

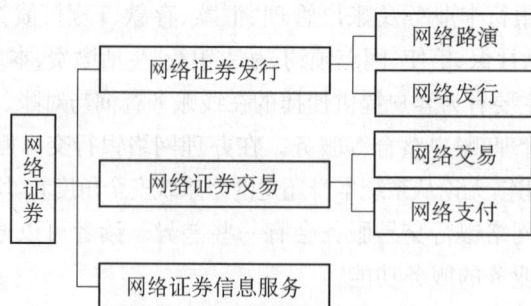

图 4-1 网络证券业务种类

2. 网络证券的特点

网络证券对投资者、证券公司、上市公司乃至交易所都带来了一系列影响,引发证券市场信息传递和交易手段的再次革命。网络证券与传统证券相比有着自身的特点和优势,主要表现在:第一,提高了证券市场效率;第二,降低了证券交易成本;第三,突破了时空限制;第四,可提供专业化的服务。

(二) 网络证券发行

网络证券发行包括网络路演和网络发行两个环节。网络路演借助于互联网,创新了证券路演的新模式,把融资者和投资者直接联系在一起,能够方便地互动与交流,也降低了融资成本和投资风险,提高了市场效率。

1. 网络证券路演

(1) 网络路演的概念

路演(road show)是指企业融资者在证券发行之前,在若干地点进行巡回推介的活动。通过路演,向潜在投资者展示企业证券的价值,以加深投资者对企业的认识程度,并从中了解投资人的投资意向,发现投资需求并进行价值定位,确保证券的成功发行,是证券发行不可缺少的环节。网络路演(road show online)则是充分利用互联网的特点,使"路演"不受时间、地域的限制,充分发挥网络互动性能,使发行公司和上市公司的信息传播途径更加通畅,费用和成本更低。按照中国证监会的相关规定,新股发行公司在新股发行前,必须通过互联网向投资者进行公司推介。因此,网络路演已成为证券发行不可缺少的一个环节。

(2) 网络路演的模式

网络路演的交流渠道主要有三种,如图4-2所示。第一种,招股公司利用自己的网站直接进行网上路演。这种方式便于融资者与投资者直接沟通,进一步减少中间环节,降低路演成本,同时也在一定程度上提高了招股公司的知名度和公司网站的影响力。第二种,招股公司通过主承销商的网站进行网上路演,主承销商一般是有一定知名度的大券商,其网站在业内享有一定的知名度。同时,主承销商为了证券承销的成功,会积极参与路演活动的全过程,在路演中扮演着很重要的角色。第三种,招股公司可以选择知名的专业性路演网站进行网上路演。

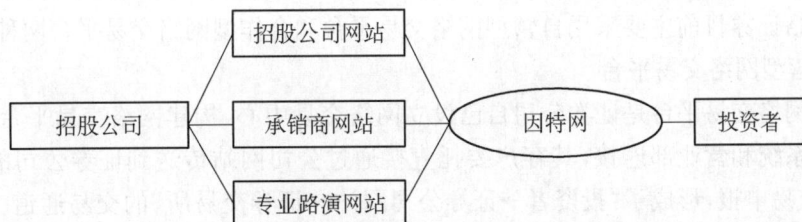

图4-2　网络证券路演模式

(3) 网络路演的步骤

一般而言,网络证券路演包含以下步骤:第一步,确定进行路演的网站;第二步,发布网上路演公告;第三步,展示背景材料;第四步,进行现场推介,现场推介过程要求路演嘉宾和投资者进行在线交流,根据中国证监会的规定,在进行网上推介时,新股发行公司的董事长、总经理、财务负责人、董事会秘书和主承销商的项目负责人必须出席公司推介活动;第五步,整理路演内容。

2. 网络证券发行

（1）证券发行方式

证券发行的核心环节是如何把招股人和投资人有效地联系在一起。我国目前证券发行方式依靠主承销商和证券交易所两个中间环节进行。

（2）网络证券发行的定价方式

股份有限公司发行股票一般采用新股上网竞价发行和新股上网定价发行两种方式，采用的网络主要是指证券交易所的系统，而不是互联网。当然投资者也可以通过互联网申报和下单。

① 新股竞价发行

新股竞价发行在国外指的是指由多个承销机构通过招标竞争，确定证券发行价格，并在取得承销权后向投资者推销的证券发行方式，它是国际证券界发行证券的通行做法，但我国目前还没有采用新股竞价发行方式。

② 新股定价发行

新股上网定价发行是指主承销商利用证券交易所的交易系统，按已确定的发行价格发售股票。这是我国目前广泛采用的证券发行方式。该发行方式克服了其他发行方式的许多缺陷，具有低成本、效率高的优势。它与竞价发行不同之处有两点：一是发行价格的确定方式不同。定价发行方式事先确定价格，而竞价发行方式是事先确定发行底价，由发行时的竞价决定最终发行价。二是成功认购的确认方式不同。定价发行按抽签决定，竞价发行按价格优先、时间优先原则决定。

（三）网络证券交易

1. 网络证券交易模式

按照我国证券交易的有关制度规定，现阶段我国证券交易佣金实行最高上限向下浮动制度，证券公司向客户收取的佣金（包括代收的证券交易监管费和证券交易所手续费等）不得高于证券交易金额的 3‰，也不得低于代收的证券交易监管费和证券交易所手续费等。

我国网络证券目前主要采用自营型网络交易平台和合作型网络交易平台两种模式。

（1）自营型网络交易平台

自营型网络交易平台是证券公司自己设立网络交易中心，构建网络交易平台，进而与公司内部交易系统和营业部连接，其客户委托直接通过公司网站传送到证券公司的后台交易系统，完成交易申报，形成了"投资者→证券公司网站→证券交易所"的交易通道。这种网络交易模式是以传统券商为依托，投资者可以在一个界面随时随地进行查询、交易、转账，而不会感到任何差别。

（2）合作型网络交易平台

合作型网络交易平台是证券公司委托外部网络服务商负责搭建互联网上的交易平台并进行管理，形成"投资者→外部网络服务商网站→证券公司交易系统→证券交易所"的交易通道。证券公司则利用后台交易系统处理具体交易，并且向合作网站提供必要的信息内容。

2. 网络证券交易流程

网络证券交易最重要的环节就是通过互联网委托买入或卖出证券，这也是投资者最为关心的环节。为了保证交易的安全、可靠和高效,这一环节涉及多个相关的步骤。

（1）开立交易账户

在上网交易前,需要依次开立相关账户,包括办理上海、深圳个人股东账户。目前大多数证券公司都提供了在网上预约开立交易账户的功能,投资者凭有关证件（上海和深圳股东卡、身份证等）可利用手机视频功能开立交易账户,选择所需交易方式,申请网上交易,并选择网上交易的委托方式（浏览器方式或专用软件方式）。

为了使投资者有效地管理证券保证金账户,还需要在银行开立储蓄账户,并申请为银证转账账户或银证通账户。投资者就可把自己的资金在保证金账户和储蓄账户之间进行转移。

（2）配置客户端软件

根据证券公司提供的网上委托方式和开户时选择的委托方式,投资者可以使用浏览器软件（如 IE）,也可以下载并安装证券公司网站提供的客户端委托软件。如果使用专用的委托软件,还需要设置交易服务器地址、端口信息等,这些配置信息在营业部开户时可以获得。

经过上述设置,用浏览器登录交易网站或启动交易系统,通过用户名、密码验证,连接交易服务器成功后,就可以进行网上交易。

（3）网上委托交易

无论是 Web 界面的交易方式,还是专用委托软件,一般都通过菜单方式提供证券买卖、成交查询、历史记录查询、修改密码等功能,以方便投资者进行交易和管理。

3. 网络证券交易平台

网络证券系统是一个多方参与、多网络系统互联的平台,如图 4-3 所示。投资者通过客户端系统,经由互联网,向券商交易服务器提交证券交易指令;交易指令经过券商专用网向证券交易所传输交易,交易结果按原路返回到客户端;营业部在向交易所报送交易的同时,还要通过内部网络向银行系统传递从投资者保证金账户（银行储蓄账户）进行资金支付与转账请求的指令。另外,投资者还要通过互联网访问券商的行情服务器和信息服务器,以获得最新的行情走势和各类公告信息、股评信息、投资咨询服务信息等。

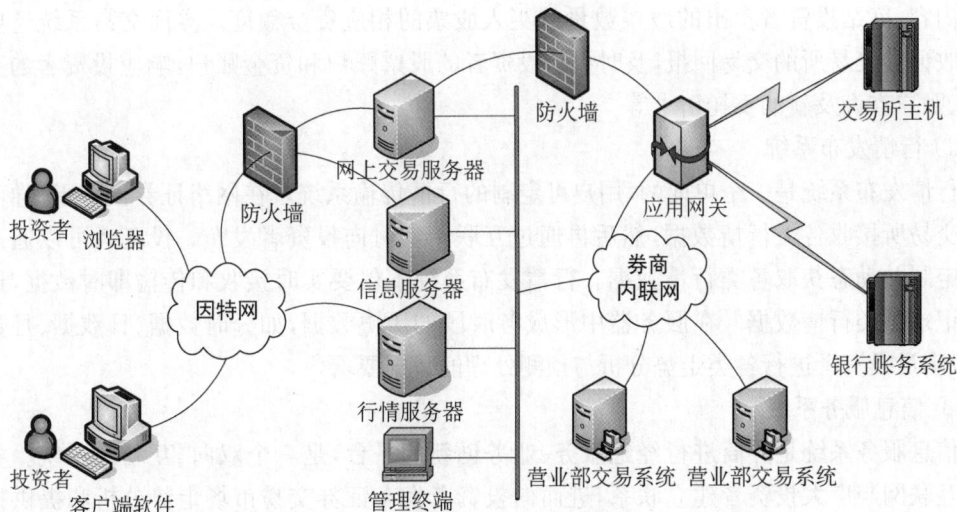

图 4-3　网络证券交易平台

从证券交易的整个流程来看,委托、申报、成交与结算的各环节要先后依赖于客户端应用系统、券商服务系统、证券交易所的交易撮合系统等来实现相应的处理。

(1) 客户端应用系统

客户端应用系统是网络证券交易通道的入口,是投资者获取行情信息、进行交易委托的基本系统。它分为基于浏览器的和基于客户端软件的两种运行模式。

客户端应用系统为投资者提供行情查询和交易委托两大基本功能。为了使用的方便性和交易的安全性,这两大功能一般由不同的系统模块来实现。无论是使用浏览器,还是客户端软件,对行情查询功能的使用可以不经过验证或经过简单的用户注册即可连接相应的行情服务器,获得行情信息。而交易委托功能由于涉及资金的转移,是以严格的用户验证为前提的,否则无法连接到券商的网上交易服务器,如图 4-3 所示。

行情查询功能可以显示个股的实时行情、大盘指数、各类公告及报告信息,可以用文本或图表格式在用户端显示。交易委托功能主要实现投资者的委托指令传送及账户、交易查询等处理,具体主要包括:买入证券、卖出证券、撤单、成交查询、证券余额及交易历史查询、查询资金账户余额情况、密码修改等。

(2) 券商服务系统

券商作为中介机构,其网络系统一端连接投资者,接收投资者的委托,另一端连接交易所,对投资者的交易进行申报。券商自身的组织体系及营业机构分布也形成了一个内部网络。这些因素综合在一起,形成了较为复杂的券商服务网络系统。从网络证券交易流程来看,主要涉及券商网络交易系统、营业部交易系统、行情发布系统、信息服务系统等,它们分别由券商网络系统中的服务器来实现,如图 4-3 所示。

① 网络交易系统

网络交易系统是券商向投资者提供的一种互联网委托通道。券商通过设立交易委托网站,用一个统一的入口获取来自互联网的交易委托,并通过其交易系统向证券交易所系统申报成交。券商交易系统在收到投资者提交的网上委托后,经过真实性、合法性的检查和确认后,把投资者的委托传送到交易所的撮合系统进行市场交易。同时,券商交易系统还要根据委托内容,冻结投资者卖出的股票数量或买入股票的相应资金额度。券商交易系统还要实时接收证券交易所的交易回报,及时更新投资者的股票账户和资金账户,响应投资者的交易查询、账户查询及新的委托请求等。

② 行情发布系统

行情发布系统是一个单向的、用户可定制的行情传输系统。在网络证券模式下,券商从证券交易所接收各类行情数据,然后再通过互联网实时向投资者发布。投资者可以通过互联网定制并动态获取各类行情数据。行情发布系统不仅要实时接收和传输即时数据,还要连续记录各类行情数据。在服务器中形成各时段的历史数据,如分时数据、日数据、月数据等,以满足投资者进行各类走势分析与预测处理的数据要求。

③ 信息服务系统

信息服务系统是券商进行经纪服务、业务创新的平台,是一个双向、互动的系统。券商通过互联网与广大投资者建立联系,进而向投资者发布证券交易市场走势分析和提供投资策略及建议,辅助投资者降低投资风险,提高投资收入。另一方面,通过这一信息服务平台,可以有效地进行客户资源管理，了解和分析客户的投资偏好，为投资者提供一对一的个性化投资咨询服务。

（3）证券交易所交易系统

我国证券法规定，上市公司的证券必须采取集中交易方式，在国家指定的证券交易所进行交易。因此，上海证券交易所和深圳证券交易所就成为我国证券交易的核心场所，它们所运行的交易系统要接收来自全国投资者的证券交易指令，并及时进行买卖撮合，实时地把成交回报和行情数据传送回券商营业部。证券交易所的交易系统对证券市场的正常运行和稳定发展有着重大的影响。

上海、深圳证券交易所的交易系统主要由交易撮合系统、通讯网络和柜台终端等构成。证券交易所的交易系统主要提供交易撮合及成交回报与行情传输两大功能。

① 交易撮合

在我国现行的股票竞价市场中，买卖双方的委托由券商通过报盘系统传送到证券交易所的交易主机，交易系统按照"价格优先、时间优先"的原则竞价撮合成交。对每一券种建立买入申报和卖出申报两个队列，前者价格由高到低排列，后者价格由低到高排列。

在竞价撮合时，在不同的交易时段采用集合竞价和连续竞价的不同撮合规则。目前的规定是在上午 9：15～9：25 为集合竞价时间；上午 9：30～11：30、下午 1：00～3：00 为连续竞价时间。

② 成交回报与行情传输

交易系统每撮合成一笔交易，必须实时地把回报信息分别发回买入申报券商和卖出申报券商，以便投资者即时通过券商的服务系统了解成交情况，进行新的投资决策。

交易系统在撮合交易的同时，导致了即时交易价格、股价指数等行情信息变化。因此交易所的系统还要负责对证券交易的即时行情信息、股价指数、信息报告等内容通过网络进行实时发布。

（四）网络证券结算

证券交易成交后，需要对买卖双方应收应付的证券和金额进行核算，并完成证券由卖方向买方转移和对应的资金由买方向卖方的转移，这一过程称为证券结算。结算包括交易所与券商之间的一级结算和券商与投资者之间的二级结算两个层次。

1. 一级结算

一级结算是在当日交易结束后，交易所和券商通过证券登记结算机构进行的资金清算与证券交割。这一个结算过程是通过结算机构、上海和深圳交易所、券商及结算银行的计算机系统联网来完成的。

中国证券登记结算有限责任公司是我国法定的结算机构，实行法人结算制度，即证券经营机构、银行或其他获准经营证券业务的单位应以法人名义申请加入登记公司结算系统、成为结算系统参与人，开立结算账户后，开通资金结算业务，并与结算机构建立网络连接，形成一级结算网络。每个结算系统参与人以一个净额与登记结算公司进行资金结算。参与人自行完成与其下属分支机构间的资金结算。

整个结算流程包括以下环节：

（1）证券登记结算机构的结算系统接收证券交易所全天的交易数据；

（2）结算系统对各券商申报交易进行证券与资金的结算；

（3）结算数据传送至各券商，并通过银行进行资金的清算；

（4）券商接收结算数据后，券商的结算系统经由其内部网与各营业部完成清算；

（5）券商再与投资者进行结算（即二级结算）。

2. 二级结算

二级结算是券商与投资者之间进行的资金结算和证券交割。这包括两个环节，一个环节是券商交易系统在向证券交易所申报投资者的委托前，对买入证券的委托，先从该资金账户冻结买入证券所需的资金额度（含各项费用）。如果是卖出证券委托，则从证券账户冻结相应数量的该种证券，然后再向交易所申报。另一个环节是券商交易系统收到交易所的成交回报后，对买入证券的委托，把相应的委托数量增加到证券余额中；对卖出证券的委托，把卖出证券所得的资金（扣除各项费用后）增加到资金账户的可用余额中。在经过了规定的交割期限（如现行的规定 A 股为 T＋1）后，买入的证券才可以卖出，原卖出证券获得的资金才可以提现。

为了避免投资者在券商营业部资金柜台和银行之间频繁地转换现金，便于投资者管理自己的证券投资和银行存款，现阶段我国普遍采用了银证转账和银证通两种方式，以方便投资者把资金在银行账户与证券保证金账户之间方便转移，使证券交易的二级结算通过银行机构的参与可以自动地完成，极大地方便了投资者。

三、网络保险

互联网在金融领域的普及应用，使保险业也不可避免地走上变革之路，产生了网络保险。它与传统的保险形式相比，具有成本低廉、不受时间和空间的限制以及在为客户提供更多信息的同时能更好地保护客户隐私等特点。

（一）网络保险的概念

所谓网络保险是指保险公司和保险中介机构以互联网为主要渠道开展保险业务活动的运营模式。其核心内容是保险企业建立网络化的经营管理体系，并通过互联网与客户交流信息，利用网络进行保险产品的宣传、核保、理赔、给付等一系列保险经营活动。它包含两个层次的含义：一是指保险人利用网络进行内部管理，即利用网络对公司员工和代理人进行培训，利用网络与公司股东、代理人和保险监督机构等进行信息交流，保险中介公司利用网络开展业务等；二是指保险公司通过互联网络开展电子商务，即利用网络与投保人交流信息，利用网络为投保人提供有关保险的信息，乃至实现"网上签单"。

从本质而言，网络保险是保险企业（包括保险公司和保险中介公司）以网络为主要渠道支持企业一切活动的行为模式，即通过 Intranet（内联网）和 Internet 进行保险经营和管理。网络保险既是一种全新的保险销售方式和渠道，也是一种全新的经营理念和管理模式，即网络保险在对已有的保险分销渠道、经纪人制度产生重要的影响和冲击的同时，也正在改变着保险公司的管理模式和经营理念。

与保险公司传统的经营方式相比,网络保险具有许多特点和优势。首先,网络保险简化了交易程序,降低保险公司经营成本;其次,网络保险超越了时空限制,便于发展新客户;再次,网络保险可为客户提供完备的信息和全方位服务;最后,网上投保可以排除中介环节对投保人隐私的知悉或侵犯。

(二) 网络保险的形式

许多保险公司在通过互联网推销产品的过程中,由于营销策略和理念的不同形成了不同的网络保险形式。常见的网络保险形式有以下几种:

(1) 保险信息网站。保险信息网站是保险公司建立的介绍最新产品与服务以及一些专业资讯的网站,相对于传统保险而言只是一种扩充。

(2) 网上保险商场。保险商场指的是把多个保险产品放到一个网站上,让用户自主选择所需要的保险产品,然后通过相关链接前往所要投保的保险公司网站进行交易。

(3) 经纪人网站。经纪人网站是基于互联网进行多种定期产品经纪销售的网站。经纪人传统销售及其网上销售并没有多大区别:他们吸引客户购买能提供最划算费率的保险公司的产品。实际上,这种网上推销被公认为是一种更有效、更直接的经纪人销售方法。

(4) 竞价销售网站。竞价销售网站也是网上保险商场的一种形式,但是其销售方式是通过竞价进行。

(三) 网络保险业务

网络保险是基于互联网的新型保险形式,真正意义上的网络保险不只是诸如查询信息、网上填写保单,还应包括保全变更、续期缴费、理赔、给付等全过程的网络化。

一般网络保险的基本业务内容可以分为以下三类:

(1) 信息咨询业务。信息咨询业务包含保险公司一般性的信息、险种介绍和保单查询服务,以及保险公司形象和产品的宣传等。

(2) 网上直销保单业务。网上直销保险单业务,提供"半自动化"的网络保险服务。保险公司组织专门机构和人员负责处理客户的网上咨询和投诉,使客户在网上购买到"量体裁衣"的投保方案。

(3) 在线投保业务。在线投保业务,即对客户在互联网上提出的投保意向,保险公司核保后通过互联网发出已填好的保险单,客户可以通过在线支付将保险费划拨到保险公司的账户上,承保过程完全通过网络来完成,续期保险费的缴纳、各种保险金的领取等都可以通过网络来实现,客户足不出户就可以得到全方位的保险服务。

(四) 网络保险的业务流程

1. 网上投保

网上投保的客户通过公司网站提供的产品和服务项目的详细内容,或利用搜索引擎,选择适合自己的险种、费率等投保内容,然后依照网上设计的表格依次输入个人资料,确定后提交保险公司。经核保后,公司同意承保,向客户确认,在客户正式签名后,合同订立;然后通过在线支付系统支付保费,保单正式生效。客户在签订合同期间,还可利用网上售后服务系统,对整个签订合同、划交保费过程进行监督,确保自己的利益不受侵害。

2. 在线理赔

在线理赔服务,不仅应为客户提供理赔的作业流程、注意事项、争议解决办法以及查询理赔所需单证和出险联系电话地址等服务,而且应提供方便快捷的网络报案服务系统,及时反馈客户投诉,并提供划拨赔款到客户指定账户的服务。

第二节 互联网银行

本章第一节介绍的网络银行(Internet Banking),是金融网络化的产物。2013 年以来,我国互联网金融迅速发展,对传统网络银行产生了重大冲击,传统银行采用简单的网络银行已经无法与互联网银行进行有效竞争,纷纷按照互联网思维创新银行业务,产生了与互联网银行进行竞争的新银行业务模式——直销银行。因此,本书将互联网银行分为两类:一类是由电商企业或 IT 服务公司等创建的纯互联网银行(简称互联网银行),另一类是由传统银行创立的功能和发展模式与互联网银行相似的直销银行。

一、互联网银行

(一)互联网银行的概念

互联网银行是指电子商务企业、互联网信息服务提供商及 IT 服务提供商等企业,以其掌握的大量客户数据为基础,借助云计算、大数据、搜索引擎、移动通信等新信息技术,通过互联网在线为客户提供存贷款、支付、结算、汇转、电子票证、电子信用、账户管理、货币互换、P2P 金融、投资理财、金融信息等全方位无缝、快捷、安全和高效的互联网金融服务机构。互联网银行的典型代表有腾讯的微众银行和阿里的网商银行。

(二)互联网银行的特点

与传统的实体银行和网络银行相比,互联网银行除了快捷方便高效外,还具有定位于小微金融和个人、以同业合作为依托、利用大数据征信、可提供多元化场景体验服务等特点。

1. 成本低

由于互联网银行日常业务的运转不依赖于传统的物理网点,不需要大量的网点员工薪酬支出,因此其经营成本、费用支出方面远远低于传统实体银行。

2. 定位于小微金融和居民个人

互联网银行主要服务于广大工薪阶层、自由职业者、进城务工人员等普通大众,以及符合国家政策导向的小微企业、创业企业等长尾客户,具有重要的发展潜力。

3. 以同业合作为依托

由于不设立物理网点,无法提供现金业务,互联网银行必须与传统实体银行合作,作为传统金融领域中的"补充者",弥补传统银行在某些方面的不足,与同业之间形成一个很好的良性循环,为客户提供更全面、丰富及多元化的金融产品及服务。如微众银行已经与华夏银行、东亚银行签署了战略合作协议,将共同为客户进行服务。

4. 利用大数据征信

由于不设立物理网点,互联网银行最大的特点就在于背后有庞大的电商和社交平台作为支撑,依靠平台上的大量用户数据,借助大数据征信,评价客户的信用状况。微众银行以大股东腾讯 8 亿 QQ 活跃用户和 4 亿微信活跃用户为基础,并充分利用腾讯现有的线上渠道,在腾讯原有的开放平台上提供金融服务。同样,网商银行也利用支付宝上约 8 亿实名制认证用户,以及淘宝、天猫平台上的各类交易数据开展客户征信活动。

5. 可提供多元化的场景体验服务

互联网银行可以利用背后的各类平台提供更多方便快捷、多层次多元化的场景体验服务。如微众银行宣称将会在最常见的场景里与客户相见,会根据在不同的线上消费应用场景、针对不同的客户群推出不同形态的金融产品,以提高客户体验。

(三) 互联网银行的优劣势

1. 优势

(1) 专注小额借贷、符合普惠金融精神

普惠金融一直是近年来我国各级政府倡导的金融发展方向,包括网贷行业在内,都在努力向普惠金融靠拢。从已经开业的几家互联网银行来看,它们所定位的放贷额度均在几万到十几万不等,并打出"服务小微企业和广大创业者、支持实体经济、践行普惠金融"的口号。2016 年,国内小贷公司接近 9 000 家,小额借贷余额超过 1 万亿元人民币,小额借贷无论是政策倡导还是市场前景,都有着极大的优势。

(2) 以金融科技为基础,实现精准放贷

不论是传统的银行还是互联网银行,放贷最关键的还是风险控制。互联网银行的风控模式与传统银行相比具有很大的区别。互联网银行借贷的本质是信贷,互联网金融风控的优势在于依托大数据、云计算和搜索引擎等手段,从多维度来分析用户,实现精准的风险定价,从而给出适度的借贷额度。而传统银行业的信用额度,多数是通过申请信用卡的方式来实现的,而信用卡则主要是通过央行征信数据的单一维度来评判申请人的资格,并且主要是面对工薪阶层而发放的,相对僵化落后。

(3) 采用纯线上模式,效率更高,成本更低

相对传统银行业四处开设线下物理网点,互联网银行则采用纯线上的模式拓展业务,减少了实体网点的支出,自然而然降低了成本。用户可以便捷快速地通过互联网进行存取或借贷等金融服务,其成本的降低空间比传统银行更大。

2. 劣势

尽管互联网银行有其自身优势,但与传统实体银行相比,仍然存在一些短期内无法逾越的鸿沟。

(1) 短期内难以吸引传统银行的主要客户

大额资金存放更多会考虑"安全"因素,传统银行有多层信用保障体系,甚至有政府的信用隐形担保,因此实际具备最高级别的信用保障。另外传统金融机构有丰富的资产端业务,具备高素质的金融人才,拥有更强的金融资源整合能力,可以满足高端客户定制化服务的需求。而互联网银行业务在保障存款人本金安全方面还不成熟。

(2)业务优势短期难以推广到其他平台

互联网银行的信息和大数据优势在平台内的客户中可以得到完美体现,但对于平台外客户或者跨平台客户,仍是鞭长莫及。

二、直销银行

直销银行在我国属于新兴的金融形态,但在国外经过多年的发展已经成为一种成熟的金融模式。

(一)直销银行的概念

直销银行(Direct Selling Bank)是互联网时代传统银行为了应对互联网银行的竞争应运而生的一种新型银行运作模式,在这一经营模式下,银行没有营业网点,不发放实体银行卡,客户主要通过计算机、电子邮件、智能手机等各种远程渠道在线获取银行产品和服务。由于没有实体经营网点,银行的经营成本低,可以为客户提供更有竞争力的存贷款价格及更低的手续费率。降低运营成本,回馈客户是直销银行的核心价值。

直销银行诞生于20世纪90年代末北美及欧洲等经济发达国家,因其具有业务拓展不以实体网点和物理柜台为基础、效率高、成本低等显著特点,因此能够为顾客提供比传统银行更便捷、优惠的金融服务。在近20年的发展过程中,直销银行经受起了互联网泡沫、金融危机的历练,已积累了成熟的商业模式,成为金融市场重要的组成部分,在各国银行业的市场份额已达9%—10%,且占比仍在不断扩大。我国直销银行的产生是我国商业银行为了应对因互联网金融的发展而日益改变的客户消费金融习惯和应对利率市场化加速的步伐而产生的一种新型银行经营模式。

(二)直销银行的特点

直销银行是互联网金融时代应运而生的产物,是一种崭新的银行运作模式,具有低成本运营、差异化的市场定位、简单便捷且注重用户体验、采用整合的营销战略、产品少而精等特点。

1. 低成本运营

根据调查显示,直销银行与其他形式的金融机构相比较在降低交易成本上具有明显优势。直销银行通过网络渠道直销产品和服务,节省物理网点的投入和大量员工薪水的开支,从而大幅削减了运营成本。比如,单笔金融交易成本在传统柜台的服务成本为1.07美元,而直销银行仅需要0.01美元。

2. 差异化的市场定位

在市场定位上,直销银行将目标客户定位于能熟练使用互联网和各种智能终端、对资本匹配收益较为敏感、追求高效的人群。同时,由于直销银行的新颖性,部分保守的客户无法完全接受与信任,所以大多直销银行又将客户定位于互联网的主流消费人群①。

3. 简单便捷,注重用户体验

客户在传统银行的营业网点获取金融服务时,一般都会排队等候较长时间,从而降低了客户对银行服务的满意度。而直销银行利用互联网的简单快捷,简化了繁琐的操作流程,使客户不需排队,也不受时间地点的限制就可以享受高效便捷的金融服务。另外,客户只需要轻松绑定直销银行,就可以实现免费的存取汇功能,有的直销银行甚至可以利用微信号、QQ号等进行业务操作,关联后即可进行登录,体现了直销银行更加注重用户体验的特点。

4. 采用整合的营销战略

直销银行采用整合营销战略,将各种营销工具和手段系统化结合并形成一个整体以产生协作效应。在营销方法上,重点采用直接营销、客户参与营销和情感营销等方法。在营销渠道上,将电子邮件、电话、互联网网站、移动 App 和社交媒体等多种渠道媒介结合起来,不受时空限制与客户进行互动营销沟通,与客户形成强大的媒体关系。在产品销售模式上,直销银行采用线上自助服务为主,操作便捷,尽可能扩大产品的目标受众。

5. 提供少而精的产品

直销银行提倡"少而精"的口号,根据目标客户的特点设计出多层次、多元化,且简单实惠、安全稳健的相关理财产品、贷款产品等,致力于为客户打造全新的"零距离"金融服务体验。

(三) 直销银行的运营模式

诞生于 20 世纪 90 年代末的欧美直销银行和我国近年来相继成立的直销银行,大多数都依附于传统大型商业银行而存在。我国目前直销银行的运营模式主要分为以下三种: 纯线上模式、线上+线下客户自助门店模式、独立法人运营模式。

1. 纯线上模式

纯线上模式是指直销银行不设任何实体网点,利用电话银行、互联网综合营销平台、网上银行、移动银行等多种电子化服务渠道为客户提供金融服务。客户可以将其他银行的资金转入自己的直销银行账户,当客户需要支取现金时,可以先将直销银行账户的资金转到实体银行的银行卡中,然后在 ATM 机上取款。这种模式是我国直销银行的主流模式,如民生银行和兴业银行的直销银行等国内大多数银行均采用这种直销银行模式。

2. 线上+线下客户自助门店模式

这种模式下,直销银行在提供线上服务的同时,建设线下客户自助门店,为客户提供现金服务。线下客户自助门店是通过精心选址并采用全新理念打造的线下客户自助渠道。自助门店为客户提供智能银行机具(VTM)②、自动取款机(ATM)、自动存取款机(CRS)、自助

---

① 在我国一般指 80、90 后消费人群。他们的主要特征是消费结构从生存型消费向享受型、发展型消费升级,重品牌、重品质、重服务、重享受、个性化、重精神体验。

② VTM(Video Teller Machine,视频柜员机),也叫远程柜员系统或者虚拟柜员系统。通过用户和远程银行柜员之间的音视频通话和桌面共享,VTM 设备可以帮助用户实现对公对私、国际国内、本外币、金融理财等全方位金融服务;此外,像身份信息采集、资料扫描、票据收纳、回单打印盖章等,都可以通过 VTM 自动化引导流程帮助用户完成。在使用时,用户仅需填写业务申请、提交相关单据就可以自助完成交易。

缴费机等多种智能自助服务终端设备。这种模式以平安银行"橙子银行"为典型代表。

3. 独立法人运营模式

这种模式是指直销银行与互联网企业等第三方形成战略同盟方式,设立独立法人的直销银行,利用战略伙伴在网络流量和数据分析等方面的优势,对客户和产品进行共同开发。百信银行(全称为"中信百信银行股份有限公司")是首家获中国银监会正式批复的独立法人形式的直销银行,由中信银行与百度公司联合发起。市场定位是"为百姓理财,为大众融资",将依托中信银行强大的产品研发及创新能力、客户经营及风险管控体系,以及百度公司互联网技术和用户流量资源,满足客户个性化金融需求,打造差异化、有独特市场竞争力的直销银行。另外,北京银行的直销银行也采用这种运营模式。

案例 4-1

中国首批"互联网银行"揭开面纱

继"腾讯系"的深圳前海微众银行之后,背靠蚂蚁金服和阿里巴巴的浙江网商银行 2015 年 5 月 25 日在杭州开业。至此,中国两大互联网巨头阵营里的网络银行均揭开面纱。坐拥数亿互联网用户,中国首批"互联网银行"将带来怎样的效应备受瞩目。

据介绍,浙江网商银行注册资本 40 亿元,由蚂蚁金融服务集团等六家股东发起设立,以互联网为平台,面向小微企业和消费者开展金融服务,模式是"小存小贷",主要提供 20 万元以下的存款产品和 500 万元以下的贷款产品。未来将推出独立的 App 应用。

浙江网商银行是首批 5 家民营银行中的最后一家获准开业的银行,但却是最早正式开门揖客的网络银行。尽管目前不能开户,也不能存款,但它将力求以小额信贷为突破口,走出一条具有互联网魅力的轻型银行之路。

"最早有做银行的想法是 1992 年。"阿里巴巴集团董事局主席马云当天在开业典礼上说,"那时候我工资只有 100 多块钱,办海博翻译社要借 3 万块钱,花了三个月时间,没有抵押,借 3 万块钱之艰难我是没想到的。那时候我想,如果有一家银行能专门做这样的事情,我觉得能帮助很多人成功。"

作为前海微众之外的又一家互联网银行,网商银行给自己定下的目标是"做中国小微企业客户数最多的一家银行"。网商银行行长俞胜法说,希望五年内覆盖到 1 000 万的小微企业、个体创业者。

"技术驱动"是另一个标签。区别于传统银行,走"互联网银行"路线的网商银行将不设实体网点,不经营现金业务,而是通过网络数据对个人信用进行分析,运行业务。

在网商银行 300 多名员工中,三分之二是科技人员,从事数据建模等工作。而无论在国有大型银行,还是股份制银行中,科技人员的比例也就是 10% 左右。

"网络银行就像一家有牌照的技术公司,在降低整个银行成本运营方面,技术能够起到很大的作用。"网商银行首席信息官唐家才说,网商银行发放一笔贷款成本不到 2 元钱，而传统线下单笔成本则在 2 000 元左右。

"一个互联网金融企业，核心点是风险控制。网商银行的核心能力是基于大数据的风险评估。"俞胜法说。

蚂蚁金服公布的数据显示，截至 2014 年底，三家小贷公司累计服务了 160 万小微企业客户和网络创业者客户，累计放贷超 4 000 亿元，不良率在 1.5% 左右。这套基于大数据的风控体系开始输出，最初对阿里推荐的贷款客户心存疑虑的银行，也开始试着接纳大数据模型下推荐出来的信贷客户。

从中国刚刚起步的互联网银行来看，不论是腾讯系的深圳前海微众银行，还是阿里系的浙江网商银行，都尚有两道坎要迈：一是一旦远程开户，互联网银行将难以施展；二是基于数据开放共享的信用体系建设。

业内人士建议，在保障信息安全的前提下，推动公共数据的逐步开放，帮助互联网银行识别客户身份，降低信用风险，提高技术驱动、普惠金融的效率。

由于自身规模较小，两家网络银行都不约而同地选择依靠同业合作，搭建平台谋求发展，因此这两家网络银行都在和传统银行积极保持着合作关系。

腾讯一季度财报显示，一季度手机 QQ 月活跃账户突破 6 亿关口。如果微众银行的"微粒贷"等小贷类产品能抓住这一群体，前景将不可限量，更别说未来该行产品还会逐步扩展至微信等应用上。

网商银行也不甘示弱，借助淘宝、天猫等电商平台，未来网商银行的金融产品将有更多机会嵌入多种交易场景。

此前，微众银行已与华夏银行签署合作协议，开展包括同业授信 20 亿元、共同发放小额贷款、联名发信用卡、代售理财产品等多项合作。同时，微众银行还在和东亚银行、平安银行等银行协商合作事宜。网商银行业也选择开放自身平台，正与不下十家中小型银行进行沟通，并与保险、信托等机构洽谈合作。

中央财经大学教授郭田勇表示，基于对互联网特性的思考，无论是微众银行还是网商银行，都把自家银行定义为一个互联网平台，把大众客户、小微企业的需求与金融机构链接在一起，而非提供大量产品给客户。

（资料来源：新华网，记者：张遥、吴雨、李延霞，2015 年 6 月 25 日）

三、互联网银行与直销银行的比较

（一）直销银行与互联网银行的相同点

1. 主要以纯线上模式为主，不设立物理网点

我国个别直销银行虽然设立了直销门店，但主要还是以线上模式为主，且大多直销银行

都采取的是纯线上运营模式。互联网银行从其定义就可直观地看出,其不会依托实体门店,只依靠互联网及移动端为客户提供金融服务。

2. 业务类似

直销银行与互联网银行无论从目标客户、产品特点及服务等方面都具有相似性。在目标客户上大多定位于个人及中小企业以及善于接受新鲜事物的主流人群;在产品特点上要求简单快捷、小而精且实惠;在服务上则以客户特点及需求为导向,注重客户体验。总之,两者作为其补充者,服务于易被传统银行忽略的那部分客户群体,进一步促进我国互联网金融的发展,倒逼传统金融改革。

3. 面临竞争与合作的难题

我国目前大多数直销银行基本上依附于传统实体银行,在运营过程中肯定会与母行的某些利益发生冲突,而纯互联网银行背后的互联网企业在拥有平台优势的同时,也给自身带来了竞争压力,阿里巴巴和腾讯都并非全资股东,因此网商银行要面对与支付宝、阿里小贷之间的竞合关系,微众银行也需要处理与财付通之间的利益冲突。因此,二者都面临竞争与合作的难题。

(二) 直销银行与互联网银行的差异

1. 运营主体的背景不同

从本质上来说我国直销银行与互联网银行的性质几乎是一样的,两者最大的区别就在于其背后的运营主体不同。直销银行是基于传统银行成立的,而互联网银行是由阿里巴巴、腾讯等互联网企业开办的,且苏宁、京东等相继被媒体曝出有申报设立银行的意图。可见互联网银行今后将是一个趋势,而直销银行则是传统银行为了应对互联网银行挑战所采取的新型业务模式。

2. 直销银行可能更受客户信赖

相对于互联网银行,直销银行由于可凭借传统银行在知名度、广泛分布的实体网点,以及客户资源,资金实力等方面的优点,更容易获得客户的信任,特别是针对一些观念陈旧保守的客户。

3. 互联网银行可提供更多场景化的服务

在不同运营主体的背景下,互联网银行虽然在总体实力上可能会弱于直销银行,但其可以利用背后的各类平台,提供更多方便快捷、多层次多元化的场景服务。如微众银行就宣称将会在最常见的场景里与客户相见,将会根据在不同的线上消费应用场景,针对不同的客户群,推出不同形态的金融产品,所切入的场景领域覆盖交通、旅行、社交等各个方面。

4. 互联网银行更易进行大数据征信

腾讯拥有8亿活跃的QQ用户及4亿活跃的微信用户,阿里拥有3亿支付宝实名认证用户及5亿多淘宝天猫用户,还拥有阿里小贷、芝麻信用等平台,两者都积累了大量的客户信息,包括社交、游戏、交易等数据,可凭借数据分析对客户进行大数据征信。

总之,直销银行与互联网银行的兴起,势必为我国金融领域带来一场变革,同时倒逼传统银行业转型升级,为广大消费者提供更实惠、便捷及多元化的金融服务。但是,两者的发展还面临着许多阻碍,对我国的相关监管制度提出了更高的要求和挑战。

第三节　互联网证券

一、互联网证券的概念

互联网证券是指通过互联网渠道,运用云计算、大数据、搜索引擎等互联网技术,借助互联网证券平台实现的证券发行、定价、销售、交易及衍生活动。它是在传统网络证券的业务基础上继续深化发展的新型证券业务,它不仅是我国多层次资本市场的重要补充,更是信息技术、电子商务和金融创新发展的必然结果。目前我国互联网证券活动主要表现在网络在线开户、新股申购、在线交易、理财产品在线销售、线上投资社区建立、量化及组合投资以及融资融券业务提供等。

二、互联网证券发展历程

(一)美国互联网证券的发展

美国互联网证券快速发展与其佣金制度的改革、计算机与互联网技术的发展与应用以及金融业分业经营的突破有着极大的关联。1975年,美国证交会颁布《有价证券修正法案》,该项法案的批准意味着实行多年的固定佣金率制度开始向浮动佣金率制度进行转变。而率先收益的则是第一批涌现的证券折扣经纪商。伴随着网络经纪业务的大力发展加速了佣金自由化之后的另一轮"战争"。业已达到市场饱和的经纪公司试图通过再次降低佣金水平,重新在新一轮的网络经纪时代抢占市场份额,由此宣告了美国"第二次佣金战"正式打响。在此期间,网络经纪交易的平均佣金从1996年第一季度的每笔52.89美元大幅降至1997年第四季度的每笔15.95美元,降幅达到69.84%。

1999年,美国颁布《金融服务法现代化法案》,并废除已实施多年的《格拉斯-斯蒂格尔法案》,由此标志着美国金融行业在大萧条之后长达66年之久的分业经营宣告结束,这一制度性的突破也为互联网证券的全面发展奠定了坚实的制度基础,传统证券公司开始全面向互联网经纪业务发展。

(二)日本互联网证券的发展

1997年亚洲金融危机爆发之后,日本政府决定加快金融改革,推进本国市场自由化。其主要措施包括构建以佳斯达克(JASDAQ)为首的多层次资本市场,以及展开佣金自由化的改革步伐。在佣金自由化浪潮和互联网技术快速发展双重因素影响下,日本互联网证券随之诞生。

日本互联网证券行业自诞生伊始便受到了投资者的极大关注。尤其是其佣金水准低、交易方式便捷的特点受到了年轻一代投资者的追捧。日本互联网证券账户数在1999年为30万户,到2015年该数字达到1 966万户。其中日本5家主要的互联网证券公司(SBI证券、乐天证券、松井证券、Kabu.com 证券和 Monex 证券)占总交易额的 71.2%,占总账户数的 36.31%。

(三) 我国互联网证券的发展

我国互联网证券开始于 1997 年,由当时华融信托湛江营业部首推网上交易。同年 7 月份,福建闽发证券公司在深圳万用网上推出了互联网证券经纪系统。随后,君安证券、广发证券、江苏证券等都相继推出了互联网证券交易服务。

2000 年 4 月,中国证监会颁布《网上证券委托暂行管理办法》和《证券公司网上委托业务核准程序》,标志着我国互联网证券发展正式迈入正轨。此后,我国互联网证券曝光度陡升,正式进入大众的视野。随后我国进入了长达十多年的证券业务全面网络化阶段。

2013 年 3 月,中国证券登记结算公司发布了《证券账户非现场开户实施暂行办法》,标志着监管层正式放开非现场开户业务,规定了见证开户与网上开户两种非现场开户方式。2014 年 5 月,中国证监会颁布《关于进一步推进证券经营机构创新发展的意见》,明确支持券商积极利用网络信息技术创新产品、业务和交易方式的行为,充分肯定了券商在探索新型互联网金融业务上做出的努力。尤其是其中"放宽行业准入、支持民营资本、专业人员等各类符合条件的市场主体出资设立证券经营机构"的规定。2015 年,经中国证券业协会专业评价,我国共有 55 家证券公司获得互联网证券业务试点资格,具体试点名单如表 4-1 所示。

表 4-1   我国获得互联网证券业务试点资格证券公司名单

批准批次	证券公司名单
第一批(6 家)	中信证券、国泰君安证券、长城证券、平安证券、华创证券、银河证券
第二批(8 家)	广发证券、海通证券、申银万国证券、中信建投证券、国信证券、兴业证券、华泰证券、万联证券
第三批(10 家)	财富证券、财通证券、德邦证券、东海证券、方正证券、国金证券、国元证券、长江证券、招商证券、浙商证券
第四批(11 家)	华宝证券、东方证券、南京证券、西南证券、中原证券、齐鲁证券、安信证券、华林证券、东兴证券、第一创业证券、太平洋证券
第五批(20 家)	财达证券、东莞证券、东吴证券、国海证券、国联证券、恒泰证券、华安证券、华龙证券、华融证券、民生证券、山西证券、世纪证券、天风证券、西藏同信证券、湘财证券、银泰证券、中国国际金融有限公司、中国中投证券、中山证券、中邮证券

同时,我国除了传统意义上的券商开展互联网业务,目前还有互联网企业及其他相关机构参与到互联网证券行中,他们或采取自建平台,或与传统券商合作等形式参与到互联网证券的浪潮中。

2016 年东方财富收购西藏通信证券股份,标志着目前我国互联网证券行业的参与主体已由原先的传统券商一家独大发展成传统券商、互联网企业以及金融软件或网络服务供应商等其他机构三分天下的局面。

三、互联网证券的主要模式

(一) 国外互联网证券模式

以美国为首的互联网证券发达国家,经过长期互联网环境下的市场化竞争,已逐渐形成了多元化、差异化以及动态化的互联网证券发展格局。纵观其发展现状,可以将其发展模式分为两类:一类是线上为主,兼顾线下;一类是线上为主。具体到不同的国家、地区,每个大类下又会形成不同的特色化发展模式。

1. 线上为主,兼顾线下

该模式是指券商在实际经营过程中采取实体经营网点与基于互联网服务相结合的经营模式。按照券商业务规模与服务对象可以具体分为综合金融服务商与综合服务经纪商。

(1) 综合金融服务商

综合金融服务商一般依托集团综合服务的平台,在业务规模与客户基础上均具有先天的优势,其主要为中高端零售与机构客户提供一揽子金融服务。

美林证券(Merlin Securities)[1]作为综合金融服务商的代表之一,依托美林集团广阔的业务范围与庞大的客户基础,在财务管理、投资银行、资产管理及研究咨询能力上表现突出。美林证券具有强大且富有经验的投资顾问队伍,但其主要为中高端零售和机构客户提供标准化的金融服务,佣金水平较高,并且在提供个性化的金融服务上有所欠缺与滞后。

(2) 综合服务经纪商

综合服务经纪商没有与综合金融服务商一样的先天优势,主要为中低端客户提供更具有灵活性与个性化的金融服务。

嘉信理财集团(Charles Schwab Corporation)作为综合服务经纪商的代表,其业务在证券交易、资产管理和财富管理上均具有突出表现。嘉信理财业务异军突起主要依靠推出基于互联网的在线理财服务,其主要服务对象为中小客户,兼顾一些大客户,佣金水平中等。

2. 线上为主

此类券商在实际经营中放弃实体服务网点,或仅仅保存少量实体网点,主要依靠互联网进行在线理财服务。按照是否与集团关联可以分为网络折扣经纪商与网络附属经纪商。该模式下券商服务佣金水平普遍较低。

(1) 网络折扣经纪商

网络折扣经纪商一般没有可以依托的集团业务,因此具有更加便捷与灵活的服务流程。其服务对象主要为中低端客户。

E＊Trade 作为网络折扣经纪商的代表,其佣金费率属于同类服务水平中最低的券商之一。E＊Trade 放弃实体经营网点,积极在全球范围内推进在线投资与理财服务。E＊Trade 最大的优势在于依托互联网的经营模式可以节省大量的交易成本,并且其较强的技术开发能力、敏锐的市场洞察力以及便捷的交易平台都为 E＊Trade 发展增添动力。

---

[1] 美林证券于 2012 年被美国富国银行(Wells Fargo)成功收购,现被称为富国银行证券(Wells Fargo Securities)。

（2）网络附属经纪商

网络附属经纪商一般联合集团下属的其他业务团体，共同推出一体化金融服务，其业务综合服务渗透力强。网络附属经纪商主要以中低端客户为主。

日本乐天证券（Rakuten Securities）是乐天集团下属的券商。乐天证券充分利用乐天集团在网上购物平台积攒的强大客户流量优势，积极引导传统电商领域客户进入证券业务，配合集团内部其他金融业务，提供综合化金融服务。乐天证券的优势在于根植于已有品牌效应、客户流量基础上，建立"电商＋金融"新型经营模式，与市场上其余互联网证券公司相比具备强大竞争力与创新性。

（二）我国互联网证券的主要运营模式

目前我国互联网证券参与主体包括传统券商、互联网企业以及金融软件或网络服务供应商等机构。各互联网证券参与主体均通过以下三种形式之一或多种形式参与到互联网证券中。

1. 自建平台

自建平台形式即券商自身在技术、人才、资本和客户流量等具有较大优势的基础下，通过自行构建综合金融服务平台，将传统线下业务迁移至互联网上，推出基于互联网的全新服务模式。国泰君安作为国内历史悠久、综合实力较强的证券公司之一，是业内较早布局互联网证券的机构之一。其打造的君弘金融商城是行业内首个探索互联网综合金融服务的平台。君弘金融商城将客户的网上开户作为其推广服务，建立客户黏性的第一步，并且推出涵盖理财、融资、转让、咨询以及投资顾问在内的综合金融服务体系，以满足不同背景、风险偏好的投资者的实际金融需求。整合并推出的"君弘一户通"账户，将沪深证券账户、资金账户、资管账户、基金账户等整合在一起，方便投资者对其投资理财进行一站式管理。

2. 与第三方合作

传统中小型券商通过与互联网企业、金融软件或网络服务供应商等其他机构合作的形式，可以达到整合资源、强强联合的目的。如互联网企业巨头腾讯，在恒生电子被阿里收购后，迅速展开与金证股份的战略合作，构建企业QQ证券理财服务平台，旨在打造一个集证券开户、交易、营销、社交传媒于一体的综合金融服务平台。首批与腾讯、金证合作的券商包括中山证券、华龙证券、同信证券、华林证券以及广州证券共五家券商。投资者仅需要简单的注册QQ号，便可以利用腾讯提供的平台享受在线开户、在线交易以及一站式理财服务。

3. 收购或控股证券公司

根据我国相关法律，互联网企业以及金融软件或网络服务供应商等其他机构没有参与互联网证券业务的资格，一般采取发起设立或者持股参股形式参与互联网证券业务。如东方财富通过发行股份方式实现了对西藏同信证券的全资控股，该举措进一步为东方财富布局互联网金融服务奠定了坚实的基础。通过收购西藏同信证券，东方财富的业务范围由原先的互联网金融信息发布、数据服务和第三方互联网基金销售延伸至互联网证券相关业务，延伸和完善了其服务链条。

四、互联网证券的主要业务

互联网券商并不是线下券商的线上化,而是包括传统券商、互联网企业以及金融软件或网络供应商在内的多方融合。相较于传统券商提供的服务,互联网券商提供的服务更加注重客户的个性化以及专业化需求。目前我国互联网证券业务主要包括证券经纪业务、融资融券业务、理财销售业务以及互联网证券服务等。

(一) 证券经纪业务

经纪业务是传统券商的主要业务,互联网券商利用互联网平台进行客户流量引流,利用互联网企业的流量优势积累客户并从中收取佣金,如国金证券与腾讯合作的"佣金宝"。

在证券经纪业务中,券商不向客户垫付资金,不分享客户买卖证券的差价,不承担客户的价格风险,只收取一定比例的佣金作为业务收入。

(二) 融资融券业务

1. 融资融券业务的概念

融资融券即证券信用交易。投资者向具有融资融券业务资格的券商提供担保抵押并支付一定费用(利息),由此借入资金买入证券(融资交易)或者借入证券并卖出(融券交易)的行为。融资融券业务既包括券商对投资者的融资、融券,也包括金融机构对券商的融资、融券。其中客户通过券商融资买进证券称为"买空",客户通过券商融券卖出称为"卖空"。

融资融券业务是互联网券商目前主要的盈利业务之一,券商为持股客户提供流动性解决方案的"小额股票在线质押融资业务",正在成为诸多券商大力推广的互联网证券业务之一(如光大证券富易贷)。

2. 融资融券业务的特点

(1) 杠杆性

普通股票交易必须支付全额价格,但通过融资融券交易只需要缴纳一定的保证金即可完成交易。如果规定缴纳 20% 的保证金,意味着可以用同样的资金规模完成五倍的证券交易行为,即使用较少的资本获取较大的利润。

(2) 信用双重性

融资融券业务中存在双重信用关系。第一层信用关系存在于投资者与券商经纪商之间,投资者支付部分价款用以购买证券,剩余价款由经纪人垫付,经纪人向投资者垫付资金是建立在未来投资者能够偿还该部分价款并支付相应利息为前提。第二层信用关系存在于券商与银行、基金与保险公司之间,银行等金融机构向券商提供资金与证券,券商则作为中介将资金与证券提供给投资者,称为转融通业务,目前国内由中国证券金融股份有限公司从事转融通业务。

(3) 做空机制

通过融资融券业务,投资者可以预先借入股票并卖出,这意味着当股市下跌时也存在获利机会,改变了单边市场状况。

3. 融资融券业务流程

融资融券业务一般包括资格筛选、风险测评、征信及信用评级、授信、签订合同、开立账户、转入担保品、融资融券交易、偿还融入资金和证券、结束信用交易等多个步骤。

(三) 理财销售业务

理财销售业务是互联网券商保持核心竞争力的业务。多数互联网券商均在个人计算机、移动互联网终端或自行或与第三方合作等形式架设理财产品销售平台、构建代销业务，其产品种类包含银行理财、券商集合、公募基金、私募资管产品、收益凭证等。

目前互联网券商销售理财产品时，除了借助传统银行、保险等金融机构的线下网点，更多是借助互联网销售渠道，打造互联网综合金融服务平台，借助手机 App(如微信)简化购买理财产品的流程，实现方便投资者购买意图。

(四) 互联网证券服务

互联网证券服务是互联网证券有别于网络证券业务的主要区别。互联网券商通过手机 App 软件、微信平台等渠道开展财富管理等综合服务，并打造互联网端口的立体化服务。将财经资讯、投资信息、投资顾问建议、研究报告、股票行情等资讯类内容与证券交易、理财产品、融资交易、资产配置等业务进行整合，通过业务种类的丰富化、联动化和产品体验的升级，营造互联网证券一体化服务。具体可以分为投资信息提供、投资方式与交易实现、投资后管理以及工具与支持等四部分专业服务。而提供这些服务的也不再是互联网券商一家，而是包括互联网企业以及金融软件或网络供应商在内的多方参与主体。

1. 投资信息提供

投资信息提供服务是指为互联网证券投资者提供迅捷的市场咨询，辅助投资者做出投资决策行为。具体包括提供行情资讯、投资社交平台、投资顾问服务、机器人投资顾问(Robot Advisor)以及估值研究等。

广义的投资顾问包括 PGC(Professionally-generated Content，专业生产内容)及 UGC(User-generated Content，用户生产内容)两种。其中 PGC 代表的是专业投资顾问，大多服务于高净值客户，对于线上的投入较为有限。而 UGC 则是网络草根投资达人进行的投资顾问服务，如雪球网的"买什么"，国外的 Motif、Betterment 等。

机器人投资顾问又称为智能投资顾问，是一种在线财富管理服务。由服务提供方根据投资者的风险偏好与预期收益目标，结合现代资产组合理论，构建基于客户偏好的投资收益组合。并且对已构建的投资组合进行实时持续跟踪，在已构建的组合偏离目标配置时，对其进行再平衡。目前我国机器人投资顾问领域尚处于萌芽阶段，目前市场上只有阿凡提财富顾问提供机器人投资顾问服务。

行情资讯提供目前有财联社、股票视野、益盟操盘手、众米以及行情宝等。投资社交平台有雪球、淘金路、千牛股、牛股网等。投资顾问服务有新浪理财师、摩尔金融、爱投顾、牛骨网等。估值研究有股票估值网等。

2. 投资方式与交易实现

投资方式与交易实现服务主要为互联网证券投资者提供基于互联网与大数据的创新投

资方式与交易对象的实现。投资方式目前主要有量化投资、跟随投资/组合投资、股票合买、大数据策略以及代客理财等形式。而交易对象创新包括提供投资者购买美港股、新三板股票等。

大数据策略基金是基于互联网大数据信息源,以挖掘其中有效信息为选股标准与手段的基金。大数据策略基金开始以指数基金的形态出现在市场,随着市场与投资者对大数据热度不断升温,其产品形态也不断呈现多样化并开始加入人工选股因素。

目前我国提供量化投资服务的主要有胜算在握、有数推荐、微量网、众量网、钱大人等。提供跟随投资/组合投资服务的主要有财说、股票雷达、金贝塔、仙人掌股票等。股票合买服务的主要有淘股神、赢在投资、寻钱网等。大数据策略服务的则有神股票、易选股、百度股市通、趣炒股等。提供代客理财服务的主要有最操盘。提供美港股交易的主要有富途证券、老虎证券、美股王、I美股、JIMU股票等。而提供新三板交易服务的有专投汇。

3. 投资后管理

投资后管理服务是指为互联网证券投资者提供投资后的持续性金融服务。具体可以按照管理对象分为持仓跟随服务和账户管理服务。我国互联网证券投资后管理还处于初始阶段,其中持仓跟随服务目前有腾讯自选股,账户管理服务有股票赢家和小财神。

4. 工具与支持

工具与支持服务的范围较广,主要包括为投资者提供模拟炒股服务、行业研究报告服务、技术支持服务以及融资融券与股票配资服务。互联网券商提供的工具与支持服务范围囊括技术支持、行情信息与配资服务等各环节,是为投资者提供从投资前决策到投资后管理的基础性服务环节。

股票配资与融资融券业务均是为投资者提供融资的方式。融资融券业务一般门槛较高,目前大部分券商融资融券业务要求用户从事证券交易满6个月且最近20个交易日的日均证券类资产不低于50万元且无重大违约记录。相比而言股票配资则是由专门的配资公司在运营,其配资条件、配资额度以及杠杆比例均比券商的融资融券业务宽松,但风险更大。其中提供模拟炒股服务的有微财、多牛网、金操盘、Trade Hero等,提供行业研究报告服务的有看研报,提供技术支持服务的有财人汇,提供股票配资的有钱程无忧、易多投资、职资有道、杠杆网、九牛等。

第四节　互联网保险

互联网技术的发展极大地刺激了传统金融行业的信息化进程,催生了一系列新型产业形态。对保险业而言,互联网技术的运用不仅能促进其业务信息化,更重要的是为其提供了线上营销平台,能够高效覆盖更多的客户群体。

一、互联网保险的概念

互联网保险,是指保险公司或中介机构利用互联网渠道为用户提供保险产品的在线服务,既包括网上投保、承保、核保、理赔等保险环节,也包括利用互联网提供有关保险服务的信息咨询,完成保险的在线服务和销售等。在市场参与主体上,保险公司、电商平台、第三方保险中介平台和网络保险公司是互联网保险市场的主要参与者。在保险产品上,互联网保险的产品既包括传统险种,也囊括了互联网场景下的新兴险种,它是对传统保险业务在险种设计和产品营销以及服务提供方式等多个方面的全方位拓展。

二、互联网保险的发展

(一) 国外互联网保险的发展

由于在网络技术方面的领先地位和优越的市场经济环境,美国早在 20 世纪 90 年代中期就开始提供互联网保险业务。比较有影响力的主要有 INSuWeb、Insure. com、Quicken、Quickquote、Select Quote 等互联网保险网站。美国互联网保险业务主要包括代理模式和网上直销模式。代理模式主要通过和保险公司形成紧密合作关系,实现网络保险交易并获得规模经济效益。优点在于其庞大的网络辐射能力可以获得大批潜在客户;网上直销模式则有助于直接提升企业形象,帮助保险公司开拓新的营销渠道和客户服务方式。

据统计,目前多数发达国家的互联网保险已经比较成熟,美国部分险种网上交易额已经占到 30%—50%,英国 2010 年车险和家财险的网络销售保费占到 47%和 32%,韩国网上车险销售已经占到总体市场的 20%以上,日本车险业务的电子商务渠道已占比 41%,网上销售已经成为个人保险快速销售的一个渠道。

(二) 我国互联网保险的发展

我国的互联网保险从兴起、发展到不断成熟,主要经历了三个时期。

(1) 萌芽期(1997 年—2007 年)。1997 年,中国第一个面向保险公司信息化内部管理需求和保险产品市场销售的专业性中文网站诞生。中国平安保险公司和中国太保公司在 2000 年 8 月开通了自己的全国性网站。之后,泰康人寿保险公司开通了其网站——"泰康在线",实现了全程网络化服务。但由于当时大众对互联网保险的认识不够深入,使得这一阶段互联网保险功能有限,发展缓慢。2005 年《中华人民共和国电子签名法》和《电子支付指导(第一号)》的颁布,给中国互联网保险行业带来新的发展机遇。

(2) 探索期(2008 年—2012 年)。进入 2010 年前后,京东网上商城、阿里巴巴等电子商务平台的发展和完善,为中国电子商务市场带来了新的发展机遇。互联网保险伴随着电子商务市场发展的新趋势开始出现了市场细分,涌现了一批定位于保险信息服务和保险产品中介的网站。在风险投资的推动下,一些互联网保险网站得到人们的关注,如慧择网、优保网等。这一时期,互联网保险开始行业分化,保险公司、电商平台等机构陆续开始在互联网保险市场布局。

(3) 全面发展期(2013 年—)。2013 年成立的"众安在线",是中国第一家专业的互联网保险公司,它的成立标志着中国互联网保险的发展进入一个新的发展期。各个保险公司依托官方网站、第三方电子商务平台等陆续开展互联网保险业务,逐步探索出了互联网保险新的经营管理模式。与此同时,互联网保险行业规范在这一阶段开始形成。2014 年 2 月,保监会发布了《关于加强和改进保险资金运用比例监管的通知》；2014年11月，国务院发布《关于加快发展商业健康保险的若干意见》；2014年12月，保监会发布《互联网保险业务监管暂行办法(征求意见稿)》，上述政策为互联网保险的快速发展扫清了障碍。经过3年的高速发展，2015年，互联网保险保费规模达到2 200亿元，占行业比例达到6%，经营互联网保险业务的机构已经超过120家。

三、互联网保险的模式

互联网保险行业按照运营主体及销售渠道的不同，可以分为四大模式：保险公司直销模式、互联网企业电商平台模式、第三方互联网保险机构模式和互联网保险公司模式。

(一) 保险公司直销模式

保险公司直销模式是指传统保险公司通过设立线上和线下相结合的保险服务平台的互联网保险运营模式。如图4-4所示，保险公司通过搭建官网、微平台或移动客户端的方式拓展线上渠道，用户可以通过对线上平台的信息进行整合对比来选择合适的保险产品，然后借助第三方支付等方式完成在线缴费投保，保险公司生成线上保单完成保险产品交易。当已投保用户通过线上提交相关材料后，保险公司可以直接采用线上或线下方式为用户提供核保赔付或投资分红等售后综合服务。此外，保险公司通过官网等平台可以完成对用户线上交易行为、消费场景、消费趋势变化和个人偏好及社会关系等数据的收集，在后台完成基于大数据的用户需求挖掘、产品种类拓展、个性化产品服务和平台优化等活动来进一步优化运营模式。

保险公司互联网直销模式具有如下特点：销售成本低廉，手续简单，效率高，可以帮助保

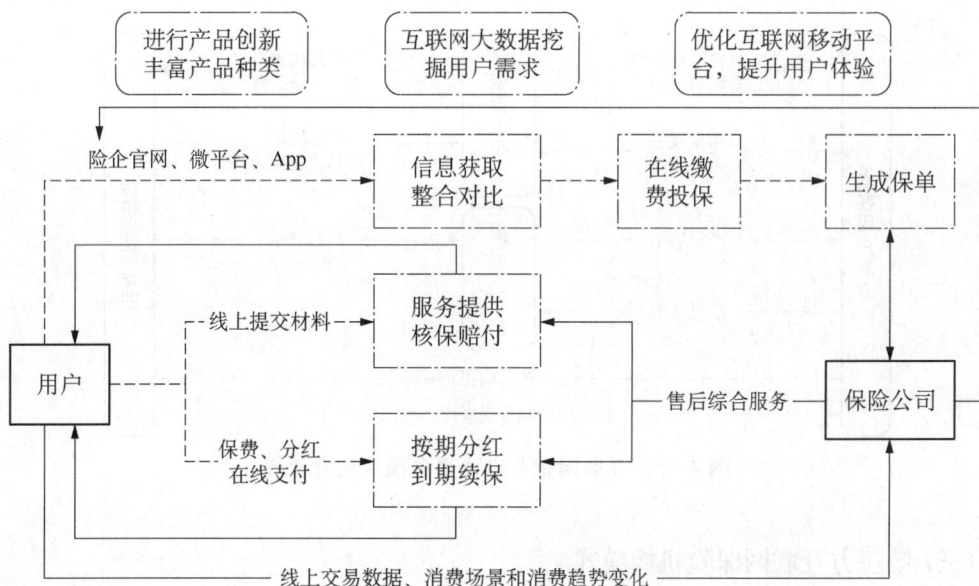

图4-4 保险公司直销运营流程

险公司获得价格优势;网站的客户不受线下销售渠道限制,可以有效拓宽投保群体,发挥大样本群体中和风险的作用;销售手续简单,线上出售的产品高度标准化,但赔付和评估依然在线下,而且投保人在赔付过程中承担全部举证责任,保证了保险公司在快速扩张销售的同时控制赔付风险。但由于大部分保险公司的直销平台是在原有寿险、财险基础之上复制升级而来,产品同质化问题严重,创新不足。并且由于线上销售并不要求获得投保人详细信息,因此建立直销平台要求保险公司具备成熟的线上销售线下理赔模式系统和科学的保险产品设计理念,以及完善的内部风控,以此来避免缺乏投保人评估步骤带来的风险。

(二) 互联网企业电商平台模式

互联网企业电商平台模式是指具有电子商务、社交等大流量用户平台的企业依靠自身互联网渠道和场景为资源,为保险消费者和保险机构提供支持辅助销售渠道或宣传渠道的互联网保险运营模式。

由于互联网企业具备场景和用户入口,但无专业的保险产品及服务经验,这种模式中互联网企业的职能是为保险公司提供销售渠道。如图 4-5 所示,互联网企业参与互联网保险主要有两种方式。一种是以门户、行业分类信息网站为主的基础引流渠道,保险公司利用企业渠道资源进行产品宣传展示,将用户引流至保险平台,不参与销售过程;另外一种则是 B2B、O2O 等电商平台提供的场景嵌入式渠道,互联网企业借助互联网交易场景关联保险产品销售。基础引流渠道方式一般平台流量大,客户多,保险产品丰富易于比较,但引入渠道功能单一,在与场景嵌入式渠道竞争过程中处于劣势。代表机构主要有网易保险、新浪微财富等。场景嵌入渠道方式与电商购物、理财票务等网络场景相结合,可以根据场景反向设计创新保险产品,但其环节衔接复杂,问题多发,且过度依赖场景发展,传统的深度保险产品难以植入。主要代表机构有淘宝、京东等。

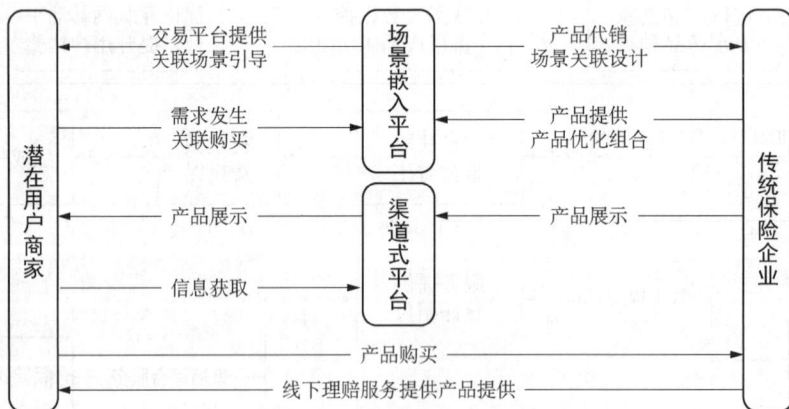

图 4-5 互联网企业电商平台模式运营流程

(三) 第三方互联网保险机构模式

第三方互联网保险机构模式是指具有自营保险网络平台的企业,以第三方的角色,为保险消费者和保险企业提供专业服务和销售的模式,第三方保险机构能在保险交易过程中起到中间制衡作用。

　　第三方互联网保险机构模式根据其发展水平的不同可以分为三个阶段。如图4-6所示,第一阶段第三方互联网保险机构作为信息平台,起到引流代销作用,是最初级的模式,以把线下产品复制到线上代销为主;第二阶段第三方互联网保险机构起到渠道式平台的作用,主要为用户和保险公司提供比较、代销、评价和咨询服务;第三阶段为服务平台形态,第三方互联网保险机构为用户提供包括保险垂直交易、风险评估、理赔协助等一站式保险综合服务。专业第三方互联网保险机构交易模式能起到纽带的连接作用,一边为用户提供尽可能丰富的产品,并衍生出产品优化组合、个性定制、协助理赔等深度服务;另一边能够拓展传统保险企业的销售渠道,加强产品创新、监督理赔服务,促进传统企业产品和服务良性竞争,为构建互联网保险的生态环境贡献了较大的力量。

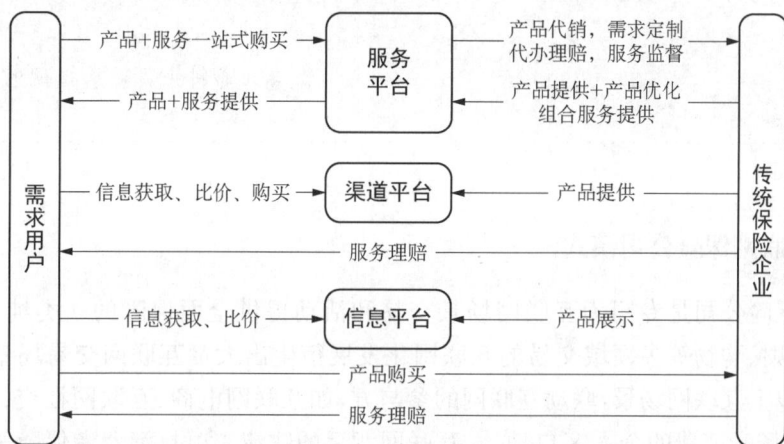

图4-6　第三方互联网保险机构模式

案例 4-3

互联网保险服务平台之慧择网

　　慧择网上线于2006年,由保监会批准成立,是首批获得保险网销资格的网站,也是国内成立时间最早、规模最大的第三方独立保险电子商务平台,致力于为个人和企业用户提供包括保险垂直交易、风险评估、理赔协助等在内的一站式保险综合服务。

　　目前慧择拥有网站和移动应用两个入口,截至2015年12月已与中国人寿、中国平安、太平洋、安联、美亚等64家保险公司合作,实现系统对接、实时出单,在线保险产品近千款,涵盖意外险、旅游险、健康险、人寿险、车险等险种,累计用户超过500万,在线投保数量近亿人次,具体到网站产品分类上,慧择网采用了人群和场景细分,同时采用了精选方案、保险品牌和产品排行等方式供用户选择。

慧择网定位为"互联网保险服务平台"，其保险服务提供了销售端的"顾问式服务"和售后的"理赔O2O平台"。其顾问式服务建立在慧择近5年来对客服中心的两次大升级，实现了"7×24"小时无间断的电话以及网络在线客户服务，目前仍在扩充团队。"理赔O2O平台"是慧择即将推出的行业型平台，该平台在未来不但能够满足用户随时上传理赔资料，即时查看赔款进度的需求，而且还能满足所承接保险公司的理赔全流程服务需求。借助慧择平台，用户在住院门诊、航班延误、行李丢失等赔付情况中，只需要通过手机或PC端，登录慧择理赔平台，上传资料，就可以收到赔款。这将大大满足用户的保险理赔需求，改变用户对保险业的看法。同时，为了让用户享受最快的极致理赔和服务体验，针对简易赔案，慧择将携手合作的保险公司陆续推出小额快赔服务：2 000元以下，上传资料，一天赔付。

（资料来源：慧择网官方网站）

（四）互联网保险公司模式

互联网保险公司是专门为互联网场景交易和活动提供全面保障的一类纯线上保险公司。社交、理财、购物等多领域交易的互联网化发展衍生出大量互联网交易场景，互联网保险公司基于以上互联网场景，联动互联网的参与方，如互联网电商、互联网社交、互联网金融等公司，以及场景消费的个人客户，嵌入互联网背后的物流、支付、消费者保障等环节，创造新的互联网保险产品，并实现保险产品从购买到理赔全环节线上运行，交易流程如图4-7所示。

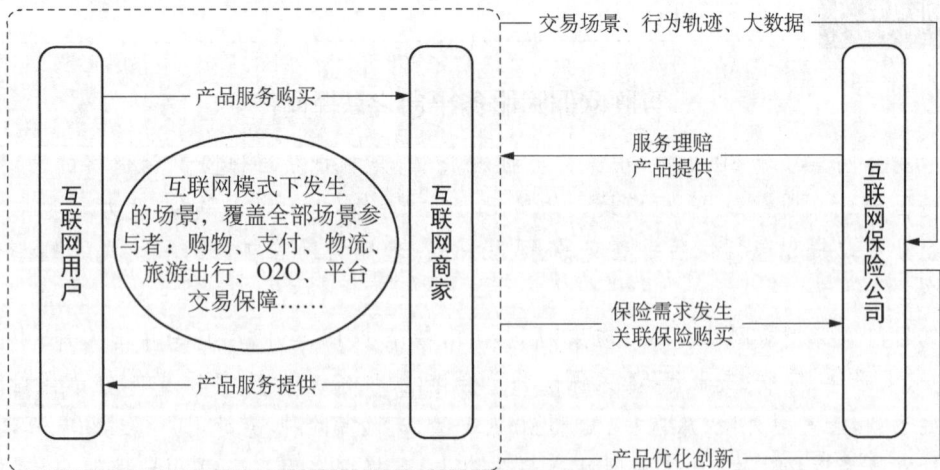

图4-7　互联网保险公司模式交易流程

案例 4-4

众安保险

2013 年,众安保险由蚂蚁金服、腾讯、中国平安等国内知名企业,基于保障和促进整个互联网生态发展的初衷发起设立,众安保险总部设在上海,注册资本金 12.4 亿人民币,业务经营范围包括:与互联网交易直接相关的企业/家庭财产保险、货运保险、责任保险、信用保证保险;短期健康/意外伤害保险;机动车保险,包括机动车交通事故责任强制保险和机动车商业保险;上述业务的再保险分出业务;国家法律、法规允许的保险资金运用业务;保险信息服务业务;经中国保监会批准的其他业务。众安保险业务流程全程在线,不设分支机构,全部通过互联网进行承保理赔服务。

利用场景和大数据创新产品是众安特色,其联合小米推小米碎屏险、小米盗刷险;联合河狸家推河狸安心保障险;与闲鱼拍卖合作推出了法拍房交易保障险等。众安保险的产品思维是致力于做互联网生态的保险、技术驱动的保险以及空白领域的保险。"做有温度的保险"是其产品哲学,不是简单地把线下保险产品搬到网上售卖,而是深度嵌入互联网背后的物流、支付、消费者保障等环节,改变了现有的保险产品结构、运营和服务模式,用互联网的模式去重构消费者、互联网平台等相关各方的价值体系。

2015 年 8 月 31 日,众安保险累计服务客户数超过 3.1 亿,累计服务保单件数超过 23.9 亿。公司年报显示,截至 2014 年末,众安保险已赚保费为 7.12 亿元,依托于各类互联网场景,目前众安保险上线产品近 200 款,平均每月上线近 10 款产品。

(资料来源:众安保险官方网站)

本章小结

本章主要介绍了传统金融机构的互联网化的过程及其结果,即传统金融机构从 20 世纪 90 年代中后期开始,利用互联网平台开展和创新金融服务的历程,各种业态及其最新动态。包括互联网发展初期的网络金融——网络银行、网络证券、网络保险,直到进入 21 世纪以来陆续推出的直销银行、互联网证券、互联网保险等传统金融互联网化的各种业态。

★★★★★ 关键术语 ★★★★★

网络银行　网络证券　网络保险　互联网银行　直销银行　互联网证券　互联网保险

★★★★★　思考题　★★★★★

1. 什么是网络金融？主要有哪些业态？它与传统金融的主要区别有哪些？
2. 什么是网络证券与传统证券模式相比，其优势表现在哪些方面？
3. 网络证券的业务内容包含哪些方面？
4. 网络证券结算主要有那几个环节？
5. 什么是网络保险？主要有哪几种形式？
6. 什么是互联网银行？它有哪些特征？与直销银行有何异同？
7. 什么是互联网证券？在我国都有哪些模式？
8. 什么是互联网保险？其主要模式有哪些？

案例应用

互联网银行想要"去实体"靠谱么?

2016 年年底,继小米宣布设立新网银行之后,美团也获批筹建互联网银行。而在 2014 年底和 2015 年夏天,腾讯旗下的微众银行和蚂蚁金服旗下的网商银行已经分别正式对外开业,互联网银行市场显露出将步入"激烈竞争"的端倪。

互联网银行和传统民营银行最大的区别,在于其纯线上的运营模式。然而,值得注意的是,不同于直销银行,互联网银行属于以区域性中小银行为定位的民营银行,其牌照功能相对齐全,不仅可以经营线上业务,也可以设有线下网点。以网商、微众为代表的民营银行是自愿放弃设立线下网点,选择成为纯粹的互联网银行。

伴随着互联网金融的冲击以及自身盈利能力的下滑,线下网点承受着房租飞涨、人工成本上升、客户流量减少等困扰。入局银行业的互联网巨头们开始用全新的线上模式探索新出路,与此同时,物理网点即将被逐渐淘汰的论调也不绝于耳。

一、线下网点功能性逐渐减少

根据银监会 2016 年 10 月的披露数据,截至 2016 年 10 月 16 日,全国共批准各类银行共 565 家支行、分理处、储蓄所、营业网点、自助银行停止营业,而 2015 年全年这一数字仅为 191 家。另外,据中国银行业协会发布的数据显示,2015 年银行业离柜交易金额达 1 762 万亿元,同比增长约 32%,行业平均离柜业务率为 77.76%,同比提高近十个百分点。

1. 网点收缩成为大势所趋

银行信息优势逐渐丧失。从过去的经验看,物理网点的重要作用,在于其提供了银行和客户互动的实体接触点,理论上柜员承担着提供服务、咨询和信息的职责。随着电子渠道的普及,信息不对称越来越低,人们的投资理念、金融知识也在进一步增长。平时需要的业务和产品相对固定,加之柜员专业素质普遍偏弱,在柜台得到的信息并不比自主查询的多。有调查显示,顾客来银行只是完成一项基本业务,而柜员试图做的是向他们追加销售或交叉销售,更不用说主动建议和帮助其实现资金或金融的安全。

2. 重营销轻产品

虽然当下传统银行都感受到互联网金融搅局以及同业竞争的压力,纷纷强调用户体验以及产品创新,但骨子里还是走的老一套。对于银行来说,大部分网点的主要功能还是在于吸收存款,有了存款就好办,对客户的划分标准就是有钱还是没钱,没办法也没心思细分客户群体,也就无法针对性地推出个性化产品。

3. 网点运行效率低

"慢"已经成为大多数线下网点给客户留下的刻板印象。不少人表示,去网点办业务,就没碰到过不用排队的时候。银行网点办理业务效率低下,柜员业务操作繁琐紧张,即使目前不少银行开始寻求智能机器人、超级柜台等手段,但很多还是形式大于实际作用。

二、真的不需要线下网点了吗?

作为最先定位为互联网银行的网商银行和微众银行,如今发展状况如何?先看两家银行目前的主营贷款业务。2016 年 6 月,开业满一年的浙江网商银行对外表示,其在一年内共计服务了 170 万家小微企业,贷款资金余额为 230 亿元,户均贷款金额不到 4 万元。而微众方面,2016 年 5 月 15 日,微粒贷上线一周年,累计放贷超 400 亿元,贷款笔数超 500 万笔,单笔金额 7 000—8 000 元。与 2015 年底的数据相比,两家银行的单笔放贷金额都有下降。

再与其他三家首批民营银行横向对比盈利状况。根据 2016 年数据,2015 年 3 月末开业的民商银行最先实现盈利,在 2016 年末便实现净利润 1 018 万元。同年 4 月末开业的金城银行仅在 2016 年上半年就实现净利润 9 800 万元。而网商银行 2015 年年报则显示亏损 6 900 万元。

从数据上看,两家银行的业务开展只能算不温不火,波澜不惊,纯线上的银行运营模式仍处于初期探索阶段。

首先,电子账户功能不全。如上文所述,顾客来银行只是完成一项基本业务——存、贷、汇,支付结算,中间业务,这些都是银行账户的基本功能。目前的互联网银行电子账户,受制于 I 类账户开户规则,无法实现远程开户,互联网银行成了资金沉淀的中间通道,存款业务受限,信用卡业务也无法开展。如阿里的网商银行,在支付宝有独立的账户体系,并且已经积累了十多年的情况下,现在也是在做基于原来的小微贷款业务,除了理财以及贷款之类的用户权益类服务,产品有限,收益有限,暂时没有其他功能。换言之,目前的电子账户,连基本的银行账户功能都无法实现。

其次,企业规模和所在地区不同,对渠道的选择偏好也有所差别。虽然越来越多的银行业务都开始从线下往线上迁移,但仍有不少小微企业和个人更倾向于选择传统的、客户经理在日常经营中占主导的银行门户。资金安全是客户最关心的问题,欺诈行为数量不断增加,而且更为复杂、更难追踪。没有传统大银行的口碑积累,新入局的互联网银行要说服用户相信其安全性,需要一个很长的教育过程。同时,并不是只有顶部用户才会有面对面服务的需求,不少小微企业,其实是需要银行承担可信赖的顾问角色,特别是风险顾问。如何帮助其应对市场不确定性? 如何应对监管变化? 安全问题如何把控? 这些问题都需要银行的专业知识,完全靠一个网上银行的系统永远无法提供。

最后,贷款伪纯线上化。互联网银行贷款并不是纯线上化,有些需要客户线下面签。比如网商银行面向线下推出"网商贷""旺农贷"等产品,虽然号称为小微企业、创业者的借贷带来了便利,但主要的客户和实际操作都在线下。原因在于,虽有大数据分析,但完善的风控体系需要大量用户案例的积累。目前客户的信用数据仍然比较割裂,依然需要凭借很多渠道判定借款人的还款能力、还款意向、资金流向等。另外,贷款后的风险控制也无法完全依赖线上。由于目前几家互联网银行都专注于小贷业务,未来坏账率必然会不断上升,如何做好应对必定涉及互联网银行的线下经营能力,毕竟要账和打官司没法在线上进行。

总体来说,就好像电子书和实体书店的关系一样,虽然线下实体网点逐渐式微,纯线上渠道仍无法完全将其取代。

对此,《互联网银行》一书曾作出过解读:分行不会完全消失,但不再是交易中心。分行作为零售网点不会彻底消失,而是以分行为基础的银行概念本身将会消失。银行需要保留一些分行,用于银行产品销售和维护客户关系,而正是基于这个原因才造成目前分行体系面临消亡,新的分行体系将长存。

三、没有线下网点,互联网银行怎样克服?

互联网银行的基本理念是降低营运成本和增加数字化客户的参与体验。在没有实体网点的情况下,树立品牌,提升参与度和互动性是增强"真实感"的唯一途径。这意味着银行需要细分客户群,针对不同长尾客户群的需求,提供对口的产品和服务,使其个性化被规模化满足,这是目前互联网银行发展的一条较实际的道路。

在差异化竞争的问题上,国外发展比较成熟的直销银行提供了一些可借鉴的思路。比如波兰的 mBank,将目标客户定位在 25～35 岁的年轻人,强化客户最核心的银行交易功能。mBank 推出储蓄产品、支票账户、按揭贷款、投资产品等四大类产品,致力于以低成本的方式为客户省钱。比如,为客户提供更高的储蓄产品利息,有星巴克、Levis 等品牌商户提供的现金返还,更优惠的保险、基金等投资产品,根据交易的历史数据进行客户的贷款预审批等。

互联网银行的未来有很多想象,需要各种科技手段解决各种问题。当下几家互联网银行都有一颗"普惠金融"的心,但比起宏图远志,要精准定位客户群,至少先从服务某一类客户开始,做差异化产品实现创利或许来得更实际些。

（资料来源：钛媒体,作者：AliciaZhong,2017 年 1 月 31 日）

案例讨论

1. 结合案例材料,谈谈互联网银行发展所面临的最大机遇和挑战分别是什么。

2. 你认为未来的互联网银行与传统银行之间的竞争会出现什么结局?

第五章
第三方支付

学习目标

◆ 掌握第三方支付的概念

◆ 掌握第三方支付的原理和特点

◆ 掌握第三方支付的分类

◆ 了解第三方支付的发展

◆ 掌握第三方支付的运行机制

本章知识导引

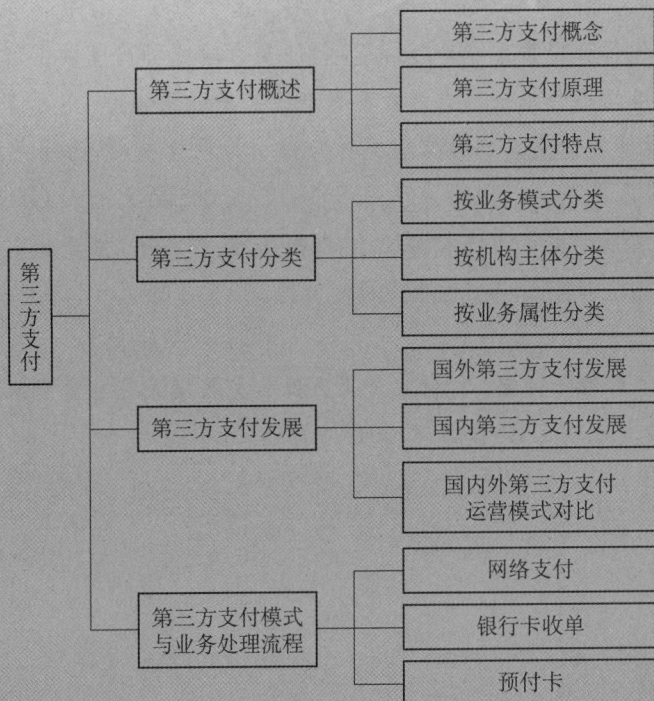

```
                                  ┌─ 第三方支付概念
                 ┌─ 第三方支付概述 ─┼─ 第三方支付原理
                 │                 └─ 第三方支付特点
                 │
                 │                 ┌─ 按业务模式分类
                 ├─ 第三方支付分类 ─┼─ 按机构主体分类
                 │                 └─ 按业务属性分类
  第三方支付 ─────┤
                 │                 ┌─ 国外第三方支付发展
                 ├─ 第三方支付发展 ─┼─ 国内第三方支付发展
                 │                 └─ 国内外第三方支付
                 │                    运营模式对比
                 │
                 │   第三方支付模式  ┌─ 网络支付
                 └─  与业务处理流程 ─┼─ 银行卡收单
                                   └─ 预付卡
```

支付宝发展之路

浙江支付宝网络科技有限公司是由阿里巴巴集团在2004年12月创立的独立第三方支付平台。支付宝致力于为中国电子商务提供"简单、安全、快速"的在线支付解决方案。支付宝最初作为淘宝网公司为了解决网络交易安全所设的一个功能,该功能基于第三方担保交易模式,由买家将货款打到支付宝账户,由支付宝向卖家通知发货,买家收到商品确认后指令支付宝将货款发放于卖家,至此完成一笔网络交易。经过十余年的发展,支付宝已经成为中国最大的第三方支付平台,它也由单纯的第三方担保交易逐渐形成了集投资、场景消费、信用支付等便捷服务为一体的网络支付生态。

支付宝2003年最初上线主要针对淘宝平台上购物的信用问题,即为了解决网购用户的需求,推出"担保交易"模式。2004年,阿里巴巴管理层认识到支付宝不应该只是淘宝网的一个应用工具,将支付宝从淘宝网分拆,支付宝网站上线,并通过浙江支付宝网络科技有限公司独立运营,宣告支付宝从淘宝网的第三方担保平台向独立支付平台发展。支付宝后续逐渐切入各类网络消费场景,借助电子商务发展的大好形势逐步扩大其服务面。2008年8月,支付宝用户数突破1亿,超越淘宝网的8 000万用户,占网民总数的40%。2010年12月,支付宝用户突破5.5亿。同年,支付宝推出"快捷支付"。2011年7月支付宝推出手机支付产品——条码支付,进军线下支付市场。在移动互联网时代,支付宝依靠其场景黏性引领了移动支付的潮流。但支付宝的创新发展之路并没有终止。为进一步加强用户对支付宝的依赖关系,支付宝2015年初又推出了其又一战略性产品——芝麻信用。基于海量实名用户多年的支付行为数据,借助人民银行征信数据等外部信息,支付宝为每位用户提供了信用评分。在未来的发展中,芝麻信用会越来越成为更多用户的信用证明,用户亦可使用信用评分在更多的场景享受便捷优惠。支付宝以支付与信用为两大核心,为用户的金融支付打造了完整的闭环服务平台。2015年7月8日,支付宝产品又加入O2O与社交功能。新版本中,支付宝基于多年的技术积累、用户积累、数据积累,搭建起全场景支付闭环体系,开始实现由支付应用向支付生态稳健转型。

(资料来源:解读支付宝:支付宝商业历程及发展模式.《电商资讯》.2013.11.2,由新版支付宝看其发展之路.搜狐网.2015.7.24)

第一节　第三方支付概述

第三方支付作为互联网金融的基础设施,不仅是整个互联网金融生态的载体,也是传统金融资金流转渠道的重要补充,更是互联网金融生态稳定运行和创新模式培育的基石。以第三方支付为工具搭建的各类场景化支付体系充当了网络经济时代资金流转、信息流转和信用流转的转换枢纽。

一、第三方支付的概念

第三方支付狭义上是指具备一定实力和信誉保障的非银行机构,借助通信、计算机和信息安全技术,采用与各大银行签约的方式,在用户与银行支付结算系统间建立连接的电子支付模式。根据央行 2010 年在《非金融机构支付服务管理办法》中给出的非金融机构支付服务的定义,从广义上讲第三方支付是指非金融机构作为收、付款人的支付中介所提供的网络支付、预付卡、银行卡收单以及中国人民银行确定的其他支付服务。之所以称"第三方",是因为这些平台并不涉及资金的所有权,而只是起到中转作用,它最初只是用来解决不同银行卡之间的网上银行对接以及异常交易带来的信用缺失问题。

第三方支付作为目前主要的网络交易支付手段和信用中介,最重要的是起到了在网上商家和银行之间建立起连接,实现对资金的第三方监管和支付过程的技术保障作用。第三方支付平台运用先进的信息技术,分别与银行和用户对接,将原本复杂的资金转移过程简单化。采用第三方支付,可以安全地实现从消费者、金融机构到商家的在线货币支付、现金流转、资金清算等流程,为商家开展 B2B、B2C 交易等电子商务服务和其他增值服务提供完善的支持。如今的第三方支付早已不仅仅局限于最初的互联网支付,而是成为线上线下全面覆盖、应用场景更为丰富的综合支付工具。

二、第三方支付的原理

从运行机制来讲,第三方支付就是第三方机构与银行及商户之间签订有关协议,在金融机构、商户和用户之间进行某种形式的数据交换和相关信息确认并建立支付流程的一种商业模式。无论网络支付、预付卡还是银行卡收单都是在银行、付款人和收款人之间建立起跨机构的支付桥梁,为资金流转提供基础服务,它们之间的区别在于清算主体和结算方式的差异。其中,网络支付中的虚拟账户模式依靠第三方公司进行一级结算,而第三方公司与各个银行完成二级结算;银行卡收单业务依靠银联系统和银行内部账户结算系统完成结算;预付卡则完全是先支付后结算的模式实现支付功能。第三方支付之所以能够蓬勃发展,在于其支付模式不仅解决了电子商务中买卖双方的信用问题,而且提高了支付效率。它的产生使得客户可以不直接与银行进行支付清算行为,从而具有了如下四点竞争力:一是其可以以第三方身份为网络交易提供交易担保;二是第三方支付通过在各家商业银行开立账户的方式具备资金清算能力,能够利用技术手段集成众多银行,开辟出网络银行和手机银行之外的支付渠道；三是节省交易成本；四是支付与购物、旅游、交通和投资等生活场景相结合，从而具有了社会性。以上四点优势是第三方支付出现并快速发展的动力。第三条和第四条优势的持续放大催生了移动支付，移动支付使得资金的账号间移动与支付媒介的移动无缝结合，进一步切入生活场景，降低交易成本。以上就是第三方支付的商业原理。

三、第三方支付的特点

1. 支付便捷高效

从第三方支付流程的微观角度来看，第三方支付平台提供一系列的应用接口程序，将多种银行卡支付方式整合到一个界面上，负责交易结算中与银行的对接，使网上购物更加快捷、便利。第三方支付使得消费者和商家不需要在不同的银行开设账户，可以帮助消费者降低网上购物的成本，帮助商家降低运营成本。第三方支付能够利用技术手段实现上层银行等金融机构与低层商家和个人的多对多无缝连接，构建了高效的资金流转渠道。利用技术优势在后台解决了支付过程中复杂繁琐的技术验证和跨机构交涉问题，从而使得支付变得更加高效便捷。

从整个社会支付体系的宏观角度来看，虽然第三方支付仍然必须依赖传统清算体系进行最终清算，但其部分承担了类似中央银行的支付清算功能，相当于增加了清算枢纽数量，使得原有单一核心支付清算体系变成网状支付清算体系，优化了社会资金流转路径，降低了交易成本。第三方支付出现之前，支付清算体系是以中央银行为唯一核心的单枢纽清算体系，客户账户间资金流转必须逐级借助清算体系进行，由于清算链条过长、清算渠道单一导致清算效率低下。第三方支付体系的出现把原有树状支付体系变为网状支付体系，优化了支付结构，提升了支付效率。

2. 小额资金流转

小额资金流转是第三方支付的重要特征。首先，互联网金融本身的重要特征就是普惠和小额，用户群体的长尾化决定了其小额和高频的特点，第三方支付作为互联网金融的基础服务之一，也具有了以小额资金流转为主的特性。其次，第三方支付发展的重要载体是电子商务，网上消费的小额特征也决定了第三方支付总量大而单笔金额小。最后，第三方支付平台小额资金流转也有政策因素的影响。第三方支付的存在使得一部分资金流动绕过了中央银行的管理和调控，一方面为洗钱等违法犯罪活动提供了渠道，另一方面降低了金融监管部门对资金流动的感知力，进而影响到了货币政策的准确性和传导机制的畅通。为了控制金融风险，中央银行对第三方支付的交易额度、身份验证等内容进行了政策指导和限制。

3. 信用担保

第三方支付平台产生的初衷就是控制网络交易中的信用风险，因此，信用担保是第三方支付的主要特征之一。第三方支付平台大都依附于大型电商企业和门户网站，它的一大功能就是为交易双方提供安全可靠的保障机制，确保商品和资金在非面对面交易环境下也能充分自由交换。信用担保催生了第三方支付的快速繁荣，随着互联网金融生态的完善，第三方支付平台相继从其寄托的电商载体中独立，成为综合性的支付服务机构，但信用担保仍然是网络交易不可或缺的基础服务。

4. 多元化支付渠道

多元化支付渠道主要体现在支付媒介的多元化和资金来源的多元化。一方面,随着移动支付的兴起,NFC(Near Field Communication,近距离无线通信技术)、二维码支付等逐渐兴起,再加上原有的 POS 支付、网络支付、固定电话支付、机顶盒支付等渠道,支付媒介逐渐多元化发展,近场支付和远场支付体系不断完善。另一方面,互联网生态圈中信用评估机制的创新使得第三方支付可以对用户开展授信服务,用户支付资金来源可以来自其信用账户、银行卡账户以及货币基金账户等,支付方式越来越灵活,支付渠道也正在多元化发展。

第二节　第三方支付的分类

目前,无论是学术界、产业界还是监管部门,对第三方支付的分类都不尽相同,主要的分类方式有三种:一是央行《非金融机构支付服务管理办法》中对第三方支付的分类;二是根据提供第三方支付服务的主体性质进行的分类;三是根据支付服务的不同业务属性进行的分类。这三种分类分别是从现行监管的便利、支付业务不同属性特点出发对主流的支付业务进行分类。其中,《非金融机构支付服务管理办法》的分类方式是将第三方支付按业务类型划分为网络支付、银行卡收单、预付卡的发行与受理三种业务模式。

一、按照业务模式分类

第三方支付按照业务模式不同可以分为网络支付、银行卡收单和预付卡的发行与受理三种业务模式。根据网络支付服务具体业务流程的不同,网络支付,尤其是其中的互联网支付中主要存在两种模式:支付网关模式和虚拟账户模式,其中虚拟账户模式还可以细分为信用中介型虚拟账户模式和直付型虚拟账户模式两种。而预付卡业务也可分为单用途预付卡和多用途预付卡两种,如图 5-1 所示。对以上各种支付类型的介绍详见第四节。

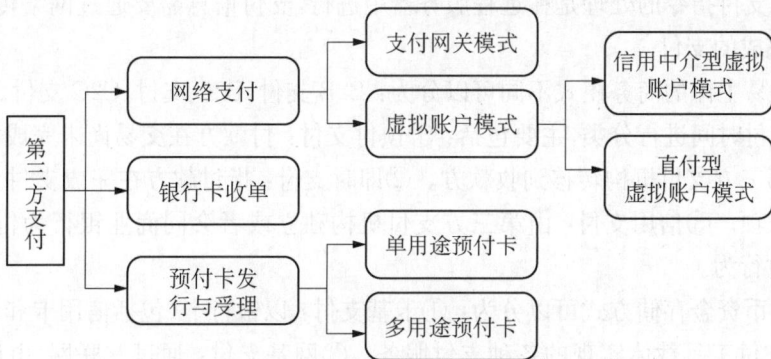

图 5-1　第三方支付主要分支类型

二、按第三方支付机构主体分类

根据第三方支付机构主体性质的不同,有以下几种分类:

(1) 按照支付机构本身是否具有独立性可以分为两类:①独立的第三方支付机构:本身没有电子商务交易平台也不参与商品销售环节,只专注于支付服务,如快钱、通联支付、汇付天下等。②非独立的第三方支付机构:支付机构与某个电子商务平台属于集团联盟或者战略联盟关系,主要为该电子商务平台提供支付服务,如支付宝、财付通、盛付通等分别依托于淘宝网、QQ 和盛大网络。

(2) 按注册资本性质可以分为:①国有控股第三方支付机构:指国有资本占控制权的第三方支付机构,典型代表是银联商务。②国有参股第三方支付机构:指在企业股权结构中有国有资本,但国有资本不占控制权,典型代表是通联支付。③民营第三方支付机构:指全部资本由境内投资者投资的企业,典型代表是支付宝、快钱等。④外商独资第三方支付机构:指在中国境内设立的全部资本由外国投资者投资的企业,典型代表是贝宝(中国)。⑤中外合资第三方支付机构:指外国投资者和中国境内投资者共同出资的企业,典型代表是首信易。

(3) 按支付机构的业务范围可以分为:①单一业务支付机构:指只从事某一类别支付业务的支付机构,如只从事银行卡收单的杉德、只从事预付卡的资和信等。②综合业务支付机构:指从事多样化支付业务的支付机构,如快钱、通联支付等。

三、按第三方支付业务属性分类

根据第三方支付业务所具有的多种属性,结合第三方支付行业所存在的实际产品,可以有以下几种主要的分类方式:

(1) 按支付指令传输通道进行分类,主要有互联网支付、移动互联网支付、固话网络支付、数字电视网络支付等。

(2) 按支付终端进行分类,主要有 POS 支付、PC 支付、移动电话支付、固定电话支付、机顶盒支付、ATM 机支付等。

(3) 按支付距离分类,主要有:①近场支付:通过 NFC、红外、蓝牙等技术,实现资金载体与售货机、POS 机终端等设备之间支付指令传递,支付完毕,消费者即可得到商品或服务。②远程支付:支付指令的处理是在远程服务器中进行,支付信息需要通过网络传送到远程服务器中才可完成的支付。

(4) 按交易主体的商务模式不同可以分为:B2B 支付、B2C 支付、C2C 支付。

(5) 按支付时间进行分类,主要包括:①预付支付:付款方在交易尚未完成前,需提前支付款项并由第三方支付机构转移到收款方。②即时支付:指付款方在完成支付交易后,收款方即可收到款项。③信用支付:由第三方支付机构独立或者会同商业银行为付款方提供垫资服务的支付行为。

(6) 按货币资金存储方式可以分为:①卡基支付:以银行卡(包括信用卡和借记卡)和预付卡为主要支付工具载体实现的各种支付服务。②网基支付:通过互联网、电话、手机等通讯终端实现基于账户(银行账户、第三方虚拟账户)的无卡支付,这种支付通常不是通过读取卡片信息,而是通过密码来验证支付指令。卡基支付和网基支付已成为我国个人使用最为广泛的非现金支付工具。

第三节　第三方支付的发展

第三方支付是随着金融信息化的深入发展和电子商务的迅速普及而逐渐发展起来的,它的发展始于 20 世纪 90 年代中期。国内外的第三方支付大致都经历了依托电商网站发展壮大、建立独立平台和外部专业化发展两个阶段。但由于国内外传统支付通道完善程度不一致,特别是国外信用卡支付体系较为完善、金融信息化水平较高,导致第三方支付发展空间相对较小。国外第三方支付虽然早于国内出现,但发展势头远不及国内。并且国外和国内第三方支付在经营模式上也具有较大不同。

第三方支付的三大主要模式为网络支付、银行卡收单和预付卡。从各类第三方支付模式横向对比来看,每种模式具有其独特的发展路径。互联网支付是电子商务和互联网技术融合的产物,银行卡收单业务是银行传统支付业务的专业化拓展,而预付卡则是为满足日常小额便民支付而独立发展的一种支付业务形态。互联网支付产生较晚,技术体系较为复杂,需要依托支付场景设计,而后两种支付则是传统金融业务的延伸和补充。

一、国外第三方支付的发展

(一) 国外网络支付的发展

1996 年,全球第一家第三方网络支付公司在美国诞生,随后逐渐涌现出 Amazon Payments、Yahoo! PayDirect、PayPal 等一批第三方支付公司。PayPal 的发展最为突出,其发展历程基本代表了北美第三方支付市场的发展缩影。PayPal 公司成立于 1998 年,成立初衷就是应对全球逐渐兴起的电子商务发展热潮,弥补商业银行不能覆盖个人收单业务领域的不足。1998~2001 年,PayPal 市场拓展取得了一定成绩,但真正步入发展快车道,则归因于 2002 年被全球最大的 C2C 网上交易平台 eBay 全资收购。当时,eBay 已经是全球最大的个人电子商务交易平台(也称跳蚤市场或 C2C 市场),汇集了各种二手商品。但 eBay 主要是一个产品展示平台,商品的所有者和购买方都是个人,而商业银行、银行卡组织又不向个人客户提供银行卡收单服务,因此,eBay 平台的买方大都使用银行或邮局汇款的传统支付方式,时间长、效率低。为解决支付瓶颈问题,eBay 最终将 PayPal 收入麾下。此后,PayPal 依托 eBay 庞大的市场份额,实现了快速发展。截至 2015 年末,PayPal 在全球范围内拥有 1.79 亿个账户,是全球最著名的第三方支付机构之一。在为 eBay 提供支付服务的基础上,PayPal 将业务扩展到更广阔的电子商务领域。在北美市场,PayPal 已经和 535 家独立的 B2C 电子商务在线商城签订了合作协议,大到零售巨头沃尔玛在线,小到普通的比萨饼屋等都支持使用 PayPal 支付。

总体而言,国外网络支付市场的发展历程可归纳为两个阶段:一是依托个人电子商务市场(C2C 市场)起源、壮大、成熟;二是向外部专业化、垂直化电子商务网站(B2C 市场)深入拓展。但是由于国外卡组织的垄断地位,第三方网络支付平台在整个电子支付业态中的重要性并没有国内这样突出。

(二) 国外银行卡收单的发展

1950 年,"大莱俱乐部"(即大莱信用卡公司前身)创立,大莱俱乐部首先说服一批餐馆、宾馆等商户加入,以此为基础在就餐者、住宿者人群中发展会员,为会员提供能够证明身份和支付能力的卡片,会员凭卡片可以记账消费,这就是银行卡收单业务的最早雏形。随后,美国银行开始在全国范围内有选择地许可一些银行运营美国银行卡业务,其他银行则成立了"银行信用卡协会"从事银行卡业务,银行卡收单业务也随着银行卡组织的成立而出现。20 世纪 80 年代中期以前,从商户开发签约到资金清算划拨,所有收单业务都是由收单银行独立处理;20 世纪 80 年代中期至 90 年代中期,开始出现非银行第三方银行卡处理商,为上游的收单银行提供除了资金清算和划拨之外的其他收单服务,收单银行专注于自身的核心业务,初步形成了银行卡收单产业链的上游和中游。20 世纪 90 年代至今,国际银行卡和收单产业中出现了专业从事开发商户,并提供支付终端的专业化服务组织,进一步丰富了收单产业链,银行业收单业务模式完全成熟。

各国银行卡收单市场经过 50 多年的发展,大致形成两种业务发展模式。一类是银行和专业化收单机构并存发展,以美国市场最为典型。美国收单市场的巨头是 FDC(First Data Corp,美国第一资讯集团)、摩根大通和美国银行。其中 FDC 是全球最大的银行卡专业化服务机构,其业务领域跨越银行卡收单、交易处理、外包服务等各个方面。在加拿大收单市场上也兼有银行、非银行金融机构和非金融机构。另外一类是以银行收单为主,如英、法、澳。英国有 Streamline、巴克莱银行、汇丰银行等 8 家收单银行,其中前三大银行就占 90% 的市场份额。德国、日本则以专业化收单机构为主。

从全球收单市场发展来看,北美地区以收单业务为主的付款处理服务行业已经高度集中和整合;欧洲地区整合度较弱,有十几家公司在争夺市场份额;而亚洲市场的情况比较特殊,独立的专门提供第三方支付服务的行业尚未形成,银行卡收单业务主要被金融机构包揽。

(三) 国外预付卡的发展

20 世纪 70 年代初美国推出预付形式的交通卡,这是世界上最早的封闭式预付卡系统。BART(Bay Area Rapid Transit System,旧金山海湾地区快速运输系统)是当时著名的一种预付卡系统,消费者首先把资金存入该预付卡,然后在消费交通服务的过程中预付卡的金额逐渐被扣除。BART 项目的成功使得美国把预付卡逐渐推广到其他领域。在 20 世纪 80 年代初,美国推出了电话预付卡。20 世纪 90 年代,美国商场预付卡逐渐代替纸质的粮票而向低收入者发放。随后,Neiman Maicus 商场推出第一张预付卡式的礼品卡。目前,美国不但商业企业可以发行预付卡,而且很多商业银行都可以发行预付卡。预付卡使用比较普遍的是日本,早在 1982 年,日本的电信电话公司就发行了电话磁卡,这是日本最早形式的预付卡。随着预付卡在电信电话领域的快速推广,其他领域如铁路、地铁等交通运输部门也推出了预付卡。在欧洲,预付卡也是首先在电信领域投入使用的。1975 年,一家意大利公司推出电话预付卡而在公共电话机上使用。随后,瑞典、英国、法国等相继推出电话预付卡,如法国 E-

purse initiatives 公司推出的预付卡具有芯片,使其既可以在电话上使用,又可以作为小额支付的手段。20 世纪 90 年代,英国的商业银行推出 Mondex 预付卡,该卡既可以在交通系统使用,又可以在自动售货机上使用,使预付卡可以进行跨领域使用。进入 21 世纪后,欧洲的预付卡获得了巨大的发展,出现了很多创新产品,如西班牙的 La Caixa 预付卡可以随意充值和任意使用,而且能够根据客户需求进行定制。经过近 40 年的发展,欧洲各国预付卡产业分工越来越细。在欧洲各国预付卡产业链中,封闭式卡主要涉及卡片生产及个性化制作、卡片发行、卡片销售、卡片受理及卡片数据处理五个方面,开放式卡还涉及交易转接。其中卡片生产及个性化制作主要由卡片制作商来提供,部分数据处理商也提供卡片个性化制作;卡片发行中封闭式卡主要由商户来完成,开放式卡主要由银行、商户和第三方机构来完成;卡片销售主要由商户、银行、第三方机构和分销商共同完成;卡片受理主要由收单机构提供支持;卡片数据处理主要由数据处理商提供,部分收单机构也提供数据处理业务;而开放式卡的交易转接主要由卡组织提供。

二、国内第三方支付的发展

国内第三方支付的发展也经历了从依赖电商发展到建立独立第三方支付平台的过程,并且第三方支付的模式和渠道还在不断创新,支付体系在不断完善。中国人民银行 2011 年开始发放第三方支付牌照,截止到 2016 年,已有 270 家第三方支付机构获得了第三方支付牌照。目前支付牌照主要分为银行卡收单、网络支付和预付卡的发行与受理三大类,其中网络支付又细分为互联网支付、移动支付、数字电话支付和固定电视支付,国内第三方支付行业运行和监管机制已日趋成熟。近两年,随着移动互联网的兴起以及线上线下支付场景的拓展,第三方支付行业迎来了新一轮增长期,如图 5-2 所示,第三方支付发展指数显示其正处于稳定增长阶段。

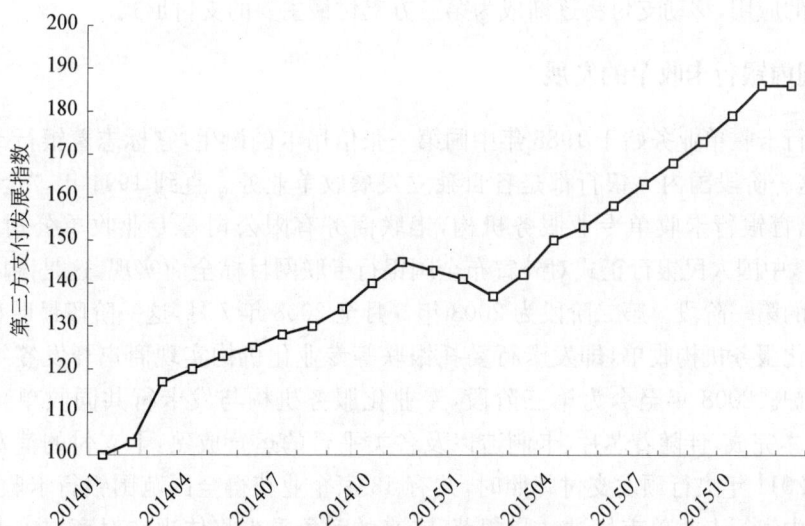

图 5-2   第三方支付发展指数

数据来源:北京大学互联网金融研究中心

(一) 国内网络支付与移动支付的发展

北京首信股份有限公司和上海环迅电子商务有限公司是中国最早的第三方互联网支付企业，它们均成立于1999年，主要为B2C网站服务。2004年下半年，第三方支付开始受到极大关注，国内各商家纷纷涉足第三方支付平台。2004年12月，阿里巴巴推出支付宝，对推进淘宝业务起到了重要作用。2006年淘宝网交易总额突破169亿元，支付宝由此也成为国内最引人注目的电子支付工具。2005年，全球最大第三方支付公司PayPal进入中国，与此同时，快钱、易宝等一大批国内专门经营第三方支付平台的公司纷纷出现，第三方支付平台数量和市场规模开始井喷式增长。2015年中国第三方互联网支付交易规模达到118 674.5亿元，同比增长46.9%。

随着移动互联网时代的来临，移动支付市场也开始迅猛发展。BAT(百度、阿里巴巴、腾讯)等互联网巨头，以及电信运营商、银行等传统金融巨鳄，均持有相应的支付牌照。整个市场的业务形态也正逐步从单纯的支付向互联网金融理财、消费等方向转变，巨头的鏖战正加速行业洗牌进程。在第三方移动支付市场，仍然是支付宝遥遥领先，但财付通(微信支付)势头正劲。2015年移动支付市场交易规模9.31万亿元，同比增长57.3%。从2015年中国第三方移动支付交易规模市场份额来看，阿里巴巴旗下的支付宝钱包一家独大，占据了72.9%的份额。财付通(微信支付)势头正劲，以17.4%次之，但与支付宝相比还有不小的差距。其他第三方移动支付品牌的份额则均低于5%。其中，主攻线下社区的拉卡拉以3.0%的份额排名第三。百度钱包以2.2%的份额占据第四的位置。紧随其后的分别是易宝支付(1.5%)、快钱(0.8%)、平安付(0.6%)、京东钱包(0.5%)、连连支付(0.3%)。

在线上市场逐步成熟稳定的背景下，线下市场已经成为互联网巨头、收单机构、运营商、银行等多方竞争的核心市场，线上线下相结合成为第三方支付的发展趋势，而移动支付也成了各方角逐的重要战场。随着NFC近场支付技术、扫码支付、声波支付等创新支付工具在移动支付市场的应用，移动支付将逐渐成为第三方支付最主要的支付形式。

(二) 国内银行卡收单的发展

国内银行卡收单业务始于1985年中国第一张信用卡的诞生，它标志着银行卡产业在国内兴起，但这一阶段国内大银行都是各自独立发展收单业务。直到1994年，"金卡工程"启动，致力于培育银行卡收单专业服务机构，银联商务有限公司等专业收单公司应运产生。2003年5月，中国人民银行正式对外宣布全国银行卡联网目标全面实现，这是国内银行卡收单业务发展的第一阶段。第二阶段为2003年5月至2008年7月，这一阶段最明显的特征就是委托专业化服务机构收单，即发卡行委托银联等专业化机构实现商户开发签约与终端设备布放及维护。2008年至今为第三阶段，专业化服务机构与发卡行共同收单。国内传统POS布局基本完成，伴随着芯片、卡制造以及各类平台的运营成熟，卡支付的消费方式逐渐成为主流。2011年央行颁发支付牌照时，共有43家企业获得全国范围银行卡收单牌照，在近年的发展中银行卡收单市场进一步规范，未来的竞争重点将体现在对商户需求的整合能力、产品创新和商业模式创新等方面。目前，银联商务、通联支付以及拉卡拉在国内收单业务中处于领跑位置。

（三）国内预付卡的发展

国内预付卡市场在 20 世纪 80 年代逐步开放，许多商家开始把发行各类消费卡(券)作为重要的促销手段。但由于政策的限制而发展缓慢，2006 年到 2010 年是国内预付卡市场在宽松监管下的高速发展阶段，大型超市、百货商场是国内用户使用预付卡的主要场景，与此同时，网络购物成为第三大消费场景。另外，便利店、餐饮娱乐场所、酒店旅行、健身也是用户频繁使用预付卡的重要场景。在预付卡迅猛发展的同时，关于规范市场、保障消费者权益的讨论渐渐受到人们的重视，政府部门也开始寻求规制之道。2011 年 5 月，国务院办公厅转发了七部委《关于规范商业预付卡管理的意见》，首次明确了商业预付卡的地位、作用和分类，明确了分类监管的思路，该文件标志着中国商业预付卡监管体系初步形成，预付卡行业迎来了监管框架下的良性发展阶段。《关于规范商业预付卡管理的意见》将预付卡分为单用途卡和多用途卡两大类，并实行由人民银行和商务部分类监管的政策。现阶段国内预付卡的市场份额主要集中在商业企业发行的单用途预付卡，而伴随着消费市场的不断变化和竞争手段的多元化，以及消费者需求的多样化，预付卡在各个领域的使用范围将不断扩大，多用途预付卡将成为整个行业的发展重心。

目前预付卡牌照已经发放了接近 200 张，其中有 6 张预付卡牌照持有公司可以在全国范围内发行预付卡。这六家公司分别为：北京商服通网络科技有限公司、开联通网络技术有限公司(已被中国支付通收购)、裕福网络科技有限公司、渤海易生商务有限公司、海南新生信息技术有限公司和深圳壹卡会科技服务有限公司(已被平安集团收购)。

三、国内外第三方支付运营模式对比

虽然国内外第三方支付机构大都通过提供非面对面、虚拟在线的开户服务来完成客户信息采集和支付渠道构建，但在支付实现方式和交易流程设置上具有较大差异。

在支付实现方式上，国内外第三方支付机构差异较大。PayPal 无需和国外各个商业银行进行系统联接，国外商业银行也大都不提供类似国内银行 B2C 方式的在线支付服务，PayPal 只需选择一家商业银行作为银行卡支付的收单机构即可实现对各家银行持卡人的支付。支付途径是通过银行卡组织提供的支付服务将银行卡资金转入虚拟账户，验证要素统一遵循银行卡组织的风险控制标准；而国内第三方支付机构则是与各家银行进行系统接入，其验证要素依据各行电子银行的安全保障规则而定。这一方面和国内外信用体系差异有关，另一方面也间接体现了国外线上收单市场的竞争格局。银行卡组织在国外线上、线下消费跨行清算领域都有较强竞争优势。

在交易流程上，国内大多数第三方支付机构在 C2C 支付市场以支付中介的身份参与买家向卖家的支付过程，在交易未最终完成前，资金始终停留在第三方支付机构账户。而 PayPal 无论在 eBay 平台，还是在其他 B2C 商户平台都采取直接支付方式，不承担支付中介的职能，交易资金直接划入卖方账户。换言之，国内第三方支付机构是从促成交易的角度出发，重在解决交易过程中的信任问题。而 PayPal 的平台是以成熟的信用体系为后盾，从服务交易的角度出发，强调支付便捷性和交易效率。

第四节　第三方支付的模式与业务处理流程

由于第三方支付渠道的多样性、机构主体的多样性以及线上线下支付场景的多样性,形成了较为复杂的支付模式体系。其中网络支付、银行卡收单和预付卡是第三方支付的三大基本模式。

一、网络支付

所谓网络支付,是指依托公共网络或专用网络在收付款人之间转移货币资金的行为,包括货币汇兑、互联网支付、移动电话支付、固定电话支付、数字电视支付等。网络支付以第三方支付机构为支付服务提供主体,以互联网等开放网络为支付渠道,通过第三方支付机构与各商业银行之间的支付接口,在商户、消费者与银行之间形成一个完整的支付服务流程。

网络支付模式依托电子商务线上交易发展壮大,其主要功能是为买卖双方提供便捷安全的资金流转渠道,网上交易流程是网络支付的核心运行机制。如图5-3所示,网络支付模式基本交易流程如下:

(1) 买方浏览商品下订单。

(2) 买方选择第三方支付平台。

(3) 第三方支付平台向银行发送支付请求。

(4) 银行检查账户后向买方第三方支付账户划账。

(5) 第三方支付平台通知卖方支付结果。

(6) 卖方发货完成商品交易。

(7) 银行通过第三方平台完成资金结算。

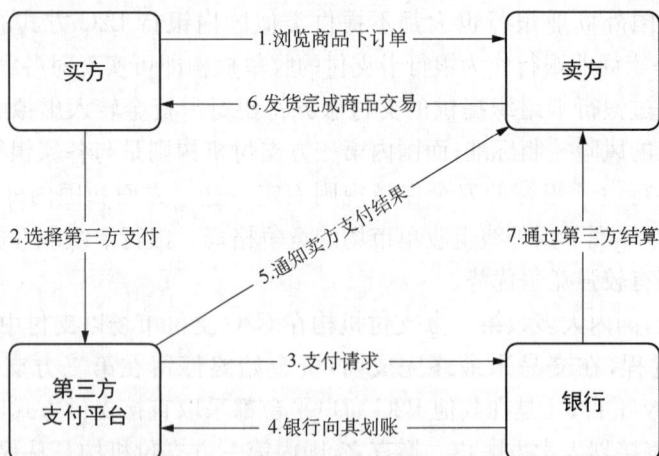

图5-3　网络支付模式基本交易流程

根据网络支付服务具体业务流程的不同,网络支付,尤其是其中的互联网支付中主要存在两种模式：支付网关模式和虚拟账户模式。其中虚拟账户模式还可以细分为信用中介型虚拟账户模式和直付型虚拟账户模式两种。

（一）支付网关模式

支付网关是银行金融网络系统和 Internet 网络之间的接口，是由银行操作的将互联网上传输的数据转换为金融机构内部数据的一组服务器设备，或由指派的第三方处理商家支付信息和顾客的支付指令。支付网关可确保交易在互联网用户和交易处理商之间安全、无缝的传递，并且无需对原有主机系统进行修改。它可以处理所有互联网支付协议、互联网安全协议、交易信息交换、信息及协议的转换以及本地授权和结算处理。

支付网关模式又称为网关支付，是早期电子商务活动中使用最多的一种互联网支付服务模式。该模式的主要特点是在网上商户和银行网关之间增加一个第三方支付网关，由第三方支付网关负责集成不同银行的网银接口，并为网上商户提供统一的支付接口和结算对账等业务服务。在这种模式下，第三方支付机构把所有银行网关（网银、电话银行）集成在一个平台上，商户和消费者只需要使用支付机构的一个平台就可以连接多个银行网关，实现一点接入，为商户和消费者提供多种银行卡互联网支付服务。支付网关 C2C 交易流程如图 5-4所示。

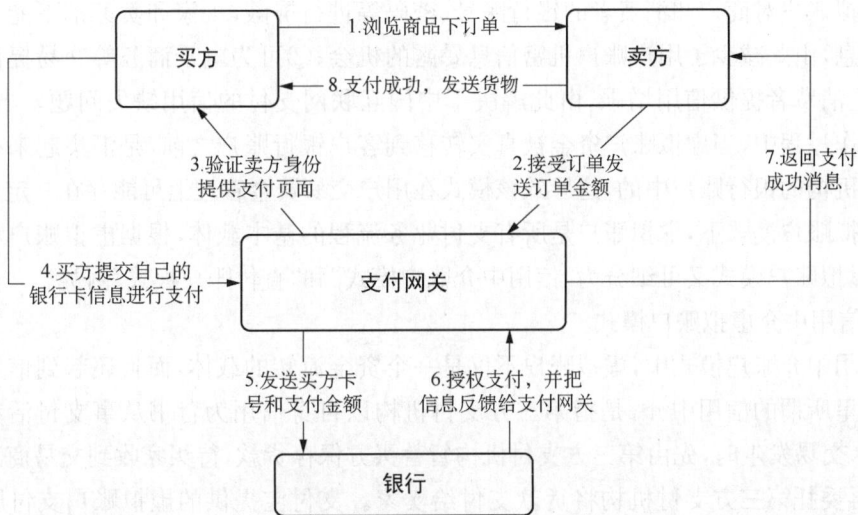

图 5-4　支付网关模式下 C2C 交易流程

（二）虚拟账户模式

虚拟账户支付模式是指第三方支付机构不仅为商户提供银行支付网关的集成服务，还为客户提供一个虚拟账户。该虚拟账户可与客户的银行账户进行绑定或者对接，客户可以从银行账户等资金源向虚拟账户中充入资金，或从虚拟账户向银行账户注入资金。客户在网上的支付交易可在客户的虚拟账户之间完成，也可在虚拟账户与银行账户之间完成。其交易流程如图 5-5所示。

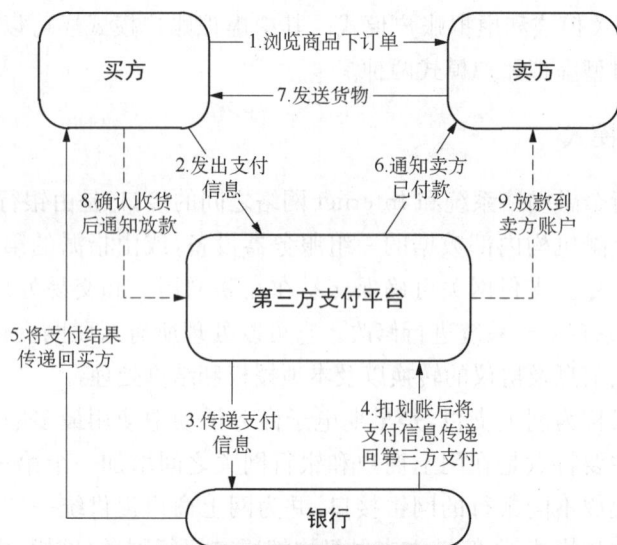

图 5 - 5　虚拟账户模式交易流程

　　虚拟账户支付模式加快了资金清算速度,减少了使用银行支付服务的成本。虚拟账户模式不仅具有支付网关模式集中银行支付接口的优点,还解决了交易中信息不对称的问题:①通过虚拟账户对商户和消费者的银行账号、密码等进行屏蔽,买家和卖家都不能互知对方的此类信息,由此减少了用户账户机密信息暴露的机会;②可为电子商务等交易提供信用担保,为网上消费者提供信用增强,由此解决了中国互联网支付的信用缺失问题。当然,在具体业务操作过程中,当虚拟账户资金被真实转移到客户银行账户之前,是汇集起来存放在第三方支付机构的银行账户中的,这导致该模式在用户交易资金管理上可能存在一定风险。

　　在虚拟账户模式下,虚拟账户是所有支付业务流程的基本载体,根据虚拟账户承担的不同功能,虚拟账户模式又可细分为"信用中介账户模式"和"直付账户模式"两类。

　　(1)信用中介虚拟账户模式

　　在信用中介账户模式中,虚拟账户不仅是一个资金流转的载体,而且还起到信用中介的作用。这里所谓的信用中介,是指第三方支付机构以自身信用为背书从事支付活动。如图5-5所示,交易发生时,先由第三方支付机构暂替买方保存货款,待买家收到交易商品并确认无误后,再委托第三方支付机构将货款支付给卖家。支付宝提供的虚拟账户支付服务就是一种典型的信用中介支付模式。

　　从信用中介账户模式的发展来看,该模式有两个明显的特点:首先,具有虚拟账户模式的所有功能,包括基于虚拟账户的资金流转、银行支付网关集成等;其次,为交易提供了"信用增强功能",传统的交易信用来自买卖双方的信用,而通过信用中介账户模式实现的交易,第三方支付机构在交易中不仅提供了支付功能,还融入了第三方支付机构的商业信用,这就大大增强了交易的信用保障,提高了交易的成功率。

　　(2)直付虚拟账户模式

　　直付虚拟账户模式交易流程较为简单,支付平台中的虚拟账户只负责资金的暂时存放和转移,不承担信用中介等其他功能。如图 5-5 所示,支付虚拟账户支付无第八和第九项流程,不承担信用担保责任。如果要实现直付账户支付模式,买卖双方首先在支付平台上设置虚拟账号,并进行各自银行账户与虚拟账户的关联。在交易过程中,支付平台根据支付信息将资金从买家银行账户转移到买家虚拟账户,再从买家虚拟账户转移到卖家虚拟账户,并最终划付给卖家的银行账户,整个交易过程对买卖双方而言,都通过虚拟账户进行操作并实现。提供直付账户模式的第三方支付机构也比较多,国外知名的公司有 PayPal,国内则有快钱、盛付通。

(三) 网络支付的创新模式

随着移动互联网技术的创新和互联网金融业态的完善,第三方支付的发展早已不局限于银行和商家的互联互通,而是向着全渠道支付、多场景切入、信用支付与普通支付相结合、消费与投资相结合的创新支付体系转化。支付技术上不断创新,以移动设备为载体的 NFC 近场支付、扫码支付、声波支付等智能支付渠道相继被打通;支付平台不断深化对各类支付场景的渗透,线上与线下相结合,已经形成了完善的 O2O 支付体系;支付宝和微信支付等第三方支付平台正在把信用支付和社交元素引入到原有第支付模式,极大地改善了第三方支付的用户体验;第三方支付平台引入投资理财工具和增值服务打造出了以第三方支付为载体的一站式综合服务平台。总之,生活化、金融化、移动化和多元化是第三方支付发展的四大趋势,以快捷支付为特征的传统第三方支付模式正在向以信用服务、数据营销和综合服务为特征的创新型模式演变。

二、银行卡收单

银行卡收单业务是指收单机构通过银行卡受理终端为银行卡特约商户代收货币资金的行为。其中,受理终端是指通过银行卡信息读入装置生成银行卡交易指令要素的各类支付终端,包括销售点(POS)终端、转账 POS、电话 POS、多用途金融 IC 卡支付终端、非接触式银行卡信息终端、有线电视刷卡终端、自助终端等类型。收单机构,则是指与特约商户签订银行卡受理协议并向该商户承诺付款以及承担核心业务主体责任的银行业金融机构和非金融机构。银行卡收单业务的参与主体主要为发卡机构、持卡人、收单机构、卡组织和商户。在银行卡收单业务开始初期银行卡收单的模式如图 5-6 所示。

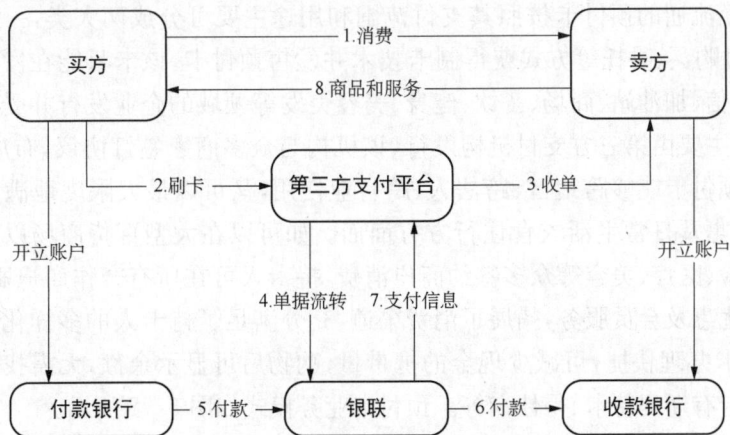

图 5-6　银行卡收单模式基本支付流程

随着银行卡业务逐渐成熟,银行卡收单接入模式也开始分化,具体有银联直联模式、银行间联模式和第三方POS运营商间联模式,如图5-7所示。银联直联接入模式下,支付信息借助银联网络直接传入发卡机构服务器。支付手续费按照7∶2∶1在发卡行、收单行和银联之间分配。银行间联模式下,发卡行与收单行相同时,支付信息不需要接入银联网络可以直接在银行自有网络中进行结算,此时手续费全部由发卡行获得。当发卡行与收单行不一致时,银行收单行前置机把支付信息传入银联网络按照银联直联模式进行支付结算,利润分配与银联直联模式一致。第三种接入模式为第三方POS运营商间联模式,由于第三方POS运营商不具备发卡资格和银行卡清算能力,所以其一般均需接入银行或银联网络进行支付结算,与收单行协议共同分享20%的交易手续费。

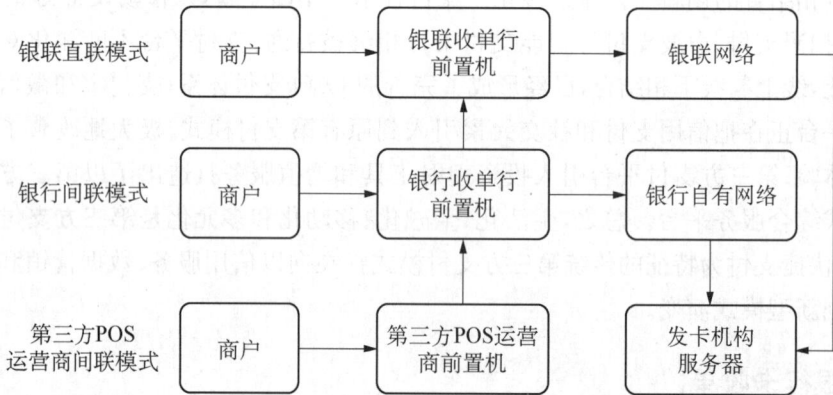

图5-7 银行卡收单业务接入模式

三、预付卡

预付卡是以先付款后消费为支付模式,在发行机构指定范围内购买商品或服务的预付价值,采取磁条、芯片等技术以卡片、密码等形式发行的电子支付卡片。其具体表现形式包括礼品卡、福利卡、商家会员卡、公交卡等。预付卡与银行卡的最大区别在于它不与持卡人的银行账户直接关联。

目前市场上流通的预付卡按照其支付范围和用途主要可分成两大类,一类是单用途预付卡:企业通过购买、委托等方式获得制卡技术并发售预付卡,该卡只能在发卡机构内消费使用,主要由电信、加油站、商场、餐饮、健身、美容美发等领域的企业发行并受理。另一类是多用途预付卡,主要由第三方支付机构发行,该机构与众多商家签订协议,布放受理POS终端机。多用途预付卡能够跨地区、跨法人、跨行业使用,又可以最大限度地满足消费者最大的个性化需求,惠及日常生活衣食住行方方面面。如可以在大型百货商场以及超市、餐饮、加油、健身、体检、医疗、美容等众多签约商户消费,持卡人可在所有合作商户刷卡消费,并享受不同程度的优惠及会员服务,拓展了消费渠道,充分满足了持卡人的多样化消费需求。同时多用途预付卡办理快捷,可减少现金的携带量,购物后可显示余额,无需找零,方便安全。典型的多用途卡有斯玛特卡、得仕卡等。预付卡业务模式如图5-8所示。

预付卡支付的盈利模式主要包括备付金收入、商户返佣、沉淀资金、售卡手续费、死卡残

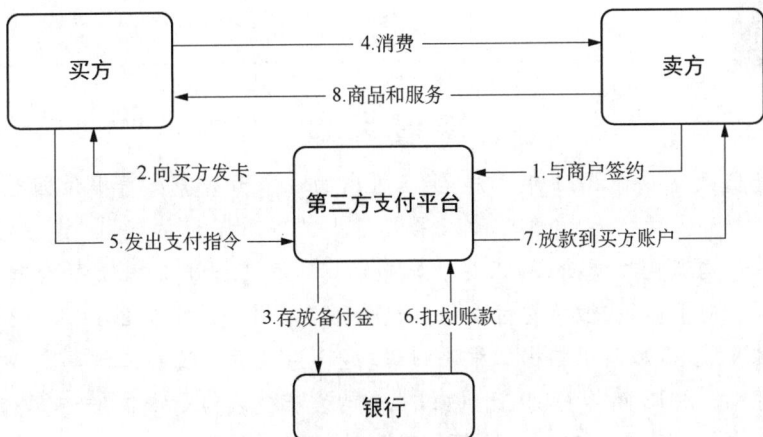

图 5-8   预付卡业务模式

值和其他增值服务收入。预付卡牌照一直不被市场重视,因为预付卡业务相关的交易额在三种第三方支付牌照中占比最小。在 2013 年 15 万亿第三方支付金额当中,收单业务的占比最大,占到 56%;线上支付业务占 42.6%;预付卡业务的交易金额不足 1.5%。原因是本属于预付卡经营范围的业务被网络支付牌照绕开了。随着第三方支付行业监管的加强,预付卡牌照在第三方支付中的作用会越来越重要。

本章小结

第三方支付是互联网金融的重要业态之一,网络支付、银行卡收单和预付卡构成了第三方支付的三种基本产业形态。网络支付包括支付网关和虚拟账户两种模式;银行卡收单包括银联直联、银行间联、第三方 POS 间联三种接入模式;预付卡包括单用途预付卡和多用途预付卡。

★★★★★ 关键术语 ★★★★★

第三方支付   网络支付   银行卡收单   预付卡

★★★★★ 思考题 ★★★★★

1. 简述第三方支付的发展路径。
2. 第三方支付的分类有哪些?
3. 第三方支付有哪几种模式?各种模式的基本流程是什么?
4. 银行卡收单三种接入模式的区别有哪些?

微 信 支 付

　　微信是腾讯公司于 2011 年 1 月 21 日推出的一个为智能终端提供即时通讯服务的免费应用程序。微信后续逐步加入语音聊天、"查看附近的人"、"摇一摇"、"漂流瓶"等功能,让沟通更加便捷,腾讯在非常短的时间内基于微信社交平台建立起了庞大的生活场景应用体系,微信支付作为其核心环节被优先发展。2011 年 12 月 20 日,微信推出 3.5 版本,加入了扫描二维码扫码功能,为日后通过扫二维码提供支付打下了良好的基础。2012 年 4 月 19 日,微信 4.0 的发布被认为是微信"社交平台化"的一种尝试。它支持把照片分享到朋友圈,还开放接口支持从第三方应用向微信通讯录里的朋友分享音乐、新闻、美食等。2013 年 8 月 5 日,腾讯正式发布微信 5.0,开启了微信支付模式。

　　微信支付的推出使得微信能够直接在应用内部实行交易和结算,使得微信的各个功能实行生态闭环,成为微信商业化的关键一步。滴滴打车的加载、微信红包的推出使得微信支付逐渐走向了大众的生活。同时随着微信公众平台服务号的开放,更直接地为用户提供快捷的微信支付。而微信支付后续推出的多个产品,比如"微信零钱""信用卡还款""转账"等功能更是使微信用户数不断增长。

　　微信支付是在便捷化移动支付渠道与社交化场景的高度融合下产生的。微信支付其实是专门为智能手机设计的移动支付新体验。它只需绑定银行卡即可在微信内、公众号内、App 中,以及身边随处可见的二维码,简便快捷地完成付款。因其为商业场景在手机中的闭环提供了全新的解决方案,而受到广大线上线下商家的青睐。所以微信支付第一个创新点就是抢占移动支付端。首先,利用微信庞大的用户群,实现商场品牌和服务信息线上线下共享,让顾客轻松获取商场资讯。其次,微信支付联合各行各业,全面助力"传统行业拥抱移动互联网"。比如顺丰快递与微信的结合、微信与交通缴罚单业务结合、微信与医院的结合等等。

(资料来源:腾讯官方网站)

案例讨论

1. 微信支付属于哪种第三方支付模式?
2. 微信发展第三方支付的优势有哪些?
3. 结合本章内容分析移动支付与互联网支付的关系。

第六章
P2P 网络借贷

学习目标

◆ 掌握 P2P 网络借贷的概念、原理、特点与分类

◆ 重点掌握国内外 P2P 网络借贷的模式及典型代表平台

◆ 了解国内外 P2P 网络借贷的发展状况

本章内容导引

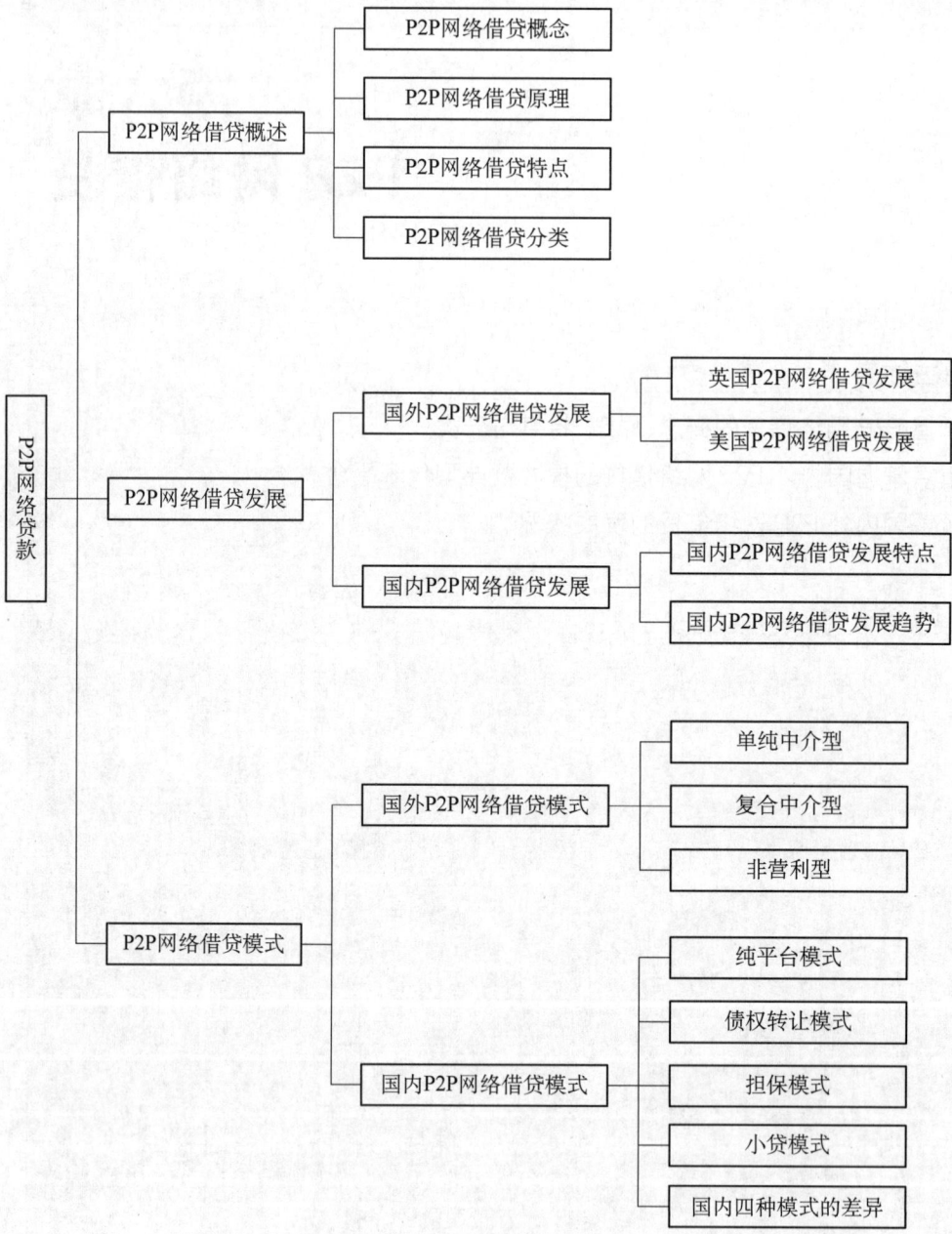

P2P 行业鼻祖：Zopa 的诞生

Zopa 的联合创始者共有 7 位。这其中有 1 位是毕业于牛津大学的吉尔斯·安德鲁，是 Zopa 现任 CEO；而其余 6 位理查德·杜瓦尔等人均为英国 Egg 网络银行高管。可以说，Zopa 是由 Egg 银行的原班人马创立的，这些人当中有出色的企业战略经理、经验丰富的 IT 经理和网络系统创新经理，并且都对互联网有超乎常人的执着，一直在寻找创新之路。

英国是银行业高度集中的国家，与美国有几千多家商业银行"百花齐放"的现象不同，英国有 5 家大型银行，几乎垄断了整个银行业，被称为"英国五大银行"。然而，这种垄断性却增加了个人与企业的贷款难度：贷款速度慢、贷款种类少、贷款难、贷款手续冗长、"店大欺客"，使得人们对银行贷款越来越不满。就像吉尔斯所说，银行家们已经忘了他们为什么存在。21 世纪，人们向往的是更简单、更便捷的贷款方式。

Zopa 的创立者们一直在考虑是否能通过网络寻找新型的借贷之路，没过多久，有两个名词激发了他们的灵感：Bond Market（债券市场）和 eBay。债券市场为公司提供融资渠道；而 eBay 是当时最大的交易市场，注重的是个人与个人间的沟通和交易。因为个人消费市场、个人贷款市场缺少一种连接需求资金的个人与投资者的中介，于是结合前两者的优点，在 2005 年 3 月，Zopa 于英国伦敦成立，P2P 借贷行业的帷幕就此拉开。

Zopa 是 Zone of Possible Agreement 的缩写，意思为一个人的最低限（借款者获得的最低贷款利率）和另一个人的最高限（投资者获得的最高回报率）的重叠区域。Zopa 将自身定位为一种连接贷款者和借款者的网络平台，借款者通过网络平台进行贷款申请，Zopa 通过匹配，让投资者将钱贷给借款者。Zopa 收取投资者总金额 1% 的手续费，其中一部分用于公司运营，一部分用作风险准备金，当借款者出现违约时，会利用这笔风险保证金对投资者进行赔偿。

Zopa 成立后，以新颖的运营模式获得社会与大众的广泛关注，注册会员大量增多，从开始的 300 会员到 2007 年的 14 万会员，借贷款总额也一路飙升。2007 年，Zopa 分公司在美国成立，但由于金融危机影响，于 2008 年 10 月关闭。2011 年，与英国其他两家大型 P2P 借贷公司 Funding Circle 和 RateSetter 共同成立并加入英国 P2P 金融协会。2012 年，Jacob Rothschild（英国老牌银行家族）对 Zopa 投资，同时英国政府也为其提供 9 万英镑助其运营、发放贷款。

如今，Zopa 是英国最大的 P2P 借贷公司。自成立起共进行过 4 轮融资用于公司发展，总计 7 160 万英镑。此外，Zopa 自 2010 年起，连续 4 年获得"英国最受信赖的个人信贷机构奖",2010 年获得"开放商业奖",一同竞争此奖的还有 BBC、BT 和 eBay 等实力型公司;还获得英国最好 P2P 借贷公司、Smarta100 等十余项奖项。

自从 Zopa 打开了 P2P 的大门,各种 P2P 借贷公司如雨后春笋般出现:2005 年 10 月,美国 Kiva 成立;2006 年,美国 Prosper 成立;2007 年,美国 Lending Club 成立; 2010 年,英国 RateSetter 成立。不论时间、地点、公益性或商业性等如何改变,作为行业的鼻祖,Zopa 的运营理念一直被模仿,其运营模式也在不断地被复制与改良。

(资料来源:P2P 行业鼻祖:Zopa 的诞生,未央网,2014 年 5 月 3 日)

第一节　P2P 网络借贷概述

一、P2P 网络借贷的概念

P2P(Peer to Peer)原本是计算机网络中的概念,是指互联网对等实体之间不通过中间工作站平台的一种直接的信息交互方式。延伸到金融领域,P2P 网络借贷是通过网络将小额资金聚集起来借给资金需求者的一种借贷模式。2015 年 7 月 18 日,中国人民银行等十部委发布的《关于促进互联网金融健康发展的指导意见》(以下简称《指导意见》),将 P2P 网络借贷定义为"个体和个体之间通过互联网平台实现的直接借贷",同时认定在个体网络借贷平台上发生的直接借贷行为属于民间借贷范畴。2016 年 8 月 24 日,中国银监会等四部委发布的《网络借贷信息中介机构业务活动管理暂行办法》(以下简称《暂行办法》)落实了《指导意见》的有关要求,进一步界定网络借贷中的个体包含自然人、法人及其他组织,网络借贷信息中介机构是指依法设立、专门从事网络借贷信息中介业务活动的金融信息中介公司,该类机构以互联网为主要渠道,为借款人与出借人(即贷款人)实现直接借贷提供信息搜集、信息公布、资信评估、信息交互、借贷撮合等服务。

综上所述,P2P 网络借贷是指通过网络借贷平台将资金持有者的小额资金聚集起来直接借给资金需求者的一种民间借贷方式。在此,网络借贷信息中介机构提供网络借贷平台,为借贷双方提供信息交互流通、信息价值认定和其他促成交易完成的服务,但不作为借贷资金的债权债务方,其本质是信息中介。

1. P2P 网络借贷是一种新型借贷方式

所谓的"新型"主要是指 P2P 网络借贷中大量运用互联网技术,大数据、云计算、搜索引擎和区块链等新信息处理技术,以较低的成本解决信息分散和不对称问题,简化贷款审批程序,缩短资金借贷流程,提高资金借贷效率。P2P 网络借贷的核心技术主要体现在风险定价与构建投资组合。

一方面,P2P 平台依靠大数据对借款人进行风险评估,根据违约概率对借款人进行等级划分,借助定价模型对贷款进行定价。一般来说,贷款利率等于无风险利率与风险溢价之和,并且信用评级越低,风险溢价越高,从而实现风险与收益的平衡。另一方面,P2P 平台上可供投资人选择的对象很多,为了提高投资人资产配置的效率,P2P 平台除了提供基本的浏览查询、搜索筛选等功能外,还可以根据投资人的风险偏好,为其提供组合构建工具并推荐一揽子贷款组合,使其在承担一定风险的前提下实现收益最大化,或者获取一定收益前提下实现风险最小化。

2. P2P 网络借贷是一种直接融资模式

在 P2P 网络借贷中,个体对个体的信息获取和资金流通在债权债务属性关系中脱离了传统的金融媒介。借款人与每一位投资者直接签订合同,从这个意义上讲,P2P 网络借贷有"金融脱媒"的意义。从风险收益角度来看,P2P 网络借贷类似于债券市场,出借人(投资人)

购买借款人发行的债券,直接承担借款人的信用风险,因为不存在期限转换,所以也不存在流动性风险;平台本身也不承担信用风险及流动性风险,其盈利来自对投资人和借款人收取的服务费(促进交易、风险定价和登记结算等服务)。

在此,P2P 网络借贷与银行存贷款所代表的间接融资模式有明显差异。银行解决了资金供需双方之间的期限不匹配问题,所以银行也承担了流动性风险。另外,银行对借款人有监督监管的职责,要对借款人的资金用途及按期还款进行实时监控,所以也承担了信用风险。从这个角度来讲,银行所获取的存贷款利差也仅仅是对其承担风险所提供的风险补偿(风险报酬)。

3. P2P 网络借贷也是一种民间借贷

P2P 网络借贷如果不为投资人提供担保,从信用风险的角度看,投资人和借款人之间就是直接的债权债务关系,可以看作是个人之间的直接借贷,归属于传统的民间金融范畴。但传统的点对点式的民间借贷具有范围受限、需求匹配难、风险高的特点,一般只局限于熟人圈子,所以规模受到限制。P2P 网络借贷运用互联网技术突破了传统熟人圈子的限制,将传统民间借贷的范围延伸,使得民间借贷关系发生的范围得到扩展。从这个意义上讲,P2P 网络借贷是互联网形态下的民间借贷。

二、P2P 网络借贷的基本原理

P2P 网络借贷过程中有三个基础参与方,即借款人(筹资者)、借贷平台(信息中介)和出借人(投资者)。网络借贷信息中介机构提供平台,借款人发布借款信息,投资者根据借款人发布的信息,自行决定借出金额,借贷双方自由协商订合同;网络借贷平台通过收取中介服务费作为收益。在借贷过程中,为更好地搭建平台以吸引更多的参与者,在基础参与方之外,P2P网络借贷平台还引入对资金流转提供清算和结算服务的银行或者第三方支付机构、提供建立风险评级体系的各类征信机构、监督管理机构,有的还引入为资金安全提供担保的服务机构,以及聚集了众多融资需求的各类组织、机构和平台。P2P 网络借贷的原理,如图 6-1 所示。

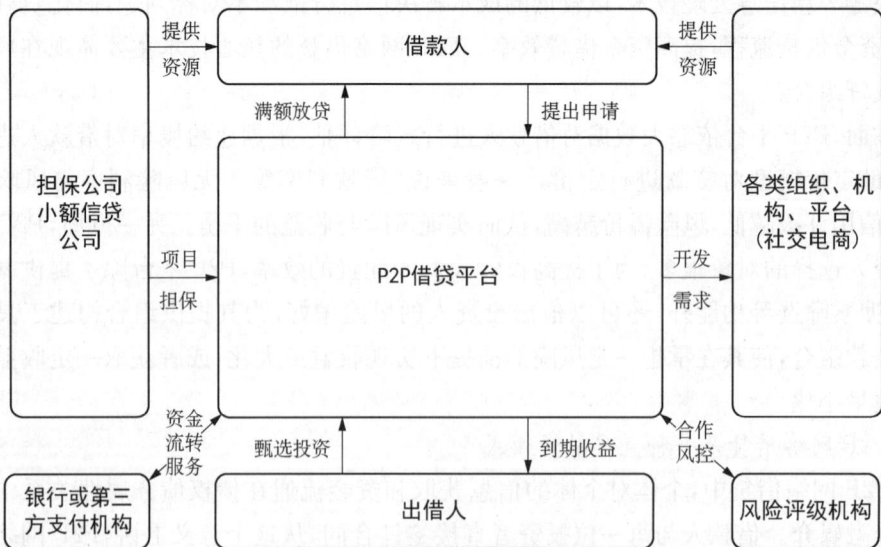

图 6-1 P2P 网络借贷的原理

虽然 P2P 网络借贷的基本原理大体相似,但由于不同国家的金融市场发展差异较大,在实际运作过程中,P2P 网络借贷的具体模式和流程存在较大差异。比如,由于美英等国个人征信非常发达,平台一般不需要做大量的线下尽职调查,所以美国的 P2P 网络借贷平台只需要做好信息披露,这也是美英等国对 P2P 网络借贷监管的重点。而我国则完全不同,首先因为个人征信体系并不完善,线上信息不足以满足信用评估的需要,所以必须开展线下尽职调查;其次,由于我国投资者习惯了"刚性兑付",所以平台普遍建立风险储备池或者引入第三方担保机制;再次,为了更好地使资金供需双方的需求得以匹配,平台普遍采取主动、批量开展业务,而非被动地等待其自动匹配。总体来看,我国的 P2P 网络借贷更接近于互联网上的民间借贷,还没有充分体现出互联网技术的核心优势。

三、P2P 网络借贷的特点

与传统借贷业务相比,P2P 网络借贷最大的优势在于充分利用互联网技术,不受时空限制,使借款人和出借人在平台上直接对接,进行投融资活动,拓宽了金融服务的目标群体和范围,有助于为社会大多数阶层和群体提供可得、便利的普惠金融服务。总体来说,P2P 网络借贷呈现以下特点:

1. 以小额借贷为主

《暂行办法》对 P2P 网络借贷金额做出了相关规定,指出网络借贷金额应当以小额为主,网络借贷信息中介机构应当根据自身的风险管理能力,控制同一借款人在同一平台及不同平台的借款余额上限,防范信贷集中风险。同一自然人在同一平台的借款余额上限不超过人民币 20 万元,在不同平台借款总余额不超过人民币 100 万元;同一法人或其他组织在同一平台的借款余额上限不超过人民币 100 万元,在不同平台借款总余额不超过人民币 500 万元。

2. 参与门槛低,服务对象平民化

相比银行等传统金融机构,P2P 网络借贷的参与门槛大大降低。一方面,融资门槛低,借款人只要有良好信用,即使缺乏抵押担保,也能发布借款需求。借款人主要集中于在校学生、个体工商户、工薪阶层、创业者以及有资金需求的中低收入者。另一方面,投资门槛低,大部分 P2P 网络借贷平台的投资门槛仅为 50 元,有的网站甚至推出了 1 元起投的项目,使仅有少量闲余资金的个人甚至小微型企业都可以成为网络借贷的投资者。因此,P2P 网络借贷平台的服务对象主要是中低收入及创业人群。

3. 交易方式灵活高效

一方面,投资者可以根据自己的需求及预期来选择投资期限、借贷金额、利息、还款方式、抵押担保方式等;另一方面,互联网技术使借贷双方可以随时随地进行各项业务,简化了繁杂的信用评估、层层审批的程序,提高了借贷效率。

4. 投资风险分散化

一方面,参与门槛低和服务对象平民化的特点使得 P2P 网络借贷双方分布广泛且极其分散,呈现多对多散点网络形式。借款人和投资者通常可以在全国甚至世界范围内寻找合适的交易对象,平台将借款人的资金进行分割,每笔借款可以有多个投资者,每个投资者也可以投资多笔借款,从而分散风险。另一方面,P2P网络借贷平台采取按月还本付息的方式,平台可以及时发现有问题的贷款,采取风险控制措施。

5. 较高的投资收益和风险

P2P网络借贷的借款人由于借款金额较小、缺乏有效的担保和抵押,或对网络借贷产品的需求更加个性化,因此愿意承担更高的利率。但是P2P网络借贷平台也面临较高的风险:一是由于相关法律和监管政策缺失而引发的政策法律风险和监管风险;二是由于网络借贷平台监管不严和出借人动机不纯而引发的洗钱风险;三是由于网络借贷平台操作不规范和技术投入不足而引发的操作风险和安全风险;四是借款人和网络借贷平台道德缺失而引发的信用风险。

四、P2P网络借贷的分类

(一) 国外P2P网络借贷的分类

国外P2P网络借贷发展较为成熟,更多地是在线上展开业务,更接近P2P网络借贷的本质。通常,国外P2P网络借贷平台可分为营利型与非营利型两类,这里的"营利"是指平台投资者的投资目的。营利型平台的投资者,希望通过借出资金来获取匹配风险的经济收益;非营利型平台的投资者,其投资行为旨在帮助他人,不注重索取经济回报,其服务对象主要为欠发达地区的低收入者,比如美国的Kiva平台。多数营利型平台都在本国范围内开展业务,服从所在国的监管要求;而非营利型平台一般不受地域限制,可在全球范围内运营。

营利型P2P网络借贷平台按其职能与目标又可分为单纯中介型和复合中介型两类。单纯中介型平台只扮演信息中介的角色,不干涉用户交易过程,不参与借贷资金往来,也不承担借贷过程中的任何违约风险,如美国Prosper平台。复合中介型平台提供信息服务的同时还要充当监督者、联合追款人、利率制定者等角色,如英国的Zopa平台。

(二) 国内P2P网络借贷分类

起源于英美的P2P网络借贷在我国发展过程中业务模式不断创新,目前国内P2P网络借贷平台主要按照五种方法划分:按平台经营目的、按服务区域、按借贷流程、按业务开展方式和按有无担保。

1. 按平台经营目的不同,可分为营利型平台和非营利型平台

营利型平台投资者投资的目的是获取利润,通常国内营利型平台的收益率在8%—24%之间。非营利型平台投资者投资的目的在于扶持贫困地区发展,为低收入人群提供贷款,投资者和网络借贷平台只象征性地收取费用。国内非营利型平台以宜农贷为代表,通过与我国农村地区的小额信贷机构合作,为有资金需求的农民提供农业生产贷款,从而更好地扶持"三农"发展。

2. 按服务区域不同,可分为区域性平台和全国性平台

区域性平台的服务对象主要是特定区域的个人或小微企业,可根据自身优势开展业务,锁定特定客户,控制经营风险,如微贷网、开鑫贷、温州贷、安心贷等。全国性平台的服务对象是全国所有或主要城市的个人或小微企业,可以更广泛地吸收资金,扩大平台规模,如人

人贷、拍拍贷、宜信等。

3. 按借贷流程不同,可分为纯平台模式和债权转让模式

纯平台模式中,借贷双方在平台上直接接触,借贷通过一次性投标达成,如拍拍贷。而在债权转让模式中,平台上的专业放贷人介入借贷双方之间,先放贷于借款人再将债权转让给投资者,实现借贷款项从投资者流入借款人,如宜信。

4. 按业务开展方式不同,分为纯线上模式、线上线下结合模式和纯线下模式

在纯线上模式中,借款人的信用审核、借贷双方签署合同到贷款催收等整个借贷过程都在线上完成,以拍拍贷、点融网、利融网为代表。线上模式交易成本低,充分发挥了互联网技术的优点,但仅通过网络信息审核来控制信用风险存在一定的困难,容易出现逾期或坏账。因此,绝大多数 P2P 网络借贷平台采取的是线上与线下结合的模式,如人人贷、陆金所等。这种模式在线上进行借贷的交易环节,利用理财产品吸引投资者,展示借贷业务信息以及相关法律服务流程,而在线下进行客户开拓、信用审查和贷后管理等,遵循传统的审核及管理方式。纯线下模式以宜信为代表,业务主要是在线下进行,只在线上进行宣传。

5. 按有无担保,可分为无担保模式和有担保模式

无担保模式是 P2P 网络借贷的原始形式,平台不对借出的资金进行信用担保,仅发挥信用审核和信息撮合的功能,投资者根据自己的资金情况和风险承受能力从平台列出的借款项目中自主选择。若发生贷款逾期和坏账,完全由投资者自己承担。由于国内信用体系不完善,很少有网络借贷平台采取无担保模式,这类模式的典型代表是拍拍贷。有担保模式按照担保机构不同又可分为第三方担保模式和平台自身担保模式。第三方担保模式中,平台委托合作担保机构或小额贷款机构提供担保,如陆金所、有利网等。平台自身担保模式中,平台采用风险准备金账户保障客户本金的安全,此类模式的典型代表是人人贷。

第二节　P2P 网络借贷的发展

一、国外 P2P 网络借贷的发展

P2P 网络借贷起源于"小额信贷之父"——诺贝尔经济学奖获得者穆罕默德·尤纳斯于1993 年建立的小额信贷银行,他提出了穷人无需抵押即可贷款的理念,使得小额信贷由此产生。

小额信贷发展初期,主要目的是向低收入阶层和弱势群体提供一种可持续发展的金融服务方式,侧重于扶贫功能,主要形式也是传统的线下借贷模式。然而随着互联网的普及,小额借贷的服务人群范围逐步扩大,除了社会低收入人群之外,还包括一些白领阶层、个体工商户及私营小企业主等有着各种生产及生活贷款需求的人群,主要形式也演变为线上和线下并行的模式,线上模式就是 P2P 网络借贷平台。2005 年 3 月英国 Zopa 公司的成立标志

着世界上首个 P2P 网络借贷平台的诞生,之后美国相继出现了 Prosper 和 Lending Club 等 P2P 网络借贷公司,随后这种模式迅速推广到全世界。

经过行业产生之初的野蛮增长后,英美 P2P 网络借贷市场目前已经基本结束了早期激烈竞争的市场格局,美国基本上实现了 Lending Club 和 Prosper 的双寡头格局,英国则是 Zopa、Funding Circle 和 RateSetter 三家主要公司占据了大部分市场份额。影响较大的网络平台还有美国的 Kiva、德国的 Auxmoney、日本的 Aqush、韩国的 Popfunding、西班牙的 Comunitae、冰岛的 Uppspretta 和巴西的 Fairplace 等。

(一) 英国 P2P 网络借贷的发展

20 世纪 80 年代以来,英国的金融服务市场发展迅速,虽然传统商业银行不断合并,势力越来越强大,但是以 Egg 为代表的网络银行和以乐购为代表的大型零售商已经纷纷进入了金融服务市场。网络银行和提供金融服务的零售商,通过采用互联网技术、提供有竞争力的利率和更优质的客户服务,越来越吸引年轻一代,市场份额不断上升。2005 年 3 月,吉尔斯·安德鲁等青年人在英国伦敦创办了全球首个 P2P 网络借贷平台 Zopa,为普通居民提供社区贷款服务,这就是如今的 P2P 网络借贷的雏形。Zopa 的管理层认为英国网民的增加和网络银行的兴起证明客户将更加青睐网上金融服务,Zopa 可以为人们在传统金融机构外提供更多的选择。此后,Zopa 发展迅速,从诞生时只有 300 个用户,几个月后用户量就达到了 25 000 人,2012 年注册用户超过 90 万,2014 年底累计发放贷款超过 7 亿英镑,并一直是英国最领先的 P2P 网络借贷平台之一。目前,英国正常运营的 P2P 平台有 40 家左右,其中包括一些跨境 P2P 平台,比如爱沙尼亚的 Bondora、瑞典的 TrustBuddy 等。在众多平台中,Zopa、Funding Circle 和 RateSetter 三家 P2P 平台占据了英国市场上近 70% 的市场份额。其中,Zopa 是全球首家 P2P 网络借贷平台,也是目前英国最大的个人 P2P 网络借贷平台;Funding Circle 成立于 2010 年 8 月,是全球首家专业提供个人向企业贷款的 P2P 网络借贷平台;RateSetter 成立于 2010 年 10 月,是全球首家为投资者设置信用风险基金保障的 P2P 网络借贷平台。值得注意的是,英国政府十分重视小微企业的发展,创造性地通过 P2P 网络借贷平台直接向小微企业发放贷款。目前,英国商业银行圈定了 Zopa、Funding Circle 和 RateSetter 作为"英国金融合伙"计划的合作伙伴,为小微企业发放贷款。

(二) 美国 P2P 网络借贷的发展

2006 年,P2P 网络借贷从英国传入美国,诞生了 Prosper 和 Lending Club。

Zopa 平台取得成功以后,一家叫做 Prosper 的网络借贷网站在美国注册运行。Prosper 网站收取定量的服务费满足借贷双方的资金需要,使借贷双方资金往来更加快捷方便。到 2008 年,Prosper 网站的资金流水达到 1.17 亿美元,借贷资金的增长率超过了百分之百。发展如此之快的 Prosper 网站在它风头正劲的时候迎来了一个沉重的打击,由于当时是 P2P 网络借贷刚刚兴起的时候,美国政府认为 P2P 网络借贷平台有非法集资的倾向,所以在 2008 年初勒令 Prosper 网站关闭。但是随着 P2P 网络借贷的不断发展,美国政府终于承认并接受了这种新型的借贷模式。2009 年,Prosper 网站解禁并投入运营。

在 Prosper 筹备的时候,Facebook 已经成立了一年多。受其模式启发,Prosper 的创始人认为,社交网络的概念也可以应用到网络借贷过程中。在 Prosper 的平台上,用户可以组成群组,群组在满足贷款需求、辨别贷款人身份、保证借款人及时还款中有着重要作用。

Lending Club 于 2007 年 5 月成立。Lending Club 首先是在 Facebook 上线的,主要依靠对 Facebook 社交网络和借款人的商务活动调查来决定借款人的贷款额度。其创始人坚信,如果在拥有相同特质的客户之间进行借贷,违约风险和借款利率都可以降低。在迁移到自己专有网站之后,Lending Club 也同 Prosper 一样,允许用户之间创建群组。成立后 Lending Club 不断推动网络借贷业务创新发展,首创信用等级制度,针对不同信用等级的借款人设定不同的固定利率,这是 P2P 网络借贷发展史上前所未有的创新。目前 Lending Club 已成为全球市值最大的网络借贷平台。2014 年 Lending Club 和美国另一网络借贷公司 On Deck Capital 的上市,标志着 P2P 网络借贷行业迎来了高速发展期。

二、国内 P2P 网络借贷的发展

P2P 网络借贷在中国的发展历程大致可以分为四个阶段:行业起步期、快速发展期、调整缓冲期以及健康发展期,如图 6-2 所示。

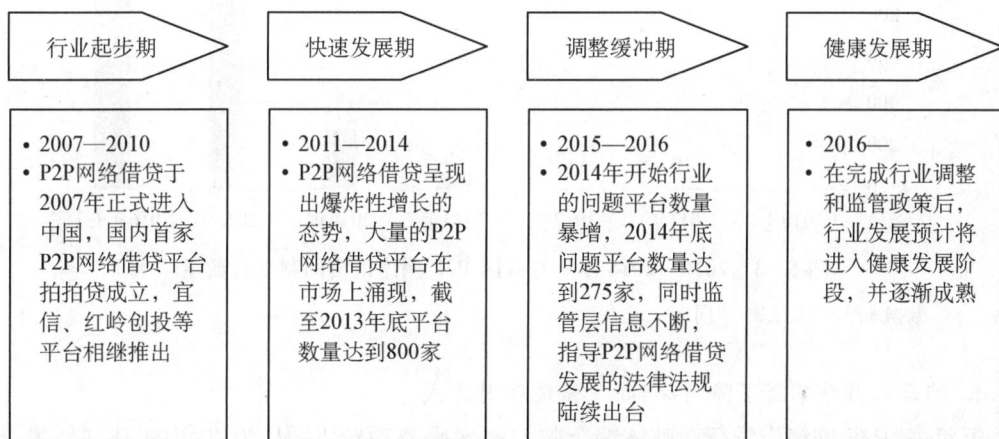

图 6-2　我国 P2P 网络借贷行业发展历程

(一) 我国 P2P 网络借贷发展的特点

1. 平台数量持续增加,但增速有所放缓

2007 年拍拍贷的成立,标志着 P2P 网络借贷开始进入我国。到 2010 年末,平台数量仅 10 家。2011 网络借贷行业进入快速发展期,截至 2012 年末,可统计的正常运营平台增加到 200 家。2013 年开始,P2P 网络借贷行业呈现爆发式增长,截至 2015 年年底,平台数量达到了 2 595 家。随着 2016 年监管部门开始频繁出台政策规范 P2P 网络借贷市场,行业平台数量的增长将趋于平稳。

2. P2P 网络借贷平台较为集中

从地域分布来看,P2P 网络借贷平台主要集中在少数几个省份。截至 2015 年底,广东、山东、北京三省市分别以 476 家、329 家、302 家的运营平台数量排名全国前三位,占全国总平台数量的 42.66%。排名前六位的省市都是分布在经济发达的沿海地区,随着各地逐步出台支持互联网金融发展的相关政策,湖北、四川、贵州等内陆省份的网络借贷也出现了快速发展的态势。

3. 行业风险高发,问题平台逐渐暴露

由于新上线的平台数量大幅增加,导致各大中小平台竞争更为激烈,同时受经济与金融增长大幅波动影响,众多平台面临巨大的经营压力,停业平台数量不断增加。2015 年全年问题平台数量达到 896 家,是 2014 年的 3.26 倍;截至 2016 年 7 月底,问题平台数量 1 879 家,占全行业的 45%,如图 6-3 所示。

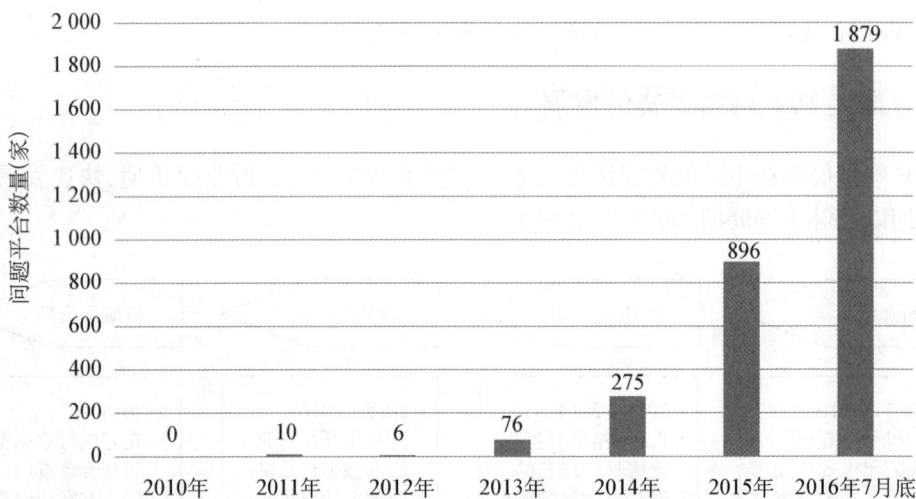

图 6-3 2010—2016 年 7 月我国 P2P 网络借贷问题平台数量

数据来源:网贷之家(下同)

4. 综合收益率不断下降,但仍高于传统理财方式

近年来,P2P 网络借贷行业整体综合收益率水平波动较大,从 2012 年的 18.9% 攀升到 2013 年的 21.25%,而 2014 年下降到 17.86%,2015 年下降到 13.29%。P2P 网络借贷持续下降可能由三方面原因造成:一是伴随着央行多次降准、降息所造成的宽松货币市场环境,市场持续宽松的背景下推动网络借贷综合收益率持续下行;二是随着行业监管的顶层设计即将出台,为了规避政策、法律方面的风险,P2P 网络借贷平台纷纷调低利率至合理区间;三是问题平台增多,风险偏好低的投资者将资金转移至更安全但收益率偏低的平台。整体来看,P2P 网络借贷综合收益率对比银行定期存款以及各类金融理财产品仍较高。

5. P2P 网络借贷以短期借贷为主

从 P2P 网络借贷行业平均借款期限来看,以短期借贷为主,基本稳定在 6 至 7 个月。与传统金融机构较长期贷款形成了良好的互补。2012—2015 年,我国 P2P 网络借贷平均期限如图 6-4 示。

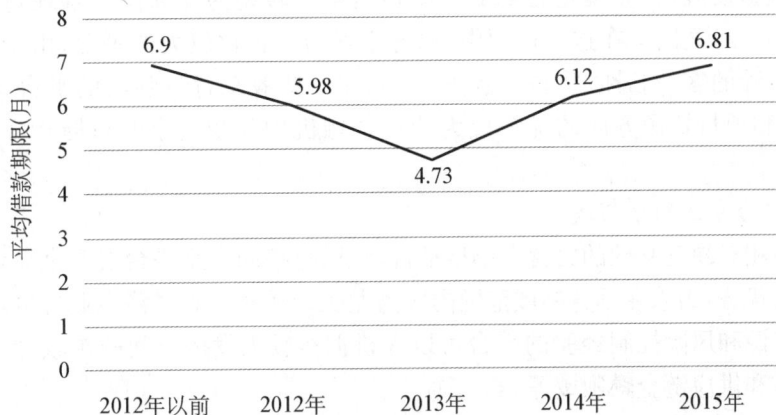

图 6-4　2012—2015 年我国 P2P 网络借贷平台平均借款期限分布

6. 市场集中度较低

截至 2016 年 7 月底,贷款余额排名前三的平台是陆金所、翼龙贷、聚宝匯,贷款余额分别达 750 亿、258 亿、200 亿,市场份额分别为 11%、4%、3%,排名前十的平台市场份额合计 33%,前十大平台贷款余额占比如图 6-5 所示。

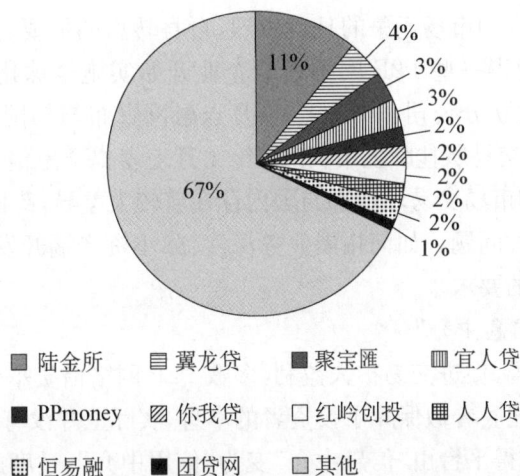

图 6-5　2016 年 7 月底我国 P2P 网络借贷前十大
平台贷款余额占比

(二) 国内 P2P 网络借贷发展趋势

1. 龙头企业加快转型发展

随着监管政策越来越严,行业竞争更趋激烈,一些龙头 P2P 网络借贷企业开始谋求转型发展。2015 年 3 月,陆金所把自营 P2P 网络借贷项目整合至平安普惠,欲转型为"理财产品超市＋资产交易平台"模式。2015 年 10 月,人人贷推出新域名 WE. COM 正式上线基金销售,由单一的 P2P 网络借贷平台向多元化、全方位的财富管理平台过渡。随着资产管理行业的迅猛发展,行业领先的 P2P 网络借贷平台转型为互联网综合理财和金融信息服务平台成为必经之路。在这一过程中,原有市场份额占比较大的平台,由于拥有较大的客户群体和较强的客户黏性,将占据先发优势;而一些股东背景强大的平台,则可借助股东品牌、风控和项目资源方面的优势成为传统金融机构和知名企业布局互联网产业链的重要一环。

2. 小型平台专注细分领域

对于多数相对缺乏基础的民营中小型平台,难以直接同大型平台展开全面竞争,所以未来将发挥比较优势,力求在垂直领域范围内成为龙头。随着宏观经济产业升级过程加快,拥有较好项目资源和风险控制经验的平台可以深耕拥有较大发展空间的领域,例如各种面向耐用消费领域和供应链金融领域等。

3. 行业加速优胜劣汰,逐步形成良性竞争格局

目前市场上已经有 2 000 多家 P2P 网络借贷平台,并且数量还在持续增长。随着 2016 年监管新政陆续出台,使得违规平台的生存压力与日俱增,正常运营的网络借贷平台数量逐渐减少,主动退出平台数量增多。并且行业准入门槛越来越高,市场将得到整顿,开始有序平稳发展。具有良好口碑、风控制度、管理规范的 P2P 网络借贷平台能够借机进行整合,形成规模优势。

4. 龙头企业加快海外布局

随着监管力度的加大和市场竞争的日益激烈,自身转型的需要、优质资产的匮乏和海外市场投资需求的增加,使得一些 P2P 网络借贷企业开始实施全球化战略布局。2015 年 11 月,麦子金服在波士顿设立分公司;2015 年 12 月点融网宣布与韩国韩华集团合作;2015 年 12 月宜人贷正式在纽约交易所挂牌上市;2016 年 4 月麦麦提金融洛杉矶分公司成立。但国外法律规范、监管措施和市场交易环境都与国内存在着较大差异,跨国经营的 P2P 网络借贷平台面临一系列的适应性问题。如何拓展业务深度、减小资产端开发局限性,对企业的人才和技术都提出了相当高的要求。

5. 平台逐渐回归"信息中介"

为了增加平台的信誉,促进交易扩大盈利,多数 P2P 网络借贷平台向投资者承诺刚性兑付。P2P 网络借贷平台兜底看似保障了投资者的本息,实际上并没有真正去除金融本身的风险,承诺刚性兑付不仅使得平台由"信息中介"变为"信用中介",过度放大风险承担手段的作用,也使得投资者形成了对零风险高收益的不合理预期的依赖。要破除投资者对刚性兑付的依赖,加强信息披露是有效的预防手段。通过平台充分披露运营情况、产品结构、增信措施、风险提示等重要信息,传递"买者自负"理念,投资者才能理性分析投资风险,从而得出客观的投资决策。

6. 借贷利率更趋合理

随着监管政策不断出台,行业洗牌加速,一些利用超高利率招揽投资者的 P2P 网络借贷平台逐渐失去操作空间,P2P 网络借贷行业利率进一步回归理性。

7. 强化移动端布局

目前,国内的手机网民已经超过了传统 PC 网民规模,并且用户在移动端所花费的时间更久,这种趋势的变化必然会导致 P2P 网络借贷平台更加重视移动端。移动端将成为 P2P

网络借贷平台在未来市场竞争中的桥头堡。

8. 社会征信体系逐步完善

目前，P2P网络借贷平台并未接入央行的征信系统，即便是央行的征信系统也不完善，无法满足P2P网络借贷行业的需求。随着民营征信机构牌照的发放，国内的征信体系将不断完善，并且更易满足P2P网络借贷行业的需求。这不仅有利于P2P网络借贷平台风控手段的丰富，而且还有利于业务范围的扩大。

第三节　P2P网络借贷的模式

一、国外 P2P 网络借贷的模式

（一）单纯中介型

单纯中介型平台仅仅只为资金需求者和资金供给者提供一个投融资的网络平台，借贷利率由借贷双方决定，平台本身不参与交易，风险由投资者自身承担，平台不提供担保服务、不承诺保障本金安全，只是从中收取一定的手续费，主要采用无抵押的信贷模式。

总的来讲，单纯中介型平台本身风险较小。一方面，由于平台一般不参与借贷，更多的是提供信息匹配、工具支持和服务，并且对投资者不承担担保责任，不赔偿借款人逾期不还款等潜在风险造成的经济损失；另一方面，平台有严格的风险控制程序，一般会根据借款人的真实身份、银行存款、动产及不动产等信息对借款人进行信用评级。对于投资者来说，投资风险较大，收益率较高。该模式的典型代表是 Prosper 平台。

Prosper 成立于 2006 年，是美国繁荣市场公司（Prosper Market）的简称，拥有约 130 万注册会员，成功的贷款已经超过 3 亿美元。经过十多年的发展，Prosper 的借贷机制已较为完善。

1. 操作流程

Prosper 的模式类似拍卖，借款人希望寻找愿意以最低利率出借的投资者，投资者则希望找到愿意支付更高利率的借款人，而最重要参考指标就是个人信用评分。Prosper 借贷平台的借贷操作流程较简单，包括 5 个环节：

①参与者需要提供基本信息并在 Prosper 平台进行注册，以获得其作为投资者或者借款人的资格；②借款人需填写借款申请，经审核确定其信用等级；③平台将审查后的借款清单放置在网站上，内容主要包括借款数额、利率和信用评级；④投资者确定自己的投资后，并不是将资金直接转入借款人的账户，而是需要通过购买与借款人借贷相对应的收益权证凭据进行资金的投资，在犹他州登记并由 FDIC 承保的 Web Bank 审核、筹备、拨款和分发贷款到对应的借款人账户，Web Bank 随后会将收益权证凭据卖给 Prosper 平台以获得对应的金额；⑤平台以电子转账的方式按月从借款人手中取得还款；扣除相关服务费后将剩余的资金转入投资者账户。Prosper 平台的操作流程如图 6-6 所示。

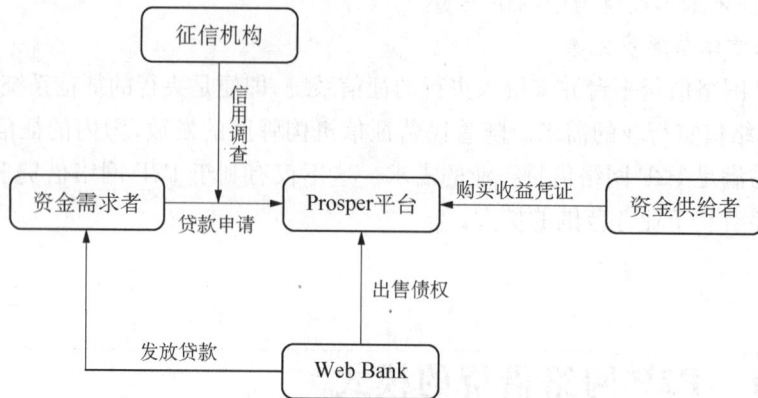

图 6-6　Prosper 平台操作流程示意图

2. 交易费用

Prosper 借贷平台通过向投资者和借款人收取管理费盈利。一般情况下,Prosper 平台向投资者收取 1%的管理费和其他费用,而向借款人收取的费用根据借款人的信用评级和借款期限决定,详细收费表如表 6-1 所示。

表 6-1　Prosper 平台借款人收费表

Prosper 等级	3 年	5 年
AA	1.95%	4.95%
A	3.95%	4.95%
B	4.95%	4.95%
C-HR	4.95%	4.95%

3. 风险控制

为了防止借款人的欺诈行为,Prosper 公司通过借款人的资格审查来降低信用风险。Prosper 公司会根据消费者协会和反欺诈验证数据库中对所有借款人的身份进行验证。同时,为了保障客户账户安全,Prosper 公司通过一系列计算机和网络技术安全措施来保证客户个人信息和个人账户的安全。如果借款人的贷款逾期超过 30 天,Prosper 将逾期贷款转交给专业收款机构处理,由收款机构统一向借款人催收。

(二) 复合中介型

复合中介型平台除提供中介服务还充当监督者,不仅需要将借款人和投资者的投融资需求进行匹配,还要负责风险评估以及利率的制定并为投资者提供担保,有一套非常规范的业务操作流程和严格的风险控制制度。这种模式平台控制力大,承担了更多的责任,充分保证了投资者的资金安全。对于投资者来说,投资风险较小。该模式的典型代表是 Zopa 平台。

Zopa

Zopa 于 2005 年 3 月成立于英国,全称为英国 Zopa 网上互助借贷公司,是全球最早的网络借贷平台。到目前为止,Zopa 有 50 万会员,累计借贷金额达 1.35 亿英镑。

1. 操作流程

Zopa 平台的借贷操作流程包括 5 个环节:①由借款人在网站上进行注册并提出借款申请,同时提供详细的个人信用信息。Zopa 通过与其合作的第三方信用评级机构 Equifax 得到借款人的信用评分,确定借款人的信用等级。②借款人通过 Zopa 提供的"贷款计算器"来查看预期借贷利率,如果对利率满意,借款人可以提出借款申请,Zopa 在收到借款人提供的借款申请后,根据其信用评级情况制定其最终借贷利率,并将结果告知借款人,在得到借款人认同后,借款申请通过。③Zopa 根据实际情况,提供三年或者五年的借款项目。投资者决定投资期限后,将资金汇入"Zopa 账户"中。④平台收到投资者的资金之后,将投资者的资金按 10 英镑为单位进行均等分,并将资金汇给不同的借款人。⑤Zopa 强制借款人按月还款,并将资金汇入投资者的"Zopa 账户"中,投资者可以选择再投资或者将资金取出。Zopa 平台的操作流程如图6-7 所示。

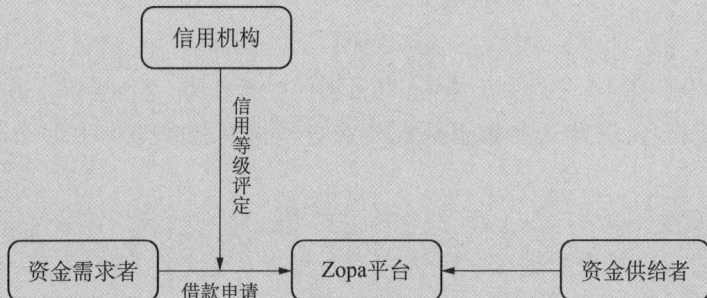

图 6-7　Zopa 平台操作流程示意图

2. 交易费用

Zopa 主要是通过向借贷双方收取价格低且透明的费用获取利润,借贷双方的费用事先通过协议进行规定。一般情况下,Zopa 公司向投资者收取借款金额 1% 的年贷款费用,而借方则根据他们的申请情况规定借款费用,借款费用计入借款额,始终包含在所有的年利率报价中。

3. 风险控制

Zopa 为了降低借款人的信用风险,根据信用评分将借款人分为不同的信用级别,并给出相应级别的违约率供投资者参考。除了进行信用审查之外,Zopa 平台还通过分散投资者的投资额来降低风险。在 Zopa 平台内,如果投资者的投资额大于 10 英镑,那么平台就会自动将投资者的投资额进行拆分,分别投资于不同的借款人项目,从而分散风险。同时,Zopa 还建立了保障基金,以保障投资者的资金安全。Zopa 从借款人借款成功后上交的借款费用中拿出一部分建立保障基金,如果借款人由于个人原因不能及时归还贷款,则投资者本金或者利息的损失由保障基金支付。

(资料来源:Zopa 官方网站)

(三) 非营利型

非营利型平台的主要运营目的为扶贫,是为贫困的企业和家庭提供融资服务的公益性融资平台,一般依靠捐赠维持运营。此类平台通常与世界贫困地区的微金融机构合作,支持当地的企业发展和个人生活需要,对借贷双方不收取利息和手续费。该模式的典型代表是 Kiva 平台。

案例 6-2

Kiva

Kiva 于 2005 年 10 月创立于美国,以消灭贫穷为目的,向全世界 130 个微金融机构发放无息贷款,以资助这些微金融机构在当地向其他中小企业和个人发放带息贷款。

1. 操作流程

在 Kiva 平台上的借贷过程中,一般每位投资者只要支付 25 美元。一旦一笔贷款的总金额募集完成,Kiva 使用 PayPal 将贷款转账给 Kiva 的当地合伙人。当地合伙人一般是发展中国家当地的微金融机构,他们负责找寻、跟踪和管理借款人,同时负责支付和收集小额贷款,最后将到期的贷款收集后返还给 Kiva,Kiva 再通过 PayPal 返还给投资者。Kiva 平台的操作流程如图 6-8 所示。

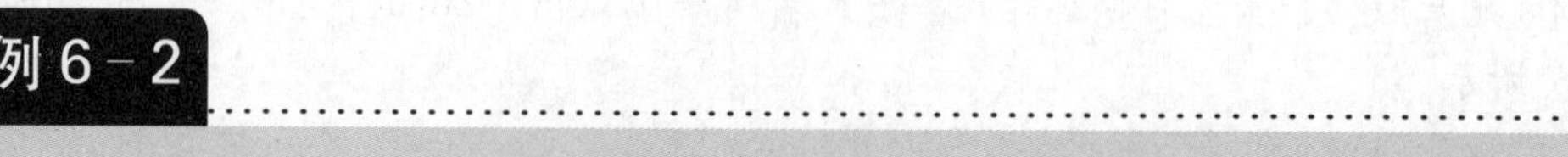

资金需求者 ⇄ 微金融机构 ⇄ Kiva平台 ⇄ 资金供给者

图 6-8 Kiva 平台操作流程示意图

2. 交易费用

作为非营利机构,Kiva 提供的是无息贷款,不会向微金融机构收取费用,但借款人需要向微金融机构支付较低的利息以满足机构的基本运作。投资者也不需要向 Kiva 支付手续费。

3. 风险控制

Kiva 作为一家公益性 P2P 网络借贷平台,其风险来自多个方面。第一,其主要负责对穷人进行贷款,这些穷人因其自身的各种原因比如疾病、失业或者自身经营不善等多方面的因素导致无法正常还款,导致 Kiva 产生风险。第二,Kiva 还面临着与它合作的各个地区的微金融机构的风险,如运营困难、欺诈、破产等原因产生的风险。第三,Kiva 致力于对全球贫困地区进行扶贫,易受各地区发展不平衡以及政治和战乱等宏观因素影响。第四,因涉及多个国家和地区,其结算以美元为主,因而面临着汇率风险。在这些情况下,一方面,Kiva 通过严格审查各个地区的微金融机构的资信情况、运营年限来减小这些机构给自己带来的风险;另一方面,Kiva 也通过分散投资来降低投资者的风险。

(资料来源:Kiva 官方网站)

单纯中介型、复合中介型和非营利型平台之间存在较大差异,如表 6-2 所示。

表 6-2　Prosper、Zopa 与 Kiva 运营模式对比表

	Prosper	Zopa	Kiva
运营模式	单纯中介型	复合中介型	非营利型
成立时间	2006 年 10 月	2005 年 3 月	2005 年 10 月
服务区域	美国	英国	全球
用户群体	有小额资金需求的美国公民	有小额资金需求的英国公民	落后国家或地区的企业和家庭
用户评级	将借款者的信用状况从高到低分为七个等级:AA、A、B、C、D、E 和 HR	参照借款者的第三方信用评级机构的信用报告和个人具体信息进行信用评级	对各个地区合伙的微金融机构进行星级评价
利率制定	根据借款人的信用等级、借贷期限等确定利率范围	根据借款人的信用等级以及平台为借款人提供的借贷利率计算器来制定借款人的借款利率	免息
审核工作	对借款人的个人信息、财务状况、提交资料等进行审查	对借款人的身份和财务状况等进行核查	对借款人不作实质性的审核,都是由所在地区的微金融机构行进筛选和推荐
服务费用	借款人:0.5%—4.95%;投资者:1%	借款人:0.5%—12.7%;投资者:1%	免费
坏账率	平均 6.86%	2%左右	1.06%左右

二、国内 P2P 网络借贷的模式

我国 P2P 网络借贷发展时间较短,以复制国外经典模式为主。总的来看,主要有四种发展模式:纯平台模式、债权转让模式、担保模式及小贷模式。

(一)纯平台模式

该模式中,平台作为纯粹的中介方,为借款人和投资者提供信息交互、撮合、资信评估等居间服务,借款人通过平台发布借款信息,投资者根据平台显示的信息选择借款人,借贷通过一次性投标达成,如图 6-9 所示。

资金需求者 → P2P平台 → 资金供给者

图 6-9　纯平台模式示意图

纯平台模式的特点有:①平台本身不介入交易,只承担信息匹配、工具支持和服务等功能,通过收取管理费和服务费作为收益;②贷款违约风险由投资者承担,平台不承担贷款违约责任,投资者投资风险高;③一个投资者通常对应多个借款人,借款人采用按月还本付息的形式,以降低投资者的风险。我国纯平台模式的典型代表是拍拍贷。

案例 6-3

拍 拍 贷

拍拍贷成立于 2007 年 6 月,公司全称为"上海拍拍贷金融信息服务有限公司",总部位于上海,是国内首家纯信用无担保网络借贷平台。拍拍贷的运行主要借鉴 Prosper 模式,其平台的功能包括借款信息的发布、竞标管理、成功借款管理、电子借条等。

1. 操作流程

拍拍贷网络借贷平台的借贷申请流程较为简单,借款人和投资者都只要经过四步就可以完成。

对于借款人来说:①在拍拍贷进行免费注册,填写个人基本信息;②选择自己贷款的类型,现阶段拍拍贷平台一共有普通借款标、网购达人标、应收安全标、网上用户标、私营企业主标、莘莘学子标六种类型,对应不同的申请条件;③拍拍贷网站根据借款人的个人信息,对借款人的资质进行审核,并给予相应的信用评级;④通过审核之后,借款人的借款列表便可以在网上发布,接受投资者的投标,投标成功后,按照规定时间还款。

对于投资者来说:①在拍拍贷进行免费注册,填写个人基本信息;②通过网上银行或者第三方支付系统为拍拍贷账户进行充值;③根据自己的风险偏好,在拍拍贷平台上选择投标列表,进行投标,投资者可以自行投标,也可以使用拍拍贷平台提供的自动投标类工具、产品或计划等进行自动投标;④投标完成后,按照计划收回本息。拍拍贷平台的操作流程如图6-10所示。

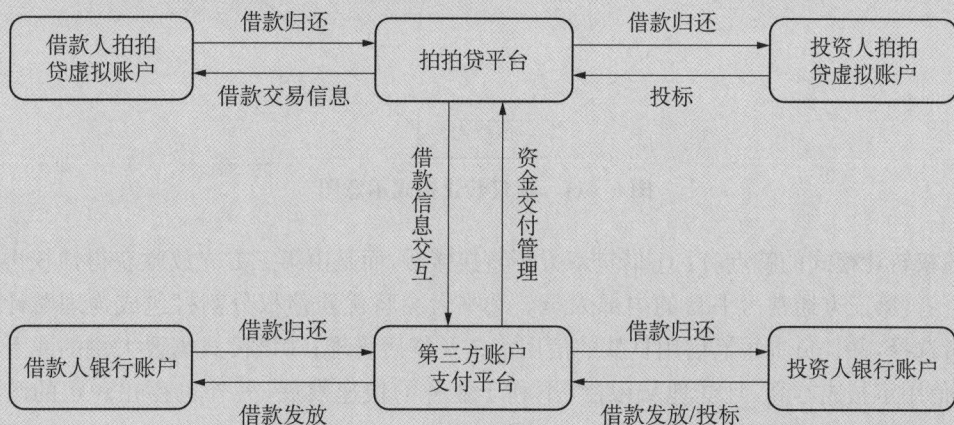

图6-10　拍拍贷平台操作流程示意图

2. 交易费用

目前,拍拍贷主要提供借款信息发布、借款管理、招标管理、电子借据、法律支持等服务,大多服务是免费的。对于投资者,拍拍贷免收成交服务费。对于借款人,成交服务费根据信用评级的不同而有所区别。同时,借款人逾期需支付罚息和催收费,逾期本金50元以下按照逾期本金6.7‰/日合计收取罚息和催收费,50元以上按照0.7‰/日收取罚息、6‰/日收取催收费,其中催收费不足10元按照10元收取。对于借款人和投资者,自2016年9月14日起充值、提现免收手续费。

3. 风险控制

拍拍贷采用多种措施降低投资者风险:①控制信用风险。自主研发魔镜个人信用评级系统,基于大数据,精准评估借款人逾期风险。②强制按月还本付息。为了降低投资者的风险,拍拍贷强制借款人按月还本付息以降低借款人的还款压力,保障投资者的利益。③为投资者提供质量保障服务。拍拍贷为标记为"赔"的借款列表提供质保服务。④资金管理严格。拍拍贷的资金分为自有资金和客户资金,采用分账管理模式,自有资金和用户资金完全分离。

(资料来源:拍拍贷官方网站)

(二) 债权转让模式

债权转让模式中,首先由借款人向 P2P 网络借贷平台发出借款申请,平台对借款人进行审核,审核合格后,由平台指定的债权人将资金出借给借款人;然后,平台再将该债权推荐给相关投资者,完成债权转让,如图 6 - 11 所示。

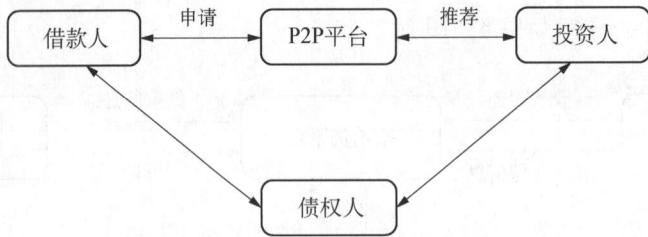

图 6 - 11 债权转让模式示意图

债权转让模式的特点有:①借贷双方不直接接触,而是由第三方先放款获得债权再转让给投资者,第三方通常为平台的内部人员。②平台会将优质债权分割打包成为理财计划供投资者选择,并且负责每笔信用贷款的信用审核及贷后管理;③该模式需要大量的线下地勤人员,信用审核成本高,且受地域限制,不利于业务的快速发展,另外也存在一定的政策风险。我国债权转让模式的典型代表是宜人贷。

案例 6 - 4

宜 人 贷

宜信公司创建于 2006 年,总部位于北京,是一家集财富管理、信用风险评估与管理、信用数据整合服务于一体的综合性现代服务业企业。宜人贷是宜信公司 2012 年推出的个人对个人网络借贷服务平台,为有资金需求的借款人和有理财需求的出借人搭建了一个轻松、便捷、安全、透明的网络互动平台,属于债权转让模式平台。

1. 操作流程

对于借款人,在线填写申请后(或者去门店直接咨询),宜人贷工作人员通过分析借款人的需求和资质,匹配个贷产品,包括极速模式借款、普通模式/工薪精英借款、线下工薪信用卡借款等,然后联系借款人,说明申请所需要的材料,同时邀请借款人到宜人贷的营业部进行详谈。根据调查情况,信用管理中心初定借款人的信用等级、额度并进行终审,将结果上传至管理系统。

对于投资者来说,宜人贷的专业理财顾问通过现场分析投资者的理财需求,为投资者量身定制理财方案,包括节节高、宜定盈等产品。选定理财产品之后,投资理财部给客户递送债务文件及协议,客户签署文件后,划扣投资者的资金并进行核对确认。确认完毕后,投资者收到收款确认短信和确认书,债权债务关系成立,投资者按照计划收回本息。宜人贷平台的操作流程如图 6 - 12 所示。

2. 交易费用

宜人贷的收益主要来源于息差和服务费。由于宜人贷采用的是债权转让模式,

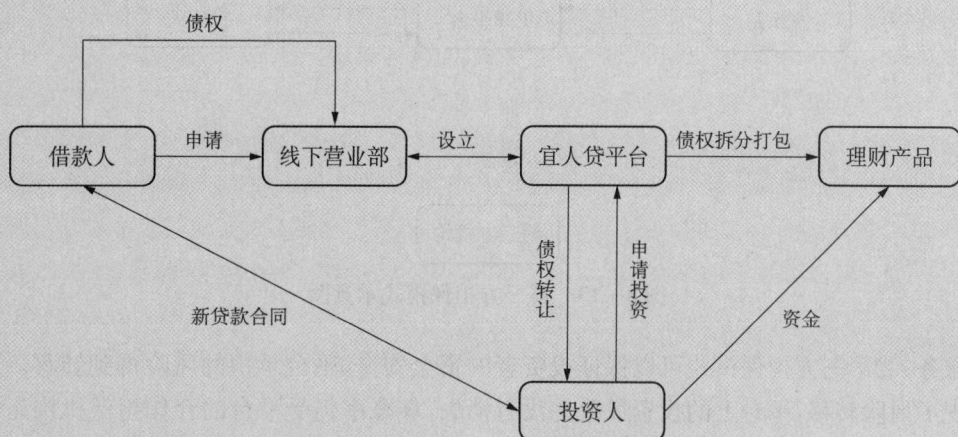

图 6 - 12　宜人贷平台操作流程示意图

所以从中可以获得部分息差作为平台收益。服务费是双向收取的,宜人贷会根据借款人借款期限、借款利率、信用资质的不同向借款人收取 3%—9% 的服务费,向投资者收取利息收益 10% 的服务费。此外借款人和投资者还需支付身份验证费和银行卡验证费。总体来说平台费用相对较高,加重了借款人的负担。

3. 风险控制

宜人贷的风险控制主要表现:一是与银行合作确保资金安全,存管银行为宜人贷每一位用户建立了专门账户,对所有交易资金进行存管,确保资金安全;二是对信用风险的控制,为了控制借款人的信用风险,宜人贷建立了严格的审查流程和信用评估制度。包括贷前审核、贷中管理和贷后管理;三是质保服务,宜人贷在银行开立质保服务专款账户,平台每笔借款成交时,宜人贷会提取一定比例的金额放入该账户,当借款人出现逾期时,宜人贷将启用质保服务专款账户对相应投资者进行偿付。

（资料来源：宜人贷官方网站）

（三）担保模式

担保模式按照担保委托方不同又可分为第三方担保和平台自身担保两种模式。

第三方担保模式是指 P2P 网络借贷平台与第三方担保机构合作,由第三方担保机构为投资者提供本金保障服务,平台本身并不参与其中,有担保资质的小额贷款机构或担保公司可以成为第三方担保人,P2P 网络借贷公司给予其一定比例的渠道费和担保费,如图 6 - 13 所示。此类平台交易模式为"1 对多",即一笔借款需求由多个投资者投资。

第三方担保模式的特点是:①P2P 网络借贷平台作为中介,不吸储、不放贷,只提供金融

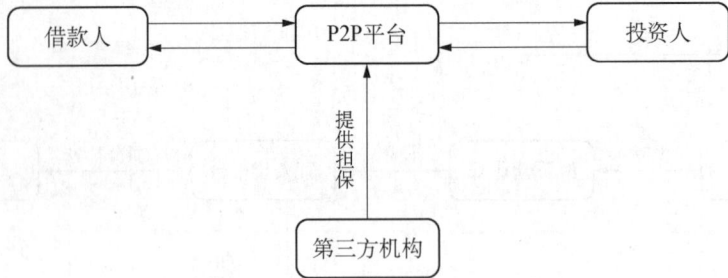

图 6-13　第三方担保模式示意图

信息服务;②第三方担保模式可以保证投资者的资金安全,平台承担的风险得到转移。但只是实现了风险转移,平台上的投资风险并没有消失,坏账率仍受平台的合作担保机构运营能力的制约。

平台自身担保模式是指由 P2P 网络借贷平台自身为投资者的资金安全提供保障,在这种模式中,投资者与借款人达成的借贷协议中一般都会包括这样的本金保障条款"贷款到期时,如果投资者无法收回本金和利息的,可以将债权转让给平台,平台会先行垫付本金给投资者,然后将此笔坏账划入平台自己名下,再由平台对借款人进行追偿",如图 6-14 所示。目前平台进行赔付的资金来源主要有两种,一种是平台的自有资金,另一种是专门的风险准备金。由于 P2P 网络借贷平台的准入门槛没有强制性法律规定,平台自有资金相对于小额贷款机构、融资性担保公司普遍偏低,所以第一种方式并不具有普遍性。实践中采用较多的担保方式还属风险准备金模式。风险准备金一般是从借款人的借款额或者投资者的利息收入中提取一定比例,直接划拨入平台专门设立的风险准备金账户中,并不作为平台的收入。

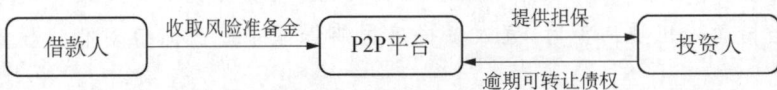

图 6-14　平台自身担保模式示意图

我国担保模式的典型代表是陆金所和人人贷。下面以人人贷为例详细介绍担保模式的运营原理。

案例 6-5

人 人 贷

人人贷成立于 2010 年 5 月,是人人友信集团旗下的子公司及品牌。"人人贷"作为一个提供信贷交易的第三方平台,并不直接参与双方的交易过程,而是基于其风控管理体系,对借贷交易进行贷前审核、贷中审查和贷后管理以控制借款逾期违约的风险。

人人贷平台的风险控制主要体现在本金保障计划,人人贷每笔借款成交时,会从借款人缴纳的服务费中提取一定比例的金额放入"保证金账户"。当借款出现严重逾期时,人人贷将根据"保证金账户使用规则"向理财人进行本金或本息赔付,具体规则如表6-3所示。

表6-3 人人贷WE理财保证金账户-产品偿付规则明细表

产品类别	成交借款风险金计提比例		逾期/严重逾期借款风险金垫付范围	垫付资金来源
信用认证标	AA级用户	0	未还本金	保证金
	A级用户	1.0%		
	B级用户	2.0%		
	C级用户	2.5%		
	D级用户	3.0%		
	E级用户	4.0%		
	HR级用户	5.0%		
实地认证标	大于等于1%		未还本金;逾期当期利息	1. 实地认证机构备用金;2.保证金

(资料来源:人人贷官方网站)

(四) 小贷模式

该模式中,P2P网络借贷平台与全国领先的小额贷款机构进行合作,由小额贷款机构为平台推荐优质的借款人,并且与平台共同对相关的债务承担连带责任,如图6-15所示。

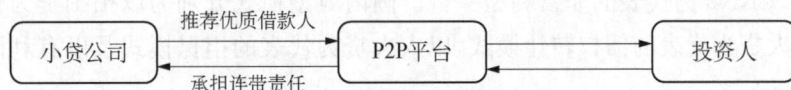

图6-15 小贷模式示意图

小贷模式的特点有:①P2P网络借贷平台仅做线上平台,在线上提供资金渠道,线下信用审核、担保和线下小贷机构合作;②借款项目的初级审核由小额贷款机构负责,平台对借款人进行二重审核。该模式的典型代表是有利网。

(五) 国内四种模式的差异

纯平台模式、债权转让模式、担保模式和小贷模式在运作机理及优缺点上差异较大,如表6-4所示。

表6-4　国内 P2P 网络借贷模式对比表

模式名称	模式机理	模式优点	模式缺点
纯平台模式	搭建网站,线上撮合	利于积累数据,品牌独立,借贷双方用户无地域限制,不触红线,是最纯正的网络借贷平台	需要先期培养竞争力,如果没有用户基础,则很难实现盈利
债权转让模式	搭建网站,线下购买债权,再在线上将债权转售给投资人,赚取利差	平台交易量提升迅速,适合线下开展	有政策风险,程序繁琐,由于需要地勤人员,所以地域限制不利于开展业务
担保模式	搭建网站,线上撮合,引入保险公司或小贷公司,为交易双方提供担保	可保障资金安全,适合中国人的投资理念	涉及关联方过多,如果 P2P 网络借贷平台不够强势,则会失去定价权
小贷模式	搭建网站,与小贷机构达成合作,将多家小贷机构的融资需求引入平台,协助其进行风险审核	成本小,见效快	核心业务已经脱离金融范畴

本章小结

　　P2P 网络借贷是通过网络借贷平台将资金持有者的小额资金聚集起来直接借贷给资金需求者的一种民间借贷方式。P2P 网络借贷是一种直接融资方式、一种民间借贷方式,也是拥有广阔发展空间的互联网金融模式。本章首先介绍了 P2P 网络借贷的概念、原理、特点及分类,以及国内外 P2P 网络借贷的发展,并重点介绍了国内外 P2P 网络借贷的模式及典型代表平台。国外典型模式分别为以 Prosper 为代表的单纯中介型平台、以 Zopa 为代表的复合中介型平台、以 Kiva 为代表的非营利型平台。国内典型模式分别为以拍拍贷为代表的纯平台模式、以宜人贷为代表的债权转让模式、以人人贷为代表的担保模式及以有利网为代表的小贷模式。

★★★★★ 关键术语 ★★★★★

P2P 网络借贷　纯平台模式　债权转让模式　担保模式　小贷模式

★★★★★ 思考题 ★★★★★

1. 什么是 P2P 网络借贷? P2P 网络借贷的参与方有哪些?

2. P2P 网络借贷相比传统借贷有哪些特点？

3. P2P 网络借贷的国内外典型模式有哪几种？结合某一典型平台详细分析每种模式的业务流程和特点。

案例应用

解读《中国互联网金融安全发展报告 2016》

当互联网的"野蛮人"成了搅局者,金融行业似乎迎来了一阵春风。不过,搅局过后,互联网金融行业也逐渐发现,合规性与金融安全,是怎么也绕不过的话题。昨日,由北京市金融工作局、北京市网贷行业协会、北京互联网金融安全示范产业园、南湖互联网金融学院联合推出的《中国互联网金融安全发展报告 2016》(以下简称"《互金报告》")显示,互联网金融走向健康发展,仍面临不小的挑战。

1. 4 856 家 P2P 平台仅 33％正常运营

互联网金融在入局之初,就被冠以"不靠谱"的名声,骗局跑路、信息泄露等词汇如影随形。《互金报告》称,在 2016 年 8 月各项监管细则出台以前,互联网金融网站的数量越来越多,大量行业问题也随即显现,比如行业竞争越来越激烈,甚至出现同质化趋势;监管不健全,使得互金行业呈现野蛮疯长的态势,自融、跑路、洗黑钱等现象频发。《互金报告》披露的数据显示,截至 2016 年 8 月 26 日,在互联网金融网站中,存在异常的有 3 300 多家,高危网站有 110 多家,仿冒网站超过 2.4 万家,互联网金融网站及手机软件漏洞有 1 800 多个,受到的攻击次数近 43 万次。随着监管细则的不断出台,互联网金融行业的洗牌力度更加剧烈。在众多互联网金融各分支行业中,P2P网贷尤其令人瞩目。数据显示,截至 2016 年末,P2P 借贷平台共有 4 856 家,其中正常运营的仅 1 625 家,占比仅为 33％,环比下降 3.9％。

2. 信息泄露、欺诈被提及最多

近年来,互联网金融行业不断暴露出问题,监管层早已将金融安全放在了首位。《互金报告》显示,在各个行业中,关于信息泄露、欺诈等方面的问题被提及的次数最多。以 P2P 网贷为例,《互金报告》提出,P2P 网贷平台出现最多的问题,首先是信息披露不真实、不及时,这可能导致虚假发标问题的发生。其次,P2P 网络借贷平台有私设资金池以变相吸储、挪用资金的现象。《互金报告》还指出,由于国内投资者风险识别意识较弱,难以自担风险,因此对 P2P 网络借贷平台能否"保本保息"十分看重,导致此前各家平台为了竞争揽客,纷纷推出自担保或第三方担保服务。但是,"担保并不意味着投资者可以高枕无忧,平台跑路或者担保公司跑路的情况仍然频发"。

3. 行业集中趋势正在显现

与几年前有所不同,互联网金融的发展如今已经脱离了"野蛮"时期,行业发展的分化趋势越来越明显,P2P 网贷行业也出现许多新的发展趋势。《互金报告》数据显示,虽然目前正常运营的 P2P 数量越来越少,但交易量越来越多。2016 年全年,P2P

网贷行业成交额近 19 544 亿元,成交量不断上升。一方面,平台成交量整体呈上升趋势;另一方面,正常运营平台一直环比下降;由此可见,行业的集中趋势正在显现,大平台的市场占有率越来越高。苏宁金融研究院互联网金融研究中心主任薛洪言表示,现在互联网金融的发展已经进入下半场,小平台独立生存的处境越来越难,结果要么是主动退出,要么是依附于更有力的大平台所构建的生态链上。

4. 网贷行业出现新的发展趋势

《互金报告》显示,未来 P2P 网贷将继续坚持"中介"的地位,在资产端注重垂直化经营,在资金端由 P2P 变为 B2P。《互金报告》解释道,垂直化经营模式专注于单一行业产业链的上下游业务,行业内部信息具有极强的相关性,可以降低平台信息的搜集成本,提高平台的风控能力,为其提供标准化、专业化的金融服务。"在网贷行业,新用户流入较过去明显减少,高额的获客成本使网贷平台很难通过正常经营覆盖经营成本,越来越多的 P2P 网贷平台开始转变为 B2P 公司。"《互金报告》显示,资金端的募集开始从"向个人端"转为"向公司端"或"私人银行客户",放贷端仍是以"向个人"为主,这样平台获得资金的各项成本可以大幅降低,能够以相对低的利率吸引更多的借款者,真正为中小微企业和有借款需求的个人提供金融服务。

(资料来源:微信公众号:互联网金融,作者:姜樊,2017 年 2 月 20 日)

案例讨论

1. 我国 P2P 网络借贷发展目前面临哪些问题?

2. 我国 P2P 网络借贷发展有哪些趋势?

3. 你认为应该如何促进我国 P2P 网络借贷行业的健康发展?

第七章
众筹融资

学习目标

- ◆ 掌握众筹融资的概念
- ◆ 掌握众筹融资的特点
- ◆ 了解众筹融资的分类
- ◆ 掌握股权众筹的概念及模式
- ◆ 掌握股权众筹存在的问题
- ◆ 了解"大家投"的具体流程
- ◆ 了解其他众筹融资模式

本章内容导引

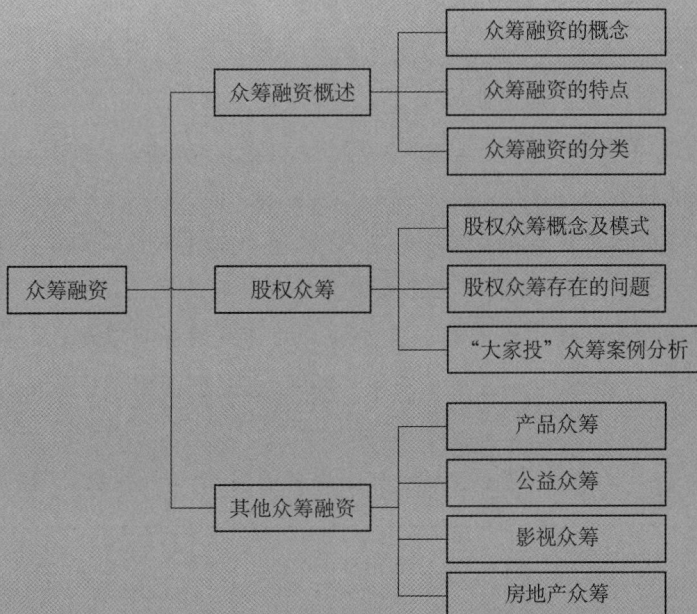

```
                                    ┌─ 众筹融资的概念
                    ┌─ 众筹融资概述 ─┼─ 众筹融资的特点
                    │               └─ 众筹融资的分类
                    │
                    │               ┌─ 股权众筹概念及模式
       众筹融资 ─────┼─ 股权众筹 ────┼─ 股权众筹存在的问题
                    │               └─ "大家投"众筹案例分析
                    │
                    │               ┌─ 产品众筹
                    │               ├─ 公益众筹
                    └─ 其他众筹融资 ─┼─ 影视众筹
                                    └─ 房地产众筹
```

众筹，让创业梦想照进现实

只有五千元，能开一家咖啡馆吗？答案是：能！

在唐山，有一家颇具文青气息的咖啡馆，名叫"很多人的咖啡馆"。它由15个80后、90后年轻人共同选址、设计、装修、管理，他们用众筹的方式让创业梦想照进现实，建立起了这个飘着咖啡香气的梦想空间。

唐山"很多人的咖啡馆"

去年初，互联网上的一个"唐山很多人的咖啡馆"招募帖吸引了众多网友的目光。帖子发出后，先后有15个年轻人加入了这个创业项目。他们之间大多是彼此不认识的陌生人，通过互联网聚集起来，少则五千，多则两万，共同集资十几万元，作为咖啡馆的启动资金。

2014年11月，唐山"很多人的咖啡馆"正式营业。咖啡馆的很多设计、装修都是股东亲自动手布置的，尽管它并不奢华，但每一个细节都倾注了股东们的心思。虽然众筹为这群年轻人的创业梦想提供了一个实现的途径，但是，这种创业方式尚没有成熟经验可以借鉴，在咖啡店的管理和运营方面，他们仍是"摸着石头过河"。

互联网众筹风生水起

众筹一词来源于英文"Crowdfunding"，即大众筹资，是指利用众人的力量，集中大家的资金、能力和渠道，为小微企业或个人开展某个项目或活动提供援助的融资行为。

经济学家指出，众筹的创业方式在汇聚资源(资金、专业知识等)方面具有优势，降低了创业门槛，分散了创业风险，满足了年轻人的创业需求。但是从另一方面来讲，由于投入成本低，大部分股东以兴趣和热情为出发点，风险意识薄弱，且每个投资者的心态和诉求不同，将导致内耗成本增高，增加创业成功的难度。

在国外，众筹的运作已经相对成熟，以2009年在美国成立的Kickstarter最具代表性，这是全球第一家众筹平台，致力于支持和激励创新性、创造性和创意性的活动，通过互联网平台面对公众募集小额资金，让有创造力的人有可能获得他们所需要的资金，以便使他们的梦想实现。

众筹面临的挑战

众筹行业在我国目前还处于发展初期，在政策与法律法规层面尚不健全，如果是个人通过互联网私下众筹，可能存在资金被套或者被骗的风险，大家参与这一模式仍需谨慎。作为新型融资模式的众筹融资能够有效地解决融资难题，并且可以补充传统金融体系服务小微企业和创业者的局限和不足，拓展创业创新投融资新渠道。

(资料来源：环渤海新闻网，作者：胡杨，2015年3月6日)

第一节　众筹融资概述

一、众筹融资的概念

众筹融资(crowdfunding)即大众筹资,通俗来讲是指"做一件事,有的出钱,有的出力,出力的叫众包,出钱的就是众筹"。即群体性的合作,人们通过互联网汇集资金,以支持由他人或组织发起的项目。根据互联网金融的精神,众筹是指由项目发起人利用互联网平台发起项目,并且以实物、服务或股权等作为回报,通过大众投资者的力量获得其所需资金,最终实现资金与项目有效对接的一种融资方式。众筹融资的行为主体主要有三方,包括资金需求方(筹资者)、投资者、平台方。行为主体关系如图7-1所示。

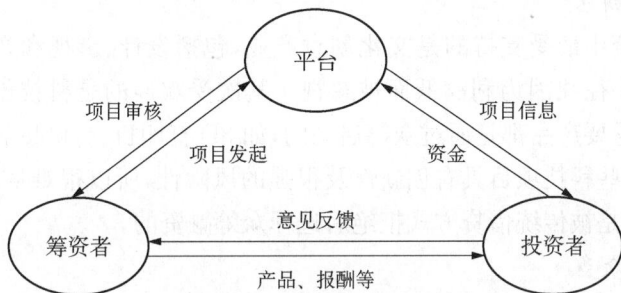

图7-1　众筹行为主体关系图

(1) 资金需求方,即项目发起人(筹资者),在众筹平台上建立个人页面,发布与介绍创意项目,通过项目特色吸引投资者,向投资者筹集资金或其他与项目相关的物质支持。在预设的筹资期内,若筹资项目能达到或超过目标金额,则项目筹资成功,筹资总额将会被划拨到项目发起人的账户,项目随即启动运营。当项目成功后,筹资者会向投资者进行产品、服务、报酬等方面的奖励;若筹集金额无法达到目标,众筹平台则把筹资期内所筹集到资金退回给投资者。

(2) 投资者即广大的网民,主要通过浏览众筹平台上由筹资者发起的各种项目,并结合自己的兴趣、偏好、风险评估等,在众多的创意项目中选择自己支持的项目进行投资。投资者根据筹资者发布的项目对筹资者进行意见反馈,并从筹资者处获得产品、服务或股权等报酬及奖励。

(3) 平台方即众筹平台,其主要任务是对发起的项目进行审核并且通过平台展示项目。此外还需对投资者的身份进行登记,减少投资方与资金需求方之间的搜寻成本和交易成本,最终实现资金对接,并从项目所筹集的资金中抽取一定比例服务费作为收益。

众筹平台包括综合类众筹平台及垂直类众筹平台,综合类众筹平台回报类型丰富,具有综合性,其项目来源可以涉及音乐、影视、艺术、游戏等诸多领域,如国外的 Kickstarter 和中国的点名时间;垂直类众筹平台向产业链整合发展,方便投资者找到符合自己专业背景和兴趣的项目进行投资,同时专业人士也可为众筹项目提供专业意见。主要针对房地产、体育、音乐、影视等的某一类,比如中国的淘梦网主要针对的是影视众筹。

二、众筹融资的特点

众筹融资作为互联网时代涌现出的新型融资方式之一,具有效率高、支持创新和创业、投资者数量众多、门槛低、提前宣传、平台性强等特点,因此受到广大小微企业及个人创业者的青睐。

1. 融资效率高

银行等金融机构对小微企业及个人创业者贷款的审核机制非常严格,且时间长,有时甚至因为时间延误错过了小微企业及个人创业者融资的最佳时机,使其面临破产的风险。而众筹融资摆脱了传统金融中介机构的束缚,众筹平台对众筹融资项目的审核时间较短,效率高,同时大众投资方不受时间和地点的限制,可以随时随地对自己看好的项目进行投资。

2. 支持创新和创意

目前在众筹融资中最受支持的是文化创意产业,包括设计、影视和音乐等行业,这些项目在传统风险投资中往往因为利润低而被忽视。其次受欢迎的是科技创新产业,全球消费类电子产品中许多重要产品都是通过众筹启动的,如3D打印机、pebble智能表、游戏手柄和电脑硬件等,由于这些科技项目具有创新性及很强的风险性,所以很难从传统金融机构获得资金,因此很多项目是被传统借贷方式拒绝后选择众筹融资的。

3. 投资者数量众多

传统融资模式下,投资者数量少且对投资额要求高。而众筹融资的核心思想体现在"众"多的投资者,且对投资者的资产数额没有限制,投资者只要对平台上发布的创新项目感兴趣就可进行支持,因此众筹融资可以在短时间内聚集数量庞大的参与者进行投资,体现了"大众性"。

4. 融资门槛低

众筹融资是一种"草根"式的融资模式,在理想状态下,几乎所有的互联网用户都可以成为众筹融资的发起人和投资人。无论身份、地位、职业、年龄、性别,只要有想法有创造能力都可以发起项目。这一特点对筹资者来说,降低了创业门槛和募资投资双方的准入标准,为中小型企业和个人创业提供了新的融资渠道;对投资者来说,众筹融资使普通大众都能有机会为个人或中小企业投资,有利于聚集闲散资金,合理调配民间流动资本,为居民提供了理财的新方式。

5. 提前宣传

众筹融资除了能达到吸引资金的目的,也可以提前为产品进行广告性的宣传甚至是预售。当创业企业要推出一种新产品时,企业会将产品创意发布到众筹平台上,由于互联网拥有庞大的用户群,且信息传播方便快捷、成本低廉,所以利用众筹平台来传播融资信息,一方面可以达成筹资的目的;另一方面,也可以通过众筹平台宣传新产品,提高产品的市场知名度。

6. 平台性强

众筹融资是建立在互联网平台上的融资方式,其本身就是一种营销手段。通过大众的评价和反馈可以验证众筹项目在已知或未知市场的潜能,无论项目成功与否都能获得项目的市场测试报告,从而对项目进行改进和优化,以适应市场需求,提高市场占有率,这是传统融资渠道做不到的。

三、众筹融资的分类

众筹融资根据投资方所获回报可以分为四大类:产品众筹、股权众筹、债权众筹、公益众筹。

1. 产品众筹(奖励众筹)

产品众筹是指产品(服务)创造出来前筹资者就将项目发布在网站上吸引投资者,投资者选择支持的项目进行投资,若项目成功开启,筹资者会在规定期限为投资者提供产品或服务作为回报的融资模式。产品众筹主要存在两种模式,分别是综合类产品众筹、垂直类产品众筹。

2. 股权众筹

股权众筹是投资者通过投资入股筹资公司,公司通过众筹平台出让一定比例的股份给投资者作为回报的融资模式。股权众筹款作为股权出资注入公司,投资者成为众筹股东、持有公司股份。

3. 债权众筹

筹资者发布筹资需求后由平台审核信用资料,发布优秀融资项目,大众投资者甄选符合自己投资意向的项目并投资,平台在筹资满额后放贷,持续关注项目进展,监控风险;筹资者收到贷款用于项目运行,到期向大众投资者偿还利息及本金作为回报。类似于本书前述 P2P 网络借贷,因此本章将不再赘述。

4. 公益众筹

公益众筹是非盈利性众筹,相对于传统的公益融资方式,公益众筹更为开放便捷,大众投资者可以通过众筹平台直接选择捐赠或者赞助小额的现金。项目执行结束后,由发起方、执行方和公募机构负责提供项目结项报告,面对所有爱心用户反馈款项使用细节和执行结果,进行结项汇报。一般此过程会对所有爱心用户全程公开,接受爱心用户的监督。

第二节 股权众筹

股权众筹,就是公司通过互联网平台出让一定比例的股份给投资者,投资者通过出资入股公司,获得收益。股权众筹款作为股权出资注入公司,投资者成为众筹股东,持有公司股份。

一、股权众筹模式

根据股权众筹的经营模式可将股权众筹模式分为基金模式和合投模式。

（一）基金模式

基金模式是指由基金作为单一股东来持股公司的一种股权众筹模式，其特点是投资者只负责选择众筹项目进行投资，而将资金交由众筹平台托管，在项目融资完成后由平台成立新的独立的基金作为单一股东来持股公司，平台方代表投资者进行后续的监督和管理。这种模式的优势是显而易见的，一方面，由于平台方做了大量的工作，包括项目审核、挑选、资金保管、投后管理以及其他相关服务，为投资者和融资者提供了极大的便利，降低了投资和融资成本。另一方面，对于创业企业来讲，由于面对的是单一股东，所以降低了由于股东众多、股权分散带来的协调成本，更有利于企业的管理和决策。

（二）合投模式

合投模式是指"领投＋跟投"模式，由领投人负责挑选和审核项目，并且首先投资融资额的一定比例，其余部分由跟投人共同合投。在融资完成后，由领投人负责将跟投人的资金投资到融资公司并进行后续的监督和管理。

1. 合投模式的构成

（1）领投人

领投人会公布自己的一些基本信息以及项目的信息以供跟投人选择，在预设的筹资期内，若筹资项目能达到或超过目标金额，则项目筹资成功，项目随即启动运营。当项目成功后，筹资者会向投资者进行股权奖励；若筹集金额无法达到目标，众筹平台则把筹资期内所筹集到资金退回给投资者。

（2）跟投人

当领投人准备参与投资一个创业企业时，会向他的跟投人发出通知，同时也会向跟投人解释该笔投资的合理性，并披露潜在的利益冲突，跟投人有权利选择是否参与这个项目的投资。由跟投人最终决定是否投资并支付投资款，若跟投人同意参与某个项目的联合投资，将会与领投人达成协议。此外，跟投人也可以退出某个具体的投资项目。

（3）众筹平台

在股权众筹"领投＋跟投"的联合投资模式中，创业企业不需要面对数不胜数的股权众筹投资人，由众筹平台将领投人与跟投人对接起来。跟投人先把资金投入到持股平台，再由持股平台投资到创业企业，即领投人处。一般持股平台由领投人来指挥，领投人指示持股平台作出决策、签署文件的行为。平台的主要任务是对发起的项目进行审核并且通过自身载体展示项目。此外还需对跟投人的身份进行登记，减少资金供需双方之间的搜寻成本和交易成本，最终实现资金对接，并从项目所筹集的资金中抽取一定比例的服务费作为收益。

2. 合投方式

合投模式在具体的应用中具有以下几种方式：

（1）设立有限合伙企业。由领投人担任普通合伙人，其他跟投人担任有限合伙人，共同发起设立有限合伙企业，由有限合伙企业对被投企业或项目进行持股。这一模式在国内占据多数，其主要原因是为了规避相关法律、法规的限制。

（2）签订代持协议。即由每一位跟投人分别与领投人签订代持协议,领投人代表所有投资人对被投企业或项目直接持股,这样就规避了有限合伙企业进行工商登记的麻烦,但领投人在参与被投企业或项目的重大决定时,往往需要征得或听取跟投人的意见。另外,实践中也有融资企业的大股东或实际控制人直接与跟投人签订代持股权协议的情形,这类情形下大股东或实际控制人往往都会变相约定提供固定回报。

（3）签订合作协议。这一类模式实践中并不是很多,主要用于实体店项目,通常是项目发起人与不同跟投人分别签订合作协议,约定投资人的股权比例和相关权利义务,并不进行相应的工商登记,公司内部承认投资人的股权份额并据此进行相应的盈利分红。

（4）设立一个持股平台。众筹股东作为持股平台的投资人,通常把资金投入持股平台。然后,持股平台把这笔款再投入众筹公司,由持股平台作为众筹公司的股东。这样多个众筹股东在众筹公司里只体现为一个股东,即持股平台。众筹股东作为有限合伙人,众筹发起人作为普通合伙人。按照合伙企业法的规定,通常有限合伙人不参与管理,由普通合伙人负责管理。这样,众筹发起人就可按其普通合伙人的身份管理和控制持股平台,进而控制持股平台在众筹公司的股份,即实际控制了众筹股东的投资及股份。

3. 合投模式的优点

合投模式的主要优点在于,作为领投人,可以通过合投降低投资额度,分散投资风险,而且还能像传统私募一样获得额外的投资收益。另一方面,作为跟投人（往往是众多的非专业个人投资者）,他们既免去了审核和挑选项目的成本,而且通过领投人的带领也降低了投资风险。此外,跟投人也不需要向领投人交管理费,这也大大降低了投资成本。合投模式的股权众筹对于领投人、跟投人、创业企业来讲具有重要意义。

（1）对于跟投人。合投模式可以让跟投人参与领投人组织的联合投资体。跟投人在每个投资项目中只需要投资一小笔资金,就可以借助联合投资体充分利用领投人在挑选投资项目和投资后管理上的丰富经验,同时还会获得可观的收益。

（2）对于领投人。领投人通过股权众筹方式启动众筹项目,不仅能够获得所需资金,还能额外获得投资收益的分成。此外,除了获得投资中的好处,领投人通过股权众筹还可以借机融入跟投人的社会关系,为领投人及其领投的项目带来更多的附加价值。

（3）对创业企业。创业企业（资金需求方）不需要与每个跟投人进行交流,它只需要接触一个领投人就可以获得项目开展所需资金,使项目顺利进行,大大节约了人力、物力资源;此外还能获得跟投人在社会关系上对企业的帮助。

二、股权众筹存在的问题

股权众筹存在的问题主要表现在以下五个方面:

1. 股东身份没有直接体现

众筹股东和实名股东之间委托持股模式属于委托代理的关系,这是一种内部约定行为,因此众筹股东的名字不会在工商登记里体现出来,只会显示实名股东的名字。尽管法律认可委托持股的合法性,但是还需要证明众筹股东有委托过实名股东的行为。如果这种约定没有书面文件或者其他证据证明,股东的身份将得不到体现。

2. 股东无法直接参与公司决策与分红

股权众筹属于大众投资,因此股东数量较多,如果全部的股东会都参与决策、参加股东大会,公司的协调和决策比较困难,从而削弱公司决策效率。但是如果由股东代表进行公司的管理与决策,虽然提高了行政效率,但是众筹股东的决策权与管理权没有得到很好的体现,众筹股东的利益很难得到保障。所以在很多股权众筹中,众筹股东虽然是公司股东,但是几乎很难行使公司股东的权利,基本上都不能亲自参加股东大会、参与股东会表决和投票,股东权利得不到很好的行使。

3. 面临欺诈风险

从项目推荐的角度看,大部分的股权众筹采用"领投跟投"的投资机制,该机制设置的初衷在于由一些有投资经验的专业投资人利用自己的专业和独到眼光对项目进行筛选,跟投人基于对领投人的信任跟进投资,从而降低跟投人由于缺乏投资的专业知识与经验而带来的风险,但该机制并没有改变跟投人由于缺乏相应的专业知识而处于信息不对称的劣势地位。一旦领投人与筹资人之间存在着某种利益关系或其他关联关系,双方达成某种损害跟投人的协议,那么跟投人的利益将会受损。

从项目审核的角度看,平台单方具有对筹资人提交的项目进行审核的权利,在这一审核中无论是审核环节还是审核人员都缺乏相应的监督或透明性,使得某些筹资人的项目可能达不到进入标准,但单方与平台进行不正当的利益交换后便可进入到平台进行融资活动。同时,平台并不对项目信息的真实性、可靠性负责,所以在平台项目审核这一环节实质上并没有降低投资人的风险,有可能面临合同欺诈危险。

4. 资金风险

在股权众筹过程中,筹资者通常会给定一个具体的项目预期筹资额,一旦项目在实际筹资过程中达到一个额度,项目便筹资成功,开始进行项目运作。然而也存在一些股权众筹平台,允许项目实际的筹资总额高于筹资者事先确定的项目预期筹资额,直到筹资期限届满后再将实际的筹资总额交付给筹资人以进行项目建设。这在一定程度上会增加投资的风险及筹资的不可预期性,有可能会加大监督管理的难度和成本。

5. 把自己当作风险投资人

风险投资项目一般具有高风险、高潜在收益的特点,风险投资人会向大量的项目进行投资,大部分的项目都会投资失败,但是只要其中少数几个项目上市了、被并购,投资成功的收益回报不仅可以弥补投资失败的损失,还能有很高的盈余。但是,股权众筹本身就是为了降低投资门槛,所以绝大多数众筹股东都是普通老百姓。一方面,众筹投资人不可能有资金向大量的项目投资,手头的资金一般也就只够投一两个项目,如果这一两个项目失败了,就会血本无归。另一方面,风险投资人一般会对行业有深入的研究,对项目商业可行性的判断相对专业;而普通投资者可能更多的是听信于众筹发起人的宣传,缺乏判断能力,因此投资的风险就更高。但是,普通人参与股权众筹经常会把自己当作风险投资人,追求高风险、高回报。所以大众投资者应该分清自身和风险投资人的区别,认真考察自己的投资项目,在自己熟悉的行业领域或地域范围投资。此外,一定要找个值得信任的领投人,或者保障机制完善的众筹平台进行投资。

另外,与银行借贷和风险投资相比,股权众筹也有自身的优势,如表7-1所示。

表 7-1   股权众筹与银行借贷、风险投资比较

	股权众筹	银行借贷	风险投资
融资速度	快	慢	慢
成功率	较高	较低	低
融资成本	低	高	较低
对企业的控制程度	低	无控制权	较高
操作程序	简单	复杂	复杂
决策方向	创业者选择投资者	投资者选择融资者	投资者选择发起人

三、"大家投"众筹案例分析

"大家投"成立于 2012 年,为深圳市创国网络科技有限公司旗下私募股权融资平台,是国内较早开展私募股权融资业务的平台之一,致力于为投融资双方提供专业、高效的投融资对接服务。该平台涵盖科技文化、新能源、生物医药、新创意等多个领域,且至今已有注册用户 13 590 人,30 余个初创项目融资成功,如奇异果、微星辰、内聘网、月光宝盒、服务堡等。

大家投作为最早一批互联网股权融资平台,其专注于股权众筹项目,为创业者和投资人提供公平、透明、安全、高效的众筹服务。2013 年,大家投帮助 5 个项目成功融资 284 万元;2014 年增长率超过 4 000%,全年帮助 47 家企业完成融资,共完成超过 5 000 万元的融资额;2015 年,总共上线 115 个融资项目,项目需求资金 23 106 万元,帮助 51 个项目融资 9 601.3 万元,项目成功率为 44.35%,融资成功率为 41.55%,平均融资额度为188.26 万元。

(一)"大家投"的基本流程

"大家投"的融资需要通过线上线下两个阶段进行,具体包括"注册账号—填写个人信息—创建项目—发送商业方案—投资人线下约谈—约谈成功投资人投资—线下增资手续"阶段,具体流程图如图 7-2 所示。

首先,创业者在网站上注册成为创业者,阅读创业者融资指南,撰写并提交融资项目商业计划书。随后,"大家投"平台对项目资料是否齐全、项目商业模式是否可行等进行审核,如果审核不通过,审核人员会注明不通过理由并交由项目方修改资料后重新提交审核;若审核通过,"大家投"平台将把项目放入项目库,此时筹资人可以使用文字、视频等形式在平台上对自己的项目进行展示,吸引投资者投资。

投资者同样也需要在网站上注册成为投资人(跟投人),平台对于跟投人进行审核,投资人还可提交资料申请成为领投人,"大家投"对领投人资料审核通过后可成为领投人。

注册投资人可以通过网站的项目展示功能,浏览项目情况简介、项目商业模式、创业团

```
┌──────────────────┐              ┌──────────────────┐
│  用户注册为创业者  │              │  用户注册为跟投人  │◀─────┐
└────────┬─────────┘              └────────┬─────────┘      │
         │                                 │                │
┌────────▼─────────┐              ┌────────▼─────────────┐  │
│   提交项目计划书   │              │ 提交资料申请成为领投人 │◀─┐│
└────────┬─────────┘              └────────┬─────────────┘  ││
         │                                 │                ││
         │      ◇◇◇◇◇◇            ◇◇◇◇◇◇◇◇◇                 ││
   不通过│    ◇        ◇          ◇          ◇   拒绝        ││
◀────────┼───◇  进行审核 ◇        ◇  进行审核  ◇────────────┘│
         │    ◇        ◇          ◇          ◇              │
         │      ◇◇◇◇◇◇              ◇◇◇◇◇                   │
         │     通过│                  │接受                  │
         │         │        ┌────────▼─────────┐            │
         │    ┌────▼────┐   │     成为领投人     │            │
         │    │  项目库  │◀──└────────┬─────────┘            │
         │    └────┬────┘            │                      │
         │         │                 └──────────────────────┘
         │    ┌────▼───────────┐
         │    │  投资人收藏项目  │
         │    └────┬───────────┘
         │    ┌────▼───────────┐
         │    │ 投资人约谈创业者 │
         │    └────┬───────────┘
         │    ┌────▼───────────┐
         │    │  投资人认领项目  │
         │    └────┬───────────┘
         │    ┌────▼──────────────────┐
         │    │ 创业者对领投人的意见进行确认 │
         │    └────┬──────────────────┘
         │    ┌────▼──────────────────────┐
         │    │ "大家投"与项目方签订居间协议 │
         │    └────┬──────────────────────┘
         │    ┌────▼───────────┐
         └────│  跟投人开始跟投  │◀───┐
              └────┬───────────┘    │
                 ◇◇◇◇◇◇◇            │
               ◇          ◇         │
               ◇ 融资额度  ◇   否     │
               ◇ 是否满额  ◇─────────┘
               ◇          ◇
                 ◇◇◇◇◇◇◇
                   │是
              ┌────▼───────────┐
              │   投资人转账     │
              └────┬───────────┘
              ┌────▼───────────────────────┐
              │ 众筹成功、线上流程结束、转入线下流程 │
              └────────────────────────────┘
```

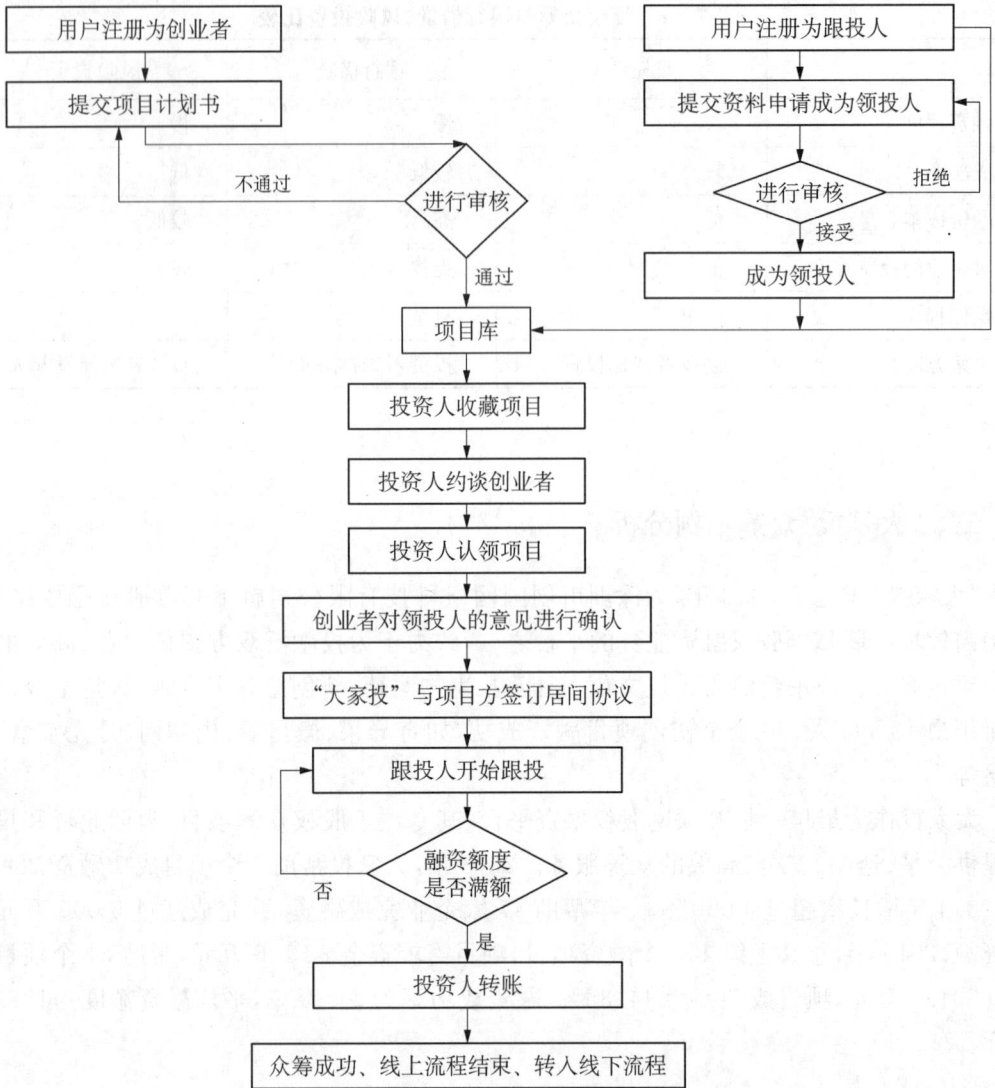

图 7 - 2 "大家投"流程图

队、历史情况、未来规划、项目附件、项目动态和项目评论七个模块并对项目进行筛选和评估,随后领投人可以约谈创业者然后认投项目,创业者对领投人领投意向进行确认之后,"大家投"与融资项目方签订融资居间协议。接着跟投人可以随时查看到项目领投人领投金额及跟投人数、已认投金额、完成率等。项目融资达到预期的金额后,投资人按照约定把投资款项转入投付宝即完成股权众筹线上业务全部流程并转入线下业务。

(三)"大家投"之"水掌柜"项目分析

(1) 项目名称:服务堡安装售后服务 O2O 平台——"水掌柜"。

(2) 项目描述:"水掌柜"是首家全国性第三方安装售后服务 O2O 平台。主要瞄准电子商务发展中的另一个瓶颈:安装售后服务。为客户提供安装维修整个流程的服务,而不是像赶集网等只提供一个发布信息的平台。随着电器、家居等品类大量上网销售,售后服务问题的制约愈发突出。"水掌柜"网站自 2012 年 5 月 1 日正式上线以来,实现了快速发展,并已盈利。已成功与 70 多家厂家签约合作,合作网店近 800 家,占据全国净水器售后服务第一把交椅,深得行业广泛认同。因为净水器品类的极大成功,"水掌柜"于 2013 年 9 月开始向其他品类拓展,涉及晾衣架、热水器、抽油烟机、燃气机、消毒柜、浴霸、厨房垃圾处理器等。目前"水掌柜"面临着进一步拓展的挑战,需要资金的支持。

（3）项目进展：该项目于 2014 年 8 月 14 日在"大家投"平台上发布进行融资,最初项目方希望融资 300 万元,但由于"大家投"跟投人投资门槛为融资额的 2.5% 的规定,若融资额为 300 万元,则投资门槛是 8 万元,对于单个投资人投资压力较大,所以经调整把融资金额降到 200 万元。项目进入 2014 年 10 月后认投十分火爆,认投达到"大家投"规定的融资金额的 120%,由于项目方不希望出让更多股权,最终由领投人投资前 50 万元,以出让 10.25% 的股份融资 205 万元。

（4）融资用途：主要用于专业化培训和品牌形象建设,同时进一步完善服务网络、开拓新品类。

（5）项目分析：首先,随着电器、家居等品类大量上网销售,售后服务问题的制约愈发突出,售后安装维修服务行业市场发展具有广阔的前景和巨大可拓展的市场空间,"水掌柜"采用 O2O 商业模式,已经运营了一年多时间经过了市场的检验,具有较高的商业价值。其次,"水掌柜"创始人具有持续解决难题的精神,团队做事踏实。该项目也是创始人唯一的项目,创始人用房产抵押投入该项目说明创始人很重视该项目,项目前景乐观。在泉州起步,之后覆盖到全国很多地方,说明其创始人团队具有较强的能力,并且其团队拥有相关方面多样化的人才。第三,"水掌柜"项目有比较好的基础,公司发展较早,占有一定的市场份额。第四,"水掌柜"盈利模式清晰,目前处于盈利阶段,未来盈利能力将会进入高速发展期。综合上述四点,"水掌柜"项目进一步发展潜力巨大,值得投资。

第三节　其他众筹融资

众筹模式中除了上述介绍的股权众筹外,还包括产品众筹、公益众筹、影视众筹、房地产众筹等。

一、产品众筹

产品众筹是指产品或服务在创造出来前,筹资者就已经将项目发布在网站上吸引投资者,投资者选择支持的项目进行投资,若项目成功开启,会在规定期限内获得产品或服务。这里以"苏宁众筹"为例介绍产品众筹的流程。

苏宁众筹是苏宁易购于 2014 年 7 月推出的产品众筹平台,采用众筹的方式对项目进行扶持。2015 年 4 月 16 日,苏宁易购众筹平台上线 24 个项目,包括智能设备开发、农产品直采、影视片制作、体育(足球)文创、消费金融等多种项目,标志着"苏宁众筹"的开始。

(一) 产品众筹的流程

项目发起人向苏宁众筹平台提交项目详细资料,包括运营内容、进展安排、投资者回报形式以及必要的风险提示。众筹平台对有创意的产品或项目进行评审,若评审通过,则对项目进行项目上线的相关准备工作;若评审未通过,则取消项目。通过平台审核以后,项目进入上线准备及宣传。相关材料准备完毕后,项目可以正式上线,吸引投资者的投资。若在筹资期限内能达到目标金额,项目则正式投入生产,待该产品(或服务)开始对外销售或已经具备对外销售的条件时,按照约定将开发的产品(或服务)以无偿或低于成本的方式提供给投资者。若无法达到目标金额,项目将会被宣告众筹失败,已支付资金将会退还给投资者。

"苏宁众筹"在上述流程正常完成后还有后续活动,苏宁依靠其拥有众多线下门店的优势,在众筹成功的项目中可以申请精品返售活动,即众筹成功的项目可申请在苏宁门店进行销售,当项目销售结束后,项目方可申请入驻苏宁易购店铺运营。具体流程如图7-3所示。

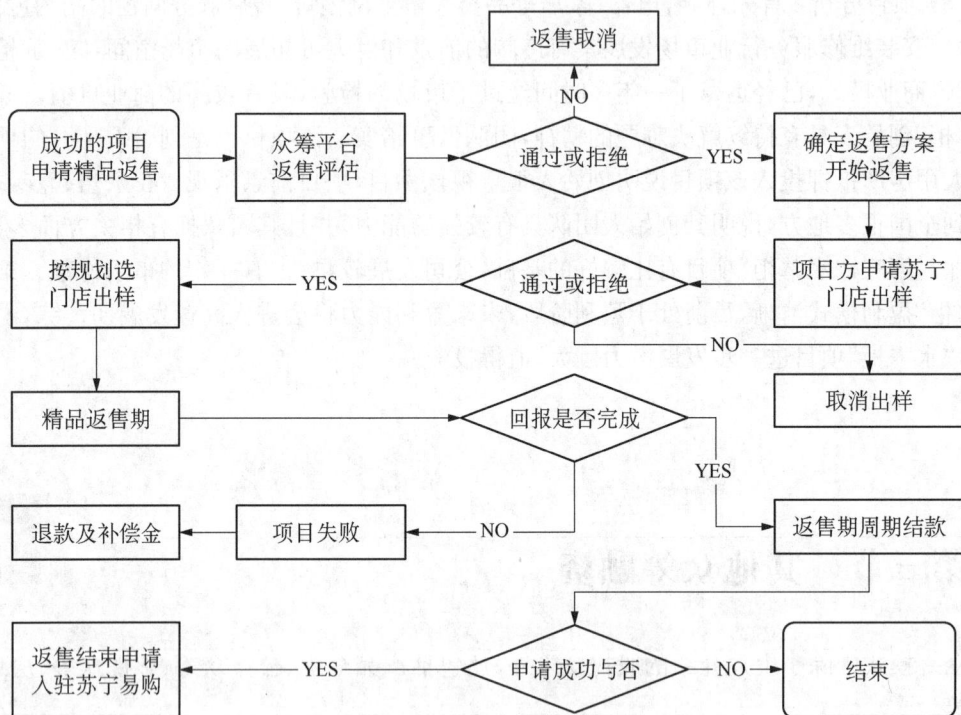

图7-3 "苏宁众筹"精品返售流程图

首先,众筹成功的项目可以申请精品返售活动,由平台进行返售评估,对于通过评估的项目,确定返售方案,开始返售;对于没有通过评估的项目,取消返售。

接着,项目方申请苏宁门店进行销售,即在苏宁门店出样,对于申请通过的项目,苏宁按照规划选门店出样,然后进行3—6个月的精品返售期,申请通过的项目在返售期内就可获得回报,对项目方进行一次结款。对于申请未通过的项目,则项目失败,投资人可获得退款及5%的补偿金。

最后,当项目返售结束后,项目方申请入驻苏宁易购,若申请成功,则进入苏宁易购店铺运营;若没有申请成功,则结束项目。

(二) 产品众筹的特点

产品众筹是目前应用最广泛的一种众筹形式,通过产品众筹项目的成功开展,项目发起者(创业者)通常可以获得所需资金,实现自己的创业梦想。另一方面,投资者通过选择自己感兴趣的或者市场前景好的项目进行投资,相当于对该产品进行一份市场调查,创业者能在一定程度上看出自己的产品将来投放市场后的结果。另外,创业者将项目计划书展示在众筹平台上,项目和产品都得到了展示,相当于是对大众的一次广告。

众筹平台帮助项目发起者(创业者)筹得所需资金并且对项目进行展示的同时也会使项目发起者(创业者)遇到一些问题。比如传统的风险投资在提供早期投资后,如果项目发展顺利,还有机会获得后续的多轮融资。但是众筹平台虽然能快速地筹到用于产品研发和生产的资金,但不能保证后续的资金链保持完整。此外,根据众筹平台的普遍规则,如果项目筹资成功,那么就必须在规定时间内完成产品的开发与制造,实现对支持者的承诺。所以众筹平台帮助项目发起者(创业者)快速筹到钱的同时也带来了不小的订单压力。

二、公益众筹

公益众筹是非盈利性众筹,相对于传统的公益融资方式,公益众筹更为开放便捷,大众投资者可以通过平台直接选择捐赠或者赞助小额的现金。以"腾讯乐捐"为例说明公益众筹的流程和特点。

"腾讯乐捐"是腾讯公益推出的公益项目自主发布平台,具有发起求助、捐赠、互动与监督等功能。个人用户可通过该平台选择自己喜欢的公益慈善项目,自主选择捐款金额,进行捐款。有公募资格的公募组织,可通过该平台为自己的公益项目筹款。

(一) 公益众筹的流程

公益众筹主要包括以下流程:

(1) 发起人发起项目并填写项目资料,在发起时需要向平台提供身份信息(非公募机构、公募机构或个人),平台先对发起人或者机构进行审核,个人用户认证即时提交即时通过,非公募机构和公募机构审核时间通常为5个工作日。

(2) 公募机构发布的项目,在平台确认无错误后,直接进入募款阶段。非公募机构或个人发布的项目,再经公募机构审核项目的真实性、项目设计和可执行性等后,确认是否支持。

(3) 进行募捐。募款期间,个人或非公募机构发起的项目在募款完成后,执行方须填写由所支持的公募机构提供的项目协议。公募机构在收到项目协议后,应在其公示的时间内向发起方拨款。

(4) 项目完成募款目标后,将自动进入公益机构执行阶段,由项目执行方按照公示的项目方案进行执行,并及时更新项目进展。

(5) 项目执行结束后,由发起方、执行方和公募机构负责提供项目结项报告,对所有爱心用户反馈款项使用细节和执行结果,进行结项汇报。一般此过程会对所有爱心用户全程公开,接受爱心用户的监督。

"腾讯乐捐"的优势主要体现在以下三个方面:首先,"腾讯乐捐"通过微博、微信、电子邮件等网络的方式,让捐助者可以随时了解项目实施的情况,了解资金流向和使用状态,从而解决了传统公益领域内救助者与施助者之间的信息不对称问题。其次,还解决了公益领域内资源分配不均的问题,比如获得资源多的大型非政府组织(Non-Governmental Organizations,简称 NGO)知名度较高而需要执行的项目也很多,往往无法估计所有被需要的案例;而大量中小型非政府组织也拥有相对丰富的资源却没有可执行的项目,"腾讯乐捐"通过网络可以最大限度地合理调配资源。第三个优势则是"腾讯乐捐"在公益慈善机构和捐款人之间搭建起一个透明公益的网络平台,能够使资金需求者与捐助者快速对接。

(二)公益众筹的特点

首先,公益众筹对发起人的资质没有严格要求,可以让个人以及没有公募资质的草根组织更加便捷地发起公益众筹项目,实现筹款目标,通过透明公益的众筹平台连接起公益慈善机构和捐款人,使需要得到帮助的人及时获得帮助。其次,公益项目可以提高公众参与公益的热情,吸引年轻一代关注和参与公益。最后,公益众筹平台要求发起人对项目的细节,包括公益项目的社会意义、预算、募资、投向、管理等情况一一说明,一定程度上能够提高公益行业信息透明度,便于公众进行监督。

但是公益众筹在我国现有条件下还存在一些问题。首先,公益众筹发起门槛较低,对发起人的资格及项目的真实性认定较为宽松,使项目可能存在一定的违约风险。其次,网络信息的不对称使得有些人利用网络的虚拟性发布虚假消息,利用人们的同情心为自己筹资,欺骗捐赠人,从而使公益行业的信任度受到挑战。第三,由于公益众筹涉及公开向社会公众募集资金,这与现行的慈善基金及公益基金的相关法律法规存在一定的冲突。在此情况下,公益众筹存在着一定的法律风险。

三、影视众筹

影视众筹的标的较特殊,往往针对影视文化方面,投资者提供投资即可享受剧组探班、明星见面会等娱乐权益,并且获得收益;筹资方也可获得所需资金开发影视事业,为社会带来丰富多彩的生活。"淘梦网"是目前我国影视众筹的典型代表。

2012 年 2 月上线的"淘梦网"是国内第三家众筹平台,最初定位于综合类众筹。2012 年 6 月,平台转型为垂直型的微电影众筹平台。目前"淘梦网"已经渗入到影视产业链的投资、制作、宣传、发行、回收等环节,并开始向游戏、文学、造星等品类做横向拓展,欲打造全链条产业。

"淘梦网"的优势主要体现在三个方面:首先,"淘梦网"成立以来,已获得三轮融资,策划、出品、宣传的实战经验丰富。第二个优势是发行专业。他们首先是全网发行,然后再分阶段推送,最后做好打击盗版的工作,最大力度打击盗版,保持付费观看是唯一的影片观看途径。"淘梦网"的第三个优势是拥有强有力的宣传渠道,包括大众媒体、垂直化社区、长尾渠道等。

"淘梦网"是互联网影视行业最先拥有三大运营商合作资质的企业之一。通过稀有牌照优势,"淘梦网"形成了互联网影视发行的行业壁垒,其在前端融资环节中的服务均为免费,收入均来自影视项目的后端发行阶段,主要来自三个部分:第一部分是内容付费收入,针对互联网影视内容制作团队,提供内容投资、发行推广和版权销售服务,从而获得作品的收入分成(如广告分成、付费分账)和版权销售分成。第二部分是企业广告服务。第三部分则是内容增值服务,将电影影响力最大化,使其在有更大变现的领域(如电影、书籍、游戏、周边产品)获取更大的利润。

对于影视文化众筹领域来说,"淘梦网"的价值已经不单是为影视项目解决资金、人才、剧本等需求,更重要的是,平台提供影视项目上下游各个环节所需的服务。

从 2011 年下半年发展至今,我国影视众筹投资领域从最初的微电影拓宽到院线电影、网络大电影、台播电视剧、网络剧;产品类型从单一到多样化;平台数量不断增加,推动影视产业链整合;阿里巴巴、苏宁金融、百度金融等巨头直接或间接切入影视众筹,并抢占主要市场份额。相对于其他文化领域,如音乐、游戏等,影视众筹的发展速度靠前,随着我国文化产业扶持政策的实施和互联网众筹的蓬勃发展,影视众筹预计在未来几年将大有可为。

四、房地产众筹

房地产众筹是产品众筹的一种衍生模式,即垂直类产品众筹。房地产众筹和其他众筹一样兼有筹资、筹客、筹智三大功能。房地产企业借助众筹平台筹集项目开发建设所需资金,为企业运营、销售、服务环节提供支持;投资者通过投资获得房产或投资收益。目前国内的房地产众筹比较常见的模式有五种,分别是定向类众筹、融资型开发类众筹、营销型开发类众筹、彩票型众筹、购买型+理财型众筹等。

1. 定向类众筹

定向类众筹通常是在立项或者拿地之前进行,为减少拿地及后期销售的不确定性,开发商对合作单位一般有较为苛刻的筛选条件,要求合作单位须对定向拿地具有一定影响力,且有一定数量的员工有购房需求。定向类众筹一般以较大的房价折扣作为投资者的收益保障,但要求投资者需在拿地前支付基本全部购房款,开发商在这一过程中仅获得管理收益。

定向众筹的优势在于在拿地前便完成认筹且众筹资金额度大,大幅降低了开发商在开发建设过程中自有资金的投入量。但目前存在政策、合作单位选择等风险。定向类众筹的代表是石家庄众美集团。

2. 融资型开发类众筹

融资型开发类众筹通常适用于区域房价上涨预期与资金成本不匹配,项目利润不足以覆盖银行、信托等传统融资方式的资金成本的情况。通过在项目拿地后、建设前进行众筹,为项目建设阶段提供低成本资金、达到降低项目负债率的目的,同时也利于提前锁定一批购房意向人群。

开发类众筹的参与门槛一般较高,需要投资者在预售前支付所有房款,且房价折扣一般基本保持在年化收益率10%左右。其典型代表是平安好房众筹建房模式。

3. 营销型开发类众筹

营销型开发类众筹以楼盘营销为目的,用较大力度的优惠活动吸引投资者购房,购不到房的投资人会获得一部分收益回报。这种众筹方式类似于团购,优惠大部分来源于开发商及合作企业让利。该模式一般在项目建设期进行,所以有利于项目的前期宣传,并能为项目提前锁定一批有购房意向的客户。因此,营销型开发类众筹在营销推广方面具有重要的作用。

4. 彩票型众筹

彩票型众筹实际多属于以蓄客为目的、在项目获得预售证后进行的营销活动,并且通过投资者竞价的方式探寻市场对项目定价的接受程度。彩票型众筹的参与门槛一般较低,通过拍卖、高收益率等形式,鼓励尽量多的投资者参与,从而达到扩大活动影响、炒热楼盘的目的。彩票型众筹的周期通常较短,且所有参与者均可获得收益。

5. 购买型＋理财型众筹

购买型＋理财型众筹的模式通过拿出部分房源作为标的,以低于市场的销售价格及"基本理财收益＋高额浮动收益"吸引客户,设定固定期限,由投资者共同享有标的物产权。在退出时,投资者享有优惠购房权或将标的物销售后退出获得增值收益;开发商则牺牲部分利润获取大量现金流,提升项目知名度。

"购买型＋理财型众筹"参与门槛较高,基本在10万元以上,开发商一般会承诺参与者"基本收益率(3%－5%)＋购房优惠价格"的收益模式,众筹期间基本上均会设置一定时间的锁定期,锁定期内参与者不得申请退出。

此外,由于我国房地产众筹刚刚起步,法律法规尚不完善,存在与非法集资混淆、与《证券法》、《公司法》等冲突的风险,这也给房地产众筹的发展加大了难度,要求对房地产众筹的设计及实施更加谨慎,给创新加上一根保险绳。

本章小结

众筹融资(crowdfunding)即大众筹资,由项目发起人利用互联网平台发起项目,并且以实物、服务或股权等作为回报,通过大众投资者的力量获得其所需资金,最终实现资金与项目有效对接的一种融资方式。具有效率高、支持创新和创业、投资者数量众多、门槛低、提前宣传、平台性强等特点。根据投资方所获回报可以分为四大类,包括产品众筹、股权众筹、债权众筹、公益众筹。股权众筹按经营模式可分为基金模式和合投模式。

★★★★★ 关键术语 ★★★★★

众筹融资　股权众筹　众筹平台　众筹模式

★★★★★ 思考题 ★★★★★

1. 什么是众筹融资？众筹融资的行为主体分别是什么？

2. 众筹融资的特点是什么？

3. 众筹融资主要分为哪几类？

4. 什么是股权众筹，其主要模式有哪些？

5. 根据本章内容，对比分析股权众筹、产品众筹、公益众筹、影视众筹以及房地产众筹的概念。

案例应用

互联网巨头抢占市场，文化众筹风起云涌

早在 2014 年 3 月，阿里数字娱乐事业群就推出一款基于互联网金融的产品——娱乐宝，这款产品消费者只需最低出资 100 元，就可投资热门影视剧作品，享受剧组探班、明星见面会等娱乐权益，同时可以获 7％的预期年化收益。乍一看，娱乐宝似乎是一个理财类的产品，但是深入研究你会发现这款产品实质上就是一款文化类的众筹产品。同一般的众筹产品不同的是，阿里利用自身的包装将这种众筹类型的产品包装成了一款理财类产品。

就在阿里试图利用娱乐宝来激发广大中小投资者的投资热情的时候，BAT 三巨头中的另外一家百度推出了"百发有戏"。这款被视作可以与阿里的娱乐宝对垒的互联网金融产品一经出现便吸引了众多关注的目光。为了可以和阿里的娱乐宝相抗衡，百度"百发有戏"在推出的时候将认筹的最低投资门槛降低到了 10 元，以此来抢占娱乐宝的市场份额。而这种营销行为在上线两分钟之后便获得了 1 500 万元的认购预期总额。

阿里和百度利用较为隐蔽的众筹手段在获得影视拍摄关注的同时也获得了一笔不少的影视启动资金。这不仅吸引了广大观众的眼球，更是让人们在电影身上可以获得一笔收入。

作为 BAT 中的另外一家的腾讯通过收购盛大文学并最终成立阅文集团也完成了对于整个文化产业的战略布局。相对于 BAT 的高调，京东则显得低调很多，凭借京东金融的平台，京东一点都没有闲着。它通过众筹的形式完成了汪峰"鸟巢"演唱会、《小时代 3：刺金时代》等文化产品的众筹。

互联网巨头的强势介入让文化众筹市场更加火热。BAT 的抢滩登陆引领了整个市场风向标的转变，市场各方开始将关注的目光转移到了文化众筹上。传统文化产业正在面临着一场重大变革……

由于中国互联网文化众筹尚处于发展初期，该行业面临较大的投资风险和不确定的监管风险。因此众筹平台应该完善自身运作机制，加强对众筹项目的前期筛选、

后期监督,控制投资风险。投资人应杜绝盲目投资,警惕众筹投资风险,适当分散投资。政策制订者应完善众筹相关法律法规,使得相关监管部门有法可依、有例可循。只有这样,众筹平台才能从根本上保障投资者和项目方的利益,实现真正意义上的"大文化众筹",才能将文化众筹真正打造成为下一个互联网金融的风口。

(资料来源:微信公众号:menglaoshi007,作者:孟永辉,2016年3月19日)

案例讨论

1. 为什么各大互联网巨头都争相涌入众筹文化市场?
2. 他们的进入对传统行业的发展会带来什么影响?
3. 互联网巨头进入互联网金融领域发展的优劣势分别是什么?

第八章
互联网消费金融

学习目标

◆ 了解互联网消费金融的概念、特点与分类

◆ 了解国内外互联网消费金融发展的现状和趋势

◆ 重点掌握互联网消费金融产业链四大模式

本章知识导引

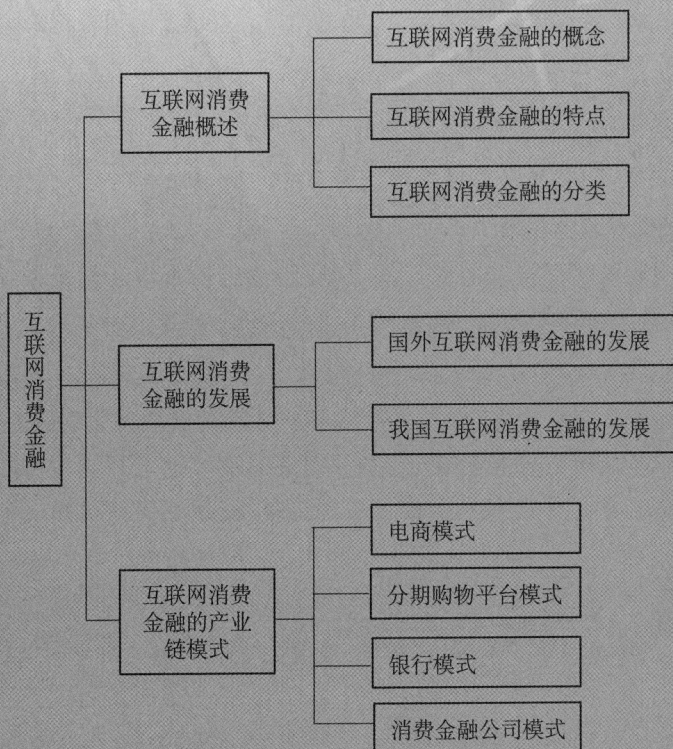

```
                                        ┌─ 互联网消费金融的概念
                        ┌─ 互联网消费 ───┼─ 互联网消费金融的特点
                        │   金融概述     │
                        │                └─ 互联网消费金融的分类
                        │
互  互                  │
联  联                  │
网  网 ─── 互联网消费 ───┼─ 互联网消费 ───┬─ 国外互联网消费金融的发展
消  消        金融       │   金融的发展   │
费  费                  │                └─ 我国互联网消费金融的发展
金                      │
融                      │                ┌─ 电商模式
                        │                │
                        └─ 互联网消费 ───┼─ 分期购物平台模式
                           金融的产业     │
                           链模式         ├─ 银行模式
                                          │
                                          └─ 消费金融公司模式
```

蚂 蚁 金 服

蚂蚁花呗自 2015 年 4 月正式上线,主要用于在天猫、淘宝上购物,受到了广大消费者,尤其是 80、90 后消费者的喜爱。为了更好地服务消费者,蚂蚁花呗开始打破购物平台的限制,将服务扩展至更多的线上线下消费领域。

蚂蚁花呗上线仅半个月,天猫和淘宝已有超过 150 万户商户开通花呗。不少反应更快的商户,已经开始修改宝贝描述,直接加入"支持花呗"的字样,以期能更加精准地吸引消费者。数据显示,商户接入蚂蚁花呗分期后,成交转化提升了 40%。

2015 年"双十一"期间,蚂蚁花呗充分发挥了其无忧支付的产品能力,全天共计支付 6 048 万笔,占支付宝整体交易的 8.5%。蚂蚁花呗是蚂蚁金融为方便广大消费者在线购物提供的一款无忧支付产品,以方便快捷、高支付成功率为特色。淘宝和天猫大部分商户或者商品都支持"花呗"服务。此外,目前已有 40 多家购物、生活类电商和 O2O 平台接入花呗,也包括小米、OPPO 等手机厂商网站。花呗主要面向支付宝消费者,以年轻用户为主(平均年龄 25 岁),平均每个用户授信额度约 5 000 元(最高 3 万元),余额约 1 000 元。花呗额度的大小主要通过芝麻信用分确定。

从资金实力上来说,蚂蚁花呗依托于支付宝,同时背靠蚂蚁金服,拥有比其他消费金融平台都要更强大的资金实力。不论是从品牌实力上来说,还是从用户的信任度来说,蚂蚁花呗也拥有很多垂直电商消费金融平台所不具备的优势。从大数据的角度来看,蚂蚁花呗通过支付宝的庞大用户交易数据,同时依托于芝麻信用,能够更好地把控用户的消费习惯以及诚信,进而建立一套更完善的信用体系。

蚂蚁借呗是蚂蚁微贷旗下的一款消费信贷产品,芝麻分不低于 600 的用户就有机会使用,按照分数的不同,用户可以申请最高 50 000 元贷款,申请到的额度可以转到支付宝。"借呗"的还款最长期限为 12 个月,贷款日利率是 0.04%,可以取现,随借随还。

花呗和借呗均是以阿里系电商场景为基础,通过不断拓展场景来聚集线上线下数据,最终实现数据驱动预授信、审批、贷后等全流程,体现出新一代消费金融产品的高效性。

我国经济社会正在经历着"两化一转":即全方位的互联网化和金融化,以及经济增长方式由投资拉动转为由消费驱动。经济社会的转型、"互联网+"战略的推进、消费引领供给侧的改革以及普惠金融规划的深入推进,使互联网消费金融充满巨大的发展机遇。

(资料来源:未央网,作者:程雪军,2016 年 8 月 7 日,编者有所删改)

第一节　互联网消费金融概述

互联网及大数据技术在消费金融领域中得到广泛应用。电商巨头、P2P平台及新兴创业公司都开始布局互联网消费金融,并展现出比传统消费金融更强的势头。

艾瑞数据显示,2015年,我国消费信贷余额占整体信贷余额比重不足30%,而互联网消费金融GMV(Gross Merchandise Volume,商品交易总量)增速则超过1 100%,预计未来四年复合增速维持在100%以上。基于互联网及大数据金融实现的消费金融升级已经对我国消费金融产业产生了巨大的推动作用。

一、互联网消费金融的概念

从世界范围来看,消费金融体制已有400多年的发展历史,但至今尚未形成独立的理论体系。而互联网消费金融作为新兴金融领域产物,它不仅仅是消费金融的"互联网化",更在运作模式、信息处理、信用评估等方面与传统消费金融有着根本性的差异。基于互联网的消费金融借助大数据、云计算、区块链等互联网技术能更好地解决信贷过程中存在的信息不对称性问题,并从中识别风险。究其本质,互联网消费金融的核心观点还是突出在"消费金融"上,所以它的相关理论主要依附于消费金融。

消费金融是指银行、消费金融公司、互联网企业等市场参与主体通过多元化的借贷模式,向消费者提供基于各种消费场景的信贷产品,以满足消费者对于商品和服务的需求,从而实现刺激消费、稳定经济增长目标的一种现代金融服务方式。

从更宏观的角度来看,消费金融所涵盖的范围不仅仅围绕消费者本身,还包括其所处的市场及市场中发挥不同功能的机构和政府,同时,与消费金融相关的金融技术、政策、法律等内容也属于其研究范畴。

互联网消费金融是以互联网等现代信息技术为核心,通过将消费金融功能延伸至互联网平台,采用互联网的思维和理念,面向社会各个阶层的消费者,提供创新性、差异化的消费金融产品,是满足消费者跨期消费需求的金融服务。互联网消费金融的本质还是消费金融,它将互联网、大数据等技术嵌入传统消费金融活动的各环节。

二、互联网消费金融的特点

互联网消费金融相比传统的消费金融来说,主要具备以下特点:

(1)金融场景互联网化。在传统观念中,大部分消费金融场景是以房贷、车贷为中心,有抵押、有担保性质的大额消费贷款。艾瑞咨询2014年底对中国消费贷款的调研数据显示,从2007年起,房贷、车贷、信用卡之外的消费贷款需求在逐步增强,仅到2017年这一比例就从3.1%扩大到12%;同时,贷款周期也从中长期贷款向短期贷款转移,短期贷款的比例从9.5%扩大到32.5%。新型的消费金融场景将不断出现,并且呈碎片化、互联网化的趋势。伴随着电子商务的发展,线下资金流、物流、信息流将逐步转移到线上,完全打破了线上、线下的界限,最终会实现动态平衡。实现金融场景互联网化是互联网消费金融的核心内容之一。

（2）金融产品互联网化。互联网消费金融产品创新的重要途径就是产品互联网化,产品互联网化的核心在于用户互联网化。80后、90后、00后是我国互联网消费的主要人群。因此,专注于互联网用户消费需求和体验,是实现互联网消费金融产品互联网化的不二法则。

（3）消费渠道互联网化。消费场景由实体渠道向互联网化发展,用户维护、用户体验、用户沟通和支付渠道等的互联网化,以及因移动互联、社交网络和大数据应用的发展而被颠覆的传统营销——这一切均决定着依托于场景的消费金融,其获客渠道的互联网化趋势。具体来说,互联网化的渠道拓展主要包括:借助互联网渠道扁平化的优势快速扩大业务规模;利用渠道和客户的信息及数据进行更加精准的营销;利用互联网增加与客户的沟通频率,从产品设计角度提升客户体验;依托互联网渠道优化交易流程、降低运营成本等。

（4）风控体系的互联网化。互联网消费应采用更准确、更敏捷、更科学、基于大数据的风险控制体系。这种基于互联网与金融结合的体系是通过设定消费者的历史申请、信用、行为、交易记录以及社交、公共事业等指标,运用特定的决策引擎来前置信用风险和反欺诈规则;并通过线性/非线性回归和机器学习等大数据方法建立完善的风控模型,完成基于风险等级的定价。在申请到放款的整个流程中,使用图像、语音识别、人脸识别、虹膜识别等技术支持,审批流程告别传统面签模式,进入更轻松的新生活时代。

（5）支付互联网化。伴随互联网技术的升级和进步,支付行业也逐渐从线下走到线上,支付介质也从有形实体走向虚拟化。金融场景的互联网化,必然导致网络支付,尤其是移动支付将成为发展的必然趋势。对于基于互联网特别是移动互联网场景的互联网消费金融来说,贷款发放、消费支付、客户还款等功能,都能"用户动动拇指即可实现",真正做到简单、便捷、迅速地满足客户需要。

三、互联网消费金融的分类

互联网消费金融基于不同的分类标准可以有多种分类方法,以下主要从互联网消费服务主体和服务形式两个角度对其模式进行划分。

（一）基于服务主体的互联网消费金融模式

按照消费金融服务提供主体的不同,可以将互联网消费金融分为电商模式、分期购物平台模式、银行模式和消费金融公司模式。

1. 电商模式

电商的互联网消费金融模式主要依托自身的互联网金融平台,面向自营商品及开放电商平台商户的商品,提供分期购物和小额消费信贷服务。由于电商在互联网金融、网络零售、用户大数据等领域均具有明显优势,因此,在细分的互联网消费金融中竞争力最强。

2. 分期购物平台模式

作为新涌现的互联网消费金融服务模式,分期购物平台目前主要针对大学生群体。但由于目标群体缺乏稳定收入,且客户绝对量较小,未来分期购物平台在坏账率、征信数据获取、客户群体延续性等方面面临挑战,目前分期市场竞争激烈,类似于刚刚启动时期的团购市场,未来通过竞争会形成几家行业领先企业。

3. 银行模式

银行模式相对最为简单,消费者通过互联网向银行申请消费贷款,银行审核并发放资金,消费者得到资金购买产品和服务即可。目前,个人消费信贷在银行整体个人贷款中比例偏低,银行正在布局全产业链、丰富自身网上商城的消费场景,力图在相关领域追赶淘宝、京东等电商企业。

4. 消费金融公司模式

消费金融公司模式与银行模式类似,一般情况下,消费金融公司的审核标准较银行的标准更为宽松,贷款额度也更高。不过其整体实力和客户群体与银行相比尚有差距。

(二) 基于服务形式的互联网消费金融模式

依照服务形式的不同,互联网消费金融主要分为驻店贷款模式、网络购物消费模式、现金贷款模式三类。具体各模式的特征如表8-1所示。

表8-1　基于服务形式的互联网消费金融模式

主要模式	定义	目标客户	优势	劣势
驻店贷款模式	建立在现场消费场景基础上的传统赊账消费	广大中低收入群体,大部分客户在25—40岁之间,平均单笔贷款额在2 500元左右	1. 基于客户实际需求提供产品 2. 注重与客户的有效沟通	1. 无抵押贷款居多,业务数量巨大 2. 贷款人主要为无信用记录且无抵押的消费,违约风险较大
网络购物消费模式	是原有线下赊账消费的线上化	网络使用者,具有一定消费能力的客户	1. 交易规模巨大 2. 消费便利 3. 网购模式多元化	1. 产品质量和售后服务堪忧,影响信誉 2. 消费安全
现金贷款模式	主要解决客户日常生活短缺的小额资金需求	申请人具有稳定的工作,并且有半年以上的工作时间;能提供银行认可的银行流水,最低月收入一般要达到3 000元以上;个人信用记录良好,无连续恶意欠款记录	1. 贷款安全性高,风险较小 2. 消费产品范围更广泛	1. 对客户的信用门槛较高 2. 目标群体范围较小,普及度不深

第二节　互联网消费金融的发展

一、国外互联网消费金融的发展

(一) 美国互联网消费金融的发展

美国消费金融发展已有400多年的历史,目前已形成全球最为完善和高效的消费信贷体系。美国消费金融市场经历了恢复发展阶段(第二次世界大战至 20 世纪 60 年代末)、变革发展阶段(20 世纪 70 年代初至 80 年代末)、创新发展阶段(20 世纪 90 年代初至今)三个阶段。在创新发展阶段,特别是 20 世纪 90 年代以来,随着互联网的发展与迅速应用,美国消费金融呈现从线下往线上迁移的趋势,P2P 网络借贷平台因其完全线上的运营模式备受关注。P2P 网络借贷平台无需设立线下的物理网点,不需向联邦存款保险公司(Federal Deposit Insurance Corporation,FDIC)支付保险费用,同时流程自动化执行也相比传统商业银行降低了手续费。这使得 P2P 平台能够将节省下来的开支反馈给借款人和投资人,帮助借款人以优惠的贷款利率迅速获得借款,同时给予投资人更高的投资回报。以美国最大的 P2P 网络借贷平台——Lending Club 为例,借款人贷款利率为 14.80%,同期传统商业银行为 21.64%;投资人回报率为 8.60%,同期传统商业银行为 0.06%。

此外,大数据技术大幅提升了美国征信行业信用评估模型的准确度。20 世纪 80 年代的信用评估系统主要采用基础类型数据,如个人的信贷账号信息和财政判决信息,能够对样本量中 76% 的个体进行信用评分,其余 24% 的个体因为数据缺失或数据与个人信用状况相关性不强而无法进行甄别。但随着大数据征信技术的快速发展,这 24% 的个体能够通过大数据挖掘而被进一步识别。其原理是利用了数据的长尾效应,使得征信数据范畴不再局限于"金融属性",更多"非金融属性"的替代数据被纳入体系,如个人水电煤费账单、其他日常账单、公共部门记录、购物习惯、社交媒体、位置数据和网络追踪等。以美国 P2P 网络借贷平台 Lending Club 和 Karrot 为例,Lending Club 主要采用主流的替代数据进行信用评估,根据不同的信用等级划定不同的贷款利率水平,达到规避逆向选择风险的目的;而 Karrot 将信用评估模型的数据源扩大至信息流(eBay、Amazon)、现金流(PayPal)、物流(UPS)、社交网络(Facebook、Twitter)和记账软件(QuickBooks)等类型数据,从而将消费金融服务对象的信用分数门槛由传统银行的 680 分及 Lending Club 的 660 分降至 550 分,有效地通过大数据征信识别出潜在的优质借款人,从而为更多借款人提供优惠便捷的融资服务。

(二)日本互联网消费金融的发展

日本的消费金融兴起于 20 世纪 50 年代中期,是亚洲消费金融发展较早的国家,消费金融业务伴随着经济增长而快速发展,是日本经济腾飞的重要驱动力。

由于日本历史上形成的独特银企关系,日本的银行主要服务于大型企业,个人客户不是日本商业银行的传统客户,很难从商业银行取得消费贷款。因此,日本商业银行的消费信贷业务占比较小,消费金融服务的主要提供者是日本的非银行金融机构,主要包括消费者无担保贷款公司、信用卡公司、分期付款公司等。主要服务对象为上班族、家庭主妇和学生等客户。产品涵盖汽车贷款、房屋贷款、教育、旅游、婚庆、电子产品和服装等各领域的消费金融贷款。

在资金用途方面,日本消费金融贷款经历了从带有专项贷款性质的消费贷款到一般消费贷款的演变。最初,消费金融公司对于资金的使用进行了规定,限于购买家用电器、住房、汽车、农具等商品,具有专项贷款的特征。20 世纪 70 年代以后,日本的消费信贷逐渐发展为对资金使用不指定用途的一般消费贷款,消费者可以按自己的意愿和需要购买商品。

二、我国互联网消费金融的发展

在我国,消费金融起步较晚。2004 年捷信集团在中国设立办事处,2007 年正式开始在广东地区试点消费金融,当时与广东地区的担保公司进行合作,为消费者提供手机或电脑的分期付款业务。2009 年我国出台了《消费金融试点管理办法》,允许分别在北京、上海、天津、成都各设一家消费金融公司,分别为北银消费金融有限公司、中银消费金融有限公司、捷信消费金融有限公司、四川锦程消费金融有限责任公司。此时,消费金融真正进入了国内公众的视野。到 2013 年 12 月份,银监会对《消费金融试点管理办法》做了修改,由原来的 4 家试点,扩大到 16 家,这时民间消费金融企业相继进入。数据显示,2013 年中国互联网消费金融市场交易规模达到 60 亿元人民币。

2014 年,京东白条和天猫分期的推出标志着大型电商平台介入消费金融领域,P2P 网络信贷有了发展消费金融业务的迹象,互联网企业成为消费金融服务的新兴力量。2014 年互联网消费金融市场交易规模突破 183.2 亿元,增速超过 200%。

2015 年 6—7 月,是互联网消费金融发展史上的一个里程碑。2015 年 6 月,李克强在国务院常务会议上决定,放开消费金融市场准入,将原在 16 个城市开展的消费金融公司试点扩大至全国,审批权下放到省级部门,鼓励符合条件的民间资本、国内外银行业机构和互联网企业发起设立消费金融公司。其中,特别提及"鼓励符合条件的互联网企业"发起设立消费金融公司,政策上的明确支持,进一步刺激了线上消费金融的发展热情,一股新的消费金融热潮正在兴起。海尔消费金融、兴业消费金融、分期乐、趣分期等消费金融公司纷纷成立。《2016 年中国移动互联网消费金融行业研究报告》数据显示,2015 年中国人民币信贷余额达到 93.6 万亿元,同比增长 14.9%;同期消费信贷余额达到 19.0 万亿元,同比增长 23.3%。消费信贷余额增速显著高于人民币信贷余额增速。

第三节　互联网消费金融的产业链模式

完整的互联网消费金融产业链包括资金供给方、互联网消费金融服务商、消费供给方、银监会、征信机构和催收坏账处理机构等,其资金供给、信息获取、资金转移如图 8-1 框架所示。资金供给主要由公众存款、P2P 平台、自有资金等构成;银监会负责对银行和消费金融公司进行监管,征信机构负责信用报告的提供,线下和线上消费场景根据不同的流程完成消费信贷服务。

在互联网消费金融产业链中,消费金融服务提供商作为消费金融产品的设计者和提供者发挥着核心作用。我国最先从事具有消费金融性质业务的机构是商业银行,但主要是以房屋、汽车等大额贷款为主,以日常消费品为对象的消费贷款发展长期徘徊不前。2009 年,为了刺激消费、解决个人信贷领域的供需不平衡问题,银监会颁布了《消费金融公司试点管理办法》,先在小范围内进行试点,随后逐步放宽设立范围和条件。鉴于消费金融政策的积极

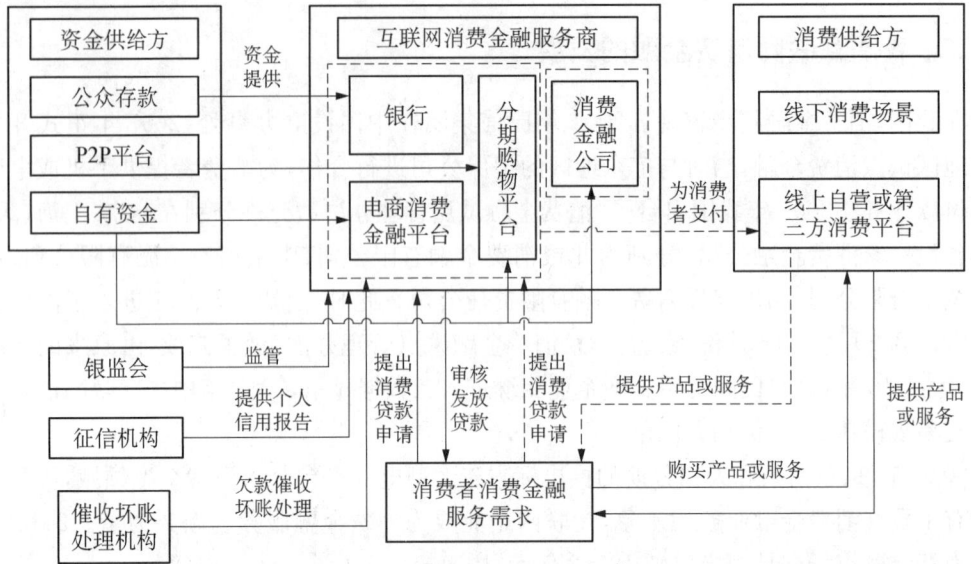

图 8-1　互联网消费金融产业链

推动,一些商业银行、金融机构和企业集团先后组建了独立的消费金融公司,消费金融市场进一步扩张。其后由于互联网金融的兴起以及消费金融领域呈现出的广阔发展前景,电商、P2P 平台等众多新兴市场参与主体从不同角度切入消费金融市场,形成了各具特色的业务模式。

一、电商模式

基于电子商务交易平台的互联网消费金融的运行模式是电商企业通过对消费者在其交易平台的交易记录、支付记录、评价记录等数据的分析,评估其基本信用状况,并据此提供数额不等的信用额度。获得信用额度后,消费者可以以该额度为限在该电商平台进行消费,而资金则由电商平台设立的小额担保公司或第三方先行垫付,消费者在约定的还款期限内还款,电商平台收取一定比例的服务费。如图 8-2 所示,在这一运行模式下,电商平台、资金提供方和消费者三方构成了一个良性的生态循环系统。其中,电商消费平台对接需求与资金,是整个模式框架的核心部分。作为嫁接消费与金融的"桥梁",电商平台通过商品渠道和支付渠道掌握了消费者的信息流、商品流、资金流的相关数据,这些数据的掌握成为电商企业参与消费金融市场的核心竞争力,并在一定程度上降低了市场的信息不对称性。

京东白条、蚂蚁花呗等产品的推出打开了基于电商平台的互联网消费金融市场,而电商

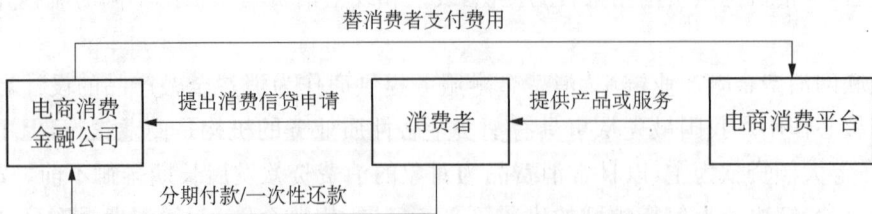

图 8-2　电商互联网消费金融的基本模式

消费金融的兴起,究其根源在于这种新兴模式所具有的独特优势。一方面,对于传统的消费金融而言,业务重心主要倾向于房贷、车贷等大额贷款,其他消费信贷产品占比较小、类型单一。因此,传统消费金融的客户一般仅局限在中高收入人群,难以对居民形成全面覆盖,也不能满足消费市场对金融服务"量"和"质"的双重需求。另一方面,随着人均可支配收入的提高和消费观念的转变,居民的消费需求与日俱增,需求的膨胀导致消费金融行业供需失衡的问题进一步加剧。基于消费金融市场存在的以上问题,电商消费金融模式的出现极大程度缓解了消费金融市场的供需矛盾,其存在和发展具备了客观上的必要性。

站在消费者角度,首先,现代化的生活方式给消费者灌输了一种负债消费的理念,同时,随着消费者消费观念的自我转变,"先消费,后付款"的消费方式已逐渐被社会各界所接受。其次,电商消费金融提供的消费场景横跨日常生活的各个领域,消费者能够从中体验更为丰富、优惠的金融服务。依托电商消费金融,居民可以提高即期消费能力,平滑各期的消费水平,在合理的财务规划中有效提高自身的生活质量。最后,在互联网消费金融的快速发展中,消费者可以获取更多利益:第一,金融产品创新力度加强,更新速度加快,同时伴随着个性化与定制化服务的凸显,消费者的选择范围将进一步扩大。第二,企业之间激烈的竞争使消费者的实际需求被高度重视,未来的消费金融服务将围绕"消费者"这一战略中心,消费者在市场中可获得更高的地位。第三,在电商消费金融模式下,电商企业通过将金融服务嵌套至自身的消费场景,实现了消费金融的大面积、多领域覆盖,依赖此模式,消费者可直接通过电商平台实现消费与借贷的无缝链接,简化了信贷流程,为消费者提供了时间和成本上的节约。

站在企业角度,电商平台对比其他的消费金融企业而言,拥有更大的客户基础(流量入口),且其客户的消费欲望一般更为强烈。而互联网消费金融得以持续发展的前提就在于"消费"意识的客观存在性和"消费"行为的延续性,因此,电商消费金融模式具有现实意义上的"普惠"特性,特别是,对于那些传统消费金融未能纳入但却具有强烈潜在消费需求的人群来说,电商消费金融模式的出现填补了该群体市场的金融服务空白。另一方面,电商企业对于消费市场的交易行为具有更为深入的了解,大量的客户消费数据被记录在电商平台的后台数据库中,电商企业在开展消费金融时只需要根据客户的相关行为记录,运用大数据、云计算等互联网技术,就可以相对准确地分析出客户的现金流状况、消费偏好和消费能力等核心特征,从而构建基于大数据的个人信用评估系统,并以此作为风控支撑,为不同信用级别的客户提供相应的符合其需求特征的消费金融产品。总的来说,基于大数据的风控体系对于提高放贷效率、降低审核成本、控制信用风险发挥着越来越重要的作用。

从技术角度分析,"营销管理数据化,大数据与互联网的结合,是未来金融发展的方向之一。"而电商企业作为新兴技术发展的开拓者,在大数据、云计算、移动互联网等技术方面有着丰富的经验和专业的人才。因此,电商平台开展消费金融业务更具备技术优势。

二、分期购物平台模式

分期购物平台现阶段主要是以大学生消费分期平台为典型代表,如图 8-3 所示。在大

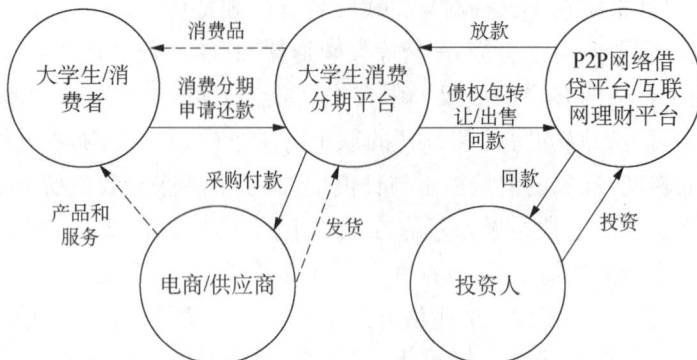

图 8-3 分期购物平台基本模式

学生消费分期平台基本模式中,大学生消费分期平台处于中心地位,对接需求、资金和消费场景。其中,大学生作为消费者和借款人接受大学生消费分期平台提供的分期付款服务和电商平台等供应商提供的商品;电商平台作为大学生消费分期平台对接的商品供应端,为用户提供具体的消费场景;P2P 网络借贷平台对接大学生消费分期平台的资金供给端,消费分期平台通过将信贷资产打包,依托 P2P 网络借贷以理财产品的形式出售,凭借投资人的购买实现资金的快速回笼,最终达到业务循环可持续发展的目的。

2013 年 7 月 1 日,中国第一家大学生分期购物平台——佰潮网正式上线运营,标志着基于分期购物平台的创新消费金融模式的正式出现。其后,随着分期乐、趣分期等大型消费分期平台的相继成立,大学生消费金融市场一度成为互联网消费金融领域的新蓝海。分期购物平台的运作特点如下:

1. 用户群体——大学生为主

目前,我国分期购物平台的目标群体定位在大学生市场。鉴于大学生的经济实力有限,消费能力并不是很高,所以人均贷款额度相对其他客户群体而言较低,也因此丧失了部分议价能力而面临较高的手续费。大学生消费分期平台因其具备一定的定价权而与其他的互联网消费金融模式相区别。

2. 商业合作——对接电商平台和 P2P 网络借贷平台

分期购物平台消费金融的模式框架体系除了自身的消费分期平台,还包括两大重要合作主体:电商平台和 P2P 网络借贷平台。其中,电商平台负责对接分期购物平台的需求,而P2P 网络借贷平台负责提供分期购物平台的借贷资金。

分期购物平台的资金来源有两个部分:一是自有资金,主要用作风险垫付和业务拓展。二是外部资金,主要用作营运资本。外部资金的提供方主要是合作的 P2P 借贷平台,合作方式通常采用信贷资产打包的形式,P2P 网络借贷平台为分期购物模式产生的债权资产提供了一条专业化的出售渠道。

分期购物平台本身并未建设专门的购物商城,它主要通过与电商平台的合作为用户提供消费场景,二者之间的合作主要基于全网商家和合作商家两种方式。合作商家方式下,提供的消费场景一般较为有限,客户的选择途径也相应较少,但针对某一细分领域的优质电商,如果分期购物平台与其深度合作,则有利于取得该领域消费金融市场的优势地位,使交易量迅速扩大;全网商家较合作商家方式而言,提供的消费场景更加丰富,可以使客户充分挖掘不同电商平台的比较优势,获取最为满意的商品和服务。

3. 风控模式:以线上审核为主

相较于传统的线下审核模式而言,线上审核更为简便快捷,极大地提高了消费贷款发放的效率。分期购物平台为了适应互联网消费金融模式发展的规律以及降低运营成本、提升客户的体验性能而逐步转为线上审核的风控模式为主。

案例 8-1

分期乐消费金融

1. 分期乐概况

分期乐网络科技有限公司于2013年8月在深圳设立,是我国首批进行互联网消费金融模式开拓的金融服务提供商。运营至今,分期乐已打造包括3C数码、教育培训、吃喝玩乐等在内的多个消费金融场景,用户横跨校园、白领、蓝领等主流消费人群。目前,分期乐注册用户突破800万,业务覆盖了全国31个省、市、自治区,以及260多座城市的3 000所高校,并在近40座城市设置了自提点。分期乐集团的产品架构如图8-4所示。

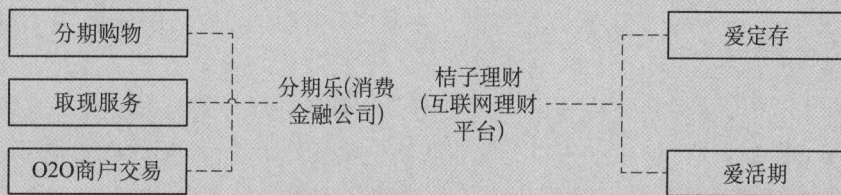

图8-4 分期乐集团及产品架构

2. 分期乐的商业模式

如图8-5所示,分期乐的商业模式包含了消费者、分期乐平台、京东商城、桔子理财以及理财投资者五大参与主体。其中,分期乐平台作为该模式的核心主体,对接了京东商城和桔子理财。

京东商城作为分期乐的需求对接端口,为分期乐的用户提供了各种消费场景。即分期乐本身并不构造消费平台,而是通过京东等电子商务平台满足用户的商品需求。在此环节中,无论是消费者,还是京东,都是直接与分期乐联系,商品和货款也流经分期乐渠道。

桔子理财对接分期乐的资金端,分期乐将自身的信贷资产打包成理财产品通过桔子理财平台进行出售,从而保证资金的快速收回并实现风险转移,这种模式即所谓的资产证券化。分期乐通过资产证券化业务能实现资金的快速回流,从而保证运营资金的充足,有利于进一步扩大消费金融规模。

在图8-5所示的商业模式下,分期乐形成了融合资金流、商品流和信息流的产业闭环,基于此产业链下的消费金融业务能实现消费场景和金融产品的有效结合,不仅满足了用户多元化的消费需求,还降低了贷款服务的信用风险。分期乐创新的商业模式为其在消费金融市场的发展创造了核心优势。

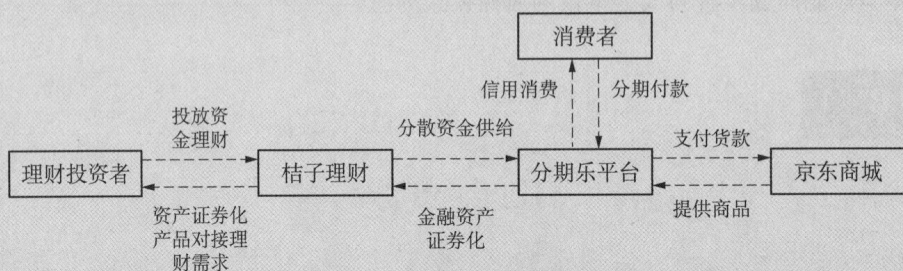

图8-5　分期乐商业模式图解

3. 分期乐的核心产品体系

完善的产品体系是消费金融企业吸引客户、获取市场竞争力的核心要素。分期乐的产品体系主要由两个部分组成,分别是提供消费金融服务的业务端和为消费金融提供资金支持的理财端。其中,分期乐旗下的三大消费金融业务分支是分期乐产品体系的核心部分,它构成了分期乐消费金融模块的全部内容。

如图8-6所示,分期乐产品体系的业务端由分期购物、取现服务、信用钱包三大产品组成,分别呈现出不同的消费金融功能。分期购物以赊购方式满足用户的消费需求,用户只需在签约期限内分期还款即可。取现服务在分期购物的基础上拓宽了消费场景,用户可通过取现服务实现线下以及多领域的消费,场景的完善使得取现服务具有更广泛的客户市场。信用钱包是通过建立消费金融账号,实现分期乐消费金融系列产品的有效整合,即信用钱包是利用移动互联网技术实现O2O信用支付,使用户快捷、便利、及时地获取消费金融服务。

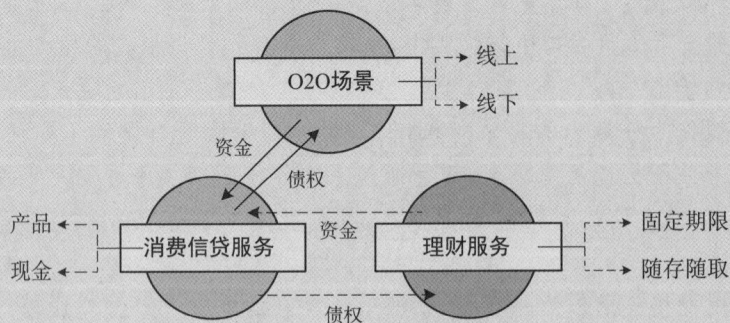

图8-6　分期乐运作模式

分期乐产品体系的理财端主要是基于其自建的桔子理财平台。桔子理财的创立一方面为分期乐的消费金融业务提供了流动性支持,缓解了其发展资金压力;另一方面,桔子理财产品由于预期收益较高以及选择较多元,满足了投资者的差异化理财需求。桔子理财旗下具体产品包括爱定存和爱活期。

从分期乐消费金融模式的分析可知,分期购物平台本身并不提供消费场景,它是通过与电商等消费平台进行合作,实现客户的消费需求对接。即消费者的借贷行为发生在分期购物平台,而消费行为却发生在与其合作的电商平台上。在分期购物平台的消费模式中,由于分期购物平台本身只专注于提供消费金融业务,而不分散精力在消费场景的创建上,因此其在信贷产品的创新和客户体验的改进上更具专业性。同时,采取与电商平台合作的方式也能避免消费场景的过于单一,有利于发挥各大消费平台的比较优势,对客户形成更大的吸引力。这是分期购物平台开展消费金融业务的优势之一。另一方面,现阶段的分期购物平台主要围绕某一单个用户群体,对客户的需求把控更为精准,因而其产品和业务流程也更能迎合目标群体的客观需要。

分期购物平台模式在发展过程中同样也面临挑战。由于分期购物平台的目标客户主要是大学生等低收入群体,存在征信、风控、资金运营等环节的诸多挑战,经营风险也相对更大。分期购物平台作为互联网金融产业链上的新生事物,尚缺乏足够的经营经验和核心资源,这也会导致分期购物平台在竞争中处于不利地位。

三、银行模式

如图8-7所示,银行的互联网消费金融运行模式较为简单。可划分为四个主要过程:具有信贷需求的消费者通过互联网向银行申请消费贷款,并提供基本资料;银行对消费者的信用记录以及申请资料等进行鉴定,审核后发放贷款;消费者从银行获取资金,购买所需的产品或服务;消费者在约定的还款期限内向银行还本付息。

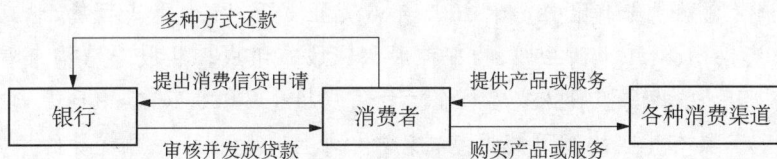

图8-7　银行消费金融基本模式

目前商业银行主要从两个角度布局互联网消费金融业务:一是信用卡互联网化。信用卡的互联网化意味着信用卡的使用范围将从单纯的线下支付延伸至线上支付、O2O支付等领域,应用场景进一步扩大。随着基于互联网平台的消费金融业务的快速发展,银行的信用卡中心也将战略焦点从线下转移至线上。例如,中信银行信用卡中心近年与百度、阿里巴巴、腾讯、京东、返利网等多家互联网公司合作,新增卡业务中有近一半来自互联网渠道。

消费信贷的互联网化是指商业银行将消费信贷业务与互联网技术结合,使得消费贷款办理的渠道除了柜台和短信银行外,还有网上银行和手机银行,随着银行在互联网平台的布局,消费信贷的起贷金额降低,审批条件放宽,贷款渠道也相应增加。

四、消费金融公司模式

如图 8-8 所示,消费金融公司的运行模式与银行的相比较为类似。在其试点初期,设立主体主要是银行,随着政策的放宽与试点的扩大,设立主体逐步拓展至不同的行业,设立主体的多元化将为消费金融公司的经营带来差异化的运行模式。

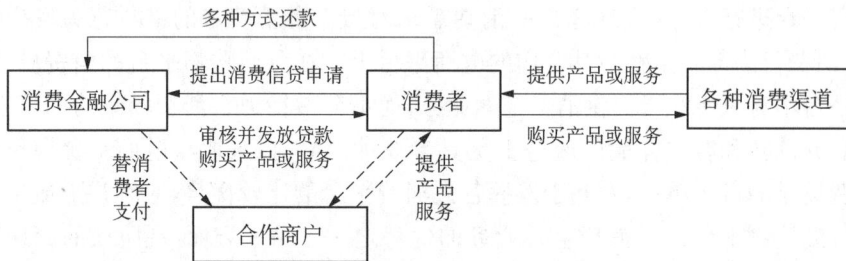

图 8-8　消费金融公司基本模式

现阶段消费金融公司的基本运行模式主要由两种业务提供方式构成:第一种是分期付款方式。在此方式下,消费信贷的申请和信贷资金的使用均嵌入到消费环节,贷款资金直接支付给与消费金融公司签约合作的商户,商户获得资金后向消费者提供商品或服务,而享受商品或服务的消费者只需在约定的还款期限内采取一次付清或分期付款的方式向消费金融公司还款。第二种是现金贷款方式。在这种方式下,消费者和消费金融公司之间无其他参与主体,信贷资金也无固定用途,而是直接发放到消费者手中。

案例 8-2

互联网消费金融公司的典型代表

马上消费金融股份有限公司于 2015 年 6 月正式开业,由重庆百货、北京秭润、阳光保险、重庆银行、浙江小商品城、物美控股六家股东组成。从股东结构来看,重庆百货、浙江小商品城、物美控股 3 家零售企业的用户超过 2 000 万,其中已开通会员卡的超过 1 000 万,具有扎实的线下数据基础,成为马上消费金融公司重要的用户来源和推广渠道。马上消费金融以线下客户挖掘为基础,以线上互联网推广为引擎,通过基础设施、平台、渠道、场景等四个方面扩展互联网平台业务、差异化产品设计、建立核心竞争力的业务模式,充分利用互联网的优势做连接,批量获客。目前已经在传统 3C、家电、电商、旅游、美业等多方面推出产品,并连接了众多合作伙伴。

马上消费金融公司是中国首家"线上线下"结合的互联网消费金融公司。其主要产品"马上金融""马上分期""麻辣贷"等均以手机 App 为客户提供消费金融服务,通过线下客户挖掘、线上互联网推广、手机客户端办理实现线上线下的有效结合。"马上分期"还融入了特定的消费场景,使得马上消费金融公司的金融产品适应了市场发展的趋势。

除了马上消费金融公司外,其他消费金融公司的某些产品也表现出强烈的"互联网"特征。例如,北银消费金融公司推出的产品"轻松 e 贷",紧密结合了电话直销平台、互联网金融平台以及视频贷款机三大高科技直销渠道,服务范围覆盖至更多用户群体。

总体来看,我国互联网消费金融虽然起步较晚,但发展十分迅速。无论是传统领域的商业银行、消费金融公司,还是新兴的互联网企业,都已在某些领域提供了具有创新性和前瞻性的产品,攫取了细分场景和客户群市场的战略优势地位。但从整个互联网消费金融市场来看,其发展依然面临巨大挑战。

本章小结

互联网消费金融作为一种创新的消费金融渠道,在运作模式、客户选择、信息处理、信用评估等方面与传统消费金融相比有着独特的优势。它对于释放国民消费潜力、促进国内经济增长、完善金融市场结构正在发挥着重要的作用。完整的互联网消费金融产业链包括上游的资金供给方、消费金融核心圈及下游的催收方或坏账收购方,其中消费金融核心圈又包括消费金融服务提供商、零售商、消费者和征信/评级机构四个部分。然而,基于不同的消费金融服务提供主体,互联网消费金融具有多种模式,目前,我国的互联网消费金融产业链主要包括四类主体:传统的商业银行、消费金融公司以及新兴的电商企业、分期购物平台。

本章在讨论消费金融、互联网消费金融概念及其特点的基础上,介绍了互联网消费金融的三种分类方式及其各分类的典型特征,并详细介绍了互联网消费金融产业链结构下基于消费金融提供主体的四种模式。

★★★★★ 关键术语 ★★★★★

互联网消费金融　消费金融　场景化金融　产业链模式　分期付款

★★★★★ 思考题 ★★★★★

1. 什么是互联网消费金融?互联网消费金融的特点有哪些?
2. 结合互联网消费金融的相关分类依据,分析每种分类下消费金融的运行模式有哪些。

3. 互联网消费金融在我国的发展现状如何？表现出怎样的趋势？

4. 结合互联网消费金融产业链结构框架，分析互联网消费金融基于服务主体的不同模式具有哪些特征。

案例应用

基于京东白条的消费金融

2014年2月，京东金融推出京东白条，以"先消费，后付款"的全新支付方式为互联网个人用户提供消费金融服务。其中，京东金融是京东金融集团打造的"一站式"在线投融资平台，依托京东集团强大的资源，凭借互联网技术和理念，打造符合"互联网＋"战略的全新金融发展模式。

京东白条的本质是嵌入京东业务流程的金融服务，它依托京东电商平台为用户提供消费场景，并将消费信贷业务以商品赊购的形式向用户呈现，实现其金融功能。用户购买京东商城的产品，选择以京东白条的方式支付时，就相当于获取了一笔数额为商品价款的消费贷款。用户对白条业务产生的借款可选择以两种方式偿还：一是一次性付清，在这种还款方式下，用户只需要支付实际白条消费金额；二是分期还款，平台会根据不同分期期限收取费率不等的服务费，并平均分摊到每一期。目前，京东白条的最高授信额度是1.5万元，可选择3—24个月内分期还款，分期的费率是每期0.5%。

2015年以来，京东金融为拓展消费金融业务至更多领域，突破了白条业务在自身电商平台的应用局限，与其他消费企业展开战略合作，先后推出了校园、租房、旅游等"白条＋"系列产品，覆盖了旅游、校园、租房、教育等诸多线下消费场景。

京东对于白条的战略规划在于完善其互联网金融产业链，形成电商业务和金融业务相互促进协调发展的良性循环。一方面，京东大力开拓自身的电商平台，以期为互联网消费金融业务提供更多的消费场景，在更多领域发展潜在客户。电商业务的发展有利于促进消费金融业务的创新，为客户带来更多元、更完善的产品体验。另一方面，基于电商消费平台发展起来的互联网金融业务，借助平台的优势资源，以赊销服务对客户的吸引力反过来又促进了电商业务的发展。

（资料来源：京东官方网站）

案例讨论

1. 案例涉及了本章的哪些知识点？

2. 请分别从互联网消费金融的运作模式、特点来分析京东白条的发展规划。

3. 利用本章所学的有关互联网消费金融的典型运作模式，分析如何优化互联网消费金融各主体行为以促进市场的健康持续发展。

第九章
互联网供应链金融

学习目标

◆ 掌握互联网供应链金融的概念
◆ 了解互联网供应链金融的特点与分类
◆ 掌握互联网供应链金融的主要发展模式

本章内容导引

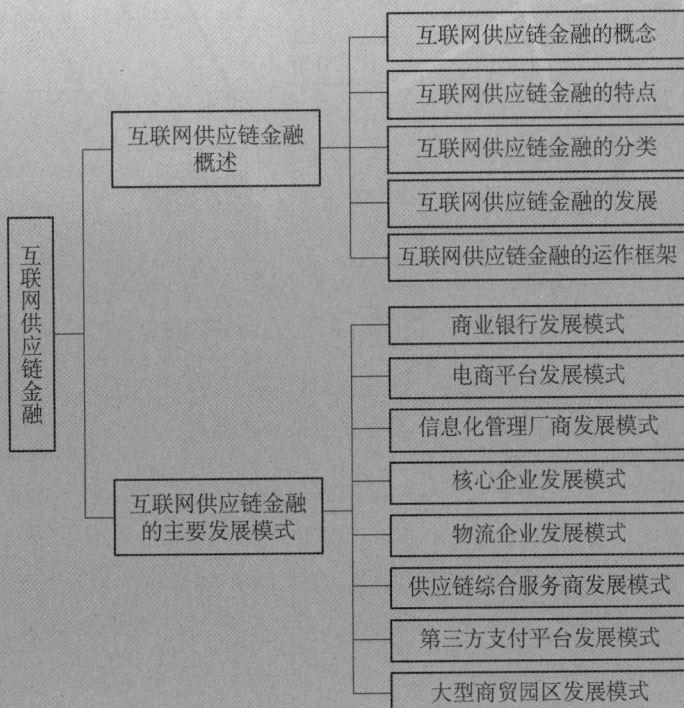

```
                              ┌─────────────────────┐
                        ┌─────┤ 互联网供应链金融的概念 │
                        │     └─────────────────────┘
                        │     ┌─────────────────────┐
                        ├─────┤ 互联网供应链金融的特点 │
          ┌──────────┐  │     └─────────────────────┘
          │互联网供应链│  │     ┌─────────────────────┐
          │金融       ├──┼─────┤ 互联网供应链金融的分类 │
          │概述       │  │     └─────────────────────┘
          └──────────┘  │     ┌─────────────────────┐
                        ├─────┤ 互联网供应链金融的发展 │
                        │     └─────────────────────┘
┌───────┐               │     ┌───────────────────────┐
│互联网供│               └─────┤ 互联网供应链金融的运作框架 │
│应链金融│                     └───────────────────────┘
│        │
│        │               ┌─────────────────────┐
│        │         ┌─────┤ 商业银行发展模式       │
└───────┘         │     └─────────────────────┘
                  │     ┌─────────────────────┐
                  ├─────┤ 电商平台发展模式       │
                  │     └─────────────────────┘
                  │     ┌─────────────────────┐
   ┌──────────┐   ├─────┤ 信息化管理厂商发展模式 │
   │互联网供应链│   │     └─────────────────────┘
   │金融       │   │     ┌─────────────────────┐
   │的主要发展模├───┼─────┤ 核心企业发展模式       │
   │式         │   │     └─────────────────────┘
   └──────────┘   │     ┌─────────────────────┐
                  ├─────┤ 物流企业发展模式       │
                  │     └─────────────────────┘
                  │     ┌───────────────────────┐
                  ├─────┤ 供应链综合服务商发展模式 │
                  │     └───────────────────────┘
                  │     ┌─────────────────────┐
                  ├─────┤ 第三方支付平台发展模式 │
                  │     └─────────────────────┘
                  │     ┌─────────────────────┐
                  └─────┤ 大型商贸园区发展模式   │
                        └─────────────────────┘
```

京东商城供应链金融发展之路

京东是中国最大的自营式电商企业,是运用互联网和大数据技术开展供应链金融的典型代表。2012 年 1 月,京东正式涉足供应链金融业务。2012 年 6 月,开始布局线上供应链金融系统,与多家银行洽谈对接。随后,京东举办了 8 场面向全体供应商的"京东供应链金融服务推介会",通过与银行合作,为京东的合作供应商提供融资支持,解决供应商的资金难题。京东供应链金融的主要融资方式有订单融资、入库单融资、应收账款融资等(见图 9-1)。2012 年末,京东供应链金融业务累计融资 15 亿美元,获得了超过 50 亿元人民币的授信业务。在这种融资模式下,京东商城负责完成供应商与银行之间的授信工作,银行负责发放授信资金。2013 年 12 月,基于其在零售平台上的供应链优势,京东首次推出针对其自营供应链的金融产品——"京保贝"。与之前的运作模式不同,"京保贝"不再是京东负责授信,银行负责发放资金,而是将授信企业与贷款方合二为一,由京东使用自有资金提供全部的融资服务,但服务对象仅针对自营平台的卖家。随后,京东又于 2014 年 10 月推出了针对开放平台商家的"京小贷"金融服务。2015 年 9 月 8 日,京东金融联手中国邮政速递物流推出针对电商企业的动态质押贷款产品"云仓京融"。

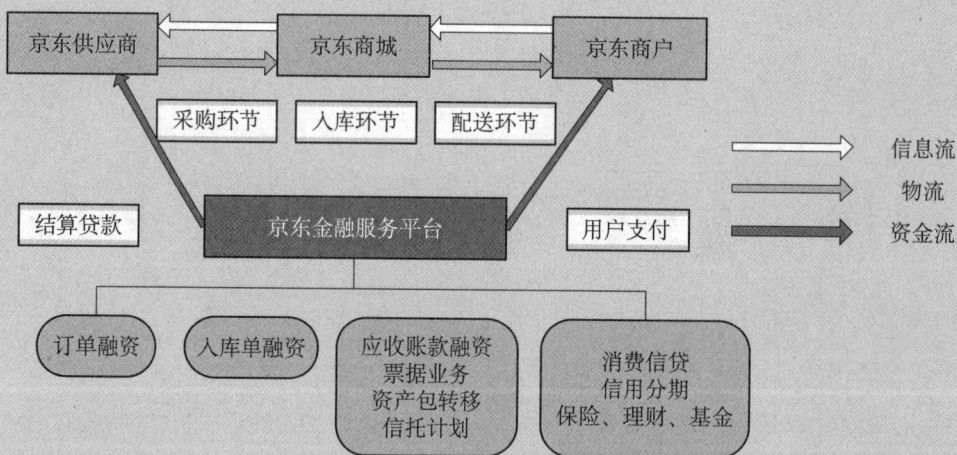

图 9-1　京东供应链金融模式

从银行放贷到自有资金放贷,京东供应链金融不断发展。正如京东金融供应链金融总监李超然在某活动现场所提到的:"说到跨界和创新,京东是有资格来讲电商的公司。大家认识到的京东是一个大卖场,线上的大卖场,也是一个互联网公司,同时也是一个传统的物流仓储企业。京东从 2012 年开始涉足金融领域,现在做互联网金融,也是金融领域的公司。从 2013 年开始做了两个产品,第一个是保险理财产品,简单来说,是给京东的供应商转让的贷款,这个产品比较传统。第二个是在 2015 年尝试的,为京东平台的商铺开放的信用贷款,用一个交易数据来做的贷款。这两个产品一个最大的特点是在线上直接申请,然后 5 分钟就能够到账的融资。京东作为一个互联网公司没有专业的传统金融团队和实体网点,京东做的是数据,靠数据驱动评估贷款客户信用风险,依赖于信用数据的风险来进行贷款。依赖于数据做风险管控其实有很大的好处,也有很大的局限性。京东的两个供应链金融产品在一年之内发放 300 亿元左右的贷款,不良率控制在 1% 以下。京东供应链金融业务能够帮助客户更方便地经营,更快速地扩张。"

(资料来源:长风网,作者:李超然,2016 年 3 月 23 日)

第一节 互联网供应链金融概述

传统的供应链金融,是指商业银行等金融机构将产业链上的核心企业和其上下游企业联系在一起,为其提供灵活多样的金融产品和服务的一种融资模式。但随着互联网技术的发展,越来越多的金融机构和企业不断利用互联网技术来开展业务,尤其是数量众多的中小企业甚至微型企业,成为产业链中不可或缺的"长尾"部分,也越来越成为供应链金融的服务对象。

一、互联网供应链金融的概念

互联网供应链金融狭义上是指商业银行等传统金融机构开展在线供应链金融业务,将传统的供应链金融从线下转移到线上,即利用互联网技术,为供应链企业提供间接融资,并通过云计算、大数据等技术控制风险的金融业务。

广义上的互联网供应链金融是指兼具资金提供者、供应链掌控者、电商平台经营者身份的电商或商业银行或核心企业或其他第三方,在对供应链交易中长期积累的大量信用数据以及借此建立的诚信体系进行分析的基础上,运用自偿性贸易融资方式,向从事交易的中小企业提供封闭的授信支持及其他资金管理、支付结算等综合金融服务的一种全新的金融模式。

互联网供应链金融的产生主要是基于两个方面的原因。一方面,供应链金融通过控制商品和服务交易中产生的商流、物流、资金流和信息流为整条产业链提供系统性的融资支持,这个过程需要传递、处理和分析大量的信息,操作复杂程度较高。互联网技术的出现,为供应链金融的发展提供了更多的空间。另一方面,传统的供应链金融难以惠及供应链上的所有企业,尤其是对上下游中小企业的支持力度有限,不符合普惠金融的理念。而互联网和供应链金融的结合,是线上与线下的结合,这种结合将闲置资金与融资需求进行匹配,对金融以及其他行业的发展会产生巨大的推动作用。

二、互联网供应链金融的特点

互联网供应链金融是互联网金融和供应链金融融合而衍生出来的一种新型融资模式,因而兼有两者的优势。既具有互联网金融的门槛低、覆盖广、成本低、效率高、透明度强、融资便捷等优势,又具有供应链金融的风险管控较好、流程和成本控制较好的双重优势。相较于传统的供应链金融,互联网供应链金融具有如下特点。

(一)互联网信息技术提升了用户体验

首先,金融机构可以根据互联网供应链金融平台共享客户的采购、销售、物流和财务信息,使用云计算、大数据等技术手段对行业特点和用户特征进行全方位的分析,通过数据整合和应用,对用户进行精准定位,从而为用户提供量身打造的供应链金融服务。其次,互联网供应链金融融资效率大大提高。一方面,核心企业、中小企业、第三方物流企业和银行在互联网供应链平台上进行信息共享与对接。互联网供应链平台能够全面及时地展示资金所有方以及中小企业的销售情况、库存情况、物流情况等信息,简化了传统供应链信息收集与传输的过程。另一方面,互联网供应链金融为供应链上下游企业办理供应链融资服务,全程无纸化处理,简化了融资的流程与手续。最后,从用户规模和数量上来讲,互联网的移动通信技术提供了更为广阔的受众群体,使用户不再受时间和空间的限制。

(二) 互联网信息技术降低了融资成本

一方面,利用大数据和云计算技术可以高效、快捷地处理和分析大量客户资料与信息,相比于传统的供应链融资实地调查获取信息,大大降低了融资成本。另一方面,借助第三方支付平台,如支付宝、支付宝钱包、财付通、微信支付、百度钱包等,商业银行对中小企业的供应链金融服务也转向了电子平台业务,大大降低了银行的经营成本,为客户提供了便捷、高效的服务。

(三) 互联网信息技术创新了产品和服务模式

首先,在支付方式方面,供应链融资业务以移动支付为基础,通过互联网进行金融资产的支付、转移和清算。其次,在信息处理方面,供应链融资业务利用云计算,借助搜索引擎功能进行供需信息的组织和标准化处理,最终形成连续、动态的信息序列,在此基础上对资金需求方进行风险定价或违约概率测算。最后,在资源配置方面,供应链融资业务信息可以在网上发布并匹配,借助网络技术,供需双方能够直接联系和交易,实现双方或多方交易同时进行、信息充分透明、定价方式公平。

(四) 互联网信息技术带来了链条架构的转变

在供应链金融的链条架构上,互联网供应链金融使传统的供应链金融模式由"1+N"变为"N+1+N"。传统的供应链金融主要是采用"1+N"的架构模式来发展,其中"1"是核心企业,"N"是上下游多个企业,而银行主要是对核心企业进行授信,如图9-2所示。

互联网供应链金融模式下,上下游融资企业可以直接与核心企业进行接触,由核心企业对上下游融资企业进行授信。而核心企业既可以利用自身资金,也可以通过外部融资补充资金,如图9-3所示,这样链条构架变为"N+1+N",而且更加凸显核心企业的作用。

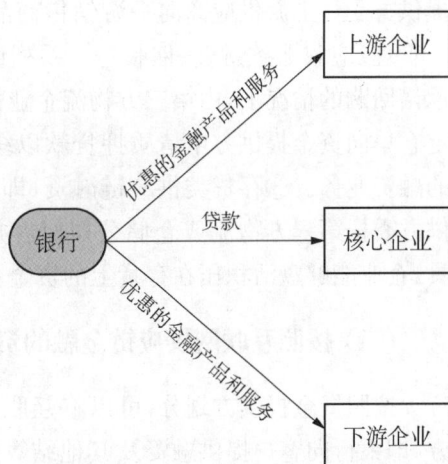

图9-2　传统供应链金融链条架构

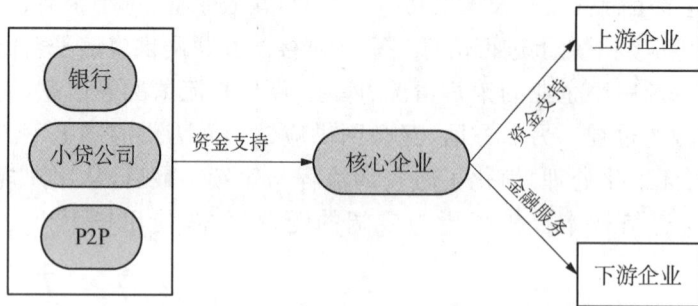

图 9-3　互联网供应链金融链条架构

(五) 依托大数据技术提升了风控能力

一方面,大数据技术的发展降低了信息不对称风险,客户的信息和交易记录成为融资授信的基础数据,通过大数据可以动态验证交易对象的资信状况,确保其贸易行为的真实可靠性,并在第一时间发现风险。另一方面,互联网供应链金融操作过程中,全自动的在线操作与风险预警,又能够最大限度地控制操作风险。

三、互联网供应链金融的分类

互联网供应链金融形成了多种不同的形式,总的来讲,可以有三种分类方法。一是按照互联网供应链金融的具体商业模式划分;二是按照互联网供应链金融的资金提供方划分;三是按照主导互联网供应链金融的企业类型划分。

(一) 按照互联网供应链金融的具体商业模式划分

按照商业模式,可以将互联网供应链金融分为三种:①应收账款类供应链融资,即资金提供方受让上游供应商向下游销售商品所形成的应收账款,并在此基础上提供应收账款账户管理、应收账款融资、催收等一系列综合服务。②预付账款类供应链融资,即在上游企业承诺回购的情况下,由第三方物流企业提供信用担保,中小企业以资金提供方指定仓库的既定仓单向资金提供方申请质押贷款以缓解预付账款压力,同时由资金提供方控制其提货权的融资业务。③存货类供应链融资,即客户以自有存货产品为抵质押的授信业务。资金提供方委托第三方物流或仓储公司对客户提供的抵质押商品进行监管。利用存货类融资工具,企业能够盘活积压在存货上的资金,以达到扩大经营规模的目的。

(二) 按照互联网供应链金融的资金提供方划分

按照资金提供方划分,可以将互联网供应链金融分为三种:①商业银行作为资金提供方,即银行向客户提供融资及其他结算服务、理财服务,同时向这些客户的供应商提供贷款或者向其分销商提供预付款代付及存货融资服务。②以第三方平台或核心企业的自有资金作为资金来源的融资模式,一般以组建小额贷款公司为主。小额贷款公司以经营贷款业务为主营业务,根据法律法规,小额贷款公司不应吸收公众存款,但有权自主选择贷款对象,且向中小企业提供贷款服务受到政策鼓励。③P2P平台作为资金提供方的融资模式,如在应收账款融资中,在供应链核心企业承诺兑付的前提下,上下游的中小企业可用未到期的应收账款向P2P金融平台进行贷款。P2P平台本质上承担了供应链金融资金需求方和直接供给方(个人、中小微企业、小贷公司等)之间的信息中介角色。由于中间环节的减少,P2P平台可以提供最低的渠道成本,一方面可以降低企业融资成本,另一方面可以提高借款人的出资收益。

(三)按照主导互联网供应链金融的企业类型划分

按照主导企业划分,互联网供应链金融可以分为八种模式:①商业银行发展模式;②电商平台发展模式;③信息化管理厂商发展模式;④核心企业发展模式;⑤物流企业发展模式;⑥供应链综合服务商发展模式;⑦第三方支付平台发展模式;⑧大型商贸园区发展模式。本章第二节将对这八种模式进行介绍。

四、互联网供应链金融的发展

在企业互联网化的大背景下,供应链的所有链条——商流、物流、资金链、信息流都将连接到互联网,供应链服务、供应链金融等各个领域的商业模式都将发生革命性的变化。总之,近几年在互联网技术的推动下,国内外供应链金融都取得了较快发展。

(一)国外互联网供应链金融的发展

国外的供应链金融起步早,发展较为成熟。然而,在一个成熟的市场中,互联网的渗透面临更多现实的难度。因此,国外互联网供应链金融的创新模式较为单一,以商业银行开展在线供应链金融业务为主。为应对"融资"需求,国际上的银行巨头均已采取一系列金融创新和业务运作手段开展供应链金融业务。典型代表是荷兰银行和摩根大通银行。

荷兰银行(ABN AMRO)是较早开始挖掘供应链和国际贸易中的商机并将供应链融资作为重点业务的银行。2006年荷兰银行被评为最佳网上贸易服务提供者。能获此殊荣得益于它的MaxTrad技术。买卖双方通过MaxTrad提供的24小时在线服务,可以缩短变现周期、获取实时信息及全程无纸化自动处理贸易交易及管理应收、预付账款。用户亦可以根据需要,在网上实时将其应收账款货币化。

作为世界上最大的现金管理服务商,摩根大通银行的资金清算部门在全球的美元清算业务中拥有举足轻重的地位。而现金管理与贸易融资业务是两项相辅相成的银行业务。2005年,JP摩根收购了美国物流公司Vastera,以期完善其供应链金融服务。Vastera公司提出的价值宣言是:为进出口商提供一站式服务,妥善解决跨境货物运输中日益增加的各种挑战和风险。在为全球供应链中主要的支付交易包括收付货款、支付运费、支付保险费、支付关税等提供服务的过程中,摩根大通银行可以自动获得各类金融贸易数据。而利用运输单据制作和管理的自动化,Vastera固有的流程和技术有力地支持了"实体货物"的跨境流动。

(二)国内互联网供应链金融的发展

与国外相比,虽然我国互联网供应链金融发展起步较晚,但受近年来我国互联网金融迅

速发展的推动,互联网供应链金融得到广泛关注和快速发展。总体来看,国内的供应链金融经历了三个发展阶段:

第一,供应链金融1.0阶段。该阶段采用"1＋N"模式,是以银行为主导的线下模式,最早由平安银行于2006年正式推出。银行基于供应链中的核心企业"1"的信用支持为其上下游企业"N"提供融资服务。

第二,供应链金融2.0阶段。在互联网金融和大数据应用技术的推动下,国内各家银行开始整合资源,突破传统模式,积极探寻互联网供应链金融模式,并相继推出了在线供应链金融系统,供应链金融2.0阶段应运而生。该阶段是"1＋N"模式的线上版本,让核心企业"1"的数据和银行完成对接,从而让银行随时能获取核心企业和产业链上下游企业的仓储、付款等各种真实的经营信息,批量拓展中小企业客户基础,改变传统盈利模式。

第三,供应链金融3.0阶段。该阶段颠覆了以融资为核心的供应链模式,转为以企业的交易过程为核心,并将过去围绕核心大企业的"1＋N"模式拓展为围绕众多产业核心企业和各家上下游中小企业自身交易的"N＋1＋N"模式。一条完整的产业链中,80％是中小企业,资金紧张是这些中小企业面临的普遍问题,因此银行等传统金融机构提供的融资服务对于中小企业的资金缺口来说覆盖率仍然比较低。以往受制于资金实力、金融服务牌照等方面的限制,其他主体很难成为供应链金融产品和服务的提供主体。供应链金融3.0时代不再以银行为主导,更多具有核心优势的企业参与到平台搭建、融资支持等业务中来,这些核心企业包括电子商务企业、P2P网络借贷企业等。

五、互联网供应链金融的运作框架

典型的互联网供应链金融系统由资金提供方、中间方和资金需求方组成。资金提供方有商业银行、小贷、P2P;中间方除了传统的金融机构以外,还有电商平台、供应链综合服务商等。资金的需求方包括商品供应商、商品经销商以及中小物流企业。互联网供应链金融的基本运作框架如图9-4所示。商业银行等金融机构、网络信息平台收集供应链信息,对上下游企业的经营能力、偿债能力、信用等级进行分析与评价,发布资金需求信息;需要融资的企业将融资贷款需求发至金融机构或网络信息平台,由金融机构或网络信息平台公布贷款信息;企业、个人投资者等在相应的平台上确认信息,对于可行的项目竞标投资,并确认放贷;投资者、金融机构、网络信息平台可以随时监管供应链资金的使用情况以及资金流向;供应链企业根据贷款期限和贷款要求按期还款付息。

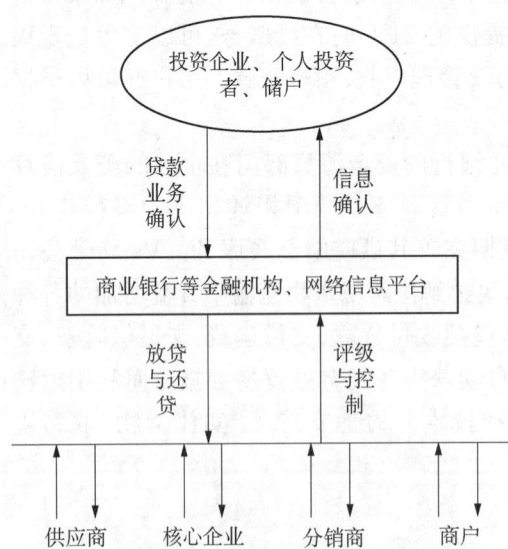

图9-4　互联网供应链金融基本运作框架

第二节 互联网供应链金融的主要发展模式

图9-4描述了我国互联网供应链金融的基本运作框架,在实践中衍生出八种互联网供应链金融模式。

一、商业银行发展模式

商业银行发展模式即商业银行在线供应链金融模式,商业银行通过电子银行平台将核心企业的系统与银行对接,从而让银行随时能够获取核心企业及其上下游企业的仓储、物流、付款等各种真实信息。然后,银行可以为整个产业链条上的供应商、经销商及终端用户提供融资等金融服务。

具体模式方面,一般为线下三类主要供应链金融模式(应收账款类融资、预付账款类融资、存货类融资)的线上化过渡,操作流程基本相同,在此不做赘述。

商业银行开展互联网供应链金融业务具有较大意义:首先,由于银行很难掌握小微企业的信息,放款的效率比较低。若由人工进行实时监控,逐笔审查授信款项的用途,在成本上并不合算,但简化监管和流程又容易形成操作风险。因此互联网供应链金融业务可以提高效率、降低成本。其次,利用互联网渠道和平台,银行能够对供应链授信业务的用途进行逐笔监管,保证信息的及时性、准确性,大大降低授信业务的风险。最后,传统供应链金融由于业务归属区域特征,一般只能和当地分行或支行合作,而互联网供应链金融通过线上合作,可为不同区域的上下游企业提供贷款支持,扩大了服务范围。

但是在线也让风控存在一定的隐忧:①由于银行获得的供应链的共享信息都是由各节点企业的内部信息系统提取或集成的,出于利益方面原因,各节点企业可能会隐藏一些风险性信息和涉及商业秘密的信息,或是伪造数据骗取银行的授信额度,产生道德风险。②目前,商业银行的互联网供应链金融业务尚属于新兴产品服务,在业务审批过程中可能存在如审批人员权力范围界定不清、操作流程不规范等一系列问题,还需要不断试错,互联网供应链金融业务的审批操作将会随着互联网供应链金融业务的不断发展逐步走向规范化。③由于供应链上的企业往往分布广泛且分散,银行在质押物出入库和审查等方面的操作监管难度较大,因而很大程度上银行只能依赖于第三方监管企业或者物流企业。然而与不同地区的物流公司和仓储企业合作,给银行对抵押物监管操作等方面带来很大挑战,比如风险预警的缺失和滞后等。

二、电商平台发展模式

电商平台发展模式是指电商平台通过获取买卖双方在其交易平台上的大量交易信息,并且根据客户的需求为上下游中小企业和客户提供金融产品与融资服务。该模式中,电商平台凭借在商流、信息流、物流等方面的优势,扮演担保角色(资金来源主要是商业银行);或者通过自有资金帮助供应商解决资金融通问题,并从中获取收益,如图9-5所示。

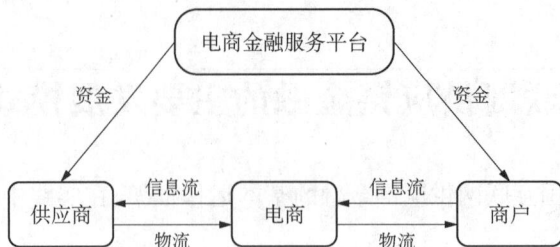

图 9-5　电商平台发展模式

按照交易对象不同,电商供应链金融可分为以 B2C 电商平台发展模式、B2B 电商平台发展模式、C2C 电商平台发展模式三种。

(一) B2C 电商平台发展模式

B2C 产业链结构融资需求主要体现在产业链的上游,即产品制造商与供应商到 B2C 电子商务平台这一环节,如图 9-6 所示。B2C 电子商务平台上,上游供应商多为一些中小型企业,这些企业容易出现资金短缺、周转等问题,但借贷额度小、频率高,运营风险较大,在传统的融资模式下,很难获得银行授信,导致融资困难。另外,下游用户在进行交易时可以使用两种支付方式,即在线支付和货到付款。上游供应商通常需要一段时间才能真正收到货款,因此会导致供应商的资金周转较慢,资金运营出现困难。

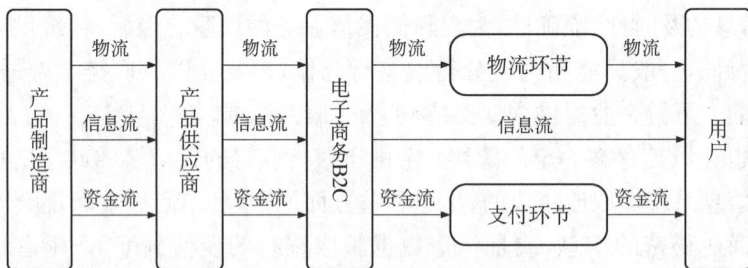

图 9-6　B2C 产业链结构

国内 B2C 电商平台,如天猫、京东、凡客等都沉淀了大量商家的基本信息和历史信息,这些平台依据大数据向信用良好的商家提供供应链金融服务。现结合京东商城"供应链金融服务平台"模式,对 B2C 电商平台发展模式进行分析,包括电子订单融资、电子仓单融资、应收账款融资、委托贷款融资、"京保贝"模式、"京小贷"模式、"云仓京融"模式七种类型。

案例 9-1

京东商城(B2C)供应链金融业务

1. 电子订单融资模式

电子订单融资模式是京东根据其向供应商发出的采购订单,协助商业银行满足供应商在货物采购、生产和装运等过程中的资金需求,为电子商务活动中的企业提供质押电子订单的供应链融资服务。主要流程是电商平台对上游供应商设置一定的准入条件,上游供应商与电商平台或下游用户交易生成有效的电子订单后,通过这些电子订单在线申请融资,经电商平台和银行审核后发放无抵押贷款,其还款来源为订单回款。这类产品适用于履约能力强、交易记录良好的企业。这种供应链金融模式的主要作用在于:一是满足了供应商备货融资的需求,解决了供应商资金短缺的问题,便于采购订单的顺利展开;二是大幅度提高了企业接受订单的能力;三是缩短了贸易周期,减少了供应链资金占用。

2. 电子仓单融资模式

这是一种以进入京东的入库单、仓单等货权凭证作为质押物为供应商提供融资服务的模式。上游供应商将存货放在B2C电商自有或其指定的第三方物流企业仓库中,进而以生成的电子仓单向银行申请贷款,银行向B2C电商核实货运数据和入库信息,同时由B2C电商实时掌控供应商的在线交易活动,银行控制提货权。此类产品的风险主要是在电子仓单的有效性与仓单货物的价值,适用于交易记录良好、生产的货物市场价格波动平稳的企业。这种模式充分利用了京东的物流优势,为急需资金并且商品价值平稳的中小供应商提供融资服务。一方面解决了因货物存储占用资金的问题,另一方面帮助其盘活库存。

3. 应收账款融资模式

应收账款融资模式是将供应商针对京东的应收账款转让或质押给金融机构,并获得融资服务的方式。为了缩短账期,供应商可以将应收账款转让或质押给银行,银行向电商平台核实信息确认后发放贷款。此类产品实质上是以电商平台的担保为基础,供应商与电商平台共享授信额度,无需其他担保与质押物,并且可循环借贷。这种模式主要针对无自身银行授信或急需流动资金的中小供应商,有优化报表需求的大型供应商,以及账期时间较长的供应商。对于融资需求方的供应商而言,无须授信就能取得融资,并且加快了销售资金的回笼,也优化了资产结构、改善了财务报表。

4. 委托贷款融资模式

与上述三种模式不同,这种模式由京东提供资金,银行代其向供应商发放、监督使用并协助收回。委托贷款是由B2C电商平台提供自有资金,代理银行代其向链上符合条件的供应商发放贷款。对于银行而言,此类产品不需要垫付资金,通过接受代理收取手续费即可,银行的风险达到最小。对于供应商与电商平台而言,这类产品成本灵活,可协议商定。同时担保方式可以多种多样,应收账款、固定资产等都可以。B2C电商凭借其自身在供应链中的地位,掌握平台上的大量交易信息,并据此评估商家的信用状况,完成贷款资格的审核和自有资金的发放。该融资方式主要针对短时间无法获得银行授信,急需使用流动资金的供应商。解决了传统担保不足,很难获得资金支持的问题,而且无须银行授信也可以获得融资,并帮助供应商加速了资金周转。

5. "京保贝"融资模式

2013 年 12 月 6 日,京东商城上线名为"京保贝"的供应链金融产品,京宝贝模式是京东的一种新型的供应链金融服务,融资的款项完全来自京东的自有资金,随借随贷,而且无须抵押担保,其借款的额度完全是基于京东与供应商之间长期的贸易往来以及物流活动所产生的大数据,通过系统自动计算而来,在额度范围内可以任意融资,以此能够解决供应商面临的现金流问题,特别是从上游企业采购时所面临的资金压力。京东平台上供应商的融资成本约为 10%,最长融资期限是 90 天。

"京保贝"和京东以往的供应链金融服务的最大不同有两点。一是整个流程都在线进行,"京保贝"通过对数据的处理进行全自动化审批和风险控制,放款时间只有 3 分钟。另一个不同是该模式中,京东独立完成金融服务,没有与银行合作,引入的资金为京东自有资金。另外,京东可依据以往的交易记录等大数据进行授信,供应商无需提供担保和抵押。

6. "京小贷"融资模式

"京小贷"是京东金融于 2014 年 10 月推出的一项金融创新服务,服务对象是开放平台商家,通过对京东平台拥有的大量高质量、真实可信的商户信息进行分析,为开放平台商家提供融资服务,满足商家的融资需求。此项服务弥补了"京保贝"覆盖范围的不足,不仅解决了小微企业面临的融资难题,而且增强了京东金融生态圈的竞争力。

7. "云仓京融"融资模式

2015 年 9 月,京东联手中国邮政,推出"云仓京融"项目,这是互联网领域首个针对电子商务企业的动产融资供应链金融项目。京东电子商务平台储存了大量商品的现时价格、历史价格、价格的波动情况以及其他电子商务平台的商品售价等信息。依据大数据和云计算计技术对海量数据进行分析、处理,"云仓京融"能够预测在质押期间质押物的价格变化趋势,从而自动评估商品的价值和质押率,解决了在传统动产融资中常见的质押物价值难以确定的难题,给有融资需求的用户提供了更为方便快捷的服务。另外,传统的动产融资需要大量的人力、物力对质押物进行评估以及后续的监管,难度较大。"云仓京融"可以实现与仓库管理系统无缝对接,直接获取所需的仓储及销售数据。另外,只要与京东合作的仓储企业按照京东研发的监控系统发出指令,即可实现京东对质押物的监管,解决了监管效率低、风险大的难题。

(资料来源:李更.互联网金融时代下的 B2C 供应链金融模式探析[J].时代金融,2014(2):67—69)

(二) B2B 电商平台发展模式

B2B 电商平台发展模式指银行等金融机构和第三方 B2B 电商平台合作开发,借助电子

第九章 **207**

商务企业的信用实力和企业的信用交易记录,根据企业未来的收益或货物流通价值,对 B2B 电子商务平台中供应链单个企业或上下游多个企业提供的融资服务。B2B 电商平台发展模式的融资原理如图 9-7 所示。目前国内知名的电子商务企业如阿里巴巴、慧聪网、金银岛网交所都属于 B2B 电商平台发展模式。

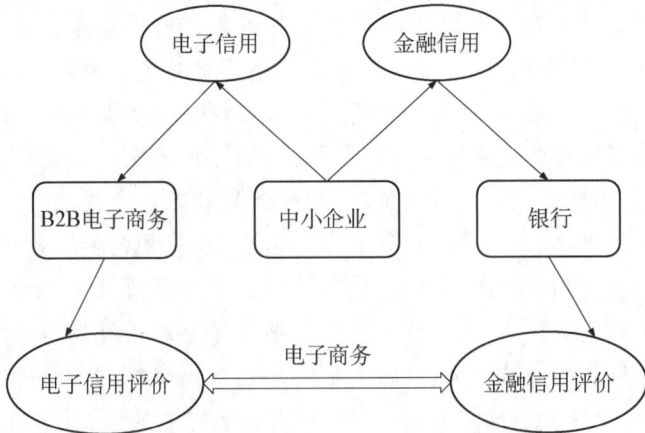

图 9-7 B2B 电商平台发展模式的融资原理

B2B 电商平台发展模式按融资类型可分为电子订单融资模式和电子仓单融资模式。

1. 电子订单融资模式

电子订单融资模式指 B2B 电子商务平台上的借贷企业凭借 B2B 电子商务平台认可的电子订单向银行申请的无抵押的贷款融资业务。主要为有良好的渠道关系、临时性周转资金不足、经营规模较小、无法提供抵(质)押物的中小企业设计。该模式的典型代表是阿里巴巴的以核心企业为中心的电子订单融资业务。

案例 9-2

阿里巴巴电子订单融资业务

阿里巴巴指定一些信誉较高的核心企业,并为这些核心企业的供应商提供电子订单融资服务。企业在阿里巴巴平台上在线申请报名,经阿里巴巴审核通过后,可办理订单融资,其业务流程如图 9-8 所示:①企业在 B2B 电子商务平台上在线申请订单融资业务,并提供与核心企业(买方)近期的真实有效的交易合同,订单记录或销售证明文件,缴纳一定的报名费;②B2B

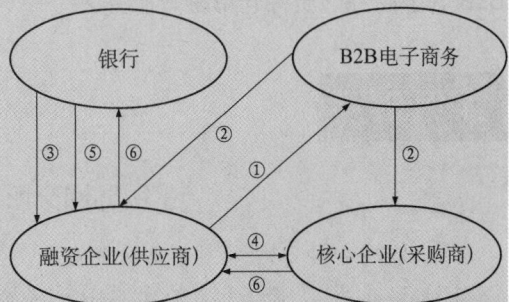

图 9-8 电子订单融资流程

电子商务平台对申请订单融资企业的交易信用和订单证明文件、核心企业的资信情况进行调查审核;③B2B电商平台审核通过后,银行对融资企业的订单证明文件等进行复审,审批贷款额度;④审核通过后,融资企业(供应商)与核心企业在电子商务平台上生成电子订单;⑤银行根据订单的情况给融资企业发放相应额度的贷款,B2B电子商务在线实时监控融资企业完成订单过程中资金流和物流的情况;⑥融资企业按时支付贷款利息,订单完成后,回收货款并偿还银行贷款。若融资企业需要使用同一个核心企业的订单申请融资,则只要重复④、⑤、⑥步骤即可循环获得贷款。

电子订单融资模式的主要特点有:①专款专用、封闭性的融资模式,即一个订单对应一笔贷款,从单笔授信和短期贷款、回款即还贷等方面来控制贷款风险。②电子订单融资全程在线上办理,通常可以做到 T+0 放款,采用数字签名和在线信用评估方法,实现了融资过程的自动化和无纸化,从而大大降低了单笔授信业务的处理成本。③B2B电子商务有效参与,B2B电子商务拥有专业的信息技术和信用评级制度,能够根据企业的以往的交易情况,对融资企业进行初步审核,并对网络交易的实时监控。因此,B2B电子商务能够协助银行控制融资企业在完成贷款订单过程中的资金流和物流,避免以往传统融资模式中出现银行企业信息不对称的情况,大大降低融资风险,加快贷款的速度。

(资料来源:郭菊娥,史金召,王智鑫.基于第三方B2B平台的线上供应链金融模式演进与风险管理研究[J].商业经济与管理,2014:13—22)

2. 电子仓单融资模式

电子仓单融资模式指B2B电子商务平台上的借贷企业持商业银行认可的专业仓储公司出具的电子仓单进行质押,向银行申请贷款的融资业务。这种融资服务主要面向的对象为库存占用资金多,临时性周转资金不足或需要贷款囤货的中小企业。金银岛网交所、阿里巴巴等国内主要的B2B电子商务平台与银行联合推出了"网络仓单融资"、"抵押贷款"等基于B2B电子商务的质押仓单融资服务。

案例9-3

金银岛网交所网络仓单融资业务

目前金银岛的网络仓单融资主要为中小企业低成本贷款囤货而设计。其业务流程如图9-9所示:①企业在B2B电子商务平台在线申请电子仓单融资业务,并提供具有一定价值、变现能力较强的货物证明凭证以及货物相关信息文件,缴纳一定申请费;②B2B电子商务平台对申请电子仓单融资企业的交易信用和货物证明凭证、行业的声誉度等情况进行调查审核,并将企业申请信息发送至银行;③银行对融资企业的相关凭证和信息等进行复审,审批贷款额度;④审核通过后,企业将货物存放在指定的第三方物流企业仓库中生成电子仓单;⑤物流企业在线审核电子仓单并发送至银行;⑥银行根据电子仓单货物的价值给融资企业发放相应额度的贷款,B2B电子商务平台可以实时监控融资企业在线交易情况,同时第三方物流企业可以实时监管融资企业的货物;⑦融资企业用网上银行偿还银行贷款,选择赎货品种及数量;⑧银行审核通过后,在线通知第三方物流企业解押货物;⑨融资企业到第三方物流企业仓库办理解押货物出库。

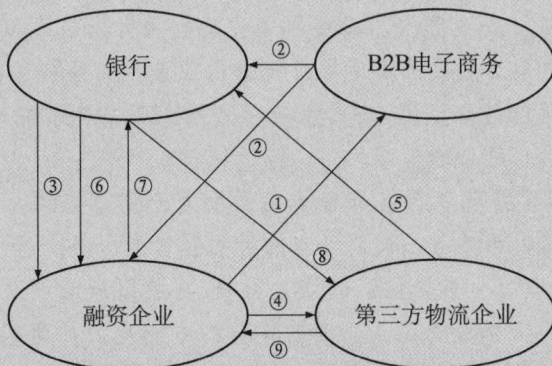

图9-9 电子仓单融资流程

电子仓单融资模式的主要特点有:一方面,电子仓单融资模式用资金流盘活物流,能够减少存货对资金的占用以及加快资金流转,为企业获得融资贷款,非常适合库存占用资金多、临时性周转资金不足的中小企业。另一方面,大型的第三方物流企业代理银行监管融资企业的质押物,与银行和B2B电子商务平台一起为企业提供融资服务,能够扩大自身业务量,获得仓储费用、监管费用等收入。

(资料来源:郭菊娥,史金召,王智鑫.基于第三方B2B平台的线上供应链金融模式演进与风险管理研究[J].商业经济与管理,2014:13—22)

(三) C2C电商平台发展模式

C2C电商平台模式与"B2C电商平台发展模式"类似,区别之处在于融资对象为"网络个人卖家",而非"网络企业卖家",只需将电商平台类型替换为C2C,在此不做赘述。

三、信息化管理厂商发展模式

信息化管理厂商发展模式是指一些软件服务与开发公司通过自身的信息化管理系统,

在帮助企业实现智能化数据分析的过程中累积了大量的企业客户,通过拥有的客户信息优势以及行业知名度优势为上下游企业提供融资服务及其他相关金融服务。其本质是通过所掌握的客户运营数据,建立客户征信数据,对客户的信用情况进行评级,从而控制放贷风险。这类模式的代表是汉得信息。

案例9-4

汉得信息供应链金融业务

ERP服务供应商汉得信息深耕中高端ERP实施领域多年,积累了众多以大垂直行业翘楚为代表的核心企业客户。得益于领先的软件开发技术以及客户资源优势,汉德信息能够充分利用这些优势发展供应链金融业务。汉德信息在发展供应链金融业务中单独成立了供应链金融部,公司供应链金融业务主要采取成立保理公司和汉得供应链金融云平台相结合的模式。

2015年4月,汉得信息以自有资金1亿元设立全资子公司从事商业保理业务。商业保理指供应商将基于其与采购商订立的货物销售或服务合同所产生的应收账款转让给保理商,由保理商为其提供应收账款融资、应收账款管理及催收、信用风险管理等综合金融服务的贸易融资工具。商业保理的本质是供货商基于商业交易,将核心企业(即采购商)的信用转为自身信用,实现应收账款融资。汉得信息通过成立全资保理公司能够很好地为自身客户提供融资便利。

公司基于云计算的中小企业供应链金融平台,接入了四家核心客户及其上游的约2 000家供应商。通过综合服务云平台对供应商和核心企业之间的业务交易实现清晰化的管理,将企业的资质和交易明细作为融资风险评估的依据。基于综合服务云平台构筑业务模式,通过信息闭环解决了从申请贷款到放款、还款、清算等资金流各个环节中所面临的风险问题,资金提供方在风险可控的情况下愿意与综合服务云平台间分享收益。

在供应链金融供给端,汉德信息采取的是和银行合作的方式来开展供应链金融业务。2015年6月,汉得信息与平安银行签署了供应链金融战略合作协议,将汉得信息的供应链金融平台与平安的保理云平台相对接,汉得信息主要提供企业的数据并通过大数据平台来进行风险评估,平安银行主要负责发放贷款。

(资料来源:招商证券.证券信托行业供应链金融专题报告:百花齐放,平台为主.2015年10月15日;招商证券.计算机行业供应链金融系列专题(一):互联网助推供应链金融迈向融合新时代.2015年10月16日)

四、核心企业发展模式

核心企业发展模式是指供应链上的核心企业为了促进销量,拓宽市场规模,向上下游企业提供融资服务,以增加销量和金融服务收入的模式。核心企业利用其所掌握的上下游物流、资金流信息和经营状况信息,向上下游企业提供供应链金融服务,能够有效控制上游供应商应收账款质押授信风险和下游经销商提货权质押授信风险,将授信业务的风险降到最低。核心企业的最大价值在于对上下游企业的增信。该模式的典型代表是海尔集团的"海融易"核心企业供应链金融。

案例 9-5

海尔集团供应链金融业务

由于海尔传统主业家电制造已步入成熟阶段,公司迫切寻找新的业绩增长点,作为一家具有强控制力特征的核心企业,基于供应链的金融服务可以充分发挥其在产业中的地位优势。

"海融易"是海尔集团全资控股成立的互联网投资理财平台,于 2014 年 12 月上线,目前已与海尔集团 2 万多家网点建立起全国协同网络,线上交易量超过 10 亿元,注册用户数近 50 万,其中"海融易"平台上的供应链金融业务占到平台交易量的 60%以上。"海融易"采用产业风控和金融风控手段相结合的模式:产业风控上,供应链金融平台基于海尔产业链十万余家上下游客户的庞大资源,参考海尔 ERP 数据库中供应商和经销商的数据,并结合独立尽职调查团队对融资企业进行线上与线下综合分析;在金融风控上,平台与同等专业企业合做,在反欺诈、反洗钱方面进行严格把关。资金方面,海尔拥有规模位列国内前五的财务公司,资产规模达到 680 亿元。财务公司可为海尔供应链上下游企业提供融资服务,相当于海尔体系内的银行,从而为融资方提供充沛的资金支持。推广方面,"海融易"利用海尔的品牌优势和合作伙伴进行交叉推广,另外还结合海尔在全国的近 8 万家专卖店和 8 000 家经销商门店进行线下推广,实现全国覆盖。

此外,海尔近年来还通过海尔日日顺 B2B 电商平台直接面对全国上万家经销商,缩短了供应链条,为了解决中小型经销商的融资困难,平安银行橙 e 网与海尔日日顺平台合作,根据经销商与海尔的合作记录和订单情况,实现基于"信用+信息"的供应链融资。

(资料来源:招商证券.计算机行业供应链金融系列专题(一):互联网助推供应链金融迈向融合新时代.2015 年 10 月 16 日)

五、物流企业发展模式

物流是整个商品交易过程中重要的交付环节,连接了供应链的上下游。在"互联网+"时代,物流公司利用自己沟通上下游的优势,基于物流服务环节及物流生产环节提供供应链金融服务。在以物流企业为主导的供应链金融体系中,物流公司通过组建专业的供应链金融团队,结合公司在原有产业链的资源沉淀,以公司自身提供的各种服务为基础,为供应链上有需求的企业提供短期融资、商业保理、融资租赁等多种个性化的供应链金融服务。国内大型快递公司如顺丰、申通、圆通、中通、百世汇通等,物流公司如华宇、安能等均通过海量客户收发物流信息提供供应链金融服务。这类模式的代表是顺丰集团。

案例 9-6

顺丰集团供应链金融业务

2015 年初,顺丰集团组建了金融服务事业部。依靠强大的物流体系,目前供应链金融业务线已基本形成,包括基于货权的仓储融资、基于应收账款的保理融资、基于客户经营条件与合约的订单融资和基于客户信用的顺小贷,如图 9-10。"四流合一"成为支撑丰富供应链金融业务线的基石,其中物流系统的构成包括顺丰速运、顺丰仓配、顺丰供应链以及顺丰家;信息流和资金流方面,历史交易数据、支付交易数据、物流系统信息、来自 B2B 交易过程中沉淀下来的数据被用于金融服务的评级和评估;商流方面,涵盖顺丰优选和顺丰海淘等。基于上述"四流",实现了在交易数据、物流信

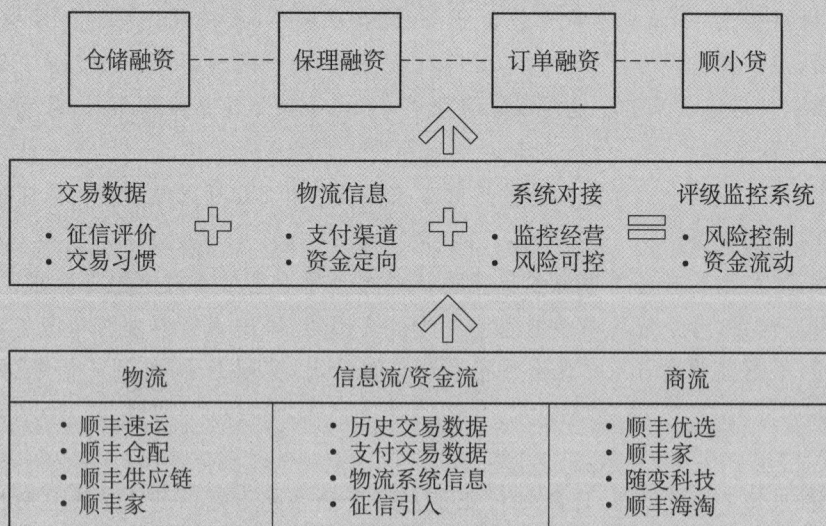

图 9-10　顺丰供应链金融的业务线

息、系统对接、监控系统等四个方面的不断提升,从而为仓储融资、保理、订单融资等供应链金融各条业务线提供有力保障。

　　(资料来源:招商证券.计算机行业供应链金融系列专题(一):互联网助推供应链金融迈向融合新时代.2015 年 10 月 16 日)

六、供应链综合服务商发展模式

　　供应链综合服务商发展模式主要是一些供应链综合服务商利用在提供采购、分销、物流过程中累计的客户信息,对上下游客户提供供应链金融产品和服务的一种模式。该模式的主要代表是怡亚通。

案例 9-7

怡亚通供应链金融业务

　　怡亚通是一家专业的供应链服务企业,构建了以物流、商流、资金流、信息流四流合一为载体,以生产型供应链服务、流通消费型供应链服务、全球采购中心及产品整合供应链服务、供应链金融服务为核心的全球整合型供应链服务平台,服务网络遍布中国主要城市及东南亚、欧美等国家。

　　凭借供应链行业经验的沉淀,怡亚通具备了对商流、物流、信息流、资金流高效的管理能力以及全信息化的运营体系,使金融机构随时能够掌握终端的相关数据信息以掌控风险,成为公司在消费品终端领域的核心金融产品定价权基础以及打造 O2O 金融服务平台的关键优势,且具备覆盖全国的终端网络和服务人员的条件,边际成本低于银行等传统金融机构低。

　　怡亚通发展供应链金融主要是通过 O2O 金融实现,资金来源由合作商业银行提供。O2O 金融定位于将怡亚通"深度分销380整合平台"百万小微终端客户为金融服务对象,以每天日常交易往来数据为基础,评估客户信用情况,与各商业银行合作,利用其信息优势为有资金需求的小微零售端商户提供担保、贷前审核和贷后管理,审核通过 24 小时后由怡亚通的合作银行放款,并从中赚取 4%—5% 的利差。除此之外,怡亚通、下游大型电商、银行可以通过信息的共享为怡亚通提供应收账款贴现服务。大型电商由于具备较强议价能力,一般会占用怡亚通 60—90 天的账期,而三方合作后,在电商下达订单并且确认收货之后银行可以提前为怡亚通贴现。

　　怡亚通供应链金融模式如图 9-11 所示。此外,公司还专门成立了宇商小额贷款公司以扩充融资渠道。

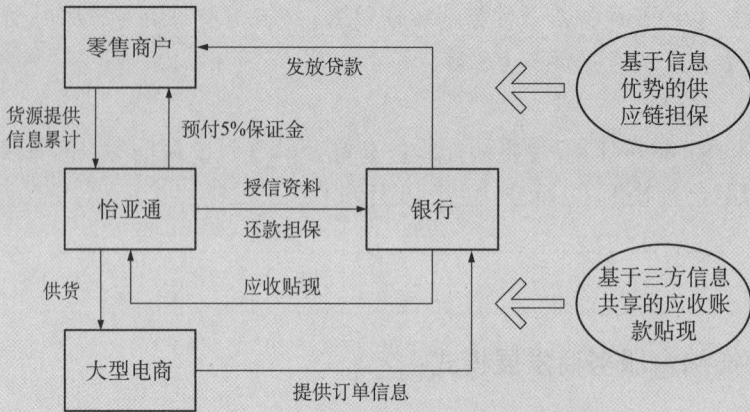

图 9-11 怡亚通供应链金融模式

（资料来源：招商证券.计算机行业供应链金融系列专题（一）：互联网助推供应链金融迈向融合新时代.2015 年 10 月 16 日）

七、第三方支付平台发展模式

第三方支付平台发展模式主要是通过对第三方支付平台上融资企业的支付服务数据的分析来协调供应链上下游企业的融资需求，实现资金的有效配置。在这一模式中，由融资企业向银行提出融资申请，银行受理后授权支付平台对企业的经营状况、在供应链中的地位、企业信用等级进行评估。支付平台根据自身掌握的交易数据进行评估，以判断企业融资是否合理、项目风险如何，然后反馈给银行。支付平台还可以联合核心企业进行风险担保。由于支付平台拥有企业真实的交易数据，支付平台的担保对于企业是很有分量的背书，可大大提高其获得融资的可能性。而在发放贷款后，支付平台可以跟踪企业的交易记录，实现有效的风险控制。这类模式的典型代表是第三方支付公司快钱。

案例 9-8

第三方支付公司快钱的供应链金融业务

第三方支付公司快钱 2011 年起正式将公司定位为"支付＋金融"的业务扩展模式，全面推广供应链金融服务。公司与联想集团展开合作，帮助其整合上下游中小企业的电子收付款、应收应付账款等信息，将供应链上下游真实的贸易背景作为融资的基本条件，形成一套流动资金管理解决方案，打包销售给银行，由银行根据应收账款等信息批量为上下游的中小企业提供授信。快钱切入供应链金融领域的优势在于：①银行精力有限，往往无法顾及 500 万以下长尾客户的需求，快钱采用电子化平台，可有效处理中小企业短、急、频的需求。②企业通常一次只能向一家银行发起融资需求，而快钱同时对接多家银行，可避免重复申请。③由于银行的业务分散在各地分行、支行，而第三方支付平台可实现跨行、跨地区，更好地为业务遍及全国的企业（联想）提供服务。

（资料来源：招商证券.计算机行业供应链金融系列专题（一）：互联网助推供应链金融迈向融合新时代.2015 年 10 月 16 日）

八、大型商贸园区发展模式

大型商贸园区发展模式指大型商贸园区依托于其海量的商户，并以他们的交易数据、物流数据作为基础数据提供供应链金融产品和服务。这样的贸易园区有很多，如深圳华强北电子交易市场、义乌小商品交易城、临沂商贸物流城、海宁皮革城等。这种模式的典型代表是银货通。

案例 9-9

银货通供应链金融业务

浙江的"块状经济"历来发达，"永康五金之都""海宁皮革城""绍兴纺织品市场""嘉善木材市场"等都是知名的块状产业聚集区。而这些产业集群的特征是，其上下游小微企业普遍缺乏抵押物，但却具有完整的上下游供应链。在这样的背景下，银货通首创存货质押金融，是国内首家基于智能物流、供应链管理的存货金融网络服务平台。平台服务于金融机构、投资者及有融资需求的中小微企业客户，通过匹配与撮合各方融资贷款业务双方需求，并针对融资业务过程中的物流、信息流与资金流，协调整合物流、保险、担保、评估等专业机构提供风险评估与控制解决方案和服务，达到业务参与各方的合作共赢。

截至目前，银货通已与工商银行、中国银行、杭州联合银行、杭州银行等多家金融机构、小贷公司、担保公司以及第三方财富管理公司、投资咨询公司建立了战略合作关系，为数十家在轻纺、农产品、建材、中药材等行业的小微企业通过动产质押模式累计实现融资超 10 亿元，管理监管仓储面积超 10 万平方米，监管质押动产价值 25 亿元。

对以上八种模式进行比较,可以发现:①资金供给方面,在众多参与者中,商业银行有着最强的资金优势,且在传统的借贷过程中对核心企业的运营状况较为了解。由于银行强大的资金优势以及对借贷方选择的主导优势,目前银行基本占据了供应链金融最优质的行业客户,如汽车、钢铁等。但是银行在客户选择方面颇为苛刻,且放贷流程较长。②信息优势方面,电商平台、信息化管理厂商、物流企业、供应链综合服务商、第三方支付、大型商贸园区等发展模式的信息优势较为突出,通过掌握公司的运营数据,建立公司征信数据,对公司的信用状况进行评级从而控制信贷风险。③企业增信方面,核心企业发展模式可以更好地实现企业增信。核心企业一般具有深厚的行业背景,通过对上下游企业的了解为难以获得银行或其他金融机构贷款的中小微企业提供担保、牵头或者帮其融资。核心企业最大的价值在于对上下游企业的增信。

本章小结

供应链金融是为供应链整体提供金融服务的一种融资模式,在互联网时代,供应链金融的操作方式与以往不同。本章主要介绍了互联网供应链金融的概念、特点、分类及发展,重点介绍了互联网供应链金融的八种模式及其代表性平台。

★★★★★ 关键术语 ★★★★★

商业银行发展模式　电商平台发展模式　信息化管理厂商发展模式　京东供应链金融阿里巴巴供应链金融

★★★★★ 思考题 ★★★★★

1. 什么是互联网供应链金融?
2. 互联网供应链金融相比于传统供应链金融有哪些特点?
3. 国内互联网供应链金融的代表性模式有哪些?
4. 描述互联网供应链金融主要模式的特点及其流程。

案例应用

苏宁供应链金融业务发展路径

2011年,在南京举办的苏宁未来十年战略发布会上,苏宁首次公开提出了布局供应链金融的战略规划。同年,苏宁注资1亿元创建南京苏宁易付宝网络科技有限公司,并通过收购安徽华夏通支付有限公司获得第一张第三方支付牌照。虽然苏宁曾经尝试向部分品牌供应商提供供应链类金融服务,但其供应链金融最终变为现实却是在2012年。

2012年12月,苏宁公司境外全资子公司香港苏宁电器有限公司与苏宁电器集团共同出资发起设立"重庆苏宁小额贷款有限公司",面向全国上游经(代)销供应商全面主推供应链融资业务。凡是苏宁经(代)销供应商均可以与苏宁易购操作的结算单应收账款作为抵押物进行融资贷款,单笔融资额最高可达1000万元。

苏宁供应链金融业务由自己出资和与银行合作放贷两种模式相结合。除了"苏宁小贷"融资业务之外,苏宁与众多银行合作推出"银行保理",是目前国内开展互联网金融业务覆盖银行数量最多的电商平台。2014年7月苏宁众包姗姗来迟,对参与众包平台的企业,苏宁将会拿出媒体资源和线上线下引流资源推广。苏宁旗下的"易付宝"、小贷公司对平台企业开放,首批投资10亿元设立平台信贷资金。而2014年9月供应商成长专项基金的提出,则是助力解决中小微企业的融资难问题。供应商在向苏宁进行融资时,苏宁还将拿出专项资金,通过利息补贴的形式反哺供应商,最高补贴为苏宁信贷利息的20%。2015年5月,任性付的推广使得用户在购物时可使用任性付直接付款,享受提额、优惠期内30天免息(费)、超低手续费分期等服务。这意味着苏宁"供应链金融+基金保险+消费信贷"的全产业链金融布局已初步形成。

苏宁供应链金融服务主要开展订单融资、库存融资以及应收账款融资类基于真实贸易的融资服务。通过管理上游合作伙伴的完整供应链流程,可掌握其资金流、物流和商流等多维度信息,在采购、物流、仓储体系间闭环运作,能够把不可控的金融产品风险转化为供应链业务上的可控风险。

与阿里金融的"平台、金融、数据"路线略有不同,苏宁的金融布局为"全金融"。除了提供还款、转账、基金、保险等互联网金融产品之外,后期,苏宁还可能利用线下多家实体店的优势,将苏宁易购正在开展的金融业务复制到线下。

(资料来源:苏宁筹建银行或为开放平台供应链金融布局,太平洋电脑网,2013年8月26日)

案例讨论
1. 根据上述案例,苏宁供应链金融业务中都包括哪些互联网供应链金融模式?
2. 相比京东和阿里供应链金融,苏宁开展供应链金融业务有哪些独特优势?
3. 试分析苏宁开展供应链金融业务所面临的风险及其建议。

第十章
互联网理财

学习目标

◆ 了解互联网理财的概念、特点与发展历程
◆ 掌握互联网理财的典型模式
◆ 掌握典型互联网理财产品的运作机制

本章知识导引

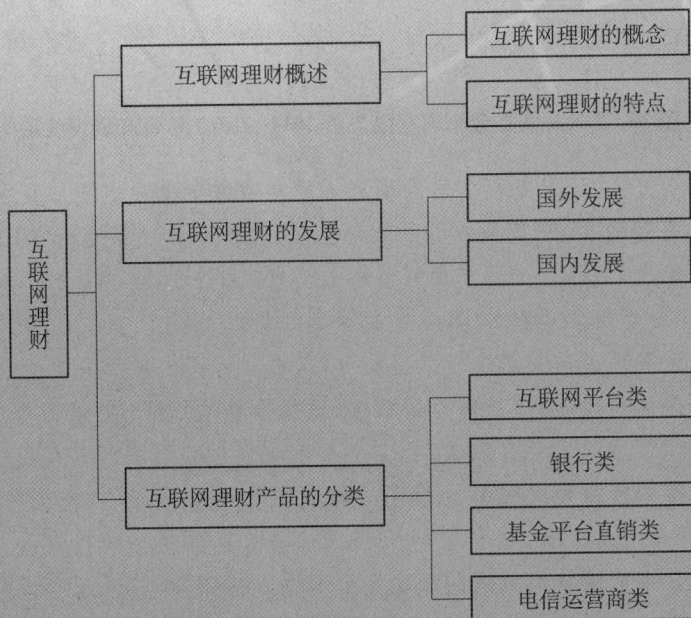

```
                                          ┌─────────────────┐
                    ┌─────────────┐   ┌───┤ 互联网理财的概念 │
                    │ 互联网理财概述 ├───┤   └─────────────────┘
                    └─────────────┘   │   ┌─────────────────┐
                                      └───┤ 互联网理财的特点 │
                                          └─────────────────┘

                                          ┌─────────────────┐
            ┌───────┐  ┌─────────────┐ ┌──┤     国外发展     │
            │ 互     │  │ 互联网理财的发展├──┤   └─────────────────┘
            │ 联     ├──┤             │ │  ┌─────────────────┐
            │ 网     │  └─────────────┘ └──┤     国内发展     │
            │ 理     │                     └─────────────────┘
            │ 财     │
            └───────┘                      ┌─────────────────┐
                                       ┌───┤   互联网平台类   │
                       ┌─────────────┐ │   └─────────────────┘
                       │互联网理财产品的分类├─┤   ┌─────────────────┐
                       └─────────────┘ ├───┤      银行类      │
                                       │   └─────────────────┘
                                       │   ┌─────────────────┐
                                       ├───┤   基金平台直销类  │
                                       │   └─────────────────┘
                                       │   ┌─────────────────┐
                                       └───┤   电信运营商类   │
                                           └─────────────────┘
```

互联网理财基金——余额宝

　　天弘基金管理有限公司经中国证监会批准,于 2004 年 11 月 8 日正式成立。注册资本 1.8 亿元。由天津信托有限责任公司(持股比例 48%)、内蒙古君正能源化工有限公司(持股比例 36%)、芜湖高新投资有限公司(持股比例 16%)共同发起设立。2013 年 10 月 9 日,阿里巴巴电子商务公司注资天弘基金,成为天弘基金最大控股股东,持股比例 51%。2013 年 6 月,公司与阿里巴巴旗下支付宝公司合作推出余额宝,之后公司资产规模迅速上升,公司在全国基金公司排名中跃居前十,公司在 2011 年至 2013 年资产规模变动情况如图 10-1 所示。

单位:亿元

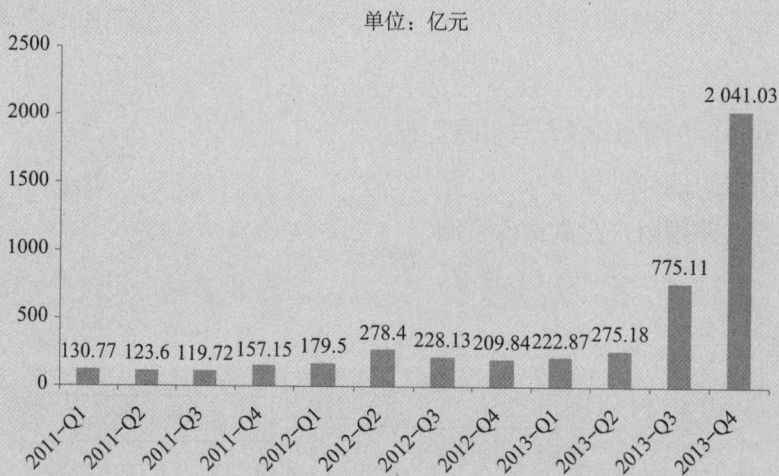

图 10-1　天弘基金管理有限公司 2011—2013 年资产规模变动

　　由图 10-1 可见,天弘基金公司的资产规模在余额宝上线之前一直在 200 亿元左右。此规模在当期的 85 家基金公司中排名在 50 名之外。而余额宝 2013 年 6 月份上线以后的两个季度,天弘基金资产规模呈蹿升态势,到 2013 年底,公司资产规模达到 2 041.03 亿元,资产规模达到 2013 年第二季度的将近 10 倍。天弘基金的资产规模在市场上所有基金管理公司的排名也跃至第 6 位,更成为国内规模最大的一只货币市场基金。天弘基金的逆袭,主要是借力余额宝,根据余额宝 2013 年第四季度报告,余额宝的基金资产规模达到 1 853.42 亿元,占天弘基金管理公司资产总规模的 90.81%。

　　余额宝对接的产品为天弘基金旗下的增利宝货币基金,用户把支付宝中的余额转入余额宝,即视为购买了"增利宝"货币基金,享受货币基金的投资收益,同时承担基金投资风险。余额宝的最低认购额度低至 1 元,最高限额 100 万元。基金的管理方每天分配收益至投资者余额宝账户,并按复利计算收益,余额可以随时赎回,或者直接用于支付网上消费。

余额宝的产品结构中主要涉及三个直接主体,分别是基金公司、支付宝公司和支付宝客户。其中,支付宝公司推出同时具有支付和投资增值功能的余额宝产品,是第三方结算工具和客户资源的提供者;天弘基金管理有限公司推出"增利宝"货币基金产品,并把该产品嵌入余额宝,实现对"增利宝"基金的购买和持有,并每日分得基金收益,是基金的购买者。

　　从整个余额宝主体架构中可以看出,余额宝并非支付宝公司代销,而是由天弘基金直销,余额宝公司只是基金销售服务商,为基金销售提供网络通道、电商平台和客户资源等服务。通过对资金流向、申赎策略等产品流程方面的巧妙设计,余额宝最终实现支付宝公司、基金公司和支付宝客户的三方共赢。对于支付宝公司来说,把支付宝庞大的注册用户群提供给天弘基金开发,为天弘基金提供了一个投资者"金矿",淘宝的平台优势也为优化基金的资金流转流程提供了基础。同时支付宝公司也成功规避了监管部门政策上禁止第三方支付公司代销基金产品的监管规定,还可以获得一定的管理费收入。对于基金公司而言,支付宝作为国内最大的第三方支付平台,具有庞大的客户群体,这就开辟了一条新的销售渠道,为增加基金的销售规模创造了条件。另外,支付宝公司背后的阿里巴巴集团拥有庞大且稳定的客户资源,客户的稳定性为发展创新型业务提供了条件,从而进一步提升了基金公司的可持续发展能力,也直接提高了公司规模和竞争实力。对于用户而言,余额宝不仅提供了较高的货币基金收益,而且具有活期存款功能,用户可以随时提现、赎回或者用于网络支付转账,不仅没有影响到用户资金的流动性,还能实现资金的保值增值。

　　(资料来源:马恋.互联网理财基金案例研究——以余额宝为例.暨南大学硕士学位论文,2014)

第一节　互联网理财概述

互联网理财作为互联网金融的一大支柱,在短短数年间已经占据国内理财市场的半壁江山,拥有众多的理财用户,其市场规模也已经超过万亿。传统的理财方式由于其高门槛和各种限制,导致只能服务一部分的理财用户,让理财成为富人游戏的代名词。然而随着国民收入的不断攀升,个人理财需求愈发强烈,互联网理财因此诞生,成为众多个人理财用户的首要选择。

一、互联网理财的概念

互联网理财,是指投资者通过互联网渠道获取理财产品和理财服务,从而获得相应收益的一种理财方式。本质上来讲,互联网理财就是线下传统理财的一种延伸,线下理财的各类产品或者理财服务通过互联网这一便捷的渠道推向大众。只不过,互联网渠道具有自己的特性,优化了线下理财产品或者服务,如收益率大幅提升,进入门槛大大降低,操作上便捷灵活等。以阿里巴巴、苏宁、京东为代表的中国主要电子商务企业和以腾讯、百度等为代表的互联网公司均已推出互联网理财产品。例如百度推出的百赚、阿里巴巴推出的余额宝、腾讯推出的理财通等产品均已成为中国主流的互联网理财产品。

相较国内银行偏低的活期和定期收益率以及动辄上万的理财产品投资门槛,互联网金融理财产品以其便捷的操作方式、实时公布并相对较高的收益率、自有灵活的投资期限、最低为零存取时间差等明显优势从银行分流存款资金。尽管到目前互联网金融理财产品汇集的份额与传统银行相比还只是小部分,但其如火如荼的势头让传统银行业倍感压力,越来越多的传统银行开始由线下转到线上,推出自己的互联网理财产品。

二、互联网理财的特点

互联网理财相较于传统的理财方式而言,主要具有以下特点:

(1)使用便捷,理念先进。各互联网理财产品成功打造了一种便捷的、开放式的理财观念。长期以来,我国投资理财渠道匮乏,理财观念较强的普通老百姓也只能选择股市、房市、银行理财等方式,而这些投资方式的门槛往往较高,切断了其他小投资者的理财渠道,手里有一定闲散资金的投资者只能存款于银行,被动接受银行所付的低息。而余额宝等互联网理财产品借力电子商务蓬勃发展的契机,以多年来积累的广大用户为基础,主打提升用户体验的形式。以余额宝为例,余额宝将网购用户存放于支付宝的备付金与货币基金结合,使得网民存在支付宝里的资金可以获得远高于银行定期存款利息的额外收益,实现了闲散资金的价值增值。值得一提的是,余额宝推出伊始主要吸引的是闲散资金规模微不足道的中下阶层,这一广大群体恰恰是银行最不重视、基数虽大但个体资金规模几乎可以忽略不计的草根群体,根据"二八法则",银行一直将更多的注意力集中在高价值客户身上。而互联网理财产品从长远角度考虑,意识到年轻群体随着自身发展,财富将逐渐增加,而且长期使用互联网,可以通过培养这个群体对互联网金融的忠诚度,收获长远的收益。

(2)低门槛,高收益。相较传统银行理财产品5万元、10万元的投资起点,互联网理财产品设置的"门槛"低至1元甚至1分钱,在吸引用户参与投资体验的同时,最大限度打消了风险规避者的投资疑虑。几乎无门槛的理财方式、远高于普通理财产品的收益也是互联网金融理财产品具有强大吸引力的重要原因。

(3)高流动性,理财模式碎片化。相比银行复杂的存取流程,互联网理财产品的流程更便捷,可以随时随地在电脑或者手机上完成申购赎回等操作。另外,互联网理财产品对投资起点几乎没有要求,方便用户将自己的零散资金实时存到互联网理财平台,实现碎片化的理财模式。互联网金融理财产品的高收益加上实时到账、随存随取的特点,使用户在享受远高于银行1年期定期存款利息的同时获得活期存款的灵活性。

(4)新兴模式,安全有保障。以余额宝为代表的新型理财模式,以在线购物活跃的年轻用户群体作为切入点,这个群体的用户有一定的消费能力,同时也是最易于接受新兴事物的群体,以点带面让广大用户从线下走到线上,从传统走到理财前沿,以低门槛、高收益、便捷操作方式等优势吸引用户参与互联网理财。同时,面对防不胜防的手机移动支付和互联网支付漏洞,为了给予客户充足的安全保障,除了加强技术保障、强化安全机制外,在资金赔付方面,余额宝的做法是对转入其账户的资金由众安保险承保,被盗100%赔付,赔付无上限。财付通通过与中国人保财险(PICC)合作,确保诸如理财通账户被盗、被骗等情况下用户的资金第一时间全额赔付措施等。

一方面,随着商业银行全力进军互联网理财市场,其主体和产品间的竞争愈加激烈,市场整体投资收益率趋于平缓。另一方面,随着国内宏观经济政策的宽松化,各种理财产品的收益率可能进一步走低。但从互联网理财对整个理财市场的意义而言,随着多元、创新、定制化互联网理财产品的出现,将带来全民理财时代的全面开启。

第二节　互联网理财的发展

一、国外互联网理财的发展

从世界范围来看,由于各国存在着政治、经济、文化上的极大差异,互联网理财在不同国家的发展路径也有很大区别,不同国家结合自身实际与互联网的高效、普惠优势形成了不同的互联网理财业态。

(一)美国互联网理财发展模式

嘉信理财(Charles Schwab)以及著名的PayPal网络支付公司开发的互联网货币基金是美国互联网理财模式的典型代表。

1998年，大型电子商务公司 eBay 成立了互联网支付子公司 PayPal，并于1999年完成了电子支付与货币市场基金的对接，从而开创了互联网货币基金的先河。在线投资者只需注册成为 PayPal 用户，账户中的现金余额即自动投资于货币基金。现金般的用户体验，远高于银行短期存款的利息收益使得该理财产品受到市场热捧。然而，2008年全球金融危机爆发后，货币市场流动性大幅紧缩，大量投资者纷纷赎回基金份额。挤兑冲击致使 PayPal 货币市场基金收益直线下跌。数据显示，其2011年的收益率仅为0.05%，较2008年贬损达98%。最终，PayPal 不得不关闭货币市场基金。互联网货币基金在美国的发展也进入了低谷期。

始创于1971年的嘉信理财是世界上最大的网上理财交易公司，主要向中低端客户提供证券经纪、银行、资产管理等金融服务。事实上，嘉信理财早在20世纪70年代末就已经成为世界上最大的佣金折扣经纪商。20世纪90年代中期，互联网热潮初兴之时，嘉信理财便开始利用网络平台开展传统的经纪和基金等业务，进而迅速成为美国最大的在线证券交易商。目前，其活跃账户总数超过700万，管理资产总额超过1万亿美元。

(二) 美国一站式互联网理财平台

不同于国内大多数平台仍停留在自助化的阶段，美国的一站式互联网理财平台已经可以为用户提供较为成熟的智能化、顾问化和社交化服务。

其中，智能化平台主要针对用户的被动型理财需求，不需要用户花费大量时间、精力，由平台代为自动管理其财务和投资。这类平台通过对用户问卷数据或已有账户情况的分析为之提供个性化的投资建议或对接符合其理财风格的其他平台。国外智能化平台多以 ETF 基金为载体，主张分散投资且跟随市场指数，注重税务优化。典型代表有 Wealth Front 和 Mint。

Mint 作为一个免费的个人理财平台，创立了属于个人的财务数据库，将个人所有账户信息与 Mint 平台账户结合起来，并自动更新客户的财务信息和收支状况。客户可以通过 Mint 账号查找到个人账号中的财务与收支状况的对比情况，然后据此分析个人各项支出的比例，从而制订个性化的理财计划。

而 Wealth Front 更加注重财富的管理方式，通过聘请专业人士，提供投资意见，使客户利益最大化，而且 Wealth Front 平台高端的服务并没有收取高额费用，只是在超过1万美元的投资额中每年才收取投资额的0.25%，作为服务费。

从两个理财平台运营的成功经验来看，Mint 更注重客户个人的财务数据信息的管理，方便客户制订个人的理财方案，更偏向投资者的个性化。而 Wealth Front 更注重利用专业投资人士的理财意见，更偏向投资者的集体化。但同时，这两个理财平台还具有如下若干共同特征：

(1) 以互联网为主要服务渠道。

(2) 以自动、智能的算法为用户提供服务，显著降低了服务成本。

(3) 注重个性化和定制化，面向长尾市场。

(4) 理财方案清晰、透明，用户享有完全的知情权和选择权。

(5) 操作简单，用户无需过多的金融知识便可独立进行理财。

(6) 资金门槛低，普遍门槛在数百美元左右，与动辄十万、百万量级资产要求的传统理财咨询业大相径庭。

（7）大多拥有移动应用，用户可充分利用碎片化的时间与资金进行理财。

（8）费用透明、低廉。

这些特征源于互联网技术与理念在理财规划/咨询活动中的深入应用，体现出鲜明的互联网精神（普惠、平等和选择自由），而不仅仅是理财规划/咨询行业的网上渠道拓展。因而它们既是对传统理财规划/咨询行业务的创新，也可将市场扩展至传统理财规划/咨询行业无法覆盖的人群。

二、国内互联网理财的发展

国内理财产品的线上迁移发生在 2007 年前后，当时部分产品已经开始借助互联网渠道进行销售。2013 年 6 月，余额宝的诞生正式宣告了中国互联网理财时代的到来。然而，国内互联网金融理财产品虽然用户群体众多，发展劲头很足，但也面临着来自监管机构的规制和来自传统金融理财产品的威胁。

（一）国内互联网理财市场的发展现状

余额宝推出后，"宝宝类"理财产品如雨后春笋般出现，开创了短期、灵活的互联网理财模式。继而，以陆金所、人人贷等为代表的 P2P 网络借贷迅速风靡了整个互联网理财市场。2014—2015 年，虽然面临着各种违约、跑路的突发状况以及监管日趋严格的政策环境，但随着利率市场化预期的增强，加上我国"大众创业、万众创新"之策的支持，国内互联网金融理财市场依旧呈爆发性增长的态势。前瞻产业研究院《2016—2021 年中国互联网理财行业深度调研与发展前景分析报告》显示：2015 年，我国理财规模疯狂增长近 400%。

这一阶段，互联网金融公司在众多理财领域与生态伙伴展开积极合作，互联网理财平台的资产端也呈多样化趋势，包括融资租赁、信托、私募债权等，为网民投资理财提供了更多选择。

但是随着 2015 年 12 月 28 日《网络借贷信息中介机构业务活动管理暂行办法（征求意见稿）》（以下简称《征求意见稿》）的出台，由 P2P 借贷平台转型的一站式理财平台遭遇合规性问题，《征求意见稿》第十条禁止行为规定，网络借贷信息中介机构不得从事或者接受委托从事下列活动：发售银行理财、券商资管、基金、保险或信托产品；除法律法规和网络借贷有关监管规定允许外，与其他机构投资、代理销售、推介、经纪等业务进行任何形式的混合、捆绑、代理。这意味着 P2P 网络借贷平台只能进行网络借贷撮合，不能提供其他理财服务。

监管的加强旨在规范整个互联网金融行业的发展，从而引发互联网理财合法性的讨论。通过对国内 50 余家一站式互联网理财平台进行梳理和统计发现，目前互联网理财平台包含最多的 5 种理财产品依次为：P2P 债权、货币基金、金融资产收益权、公募基金，以及信托、资管、私募等非公募产品。严格来讲，除了具备基金销售资质的平台销售货币基金和公募基金于法有依外，在目前的监管原则下，其余产品均面临或多或少的合规性问题。尤其是所谓的"结构化理财""定向委托资管"和"金融资产质押债权"具有明显的一揽子代客理财特征，可能涉及金融衍生品的代购、资管计划、信托拆分等行为。

(二)国内互联网理财市场的发展趋势

国内互联网理财用户规模及使用率随着互联网企业的不断创新、大众理财观念的深入以及互联网技术的助推,互联网理财市场的发展呈现出平台化、场景化、智能化等新趋势。

第一,各大互联网理财企业不断扩充产品类型,延伸服务链条,纷纷向"一站式"理财平台转型。从市场格局来看,以电商为代表的流量巨头占据更为明显的优势。

第二,场景化正在成为互联网理财行业发展的新方向。互联网理财企业通过加速营造场景、对接场景,变场景为入口,不断深耕市场。理财的场景化从用户的实际需求出发,融入用户生活,使得用户从单纯关注收益数字,转向关注基于生活需求的理财体验,理财的场景化也在一定程度上提升用户购买意愿和黏性。

第三,借助用户网络行为数据和理财产品信息,融入大数据、人工智能以及深度学习等技术,为用户提供智能化理财服务,是互联网理财发展的新方向。目前互联网理财的智能化还处在初级阶段,理财走向智能化将有效解决线上理财产品日益丰富与大众理财专业知识相对欠缺的矛盾,为投资者减少决策压力,提供更轻松、更便捷的理财体验,这将助推互联网理财行业的进一步发展。

第三节 互联网理财产品的分类

自 2013 年余额宝在互联网理财市场获得巨大成功以来,无论是基金公司、电商还是基金第三方销售机构、银行,都开始发售各种互联网金融理财产品。如今,互联网金融已进入理财产品爆发式增长阶段,电商、搜索网站、门户网站、基金公司、银行等都相继踏入这一领域,如新浪发布"微银行"后推出新浪微财富;腾讯继 2013 年 8 月发布的微信 5.0 版新增了支付功能后,2013 年 9 月与浦发银行正式签署《战略合作协议》,2014 年初推出理财通;2014 年 10 月中旬,银联商务推出天天福,百度理财继百发之后推出百赚。各银行也不甘示弱,纷纷加入到互联网理财战队中,开启了众多"宝宝"的混战。

琳琅满目的互联网金融理财产品,可以从多个不同角度进行分类。如按照理财产品品种的不同,可以分为互联网基金、互联网债券、互联网货币基金及互联网保险等;按照发行公司的不同平台类型(亦称作发行渠道),可以分为互联网平台类、银行类、基金直销类、电信运营商类等。本节对互联网理财产品的结构、运营等特征的详细描述将依据不同发行渠道划分的类型进行。

一、互联网平台类理财产品

互联网平台类理财产品可以根据各平台的业务领域不同,进一步分为电商类、门户网站类、搜索网站类等。其中,电商类代表有阿里巴巴旗下的余额宝和招财宝、腾讯推出的理财宝、苏宁云商的零钱包以及京东商城推出的小金库等;门户类以网易旗下的现金宝以及新浪微财富为代表；搜索网站以百度推出的百发、百赚为代表。

案例 10－1

余 额 宝

支付宝是由阿里巴巴集团创办的第三方网上支付平台，而余额宝是支付宝为个人用户推出的通过余额进行基金购买支付的服务，把资金转入余额宝即为向基金公司等机构购买相应理财产品。本质上看，余额宝是第三方支付业务与货币市场基金产品的组合创新，是一个基金直销平台，通过这个平台用户可以直接购买货币基金。真正的理财产品其实是各类货币基金，用户通过把钱转入余额宝，相当于认购了一定的基金份额，然后享受基金公司的投资收益。在余额宝业务模式下，支付宝不参与基金销售业务，也不介入基金投资运作，仅发挥互联网客户导入的作用。

余额宝的合作基金方天弘增利宝货币基金，是由天弘基金管理有限公司发行的一款货币型基金，其投资范围主要是：现金；通知存款；短期融资券；1 年以内（含 1 年）的银行定期存款、大额存单；期限在 1 年以内（含 1 年）的债券回购；期限在 1 年以内（含 1 年）的中央银行票据；剩余期限在 397 天以内（含 397 天）的债券；剩余期限在 397 天以内（含 397 天）的资产支持证券；剩余期限在 397 天以内（含 397 天）的中期票据；中国证监会认可的其他具有良好流动性的货币市场基金。

余额宝所代表的货币基金学名叫作"T＋0"货币基金。传统的货币基金赎回需要"T＋1"或"T＋2"日，作为现金管理工具不够便捷，为了抢占券商股票保证金的市场，基金公司不断改良，从基金申购头寸中拿出一部分先行垫资给客户，实现了货币基金的"T＋0"赎回（申购"T＋1"日）利用取现的便利性实现货币基金手机充值、信用卡还款等增值服务，实现了很多消费领域现金管理的功能。

1. 余额宝的创新之处

余额宝最大的创新之处，同时也是与银行传统理财产品最大的不同之处主要体现在：

第一，银行用户的存款用于基金投资，利用的是用户用于投资和保值的资金，而余额宝盘活的是用户用于消费的中转资金。余额宝通过对传统的货币基金产品进行改良，对申购和赎回流程进行优化，传统货币基金的产品价值得到了充分的挖掘和拓展。一方面，结合了客户的生活需求，通过互联网覆盖广大的普通用户，使货币基金的产品定位和基本功能回归了货币基金的本质；另一方面，通过与支付通道对接，可以直接将货币基金转化为现金在阿里巴巴的购物平台上使用，使传统货币基金产品自然无缝式融入生活中，方便了消费者的购物需求。

第二，余额宝的创新还体现在技术创新应用上。表面上，余额宝能够在竞争激烈的金融市场脱颖而出是因为它的低门槛、高收益等优势，以一款理财工具的形式横空出世。而从其本质来看，余额宝更倾向于作为促进消费者消费的一款金融工具，转入余额宝的资金可以随时随地用来在阿里巴巴的购物平台上进行消费。

由此说明,余额宝的价值和意义在于它降低了理财门槛和理财成本。操作简单,无门槛式理财,购买和支取灵活方便,可以培养和提高普通百姓尤其是低收入者的理财意识,塑造通过余额宝购买基金的支付宝品牌信誉和积累基础用户群,对今后向这些用户推荐更多的金融理财产品做好铺垫和过渡,等待条件成熟后开创真正的互联网银行、互联网保险等互联网金融服务生态体系。

2. 余额宝相比传统理财产品的特点

(1) 便捷性。余额宝的便捷性主要体现在两个方面。第一,支持支付宝账户余额支付、储蓄卡快捷支付(含卡通)的资金转入。转入余额宝内的资金分两种方式进行,由基金公司进行份额确认,对已确认的份额会开始计算收益。具体为:一种方式为"T+1"模式,即是在工作日(T)15点之前转入的金额将在第二个工作日,即"T+1"由基金公司确定基金份额;另一种方式为"T+2"模式,这种模式是在工作日15点以后转入余额宝的资金会延迟一个工作日即"T+2"日确定基金的份额。第二,余额宝内的资金还能随时用于网上购物、支付宝转账等支付功能。

(2) 灵活性。余额宝的灵活性体现在用户可随存随取、随时消费支付和转出;相比银行理财产品需要排队抢购的情况,余额宝可24小时随时购买;余额宝转入的资金没有数额的限制,最低1元计息,最高没有限额。

(3) 高收益。通过余额宝,用户不仅能够得到收益,还能使用户在支付宝网站内就可以直接购买基金等理财产品。同时,和银行活期存款利息相比,通过余额宝,用户存留在支付宝的资金不仅能拿到"利息",所获得的收益几乎是银行同期活期存款的10倍以上,而且不收取手续费。

(4) 低风险。转入余额宝的资金在第二个工作日由基金公司进行份额确认,对已确认的份额会开始计算收益。实质是货币基金,虽仍有风险,但风险性较低。支付宝资金安全已由平安保险全额承保,如果支付宝账户被盗,余额宝产生资金损失,用户都能得到赔付,赔付金额没有上限。

(5) 信息发布及时。余额宝捆绑的货币基金每日进行分红结算,每天都可以看到基金份额的增加;余额宝的数据和图表统计完善,历史收益率变化趋势一目了然;在天弘基金的官网上,能查到过去每天的收益以及相关的报告信息。这些举措无疑是在行业内树立了标杆,在建立行业规则的同时也让用户能够及时掌握更多的信息,增加信息对称带来的安全感。

由于具备以上这些优势,余额宝在推出后短期内便受到广大用户尤其是"草根"级用户的青睐,开启了全民理财时代。

(资料来源:中国互联网金融研究报告(2015).中国经济出版社.第1版,2015年3月1日)

案例 10 - 2

理　财　通

2014年1月22日,互联网巨头腾讯旗下的货币基金产品微信理财通正式上线。通过与华夏基金等四家基金公司合作,用户可以根据收益率的不同,自主选择购买基金,当天合作的华夏基金产品7日年化收益率为7.394%。目前支持民生银行、招商银行、建设银行等共计12家商业银行的借记卡。各家银行可支持的限额会有所不同,单日单笔限额在0.5万~5万元。从公测开始,微信理财通每天有超过1亿元的资金流入,根据财付通的数据,从2014年1月16日公开测试至1月28日,共计13个自然日,理财通的规模已经突破百亿元。

理财通的官方合作基金方分别是华夏财富宝、汇添富全额宝、易方达基金和广发基金,主要投资银行存款和短期债券,收益源于银行存款利息收益和债券投资收益。其中华夏财富宝的收益为"每日结转,按日支付"的收益结转方式,其特点在于投资者除了每天可以在账户中看到自己购买份额的变化,还能享有"日日复利"的复利收益。

微信理财通对接的华夏财富宝货币与余额宝对接的天弘增利宝货币都属于货币基金。但两者的收益率有差别,主要的影响因素除了基金公司的议价能力,还可以从基金规模的差异等方面进行考虑。

(1)流动性方面。与余额宝相比,理财通对购买和赎回仍有一定的金额限制。理财通单笔购买最高额度5万元,每个理财账户资金不超过100万元;单次赎回最高额度5万元,每个账户每日可转出5次,这基本可以满足理财者对于资金流动性的需求,适合工薪阶层对于工资账户余额的打理。虽然在移动支付领域微信支付有异军突起之势,但是与支付宝成熟的8亿账户相比,仍显得势单力孤。且微信支付未能打通与微信理财的消费场景——用户无法对理财通内的资金进行直接消费,而是需要转入购买时使用的同一储蓄账户后才能进行消费。

(2)安全性方面。理财通和余额宝都提供了"资金保障服务"。微信支付最大的问题是安全问题,作为一个信息交流工具,微信支付的硬伤在于由于没有账户,通过绑卡,一旦微信号被盗,资金就存在安全问题。为了应对安全问题,财付通与中国人保财险(PICC)达成战略合作,如果出现微信理财通账户被盗被骗等情况,经核实确为财付通的责任后,将在第一时间进行全额赔付;对于其他原因造成的被盗被骗,财付通将配合警方,积极提供相关必要的技术支持,帮助用户追讨损失。同时,理财通的协议中也规定对于"受到计算机病毒、木马或其他恶意程序、黑客攻击的破坏,用户或财付通公司的电脑软件、系统、硬件和通信线路出现故障"的情况是免责的。余额宝在安全性方面,宣称"资金被盗全额补偿",同时也在余额宝协议中明确规定:"对非本公司原因造成的账户、密码等信息被冒用、盗用或非法使用,由此引起的一切风险、责任、损失、费用等应由投资者自行承担。"

（3）收益性方面。理财通与余额宝的差异并不大。

（4）用户体验方面。理财通现阶段只能在手机端操作，主打移动客户端市场，而余额宝的操作可以电脑和手机结合，其主场优势相对而言在于 PC 端。理财通和余额宝的操作没有时间限制，随时随地均可操作。

（资料来源：中国互联网金融研究报告(2015).中国经济出版社.第 1 版,2015 年 3 月 1 日)

二、银行类理财产品

互联网金融与传统银行在资产端错位竞争、负债端少量分流、通道端分庭抗礼。以基金销售为例，以前的基金销售，70％以上是银行渠道，20％是券商渠道，0—10％是官方渠道。互联网金融的兴起，使传统银行模式面临着挑战：如第三方销售、金融机构官方渠道、支付宝等新型渠道的面世，使得银行渠道优势不再；银行的理财产品更新慢，理财产品的买入、赎回流程等方面远不及互联网理财产品。

感受到来自互联网金融的竞争压力，各大银行纷纷开始触网，在原有的理财产品基础上通过与基金公司或者互联网企业的进一步合作，陆续推出了各自的银行系互联网理财产品，如中国银行的活期宝、平安银行的平安盈、工商银行的薪金宝、浦发银行的天添盈等。这些产品最大的优势是来自银行信誉的保障，很多投资人正是出于能够及时变现的考量才会更青睐有金融机构作背书的平台，这类平台以自身银行体系的产品为基础进行销售。也正是由于机构提供的强大信誉背景，使得这种产品的转让也更容易。

案例 10-3

平 安 盈

平安盈是平安银行通过与金融机构合作(包括但不限于保险公司、银行、基金公司、证券公司等)，在互联网上通过财富 e 为投资者提供的系列金融产品服务。目前平安盈(南方)购买的是南方现金增利货币基金，平安盈(大华)购买的是平安大华日增利货币基金，两只基金的净值均保持 1 元不变，收益体现在每日公布的日万份收益。日万份收益＝(当日基金净收益/当日基金发行在外的总份额)×10 000。当用户急需支取现金时，可直接将平安盈内的资金实时转账到绑定银行卡，立即支取现金随时使用。

与传统的银行理财产品相比较，平安盈有三大优势：

（1）"盈闲钱"。客户在网上开立财富 e 电子账户后，可通过财富 e 电子账户购买平安盈。通过平安盈，用户可以将其闲置资金归集起来，赎回资金实时到账，在不影响客户资金流动性的条件下，用户可以享受到高出活期存款利息的收益。

（2）"盈方便"。平安盈内资金可"T＋0"实时转出使用，还可直接购买基金或理财产品，操作方便。

（3）"盈安全"。用户通过登录银行电子账户财富 e 购买平安盈产品，除了录入网银登录密码，还有动态密码双重保障。此外，平安盈内自己支持购买基金、理财产品、转账或信用卡还款。

与余额宝理财产品相比，平安盈具有以下特点：

（1）平安盈的基金份额，可通过网银直接查询账户余额来掌握，相当于准活期资金的管理，且资金可以实时转入和转出。

（2）平安盈转入和转出相比一些互联网理财产品限制更少。其中平安盈（南方），捆绑南方货币基金，单日转入限制为 1 000 万元，单日转出限制为 100 万元；平安盈（大华），捆绑平安大华日增利货币基金，单日转入限制为 10 万元（总限额为 20万元），单日转出限额为 20 万元（具体限额规定可能会调整变化，以中国平安官网公布为准）。

尽管与余额宝等其他互联网理财产品相比，平安盈捆绑的货币基金收益每周才结算一次（收益为一周内每天收益之和），历史收益率数据更新也不及时，不方便随时了解当天的收益情况，但通过第三方网站还是可以随时了解当日基金收益或者使用中国平安集团另一款产品"壹钱包"代替（壹钱包捆绑的也是平安大华日增利货币基金）。

（资料来源：和讯网. 平安银行网络理财产品"平安盈"强势上线. 2013 年 11 月29 日）

案例 10-4

薪　金　煲

2014 年 4 月 28 日，中信银行接受嘉实基金、信诚基金推出"薪金煲"业务。相较于互联网宝宝们的申赎和消费局限，中信银行"薪金煲"业务在安全性、便捷性、功能性等方面进行了升级，其突破点在于其所对接的货币基金"薪金煲"无须再主动申请赎回便可以在全国各家银行的 ATM 机上直接取现或是在 POS 机刷卡消费。从方便快捷角度看，中信银行的这一创新之举开创了新思路，打破了线上和线下之间的壁垒，实现了真正意义上的普惠基金。

2014 年 7 月,华夏薪金宝货币基金和南方薪金宝货币基金与中信银行薪金煲业务进行对接,由此,华夏、南方两家基金正式加盟中信银行薪金煲军团。至此,薪金煲旗下已拥有嘉实、信诚、华夏、南方四只货币基金,总规模近 80 亿元。

与之前各类互联网"宝宝"不同,在加入中信银行薪金煲业务后,华夏和南方货币基金产品可凭借中信银行的终端支持,实现全自动理财及支付功能。客户可以通过中信银行全国网点或网上银行签约开通"薪金煲"业务,选择关联"华夏薪金煲"或"南方薪金煲",设定卡内最低余额之后,超出部分将自动申购上述货币基金,实现余额理财。而在需要现金时,客户无须做赎回操作,可直接实现 ATM 取现,POS 机刷卡消费和转账等功能。对于客户而言,基金份额可以支付和取现,薪金煲业务无疑成为理财与支付的完美结合。凭借这一功能,客户不用再担心资金赎回的时间问题,更是省去了繁琐的赎回操作,真正实现了随时理财、随时支付的完美体验。

（资料来源:凤凰网财经.较量互联网"宝宝"中信薪金煲方便堪比现金.2014 年 4 月 29 日）

互联网公司的余额理财产品让市场见识到其超强的"吸金"功力,为缓解存款流失压力,银行系余额理财产品除了上文介绍的平安盈、薪金煲,其他银行也纷纷加入到市场争夺战中。兴业银行继 2014 年 3 月推出掌柜钱包后不久,又推出一款余额理财产品"兴业宝",中国银行推出活期宝、民生银行的如意宝、工商银行的薪金宝、广州农商银行推出至尊宝,等等。

银行系理财产品大都通过其手机银行客户端进行销售,因此,其在交互友好度、新手指引和信息披露、投资(注册、申购和赎回)便捷度三方面的表现取决于手机银行的建设和运营情况。从体验来看,不同银行的手机银行建设和运营状况千差万别,但总体来看不容乐观,与互联网平台类理财产品差距较大。

总体来说,银行系推出的货币基金理财产品的资金使用更为灵活。各银行推出的互联网理财产品均支持现金实时到账,且额度较大,如平安盈支持每天赎回上限 100 万元,工商银行薪金宝则无限额。

三、基金平台直销类理财产品

传统基金直销类的互联网金融理财产品以汇添富基金现金宝与全额宝、华夏现金增利货币基金推出的活期通、广发天天红基金网推出的活期宝等为典型代表。以货币基金为本质,披上互联网金融外衣的理财产品与基金公司直销推广的产品,在原始收益率上并无差异。由于两者所挂钩的基金产品实际上是同一款产品,收益率自然一样。唯一不同的是,一般货币基金虽也承诺"T+0"赎回,但必须等到当天收市清算后资金才能到账。

案例 10－5

现 金 宝

现金宝是由汇添富基金公司于 2009 年 6 月就已推出的一种储蓄账户,推出之时已具有多种功能,即提升闲置资金收益、快速取现、自动攒钱、4 折买基金、高端理财、信用卡还款和手机充值等。到 2013 年"互联网金融元年",现金宝经历了四次转型升级。

2013 年 2 月的第一次升级实现 1 元起存,取现 1 秒到卡、多卡转账、保底充值等便利功能;2013 年 4 月的第二次升级实现快速取现功能升级,在原有"7×24 小时"随时随地取现的基础上,免去了快速取现的手续费,并将当日最高取现额度调整至 500 万元;2013 年 5 月初的第三次升级主要在于还款功能方面,40 家银行信用卡还款实时到账;2013 年 9 月的第四次升级,标志着现金宝正式"触网",由线下转战线上,加入互联网理财大军。

升级后的现金宝主要有四大变化:网络用户专享,仅面向现金宝个人客户;月复利变为日复利;收益每日自动结转,天天复利;查询迅速:每天早上 8 点即可查询前一日收益;门槛低至 1 分钱即可充值攒钱,一分钱也能快速取现。

与现金宝相比,汇添富旗下的全额宝则是由汇添富基金管理股份有限公司于 2014 年 8 月 25 日推出的一款契约型开放式货币基金,二者主要的区别有两方面:一是平台不同,全额宝是汇添富与腾讯合作的项目,在理财通平台上进行发售,而现金宝属于基金直销;二是两者的认购及赎回限额不同,在用户资金量大的情况下,现金宝将是投资者更好的选择。

与余额宝相比,现金宝的优势有三:一是操作流程更简单。余额宝属于支付宝的子账户,用户绑定银行卡将资金存入支付宝账户后是没有收益的,必须转存到余额宝才开始基金认购,而现金宝相当于支付宝与余额宝的统一,用户将资金存入现金宝的那一刻起,就已经开始了基金认购。二是收益规则更利于投资者。在资金赎回的时候,尽管都是"T＋0"到账,但现金宝到账时间最快可达 1 秒。现金宝与余额宝最大的不同在于收益到账的时间不同:余额宝的收益要到第二天的早上才能到账,在这之前取款,就没有当天收益;而现金宝则是当天到账,只要是 15 点以后取款,当天仍然享受收益,如果当天取款,当天在 15 点以前补上,不影响收益。三是现金宝赎回限额更高。现金宝的认购门槛低至 1 分钱,单日赎回额度可达 500 万元,而余额宝每月赎回额度最高为 20 万元。总之,现金宝主打现金理财账户,而余额宝属于消费理财工具。

(资料来源:融 360.现金宝.2014 年 3 月 24 日)

除了传统基金平台直销的产品外,还有由银行直接发起设立并控股的合资基金管理公司推出的互联网理财产品,如中国工商银行控股的工银瑞信推出的工银现金宝、民生加银基金推出的加银现金宝等。这些基金类的产品功能与现金宝、活期通类似,通过结合传统基金与余额宝类产品的优势,打造出便民、亲民的互联网金融理财产品。

四、电信运营商类理财产品

电信运营商也高姿态进军互联网金融领域,纷纷推出类"宝宝"理财产品,其本质上是激活了手机用户预存话费的沉淀资金,让其时时拥有货币基金的投资收益。

中国电信运营商推出的金融理财产品"添益宝"是中国电信翼支付联合民生银行推出的理财产品,用户开通后,其账户余额即可自动理财。

2014年6月6日,广东联通联合百度、富国基金发布了深度定制的通信理财产品"沃百富"。沃百富的推出意味着传统的电信运营商已高姿态进军互联网金融领域,联手互联网企业布局互联网金融。"沃百富"与腾讯理财通、阿里余额宝等类似,属于货币基金类的产品。但不同的是,"沃百富"带有鲜明的运营商特色,其贯通了手机用户、支付用户、理财用户、财富用户的区隔,预存话费与理财收益可以结合起来,用户可灵活选择理财送机、话费理财、专享理财三种方式来实现预存话费的收益。同时,中国移动、深圳联通也与金融机构合作,中移动牵手汇添富和聚宝货币基金合作推出互联网金融产品"和聚宝",深圳联通与安信合作推出了话费宝。

电信运营商类公司之所以也加入到互联网金融的理财激战中,其坐拥数亿用户是其进军的最大优势。对于很多用户而言,预存话费是司空见惯的事情。从性质分析看,预存话费与银行理财有着很紧密的关联性;从流通过程看,预存话费会产生一定的沉淀资金,银行理财也可以看作是预存投资款,这些都是可投资的资源。随着互联网金融的快速发展,预存话费与购买理财产品可以结合,并且从中获得收益。可以预计,未来还将有更多形式的通信理财产品出炉,预存话费理财很有可能形成一种新的投资渠道。

本章小结

互联网理财是对银行存款业务构成最大威胁的互联网金融业务之一。互联网理财业务最大的创新点在于通过互联网技术汇聚分散的小额资金,从而享受大额资金的投资待遇并得到中低端用户的青睐。互联网理财通过投资货币基金形成较为稳定的利润分配,盈利模式更多依赖于银行的协议存款以及各类债券的投资。基于自身门槛低、高收益、良好的用户体验等优势,互联网理财正在迅速发展并对传统金融业产生一定冲击。在迅速扩张的同时,互联网理财也面临了一些发展阻碍,盈利方式的单一性,利润来源可能被阻击,政策的不确定等都为其未来前景增添了不稳定性。本章在讨论互联网理财概念及其特点的基础上,介绍了互联网理财的国内外发展情况,并针对我国基于发行公司平台类型的典型互联网理财产品进行了详细的分析。

★★★★★　**关键术语**　★★★★★

互联网理财　余额宝　货币基金　智能化理财　理财平台

★★★★★　**思考题**　★★★★★

1. 什么是互联网理财？互联网理财具有哪些特点？
2. 互联网理财在国外的发展路径如何？
3. 互联网理财在我国的发展现状如何？表现趋势是什么？
4. 结合互联网理财的分类依据，分析互联网理财产品有哪些模式。
5. 根据发行公司平台类型的不同，分析各类平台下典型互联网理财产品的特征。

案例应用

国内首款智能理财引擎"啸天犬"帮你理财

2016年5月5日，智能理财平台神仙有财正式发布了国内首款人工智能理财引擎——"啸天犬"，该引擎通过大数据与人工智能，优选来自证券、资管、银行、金融资产交易所等正规金融机构的优质金融资产，为用户提供个性化理财方案。

自从"阿尔法狗"四胜九段围棋手李世石后，各界对人工智能应用的畅想不断升温，互联网金融行业也陆续传出研发智能理财项目的计划，而神仙有财"啸天犬"因其背后"豪华"的研发团队更受关注。"啸天犬"研发团队成员包括前IBM研究院专家、主导发布中国第一个机器学习平台DTPAI的前阿里人工智能专家、前摩根大通首席风险官及来自摩根士丹利的明星基金经理等。如今，这款经过数月内测的智能理财引擎终于揭开了它神秘的面纱。

据"啸天犬"产品经理韦啸介绍，"啸天犬"采用了与"阿尔法狗"（AlphaGo）类似的机器学习算法，经过大数据优选、人工智能匹配和分散化投资三个步骤来形成最终的理财方案。

具体而言，第一步大数据优选，通过与第三方数据公司合作，"啸天犬"的大数据分析引擎已经可以追踪和分析到约2万多只理财产品的数据信息，其中包括2558只公募基金、500只信托产品、10879只银行理财产品、300只私募基金、5105只证券及基金子公司资管产品、1200只互联网理财产品等，"啸天犬"会对这些产品的收益率、风险度、波动率、第三方评级等信息进行综合分析，并得出一个约100只理财产品的优选产品集。接下来，还会通过人工分析和专家尽调的方式对优选产品集再次挑选。"中国金融产品中的欺诈特别多，欺诈靠机器不能完全排除，要用人工。即使费时费力，我们必须确保筛选出的理财产品没有'毒'"。

第二步是智能匹配，也就是"啸天犬"会根据每位用户的投资偏好、期限要求、收益要求、个人财务情况等因素,通过智能算法的方式,从上述产品集当中匹配 6—12 只产品供用户进行组合。同时,"啸天犬"还会通过深度学习算法,参考该用户的社交属性,如同事、同学、近似职业背景、近似理财偏好人群的投资行为,为用户提供一个更优化的参考组合。

最后一步是分散化投资,通过"啸天犬"完成的每一分投资,都会被分散投资于多个理财标的,从而有效降低投资风险。并且,"啸天犬"会实时监控每一个理财标的的财务指标波动和风险信息,当标的发生异常波动时,会自动预警及进行资金回撤,保证投资组合风险较小。

前不久,零壹研究院与神仙有财联合发布的《中国个人理财市场研究报告》显示,截至 2015 年年底,仅银行发行的理财产品就多达数万个,如果加上信托、基金、资管计划、股票、P2P 等,产品种类远远超过 100 万个。面对如此庞大的理财产品信息,大多数理财人在挑选时基本处于盲从状态。"大家都看不懂,所以会受骗。"神仙有财 CEO 惠轶认为。目前国内理财市场最大的问题在于不规范,如何有效的避免道德风险是互联网金融行业亟待解决的问题,也是神仙有财决定做智能理财的初衷。

"人和机器最大的区别在于,人有感情,而机器没有,智能理财可以避免人在交易过程中的情感不确定性。"惠轶说。从数以百万计的理财产品中做挑选,不能靠人工,并且一个人买理财产品,更倾向于问身边的亲戚朋友,要把理财与信任关系串连起来,把理财产品的风险降至更低,只有人工智能可以做到。同时,用户开始接受这样一个理念:投资单一的资产无法规避突如其来的风险,想要获得相对稳定、可靠的收益,就需要进行多元的资产配置。这也是智能理财能够被接受的基础。

人工智能应用在投资领域早已有之,最早发源于美国。曾有机构预计,机器人顾问未来 3 到 5 年将成为主流,到 2020 年其管理资产规模有望达到 2.2 万亿美元。花旗银行也曾预计,智能理财未来有望成为万亿级别的产业。

显然,金融领域正在朝着越来越"技术范儿"的方向大步前行,理财智能化成为大势所趋。

(资料来源:中国网.2016 年 5 月 5 日)

案例讨论
1. 智能理财的工作原理有哪些步骤?
2. 智能理财与人工理财相比有哪些优点?
3. 你认为智能理财在我国的发展前景如何?

第十一章
互联网金融信息服务

学习目标

◆ 掌握在线社交投资平台的概念和特点

◆ 熟悉什么是垂直搜索，它与综合搜索有什么不同

◆ 了解区块链相关技术及其应用

本章内容导引

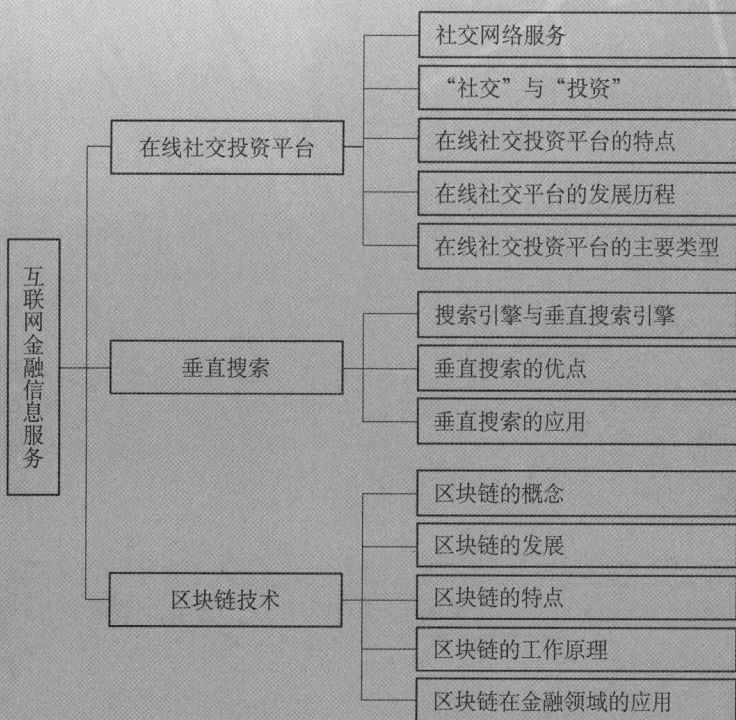

```
                                        ┌─ 社交网络服务
                                        ├─ "社交"与"投资"
                        ┌─ 在线社交投资平台 ─┼─ 在线社交投资平台的特点
                        │                 ├─ 在线社交平台的发展历程
                        │                 └─ 在线社交投资平台的主要类型
                        │
  互联网金融信息服务 ──────┼─ 垂直搜索 ────────┬─ 搜索引擎与垂直搜索引擎
                        │                 ├─ 垂直搜索的优点
                        │                 └─ 垂直搜索的应用
                        │
                        │                 ┌─ 区块链的概念
                        │                 ├─ 区块链的发展
                        └─ 区块链技术 ──────┼─ 区块链的特点
                                          ├─ 区块链的工作原理
                                          └─ 区块链在金融领域的应用
```

Facebook

2003年秋,在哈佛大学,恃才放旷的天才学生马克·扎克伯格被女友甩掉。愤怒之际,马克利用黑客手段入侵了学校的系统,盗取了校内所有女生的资料,并制作了名为"Facemash"的网站供同学们对辣妹评分。他的举动引起了轰动,一度令哈佛大学的校园网服务器几近崩溃,马克因此遭到校方的惩罚。正所谓因祸得福,马克的举动引起了温克莱沃斯兄弟的注意,他们邀请马克加入团队,共同建立一个社交网站。在没有明确拒绝他们的同时,马克和室友爱德华多·萨维林建立了自己的社交网站。

他们没有意识到,这个看似小小的网站制作计划,却带来了全球性网络社交的革命。凭借他们创立的名为 Facebook 的网站,在短短六年时间内就聚集了 5 亿用户,马克成了历史上最年轻的亿万富翁,彻底改变了他和他身边人的生活。

以上是电影《社交网络》的情节梗概,电影《社交网络》是根据马克·扎克伯格真实的创业经历改编,Facebook 从创立到成功体现了互联网在社交领域应用的巨大成功和强大影响力。那么互联网进入金融服务业之后会带来怎样的创新和变革呢?

(资料来源:电影《社交网络》情节梗概)

互联网金融自诞生之日起就在不断改变、革新和冲击着传统金融机构为社会提供金融服务的方式。传统金融机构在为小微企业和中低收入家庭提供金融服务的过程中难以保证服务的普惠性,服务质量和服务范围也存有一定局限性。互联网金融的出现为解决传统金融的窘境提供了新的思路。通过融合新的信息技术,将前沿的、有创造力的新思维和新科技应用到金融服务行业,一些新的互联网金融模式在不断为社会带来便利和实惠,扩展了人们接触金融服务的渠道,从而提高了人们金融生活的质量。

社交网络服务、垂直搜索、区块链等信息时代的产物都不约而同地与互联网金融发生了碰撞,丰富了互联网金融的服务内容,也展现了互联网金融信息服务在未来光明且具有无限可能的发展远景。

第一节　在线社交投资平台

一、社交网络服务

人类是一种社会性动物,害怕孤独是人类的一种自然属性。在选择群居生活的过程当中,群体中的个体之间彼此产生了许多交换信息、交流情感、沟通思想等的需要,社交行为因而逐渐形成。社交也成为人类解决害怕孤独的天性问题的一种方式。试想在当今社会,有多少人可以在完全没有亲人、朋友、熟人的环境中自在生活呢? 似乎即使是隐居世外的高人,也会与闲云野鹤为伴。在一个社会关系网络中,个体或组织等社会角色作为结点,其间由复杂多样的社交行为如线段般相连接。从广义上来说,在社会中的两者或两者以上之间存在的一切关系都是社会关系(social relations),如图11-1所示。

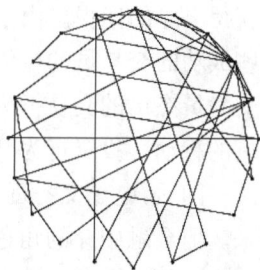

图 11-1　社会关系网络中的社会关系

互联网的出现推动了网络社交的产生和发展。早期,电子邮件穿梭于位于不同网络中的服务器之间,极大地方便了人与人之间的沟通和交流,满足了人们即时交换信息和部分资源的需求。从这里我们可以看到社交网络服务形成的苗头。随着 BBS(Bulletin Board System,电子公告牌系统)、IM(instant message,即时通信)和 Blog(web log,网络日志、微博)等多样化的网络交流方式的出现,网络社交逐渐融入了人们的生活,开始改变这个时代的人际交往方式。

社交网络服务(social networking service)是指在不同个体之间建立社交网络或者社会关系的一类平台,这些个体往往要么享有类似的性格特点、职业爱好、社交活动、身份背景,要么具有现实生活中的联系。社交网络服务有时也被称为社交网站(social networking site, SNS)。社交网络服务的概念正不断地被提倡加入社会化媒体(social media)的概念之中。社会化媒体表示以计算机为媒介的交流方式,其具备使不同人群、公司和组织在网络中制

图11-2 社交网络服务、社会化媒体和社交网络的关系

造、分享或交换信息的功能。应注意区分社交网络服务、社会化媒体和社交网络的概念。社交网络（social network）是指由社会角色集合、二元关系集合和社会角色之间的社会交往组成的社会结构。从广义上来说，社交网络服务可以归于社会化媒体的概念，社会化媒体是从社交网络中演化而来的一个较新的概念，而社交网络服务也属于社交网络的一个新形式，社交网络服务与社会化媒体两者的含义有相似性。但最重要的一点是，在 SNS 中，扮演各类社会角色的个人和组织没有变化，变化的是社会角色之间进行社交活动的媒介，这里主要指基于互联网的网络途径。社交网络服务、社交网络和社会化媒体三者在概念上的关系可由图 11-2 简单表示，即社会化媒体的概念是建立在社交网络之上的，并且社会化媒体的概念要广于社交网络服务（SNS）的概念。

二、"社交"与"投资"

在信息技术普及之前，金融市场交易往往是通过金融中介完成的。在证券经纪人活跃的证券交易所中，经纪人掌握买卖双方的金融资产信息，并时刻洞悉着市场的走向以及各种外部消息对金融市场的影响，在为交易双方实现各自的交易意愿的过程中，优秀的经纪人能获得丰厚的回报。由于交易双方之间信息的不对称，交易风险时有发生。值得一提的是，一些成功的交易员的行为经常会受到各界投资者的关注，新闻媒体上也时常会出现关于部分交易员杰出的交易行为和敏锐的风险洞察能力的报道，人们纷纷开始追随那些著名的交易员的行动。投资行为开始走入社会公众的视野。

随后，电子交易逐步取代了人工交易的方式，越来越多的投资者参与到金融市场活动中来。但金融中介的角色并未被取代，顺应技术进步的交易员利用信息科技带来的便捷，掌握更多的信息资源，并且，在交易员通过网络发布信息的过程中，优质信息的拥有者获得了更大范围的关注，也逐渐得到了越来越多人群的支持。

根据上面关于社交网络服务的定义可知，在社交网络服务中建立起关系的双方往往具有可以共享的某一共同特质，该特质成为将双方或多方衔接到一起的桥梁。例如，同样喜欢篮球的两个人具有共同的兴趣爱好，那么他们在一个网上篮球社区相遇之后就能够凭借对篮球的共同喜爱建立起朋友关系，这样在网络上两者能够结识的关键因素在于他们都喜爱篮球，而他们共同登录的网络篮球社区就是一个网络社交服务的实体。另一种情况是社交双方在网络上建立关系之前在现实生活中就已经存在某些联系。例如，同寝室的四名同学，其中一名同学在注册了某校内实名社交网站之后将该网站推荐给了其他三位同学，这三名同学也都先后在网站上注册并且相互关注，于是这四名同学便同时存在线下和线上的双重联系，而线上联系是在线下联系存在的条件下才建立的，这里的某校内实名社交网站也是一个网络社交服务的实体。回到金融市场，交易员借助网络平台发布经过预先筛选和分析的投资信息，对这些信息持正面态度的投资者会持续关注该交易员，所有关注该交易员的投资者和该交易员之间便在网络上建立了联系，使得联系得以建立的必要条件是交易员发布的投资信息，这是所有参与者共同关注的消息。于是，自然而然，被许多名交易员发布投资信息的一个平台开始成为专门用于交流投资信息的平台,该平台兼具"社交"与"投资"的属性,在线社交投资平台应运而生。

在线社交投资平台是指在平台上共享的主要信息资源是关于金融资产交易策略的一类社交网络服务实体。在线社交投资平台上进行的交易称为社会化交易(social trading)。社会化交易中,金融投资者依靠 Web 2.0 应用作为主信息源,通过众多用户产生的金融信息进行线上金融决策。在线投资交易平台既具有投资属性,又具有社交属性,上文描述的这一类在线投资交易平台是偏重投资属性的,代表性平台包括 ZuluTrade、ayondo、Covestor 和 eToro 等。

还存在另一类偏重社交属性的在线社交投资平台。进入 21 世纪之后,有个人投资理财需求的投资者越来越多,不一定是专门的金融行业从业人员才能拥有发布投资信息和个人观点的权利,人人都可以存在这样的需求。于是在偏重社交属性的在线社交投资平台上,用户可以在平台上以发表文章或评论他人发表的文章的形式自由地发布个人观点,平台上不同用户间还能交换投资观点、共享对某一金融资产的评论、集中集体的信息资源和智慧来做出投资决策等,将平台用户联系到一起的是共同对金融投资的需求和兴趣。但由于专业性的降低,这一类平台往往也不提供平台上的金融交易服务,从而更像是一个兴趣小组。

三、在线社交投资平台的特点

(一) Web 2.0 与互联网中的信息流

在线大英百科全书(Encyclopedia Britannic Online)是一个将《不列颠百科全书》的内容电子化并提供便捷的网上查询服务的网站,通过互联网,有需要的学者可以轻松获取书中自己需要的信息资源。维基百科(Wikipedia)则是一部由多种语言编写的网络百科全书,全世界的网络用户都可为维基百科的完善贡献自己的力量。对比上述两者,熟悉万维网发展的读者能够很快发现它们的不同特点。在线大英百科全书是典型的 Web 1.0 产物,信息资源由权威机构发布,网络用户只能被动地从信息提供方的信息资源池中搜寻个人所需要的信息,信息的传递是单向的(一对多的)。而维基百科则是 Web 2.0 的产物,维基百科的用户既可以是信息资源的提供方,也可以是信息资源的需求方,权威机构不复存在,或者说人人都是"权威机构",此时信息的传递变成双向的(多对多的)。

万维网的发展已经进入了 Web 2.0 时代。Web 2.0 并不具体指某一项具有革新性的技术突破,而是描述了万维网中的 Web 网页的制造和使用方式的变化。符合 Web 2.0 特点的网站和应用强调用户生成内容、可用性和终端用户间的互用性。用户生成内容(user-generated content)是指网络系统和服务中由用户创造的任何形式的媒体资源,包括文章、图片、视频、音频、广告、聊天记录、状态推送等。在线社交投资平台上的用户生成内容主要指金融市场中的资讯、金融资产的信息和不同形式的投资信息以及交易信息等。可用性(usability)是指软件应用能被特定用户利用来达成特定目标的程度,高可用性意味着用户使用过程中的高效率、高有效性和高满意度。终端用户间的互用性是指最终使用某一软件系统的用户之间能够没有障碍地互相访问归属对方的资源和信息。一般的在线社交投资平台都具备用户生成内容、可用性和终端用户间的互用性的特点,因为在线社交投资平台都是以

Web 2.0 应用为基础搭建的。

互联网中最有价值的部分无疑是无穷无尽流动的信息流。这些信息流由各种格式的数据组成。从 Web 1.0 到 Web 2.0,信息流的源点增加了,信息流的路径更复杂了,任何一台计算机都可以同时成为信息流的源点和终点了。Web 2.0 改变的不仅仅是信息流动的方式,更为重要的是,它将开放、平等、协作、分享的互联网精神推广到了新的高度,一个更加透明、高效、民主的互联网生态系统在 Web 2.0 时代得以建立。

在线社交投资平台上的个人金融投资者之间同样存在自由流动的信息流,这些信息很多是免费而快速传递的,而且随着时间的流逝,数据量的累积也越来越大,终将成为在线社交投资平台上的社会化交易的一项重要优势。

(二) 合作性与共享性

作为手持有限资金的初涉资本市场的投资者,最渴望得到的信息一定是来自市场中交易高手的投资建议,而通过在线社交投资平台,有价值的投资信息和金融知识往往触手可及。通过聚集闲散资金、分享研究成果和共享有效信息等方式,在线社交投资平台将个人金融投资者组成临时的投资团队,这样的团体有机会通过合作的方式做出投资决策,从而在金融市场中表现出更高的主动性和专业性。因此,在线社交平台一般具有合作性和共享性的特点。

在线社交投资平台的合作性主要表现为通过平台建立联系的个体之间以协作共赢的方式在市场中进行投资活动和金融交易。共享性主要表现为一方的数据和服务能有效地得到另一方的复用或重用。

在线社交投资平台的合作性与共享性是分不开的。达成合作关系就势必会形成共享倾向,没有资源信息共享的合作团体只是形式上的合作,无法发挥一加一大于二的作用。存在共享条件就势必会形成不同规模不同生产周期的合作团体,即使这样的合作团队并不严谨,但各种形式的合作团队的出现一般都将促进共享行为的效率提升,从而使得团队整体的决策行为更加具有实际意义。

值得一提的是,任何团队中"搭便车"的现象都有可能出现,在一个在线社交投资平台上,社交属性为解决这一问题提供了一条思路。好比在现实生活中人们会远离团队中那些懒惰、不思进取的个人一样,久而久之,集体会放弃严重拖累集体的个人,这使得每个人对自身的工作不能掉以轻心。在平台上也是一样,"搭便车"的行为被其他用户识别之后将对破坏规则者造成人际关系上的负面效应,而且一个消极的投资者若时刻想着不劳而获最终也是无法获得成功的。

(三) 开放性与透明性

在线社交投资平台门槛低、参与度高的特点使得其具有较高程度的开放性,这也符合互联网产品一贯的特点。首先,用户可以自主选择自身喜爱的信息分类方式,这将有利于用户更加快速地找到自己需要的投资信息。其次,任一用户都可随时随地地接触到自己感兴趣的其他用户的公开信息资源,无论该用户是投资高手还是投资新人。也就是说,投资高手能够复制另一个投资高手的交易行为,投资新人可以参考另一个投资新人的交易动态,所有通道上的信息都是双向的。最后,借助软件系统的帮助,用户可以大量参与到某一个具体的项目上来,集体的智慧能得到很大程度凝聚。

一个开放的平台往往还具有高度透明的特点。假设平台本身是公平的,就无法存在一味索取他人提供的信息而时刻掩盖自己的交易行为的投机者。若人人都不遗余力地有所保留,平台本身难以长期存在。对一名交易高手而言,若想要复制其他交易高手的行为在承担更大未知风险的同时还必须仔细衡量对方的能力水平,没有经过谨慎考虑的任何投机行为都将承担更大失败概率。诚然,一个优秀的交易员确实会得到众人的追随,但一个团队优秀的交易员拥有更强大的实力,这是单个人无法想象的。因此,无论是交易高手还是新人,将自己的投资行为公开是利大于弊的,在彼此相互公开、相互借鉴、相互指正的氛围下的投资环境将更具活力和生命力,也为在线社交投资平台的发展提供进步发展的空间。不过,平台的透明性是有局限性的,从行为金融的角度分析,掌握优质信息的人不会愿意将消息公开,因为他们对多人获利的情况并不关心,即使他人的获利并不会影响自己的获利,独享胜利果实的心理也会阻止他们与人分享,这与市场中掌握"内幕消息"的人也不会将有利于自己的资讯公之于众道理相同。

四、在线社交投资平台的发展历程

(一) 国外在线社交投资平台的发展

在互联网出现之前,金融交易的主要特征有两点,一是在客户与经纪人之间发生,二是集中在实体交易场所进行。传统意义上的社交投资指的是人们通过定期出版的实时通讯跟踪杰出交易员的交易行为。随着互联网的普及,电子交易成为个体投资者之间交易金融资产的主要方式。随后,诸如 Facebook 和 Twitter 这样的社交媒体网站开始大范围被应用到金融交易市场中,为金融交易者提供了分享智慧的功能。金融交易人员和投资人员通过这些服务获取额外的信息资源。

线上金融交易公司同样在不断地开发社交网络渠道,使得成熟的在线社交投资平台逐渐成型并使用了社交网络作为其运作的基础模式。最早一批这样的网站包括 eToro、Peeptrade、ZuluTrade 和 Covester 等。

当 Web 2.0 的应用几乎渗透到每一个交易平台时,金融交易者开始追索那些能够通过社交途径轻易获得的信息资源而不是专门的金融服务提供方。通过成为一个投资社区的一员,交易者可以利用详细的数据和交易情况的历史分析记录来评估哪一个其他交易者是值得追随和复制的。整个过程的完成要么是明确且有目的地追随一个或多个事先选好的交易员的行为,要么是人工或自动地在不知不觉中进行的,因为一个交易人员的交易行为总会有意无意地受到其他交易人员行为的影响。

1. eToro 外汇交易平台

2006 年,eToro 由 Yoni Assia 和 Ronen Assia 兄弟与 David Ring 一同在以色列港市特拉维夫创立,初名 RetailFX。公司的三名创始人最初希望通过建立一个金融交易平台使得世界上的每一个人都有机会接触金融投资活动。公司创立初期的产品必须经过下载才能使用,后来,公司通过发布一款专业交易应用扩展了它的产品,这款交易应用被称为"Expert

Mode"。同时,一个基于 Web 的交易平台"WebTrade"也随之出现。2010 年,eToro 发布了 eToro OpenBook 社交投资平台,该平台具有可复制交易的特征。投资者可以查看、跟随和复制网络上优秀交易员的行为。一年之后,eToro 推出了它的第一款安卓手机应用,可以通过移动客户端买卖股票。2007 年到 2013 年间,eToro 公司在四轮融资活动中共筹集了 3 150 万美元的资金来帮助其拓展生意。

2. ZuluTrade

ZuluTrade 由 Leon Yohai(CEO)和 Kosta Eleftheriou 在 2007 年创立,公司是在美国弗吉尼亚州 Yohai 家中的客厅里成立的。Eleftheriou 在 2008 年离开了公司。Yohai 在成立 ZuluTrade 之前曾在 FXCM 上交易,他开发了一个可以链接 FXCM 的 API 的应用软件,使得他可以按照他的喜好复制一些交易策略。这个想法随后被付诸更大的实践。到 2009 年,公司已有超过 4 500 名"专家"交易员(或称"信号提供者"),他们的交易策略可被平台上的用户复制。2011 年,ZuluTrade 名列 The Daily Telegraph 杂志的"金融、支付与电子商务"分类下的一百个优秀新创立公司名单。该公司还发展形成了几个新的特点,包括追随其他追随者(而不仅仅是信号提供者)和信号提供者必须实现盈利从而获得报酬。2012 年 11 月,ZuluTrade 重新设计了其网站并增加了包括 ZuluGuard 在内的多项新功能。到 2013 年末,公司已有 120 名左右雇员,其中 40 名专门服务于用户支持方面。2014 年 5 月,ZuluTrade 宣布了与 SpotOption 的战略合作决定,它们将共同开发关于二元期权的社交投资平台。随后,就在当年该二元期权社交投资平台发布。

3. Covestor 在线投资管理平台

2007 年 6 月,Covestor 发布,开始为普通投资者提供管理账户服务。Covestor 是一个在线投资管理平台,用户可以模仿或复制成功的交易者或专业投资人员的真实交易行为。超过 5 亿美金的证券通过 Covestor 提供的服务得到分享,并且 Covestor 的网站已经成功复制了超过 1 亿美金交易额的交易。2008 年四月,Covestor 筹集到了 650 万美元的资金。2013 年 6 月,Covestor 在 B 轮融资中成功筹集了另外的 1 275 万美元,这也使得 Covestor 的总资本达到了 2 800 万美元。

(二) 国内在线社交投资平台的发展

紧跟国外成功平台的发展脚步,国内的在线社交投资平台也在积极成长的过程中。国内证券投资领域的"互联网+"历程是在迅猛发展的互联网金融浪潮中悄然兴起的,其中社交投资平台的出现也有多种不同的形式,如门户网站、电商平台、投资社区、创业公司等均有涉足社交投资领域,其发展呈现百花齐放的态势。

最初,股票投资者聚集在贴吧、论坛等站点交流分享股市信息,随着互联网产品和用户投资需求的多样化,兼具社交和投资特点的社交投资平台逐渐形成,主要以股票投资为主,后来又具备了移动化的特点。总的来说,我国的社交投资平台还处于发展的萌芽阶段。

我国的社交投资平台目前尚未形成清晰的商业模式,具有社交属性突出、交易功能不健全、主推投资组合等特点,未来的发展将面向普惠化、一体化的方向进行。

主流的社交投资平台都充分关注了主流的社交平台,如微信和微博。绑定微信和微博账号的社交投资平台上,用户的活动范围在一定程度上局限于自己的好友圈,由于不同的社交平台的好友关系的强弱不同,也造成了在对应的社交投资平台上活动权限的不同。例如,在一起牛平台上,用户必须是微信或手机通讯录的好友才可查看对方的投资组合与持股比例等;在像新浪理财师这样的弱关系平台上,一般用户则能够关注自己认同的投资顾问或炒股达人的动态。

社交投资平台有一部分提供模拟盘交易,可以较为直观地看到持仓情况和投资业绩,如京东财迷。还有一部分则可进行实盘交易,如雪球、牛股王等。与拥有券商牌照的 Motif 不同,目前国内的社交投资工具还需要借助券商的通道完成交易。但这部分功能在将来有进一步完善的趋势,从而实现社交投资平台的一体化。

与早期的股吧、论坛以及同花顺等股票交易分析软件不同的是,新一代的社交投资平台都普遍强调投资组合概念,一些平台能够为用户提供基于大数据分析的优势投资组合的推荐列表。

在互联网金融发展的大背景下,"普惠"理念从借贷领域蔓延到了投资领域。与此同时,"一人多户"的推行、网络券商、投资顾问牌照等政策放开的预期不断升温也是推动社交投资平台快速发展的重要原因。

以下是我国较有代表性的六个在线社交投资平台。

(1)牛股王。牛股王定位自身为量化交易软件,其主要通过对海量用户模拟交易记录进行大数据分析,筛选出收益稳健的投资组合。同时,牛股王还为用户提供免费牛人追踪查看牛人持仓及交易记录、智能预警盯盘等服务,不仅可以查看到实时股票行情,还能直接在社区对话交易牛人交流投资心得,目前牛股王的用户量相对较多。

(2)一起牛。相比同类型产品,一起牛的社交属性较强,是一款基于好友关系和投资组合的移动社交投资平台。目前,一起牛的用户必须通过绑定微信账号或者手机号码才可登录,并且必须是微信或者手机通讯录的好友才可查看对方的投资组合与持股比例等情况。同时还提供"一篮子股票"一键买卖的全新交易方式。

(3)金贝塔。金贝塔的创始团队是嘉实财富的量化团队,其定位是社交投资组合平台。公司宣传"让真正懂得投资的人通过这个平台,帮助不懂理财的用户提高投资的胜率,改变过去二十多年来散户投资者盲从消息、追涨杀跌的现象"。一个"金贝塔"就是一个投资组合,投资者可以非常便捷地选择自己关注的投资组合,从而跟踪该组合的表现和持仓情况。

(4)雪球。雪球最早是做美股论坛的平台,由于上线时间早,累积了大量的专业投资者。现在的雪球更像是个人投资组合的管理工具,同时也比较强调社交属性。有趣的晒实盘的功能,增加了用户的互动。同时,雪球也推出了"买什么"产品,实质是用户自己建立的投资组合,一些投资组合是免费的,而一些是需要收费的。在雪球上可以获得丰富的信息,而且投资者也可以非常便捷地交流。

(5)优交易。优交易相对于同类产品实战价值最强,是最多投资顾问入驻的社交投资平台。每天提供深入的个股分析、大盘解读、高收益投资策略分享和深度的价值链分析,用户可以在圈子里和股票高手一起交流学习。投资人可以通过交易信息和收益排行,直观地发现牛人牛股。同时用户可添加自选组合或个股,设置智能预警。由于实战性强,优交易用户黏性高、交流非常活跃。目前正在和各大券商展开合作,已有大量投资顾问入驻该平台。

(6)财说(App)。财说的特点在于"一站式投资全球股票",强调在该平台上可以同时配置美股、港股、A 股等。目前该平台上已经可以关联美股账户,未来亦可关联 A 股账户。另外,财说也有股票投资组合模式,可实时跟随高手的投资组合及调仓情况。另外一个特点是该 App 全年不间断地开展股票投资比赛,通过实战来筛选出投资高手,并将这些投资高手的投资策略展现给普通用户。

五、在线社交投资平台的主要类型

在线社交投资平台一般可分为三类:论坛型、限制交易型和开放交易型。论坛型是指平台的主要功能以社交为主,用户借助平台分享信息和资源,这类平台的模式较为简单,不涉及具体的交易。而涉及具体的跟单交易的平台又可以分为两类:一类是跟单者和交易高手的互动必须通过平台来进行,称为限制交易型;另一类是不同的交易高手和跟单者之间可以在平台上自由互动,称为开放交易型。下面具体介绍这两种不同类型平台的交易流程。

在线社交投资平台的使用者可以分为交易信号提供者(Signal Provider)和交易信号接收者(Signal Follower)两种类型。交易信号提供者是指公开自己的交易信号供信号接收者复制的用户,一般来说信号交易提供者是指交易高手。交易信号接收者(跟单者)可以复制交易信号提供者(交易高手)的交易信号,当交易高手每做一笔交易,其交易信号会同时在二者的账户中执行。

交易高手是一个社交投资平台的核心资源,因为平台上的交易高手越多、水平越高,用户通过复制交易信号获取高收益的概率就越大,平台对用户就越有吸引力,从而平台可以获得更高盈利。社交投资平台对交易高手的审核要比普通用户严得多,通常需要披露交易高手的档案资料、交易记录、实时排名等很多详尽的数据,有些平台还要对交易高手进行资格认证和实时监督。当然,交易高手会获得比其他用户更多的报酬。一般来说,交易高手吸引的跟单者越多,对平台贡献越大,相应获得的报酬也越多。对于一个社交投资平台来说,如何吸引交易高手入驻成了平台能否成功的关键,同时还要防止交易高手过度冒险来损害散户投资者的利益。

在限制交易型的平台上,任何一个跟单者都必须通过平台与交易高手取得联系,跟单者可以追随一个或多个交易高手的行动,一个交易高手也能够被多个跟单者关注,但由于存在平台的限制,交易高手相互间无法关注,跟单者彼此之间也无法相互关注,如图 11 - 3 所示。

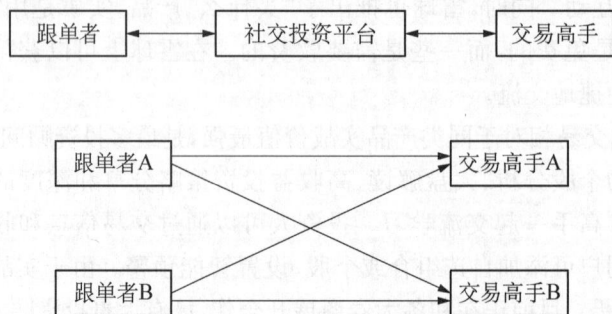

图 11 - 3　限制交易型平台

　　在开放交易型的平台上,社交投资平台是联系跟单者与交易高手的主要途径但不是唯一途径,平台支持跟单者与交易高手之间进行更充分的接触。每一个交易高手都拥有自己的"追随者",这里的"追随者"可以是跟单者也可以是其他的交易高手。这意味着在这一类平台上,跟单者与交易高手的界限被模糊了,一个交易高手也可以关注另一个交易高手的投资动向,以 eToro 为例,不同于其他社交投资平台,eToro 建立了一个 OpenBook 平台来鼓励交易高手和用户之间的直接互动,用户可以点评交易高手的交易记录或者向交易高手咨询投资建议。在 eToro 平台上面,交易高手和用户之间并没有明显的界限,用户可以复制交易高手的交易,交易高手也可以复制其他交易高手的交易。如图 11 - 4 所示,跟随者跟单交易高手进行投资是常见的交易过程,但在 eToro OpenBook 平台上,交易高手 A、交易高手 B 和交易高手 C 彼此之间都可以复制对方的交易。

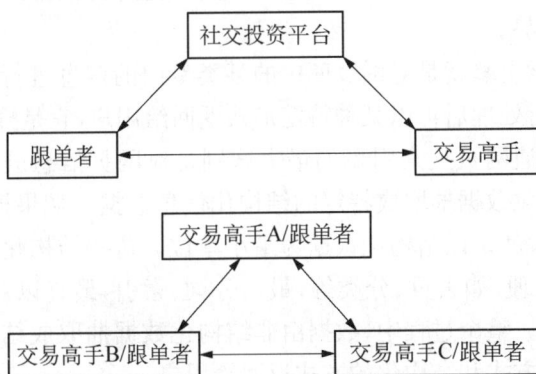

图 11 - 4　开放交易型平台

第二节　垂直搜索

一、搜索引擎与垂直搜索引擎

　　如今,人们的网上生活已经越来越离不开搜索引擎的帮助。大家熟知的百度和谷歌就分别是国内外最大的搜索引擎服务提供方。搜索引擎是专门设计开发的用于搜索万维网上信息的软件系统,搜索的结果通常在搜索引擎结果页面上顺序排列呈现,搜索结果中存在不同格式的内容,例如网页、图片、视频和其他文件等。一些搜索引擎还挖掘某些特定数据库和公开字典中的内容,以期为用户提供更专业的搜索结果。通过爬虫技术,搜索引擎每时每刻都在更新着自身的搜索内容范围,具有一定的即时性。

　　像百度、谷歌这样的大型搜索引擎又可以称之为综合搜索引擎,是传统意义上的搜索引擎,具有覆盖面广、内容丰富、信息量大等特点。但也正是由于这些特点,由一个关键词牵连出来的众多主题、众多类型的检索结果中往往大多数都不是用户所需要的信息,即存在相关度低的问题。

　　针对综合搜索引擎的这一特点，垂直搜索引擎应运而生。垂直搜索是相对综合搜索而言的，可以想象大海是万维网中的全部资源，综合搜索在整个大海的表面搜索资源，而垂直搜索则向某一特定海域（比如黄海）中的深处搜索资源。垂直搜索不同于综合搜索，垂直搜索引擎聚焦于某一特定网上内容的分段，也被称为精准搜索引擎或主题搜索引擎或专用搜索引擎等。垂直搜索内容域的确定可基于时事性、媒体类型或内容的主题等，常见的垂直搜索的应用领域包括网上购物、汽车行业、法律信息、医药信息、学术文献以及旅游资讯等。Mocavo、Nuroa、Trulia 和 Yelp 等都是垂直搜索引擎。与综合搜索引擎使用的网页爬虫不同的是，垂直搜索引擎使用更为专一的聚焦爬虫技术（focused crawler），聚焦爬虫只会尝试在预定义的内容和话题中或者相关度高的网页内容中进行检索。一些垂直搜索引擎专门收录某一方面、某一行业或某一主题的信息，在解决专业性更高、目的性更强的搜索任务时比综合搜索引擎具备更大优势。

　　具体而言，垂直搜索引擎就是对网页库中的某类专门的信息进行一次整合，定向分字段抽取出需要的数据，进行处理后再以某种特定形式返回给用户，它是搜索引擎的细分和延伸。

　　垂直搜索引擎和普通网页搜索引擎的最大区别是对网页信息进行了结构化信息抽取，也就是将网页的非结构化数据抽取成特定的结构化信息数据。如果说网页搜索是以网页为最小单位，那么垂直搜索就是以结构化数据为最小单位。这些结构化数据被存储到数据库，并进行进一步的加工处理，如去重、分类等，最后分词、索引，最终以对结构化数据搜索的方式满足用户的信息需求。整个过程中，数据由非结构化数据抽取成结构化数据，经过深度加工处理后以非结构化的方式和结构化的方式返回给用户。

　　在对用户的要求方面，综合搜索引擎和垂直搜索引擎也不尽相同。对综合搜索引擎的用户而言，用户对自身需求搜寻的内容只存有模糊或者片面的相关意识，需要通过综合搜索引擎将自身这种模糊、片面的意识了解性地清晰化、全面化。用户需要具备对综合搜索引擎提供的检索内容的识别能力，判断什么信息是对自身有用的、有价值的，什么信息是无关信息。同时，用户没有搜索方面的压力，用户并不是长期从事针对某一领域的研究工作，即使综合搜索引擎未能十分准确地提供用户需要的信息，用户也能根据混合的搜索结果在脑海中拼凑出针对搜索关键词大致的概念，或者不断调整搜索关键词，进而达到搜索目的。而对垂直搜索用户而言，用户需求有了变化，用户渴望得到更详细、更有针对性、层次更深的搜索结果。在进行搜索之前，用户往往已经有了对当前领域的一定了解，或者有计划在当前领域长时间工作和研究下去，对自身想法也有了更具体的概念。通过垂直搜索引擎，搜索结果是用户希望了解但对用户而言处于未知的内容，垂直搜索引擎在这里引领了用户的搜索行为，扩展了用户的知识面，并且符合用户的意愿，对用户分析判断能力的要求不高，而是转移到了垂直搜索引擎本身上来，对垂直搜索引擎本身提出了更高的技术要求。

　　不难总结，综合搜索引擎具有用户数量大、用户对需求的描述不清晰的特点；而垂直搜索引擎具有相反的特点，即用户数量小、用户对需求的描述较清晰。

二、垂直搜索的优点

　　与综合搜索相比，垂直搜索具有如下特点。

（一）精准性

由于垂直搜索引擎将网页中的信息进行了二次整合之后才返回给用户,用户提出的搜索需求得到了高质量的满足,搜索结果中大部分的内容对用户而言都具有很高的利用价值。垂直搜索引擎因此节省了用户的时间和精力,快速地显示了高相关度的搜索结果界面,具有精准的优点。

（二）专业性

针对某一特定行业的垂直搜索引擎具有很高的专业性,提供了业内比较权威和全面的搜索结果,既满足了用户需求又扩展了用户需求,能够得到专业人士的青睐。

由于垂直搜索引擎的专业性,来自不同职业领域、拥有不同教育背景、具有不同兴趣爱好的用户都能在自己熟悉、擅长、喜爱的领域中长时间探索,即使是高层次的用户也很难做到能力足以匹敌计算机搜索引擎的强大。例如一个学者倾其一生也不大可能阅尽自己研究领域中全部的文献成果并记在脑中,所以高层次的用户也可以充分利用垂直搜索引擎提供的服务,虽然垂直搜索引擎的搜索量不及综合搜索引擎大,但深度搜索出来的信息同样是十分巨大的,是只有在信息时代才能实现的。

（三）对特定用户任务的针对性

垂直搜索引擎对有着明确特定的搜索需求的用户能够高效地节省用户的搜索时间,用户不需要时时变更自己输入的关键词信息,垂直搜索引擎可以一步到位地将用户最希望看到的信息呈递给用户,这也体现了以人为本的精神。因此,垂直搜索引擎具有关于特定用户任务的针对性,即对明确的用户需求能够有针对性地处理,从而高质量地满足用户需求。

应该注意的是,在进行搜索之前,用户已经能够正确选择合适的垂直搜索引擎。综合搜索引擎也能在一定程度上根据用户需求提供搜索结果,但可能由于用户对自身需求的描述不明确的问题不能给出最佳的搜索结果,通过综合搜索引擎一步步调整搜索关键词可以进一步提高搜索的准确性,通过综合搜索引擎发现垂直搜索引擎并进一步利用垂直搜索引擎缩小搜索范围、加大搜索深度的情况也是常见的。

三、垂直搜索的应用

（一）金融领域

垂直搜索在金融领域的应用发展较为缓慢,这与一些大型搜索引擎公司的技术和资源垄断有一定关系。在国外,谷歌能够解决大部分网络用户对金融产品的搜索需求,金融垂直搜索没有多少发展机会。在国内,百度金融、阿里金融等互联网巨头是行业的领军者,但金融垂直搜索平台还是在互联网金融蓬勃发展的大势中不断地涌现,新兴的金融垂直搜索平台体现了业务范围专一、市场高度细分的特点,主要在贷款领域、保险领域、基金领域、信用卡领域、银行理财以及金融资讯等细分领域提供服务。

以融 360 为例,在创立初期,公司只提供贷款方面的服务,盈利主要来自三条途径:一是向金融机构推荐贷款客户从而收取 50 至 100 元不等的服务费；二是帮助用户完成整个贷款流程，收取贷款额的 0.5%～3% 作为佣金；三是金融机构在其网站投放广告从而获得广告费收入。融 360 通过与银行等金融机构合作，利用银行提供的贷款项目建立大数据平台，从而为网站用户提供贷款方面等垂直搜索服务。随着公司逐渐发展壮大，现在融 360 的贷款业务已经划分出了个人贷款、企业贷款、购房贷款、购车贷款等四个条目，还可以为用户提供信用卡和大众理财方面的搜索服务。

标准的金融垂直搜索平台主要提供的是搜索服务，并不直接参与提供金融产品的过程。例如，提供贷款搜索服务的金融垂直搜索平台本身既不吸纳存款也不发放贷款。金融交易不会在平台上发生，规避了影子银行的一些风险。

据波士顿咨询（BCG）2010 年底的调研，中国消费者通过网站了解消费金融产品和信用卡的比例为 28% 左右，获取车贷、房贷的比例为 11% 左右，50% 以上的人群仍选择银行咨询和代理商推荐的方式。而在美国，将近 80% 的人每年至少有一次在线搜索金融产品的记录。今后，金融垂直搜索会拥有更大的发展空间。立足互联网、提供专业的金融信息服务是金融垂直搜索平台的基本发展策略。未来的金融搜索市场会有序扩大，并将呈现大众化、年轻化、小微化、个性化、移动化五大趋势。

（二）非金融领域

谷歌是公认的搜索引擎领导者，但如果用户希望在某些垂直领域内获得更多更详细的搜索结果，谷歌不一定每次都能满足用户的需求。表 11-1 列举了部分优秀的垂直搜索引擎，当用户需要在某些特定领域进行搜索的话，利用这些搜索引擎可以得到更精准和专业的搜索结果。

表 11-1　垂直搜索引擎实例

领域	名称	介　绍
旅游出行	SkyScanner	一个领先的航班搜索引擎，可以为用户提供最好的航班交易信息，同时为用户节省开支
	Momondo	跟 SkyScanner 非常相似，不同的是增加了"当前搜索"的功能，可以让用户看到其他人正在搜索什么航班，这种模式尤其适合欧洲人群的消费特点
博客	IceRocket	一个擅长实时搜索的互联网搜索引擎，可以针对博客、Twitter、Facebook 等站点进行专业化的搜索
	BlogPulse	一个博客搜索引擎，可以在全球超过 1.7 亿个博客中搜索用户需要的内容
图片	TinEye	一个反向图像搜索引擎，它可以通过图像识别技术搜索网上类似的图片，让你知道一些图片来自哪里，并帮助你找到更加清晰的版本
	PicSearch	一家为大型网站开发和提供图像搜索服务的公司，可以搜索超过 30 亿张在线图片

领域	名称	介　绍
社交	Pipl	一个综合性很强的用于发现某个人的搜索引擎,可以让你通过一个简单的界面搜索世界各地的人,并提供其他普通搜索引擎无法提供的高质量的搜索结果
	123people	聚合了来自社交网站、博客等的公共信息,用户可以通过这个网站搜索到想要了解的人的部分详细资料
论坛	BoardReader	一个专门为论坛和公告牌设计的搜索引擎,是最好的论坛搜索工具,能迅速且高质量地找到用户喜爱的论坛
音乐	MixTurtle	结合了网页搜索和音乐元素反馈,是最好的基于歌手和歌名的音乐搜索引擎
	SongBoxx	一个与网页相关联的在线音乐搜索引擎,提供发现音轨和艺术家的服务。可以从超过 700 万首曲目中搜索出用户想要的音乐
音频和视频	PodScope	提供了领先的播客搜索目录,是首个该方面的顾客搜索引擎,能够根据音频或视频中的每一个口头词汇创建索引
	Blinkx	一个功能强大的视频搜索引擎,可搜索超过 3 500 万小时的视频内容,包括最新的音频、视频、播客文件和电视节目等。可以搜索到福布斯、Reuters、BBC、ABC News、CBS、MSNBC 和 USA Today 等多个新闻媒体
办公资源	SlideFinder	一个专业的幻灯片搜索引擎,如果用户需要制造一份演示文稿,或许不用从头开始,登录就能找到许多精美的模版
	FileDigg	可以按照文件类型进行搜索,如 PPT、PDF 和 DOC 等。还提供某些文件格式间相互转换的功能
域名	Panabee	提供了一种发现域名的简单方式。可搜索网站的域名并根据域名为用户生成网站名,免除了用户为网站命名的苦恼
图标	Iconfinder	Iconfinder 为成千上万的设计师和开发人员提供了许许多多漂亮精致的图标式样,可以帮助用户发现图标的不同格式版本,如 png 和 ico 等
私人搜索	DuckDuckGo	总部位于美国宾州,基于各大服务商的搜索 API 为用户提供搜索服务,主张维护用户的隐私权,承诺不监控、不记录使用者的搜寻内容
相似网站	SimilarSites	能帮助用户发现最佳的网站和其替代网站,根据主题上的关联性通过简单的方法就能搜索到用户喜爱的类似网站
综合	Blekko	一个全功能的 Web 搜索引擎,收录了超过数十亿个 Web 页面。使用了 slashtagging 为用户搜索结果。目标是使搜索结果页只显示有用的、值得信赖的网站,清除 Web 搜索上的垃圾信息

第三节　区块链技术

一、区块链的概念

2008 年 10 月 31 日，一个名为中本聪(Satoshi Nakamoto)的人在一个密码学邮件组中首先提出了比特币的概念。2009 年比特币以开源软件的形式被发布，引起了各界广泛的关注，但由于始终无法确定这个自称中本聪的人的真实身份，几个被认为很可能是中本聪的人都未能确定无疑地证实他们自己就是中本聪，比特币也因此带上了一层神秘的色彩。

比特币实际上是一种数字货币，也可以说是一个支付系统。比特币系统具有点对点连接的特点，交易在用户之间直接发生，不需要通过任何中介。比特币被美国财政部认为是一种虚拟货币。

比特币系统中的交易由一个个网络结点进行认证，并且被记录在一个公开分布式账本中，这个专门的数据库被称为区块链(Block Chain)。区块链是随着比特币等数字加密货币的日益普及而逐渐兴起的一种全新的去中心化基础架构与分布式数据库。通过不断地篡改和修改数据记录，区块链数据库中存储的数据不断增加。区块链中的数据结构块由数据或程序组成，形成了一个一个的区块(blocks，简称"块")结构，每个块都存储着一批独立的交易以及区块链的任何计算结果。同时，每一个块中都设计有时间戳(timestamp)并被链接到前一个块。

狭义上的区块链是一种按照时间顺序将数据区块以顺序相连的方式组合成的一种链式数据结构，并以密码学方式保证的不可篡改和不可伪造的分布式账本。广义上的区块链技术是利用链式数据结构来验证与存储数据、利用分布式节点共识算法来生成和更新数据、利用密码学的方式保证数据传输和访问的安全、利用由自动化脚本代码组成的智能合约来编程和操作数据的一种全新的分布式基础架构与计算范式。区块链技术中有以下几个重要的概念。

(1) 交易(transactions)。交易是指由用户制造的存储在区块链中的记录信息。在数字加密货币的情况中，每当用户将一个自己拥有的数字加密货币发送给另一个用户时，交易便产生了。交易从一个结点到另一个结点的传输过程中遵循"尽力而为"的原则，即总是选择当前的最佳路径。实现区块链的系统将会定义什么样的交易是有效的。在数字加密货币的应用中，一个有效的交易必须被数字签名，且使用一个或多个前一个交易中产生的未被使用的输出结果，进而确保交易输出的总量不会超过此交易的输入的总量。

(2) 区块(blocks)。区块用于记录一个或多个交易。出现在一个区块中的交易确认了其发生的时间以及发生种顺序。区块由用户用专门的软件或专用于制造区块的设备创造，这样的用户也被称为"矿工"。矿工之间存在相互竞争，第一个完成下一个区块创造的将获得奖励。在数字加密货币系统中，矿工收集两种不同的奖励，一是预定义的区块出现前奖励，二是交易当中提供的奖金，支付给每一个完成交易的矿工。

（3）区块链（Block Chain）。是一种按时间顺序将数据块以顺序相连的方式组合成一种链式数据结构，并以密码学方式保证的不可篡改和不可伪造的分布式账本。

二、区块链的发展

2008 年，中本聪发表论文《比特币：一种点对点电子现金系统》，区块链技术也在这篇论文中公开，是比特币的数字加密货币体系的核心支撑技术。据区块链实时监控网站 Blockchain. info 统计显示，平均每天有约 7 500 万美元的 120 000 笔交易被写入比特币区块链，目前已生成超过 40 万个区块。

比特币区块链的第一个区块（称为创世区块）诞生于 2009 年 1 月 4 日，由创始人中本聪持有。一周后，中本聪发送了 10 个比特币给密码学专家哈尔芬尼，形成了比特币史上第一次交易。2010 年 5 月，佛罗里达的一名程序员用 1 万比特币购买价值为 25 美元的披萨优惠券，从而诞生了比特币史上的第一个公允汇率。此后，比特币价格快速上涨，并在 2013 年 11 月创下每枚比特币兑换 1 242 美元的历史高值，超过同期每盎司 1241.98 美元的黄金价格。据 CoinDesk 估算，目前全球约有 6 万商家接受比特币交易，其中中国是比特币交易增长最为迅速的国家之一。

区块链技术为比特币系统解决了数字加密货币领域长期以来所必需面对的两个重要问题，即双重支付问题和拜占庭将军问题。双重支付问题又称为"双花"，即利用货币的数字特性两次或多次使用"同一笔钱"完成支付。传统金融和货币体系中，现金因是物理实体，能够自然地避免双重支付，例如每张纸币上都有独一无二的编码；其他数字形式的货币则需要可信的第三方中心机构（如银行）来保证，这就是我们在手机银行或网上银行中能够查询到的账户余额。区块链技术的贡献是在没有第三方机构的情况下，通过分布式节点的验证和共识机制解决了去中心化系统的双重支付问题，在信息传输的同时完成了价值转移。拜占庭将军问题是分布式系统交互过程普遍面临的难题，即在缺少可信任的中央节点的情况下，分布式节点如何达成共识和建立互信。区块链通过数字加密技术和分布式共识算法，实现了在无需信任单个节点的情况下构建一个去中心化的可信任系统。与传统中心机构（如中央银行）的信用背书机制不同的是，比特币区块链形成的是由软件定义的信用，这标志着中心化的国家信用向去中心化的算法信用的根本性变革。

2016 年 1 月，英国政府发布区块链专题研究报告，积极推行区块链在金融和政府事务中的应用。2016 年 1 月 20 日，中国人民银行召开数字货币研讨会探讨采用区块链技术发行虚拟货币的可行性，以提高金融活动的效率、便利性和透明度。2015 年 12 月，美国纳斯达克证券交易所率先推出基于区块链技术的证券交易平台 Linq，成为金融证券市场去中心化趋势的重要里程碑。此外，德勤和安永等专业审计服务公司相继组建区块链研发团队，致力于提升其客户审计服务质量。初创公司 R3CEV 基于微软云服务平台 Azure 推出的 BaaS（Blockchain-as-a-service，区块链即服务）服务，已与美国银行、花旗银行等全球 40 余家大型银行机构签署区块链合作项目，致力于制定银行业的区块链行业标准与协议。2016 年初，Emercoin 公司团队宣布，他们已经和微软公司达成了合作关系，将会为 Azure 云的 Baas 市场上提供他们的区块链服务。

可以预见,区块链技术在未来的发展是充满各种可能的,其对金融领域将带来哪些变革和创新值得我们拭目以待。

三、区块链的特点

(一) 去中心化

区块链数据的验证、记账、存储、维护和传输等过程均是基于分布式系统结构,采用纯数学方法而不是中心机构来建立分布式节点间的信任关系,从而形成去中心化的可信任的分布式系统。在一个去中心化的系统中,是没有任何中心化的硬件或官方机构实体存在的,没有任何一个用户比其他用户更受信任。交易是由应用软件广播到网络中去的,挖掘结点(mining nodes,也就是上文中提到的矿工)验证交易并将交易信息添加到他们创造的区块中,然后通知其他节点自己完成了一个区块的工作。区块链中使用了不同的时间戳机制,例如关于顺序列变化的工作量证明机制。

(二) 自治性

系统是开放的,除了交易各方的私有信息被加密外,区块链的数据对所有人公开,任何人都可以通过公开的接口查询区块链数据和开发相关应用,因此整个系统信息高度透明。区块链采用基于协商一致的规范和协议(比如一套公开透明的算法)使得整个系统中的所有节点能够在去信任的环境自由安全的交换数据,使得对"人"的信任改成了对机器的信任,任何人为的干预不起作用。

(三) 永久性

一旦信息经过验证并添加至区块链,就会被永久地存储起来,除非能够同时控制住系统中超过51%的节点,否则单个节点上对数据库的修改是无效的,因此区块链的数据稳定性和可靠性极高。

(四) 匿名性

区块链技术采用非对称密码学原理对数据进行加密,同时借助分布式系统各节点的工作量证明等共识算法形成的强大算力来抵御外部攻击,保证区块链数据不可篡改和不可伪造,因而具有较高的安全性。由于节点之间的交换遵循固定的算法,其数据交互是无需信任的,区块链中的程序规则会自行判断活动是否有效,因此交易对手无须通过公开身份的方式让对方产生信任,对信用的累积非常有帮助。

存储在区块链上的交易信息是公开的,但是账户身份信息是高度加密的,只有在得到数据拥有者授权的情况下才能访问,从而保证了数据的安全和个人的隐私。

四、区块链的工作原理

下面通过"矿工、比特币与区块链"的例子来具体说明区块链的工作过程和技术特点。

（1）创始块

整个区块链起于创始块，即图 11-5 中 block 1 所示。

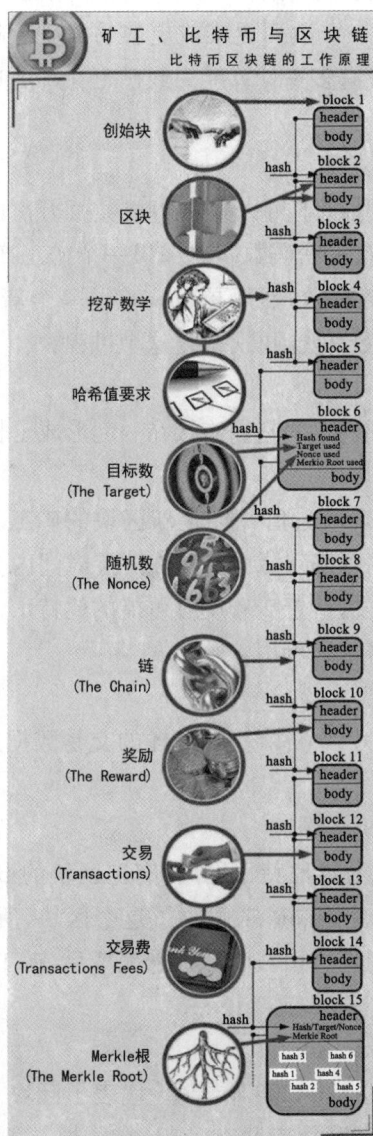

图 11-5 矿工、比特币与区块链

（2）区块

每个区块由两部分组成：header——链接到前面的块并且为区块链提供完整性。body——包含验证了块创建过程中的比特币交易的记录。

（3）挖矿数学

为了创建一个新的块，矿工必须找到满足特定要求的 SHA256 哈希值。

（4）哈希值要求

包括前面块的 header 的哈希值；小于或等于目标数；包括一个称为随机数的数字；包括

所有交易的 Merkle 根。

（5）目标数（The Target）

这个数目决定于连接到比特币网络的每个客户端产生的每 2 016 个区块（理想的是每 2 周）。它降低或增加难度，使下一个散列更难或更容易找到。越多矿工寻找数列，找到散列的难度就越大。这是因为，不管有多少计算能力或矿工在解决哈希散列，都试图保持每 10 分钟创造一个区块。

（6）随机数（The Nonce）

矿工或矿池在使用软件的情况下可以每秒生成数百万次的哈希计算，直到找到正确的哈希值。随机数是只能使用一次的密码数字。如果一个矿工产生一个超过目标数的大哈希值，那么他需要选择一个新的随机数，然后再试一次。一个新的随机数会改变所得到的数列，但是，如果该数目大于目标数，他会再次重复这个过程。

（7）链（The Chain）

由于每个块包含前一个块的散列，它们连接在一起形成了长链。

（8）奖励（The Reward）

比特币被用于奖励那些发现哈希值并创建新区块的矿工。最初，解决每个区块便奖励矿工 50 个比特币。该奖励大约每四年减半。这在一定时间内会缓慢降低货币供应到世界各地的速度。这受控制的供应和发行，意味着所有可能的比特币（目前为 2 100 万）最终会被开采出来，并且所有的比特币都将永远可用。

（9）交易（Transactions）

比特币从一个钱包转移到另一个钱包，对这样的交易数据进行数字签名，并公开存储在区块中。

（10）交易费（Transaction Fees）

每个正在解决区块的矿工通过比特币网络，有向区块的 body 添加交易的选择权，这是核实一笔比特币交易的第一步。如果矿工解决了这个区块，所有的交易费作为接受交易的激励，是矿工奖励的一部分。当比特币被全部开采完毕后，矿工们将通过交易费用奖励来继续维持整个网络。

（11）Merkle 根（The Merkle Root）

Merkle 根是 header 部分的 SHA256 哈希值，代表了区块 body 部分所有的交易。当一名矿工接受交易写入散列 body，互相串联在一起，在一棵二叉树（binary tree）中再次散列。所有此散列和串联的结果，在所有在它之前的哈希的单一"根"哈希中结束。每一笔被接受的新交易都会改变 Merkle 根。由于 Merkle 根是矿工试图找到的哈希值的 header 的一部分，每笔新交易的产生会使得矿工需要解决新的哈希散列问题。

五、区块链技术在金融领域的应用

区块链"去中心化"的本质能让当今金融交易所面临的一些关键性问题得到颠覆性的改变。根据麦肯锡分析，区块链技术影响最可能发生在支付及交易银行、资本市场及投资银行业务的主要应用场景。以下分别针对数字货币、跨境支付与结算、票据与供应链金融业务、证券发行与交易及客户征信与反诈欺等五大应用场景,探讨区块链技术将如何解决当前业务的痛点,以及科技金融公司正在实践的区块链实用技术。

(一) 数字货币

以比特币为代表的数字货币目前已在欧美国家获得相当程度的市场接受,不但能在商户用比特币支付商品,更是衍生出比特币的借记卡与 ATM 机等应用产品。数字货币与法定货币之间交换的交易平台也应运而生,例如我国的交易平台 OKCoin 支持人民币与比特币的交易;比特币与法定货币之间的庞大交易量与流动性足以被视为一种国际通行货币。正是比特币网络的崛起,让社会各界注意到其背后的分布式账本区块链技术,并逐渐在数字货币外的众多场景获得开发应用。

在这种背景下,国家发行数字货币成为趋势。2015 年厄瓜多尔率先推出国家版数字货币,不但能减少货币发行成本及增加便利性,还能让偏远地区无法拥有银行资源的民众也能通过数字化平台,获得金融服务。突尼斯也根据区块链技术发行国家版数字货币,除了让国民通过数字货币买卖商品,还能缴付水电费账单等,结合区块链分布式账本的概念,将交易记录记载在区块链中,方便管理。同时,很多其他国家也在探讨发行数字货币的可行性。目前,包括瑞典、澳大利亚及俄罗斯也正在研讨发展数字货币的计划。英国央行委托伦敦大学学院设计了一套数字货币 RSCoin,并计划由央行发行数字货币,以期提高整体金融体系的安全性与效率。我国央行也在 2016 年 1 月召开了数字货币研讨会,提出争取早日推出央行发行的数字货币。

总之,各国央行均认识到数字货币能够替代实物现金,降低传统纸币发行、流通的成本,提高支付结算的便利性;并增加经济交易透明度,减少洗钱、逃漏税等违法犯罪行为,提升央行对货币供给和货币流通的控制力;同时,将通过发展数字货币背后的区块链应用技术,扩展到整个金融业及其他领域,确保资金和信息的安全,提升社会整体效能。

(二) 跨境支付与结算

当前的跨境支付结算时间长、费用高、又必须通过多重中间环节。拥有一个可信任的中介角色在现今的跨境交易非常重要,当跨境汇款与结算的方式日趋复杂,付款人与收款人之间所仰赖的第三方中介角色更显得极其重要。每一笔汇款所需的中间环节不但费时,而且需要支付大量的手续费,其成本和效率成为跨境汇款的瓶颈所在。如因每个国家的清算程序不同,可能导致一笔汇款需要 2 至 3 天才能到账,效率极低,在途资金占用量极大。

区块链将可摒弃中转银行的角色,实现点到点快速且成本低廉的跨境支付。通过区块链平台,不但可以绕过中转银行,减少中转费用,还因为区块链安全、透明、低风险的特性,提高跨境汇款的安全性,加快结算与清算速度,提高资金利用率。未来,银行与银行之间可以不再通过第三方,而是通过区块链技术打造点对点的支付方式。省去第三方金融机构的中间环节,不但可以全天候支付、实时到账、提现简便及没有隐形成本,也有助于降低跨境电商资金风险及满足跨境电商对支付清算服务的及时性、便捷性需求。

根据麦肯锡的测算,从全球范围看,区块链技术在 B2B 跨境支付与结算业务中的应用将可使每笔交易成本从约 26 美元下降到 15 美元,其中约 75% 为中转银行的支付网络维护费用,25％为合规、差错调查,以及外汇汇兑成本。

OKLink 是用区块链技术做世界民间的银联,构建于区块链技术之上的新一代全球价值传输网络,致力于通过区块链技术推动普惠金融的全面发展,重塑金融体系架构。OKLink 联结全球中小型金融机构参与者,包括银行、汇款公司、互联网金融平台等,借助区块链技术极大提高价值传输网络的速度、成本及安全性。

(三) 票据与供应链金融业务

票据及供应链金融业务因人为介入多,导致许多违规事件及操作风险。2015 年年中,国内开始爆发票据业务的信用风暴。票据业务创造了大量流动性的同时,相关市场也滋生了大量违规操作或客户欺诈行为,陆续有多家商业银行的汇票业务事件集中爆发。国内现行的汇票业务仍有约 70％为纸质交易,操作环节处处需要人工,并且因为涉及较多中介参与,存在管控漏洞,违规交易的风险提高。供应链金融也因为高度依赖人工成本,在业务处理中有大量的审阅、验证各种交易单据及纸质文件的环节,不但花费大量的时间及人力,各个环节更是有人工操作失误的可能。

长久以来,票据的交易一直存在一个第三方的角色来确保有价凭证的传递是安全可靠的。在纸质票据中,交易双方的信任建立在票据的真实性基础上;即使在现有电子票据交易中,也是需要通过央行电子商业汇票系统的信息进行交互认证。但借助区块链的技术,可以直接实现点对点之间的价值传递,不需要特定的实物票据或是中心系统进行控制和验证;中介的角色将被消除,也减少人为操作因素的介入。

供应链金融也能通过区块链减少人工成本,提高安全度及实现端到端透明化。未来通过区块链,供应链金融业务将能大幅减少人工的介入,将目前通过纸质作业的程序数字化。所有参与方(包括供货商、进货商、银行)都能使用一个去中心化的账本分享文件并在达到预定的时间和结果时自动进行支付,极大提高效率及减少人工交易可能造成的失误。根据麦肯锡测算,在全球范围内区块链技术在供应链金融业务中的应用,能帮助银行和贸易融资企业大幅降低成本,其中银行的运营成本一年能缩减 135 亿—150 亿美元、风险成本缩减 11 亿—16 亿美元;买卖双方企业一年预计也能降低资金成本 11 亿—13 亿美元及运营成本 16 亿—21 亿美元。除此之外,由于交易效率的提升,整体贸易融资渠道更畅通,对交易双方收入提升亦有帮助。Wave 已与巴克莱银行达成合作协议,将通过区块链技术推动贸易金融与供应链业务的数字化应用,将信用证与提货单及国际贸易流程的文件放到公链上,通过公链进行认证与不可篡改的验证。基于区块链的数字化解决方案能够完全取代现今的纸笔人工流程,实现端到端完全的透明化,提高业务处理的效率并减少风险。

(四) 证券发行与交易

证券发行与交易流程手续繁杂且效率低下。一般公司的证券发行,必须先找到一家券商,公司与证券发行中介机构签订委托募集合同,完成繁琐的申请流程后,才能寻求投资者认购。以美国的交易模式为例,证券一旦上市后,交易更是极为低效,证券交易日和交割日之间存在 3 天的时间间隔。

区块链技术使得金融交易市场的参与者享用平等的数据来源,让交易流程更加公开、透明、有效率。通过共享的网络系统参与证券交易,使得原本高度依赖中介的传统交易模式变为分散的平面网络交易模式。这种模式在西方金融市场的实践中已经显现出三大优势:首先,能大幅度减少证券交易成本,区块链技术的应用可使证券交易的流程更简洁、透明、快速,减少重复功能的 IT 系统,提高市场运转的效率。其次,区块链技术可准时地记录交易者的身份、交易量等关键信息,有利于证券发行者更快速清晰地了解股权结构,提升商业决策效率;公开透明又可追踪的电子记录系统同时减少了暗箱操作、内幕交易的可能性,有利于证券发行者和监管部门维护市场。第三,区块链技术使得证券交易日和交割日时间间隔从1—3 天缩短至 10 分钟,减少了交易风险,提高了交易的效率和可控性。2015 年 10 月,Nasdaq 在拉斯维加斯的 Money20/20 大会上,正式公布了与 Chain 搭建区块链平台Linq——首个通过区块链平台进行数字化证券产品管理的系统平台。

对于股票交易者而言,区块链可以消除对基于纸笔或者电子表格的记录依赖的需求,减少交易的人为差错,提高交易平台的透明度和可追踪性。对股票的发行公司而言,Linq 实现了更好的管理股票数据的功能,让纳斯达克在私募股权市场中为创业者和风险投资者提供更好的服务。澳大利亚证券交易所在 2015 年表示,将设计一套新系统取代所有的核心技术系统以提升结算速度。美国区块链公司 DAH 在 400 家投标者中,拿到了这项计划合同。DAH 所开发的技术目标将允许所有的参与者,在同一个数据库中进行实时的资产交易;它能够让数字资产在交易的对手方之间进行转移而无需任何机构来负责记录交易,因而达到实时交易效果,实现结算时间由当前的两个工作日减少到数分钟。

(五) 客户征信与反欺诈

过去几年各国商业银行为了满足日趋严格的监管要求,不断投入资源加强信用审核及客户征信,以提升反欺诈、反洗钱、抵御复杂金融衍生品过度交易导致的系统性风险的成效。2014 年,UBS 为了应对新的监管要求,增加了约 10 亿美元的支出;而汇丰集团在 2013 至2015 年间,法律合规部门的员工人数从 2 000 多人增至 7 000 多人。为提高交易的安全性及符合法规要求,银行投入了相当的资金与人力,已经成为极大的成本负担。

记载于区块链中的客户信息与交易记录有助于银行识别异常交易并有效防止欺诈。区块链的技术特性可以改变现有的征信体系,在银行进行"认识你的客户"(KYC)时,将不良记录客户的数据储存在区块链中。客户信息及交易记录不仅可以随时更新,同时,在客户信息保护法规的框架下,如果能实现客户信息和交易记录的自动化加密关联共享,银行之间能省去许多 KYC 的重复工作。银行也可以通过分析和监测在共享的分布式账本内客户交易行为的异常状态,及时发现并消除欺诈行为。

本章小结

本章介绍了在线社交投资平台、垂直搜索和区块链技术。三者都是时下较为新颖的互联网金融信息服务,并且都形成了较为系统的行业规模。在线社交投资平台是"互联网+"

与"社交＋"在金融投资领域的一次巧妙碰撞。垂直搜索拥有在各个领域广泛应用的巨大潜力,区块链技术则推动了数字货币的发展及金融科技的创新与发展。

★★★★★ 关键术语 ★★★★★

社交网络服务　社会化交易　垂直搜索引擎　综合搜索引擎　分布式账本　数字加密货币　区块链

★★★★★ 思考题 ★★★★★

1. 怎样识别在线社交投资平台的投资属性和社交属性?
2. 你还能举出哪些垂直搜索的例子?
3. 怎样判断一个搜索引擎是不是垂直搜索引擎?
4. 元搜索引擎与垂直搜索引擎有着怎样的关系?
5. 区块链在金融领域的典型应用有哪些?

案例应用

社交投资平台——ayondo

ayondo 是一家德国的社交投资平台,成立于 2009 年。ayondo 的业务范围主要在欧洲,它是首个在英国推出"差价外汇账户"自动交易的社交交易网络。ayondo 在 2013 年被列入 FinTech 全球最具创新能力的 50 家公司。

ayondo Markets 是 ayondo 独家合作的经纪商,负责用户交易账户的管理和执行。ayondo Markets 向客户收取非固定点差,然后会跟 ayondo 和交易高手进行分配。ayondo 平台上的客户不直接向平台或者交易高手支付费用,也不需要支付利润分成,但是需要支付隔夜利息费。

在用户申请注册 ayondo 账户时就要选择是"跟单者"还是"交易高手",在这个平台他们是两种身份。用户可以通过"交易员排行榜"找到合适的交易员,通过查看他们的历史资料来选择要复制的"交易高手",构建基于此人的投资组合,每个账户最多同时复制 5 名交易高手。

ayondo 把交易高手的职业生涯由低到高划分为 5 个等级,等级的晋升主要依据交易时间和收益状况。交易高手每带来一手交易,ayondo 每月将根据其等级支付 1~5 美元。

是的,你没有看错。这个平台除了让我们能够发现最适合我们的交易高手,还有一项功能是让我们发现最成功的跟单者。道理很简单,因为同样是复制交易高手,并不是所有的跟单者都会成功。或者可以说这是一个非常适合懒人的功能,一旦我们发现最成功的跟单者,只需一个按键就可以建立完全一样的基于人的组合(People-based Portfolio)。

(资料来源:未央网,当"投资"遇上"社交",2015 年 8 月 6 日)

案例讨论

1. ayonda 与本章介绍的 eToro 有哪些异同?

2. 你从本案例中得到了哪些新的启示?

第三编
互联网金融风险编

第十二章
互联网金融风险及其管理

学习目标

◆ 掌握互联网金融风险的新特性
◆ 了解互联网金融主要业态的风险类别
◆ 了解互联网金融的风险管理过程
◆ 掌握传统风险控制和互联网风险控制的关系
◆ 了解互联网金融的风险控制方式
◆ 了解互联网金融风险管理的具体措施

本章内容导引

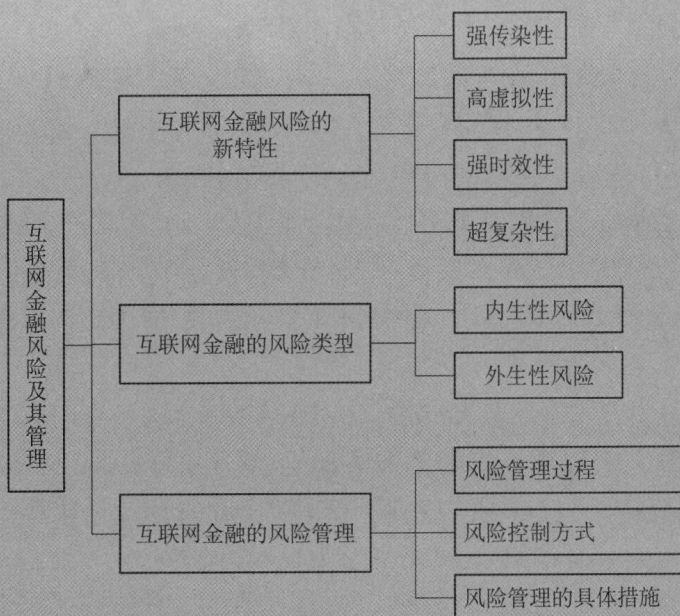

```
                                              ┌─ 强传染性
                          ┌─ 互联网金融风险的 ─┼─ 高虚拟性
                          │    新特性          ├─ 强时效性
                          │                    └─ 超复杂性
  互                      │
  联                      │
  网                      │
  金    ──────────────────┼─ 互联网金融的风险类型 ─┬─ 内生性风险
  融                      │                        └─ 外生性风险
  风                      │
  险                      │
  及                      │                    ┌─ 风险管理过程
  其                      └─ 互联网金融的风险管理 ─┼─ 风险控制方式
  管                                            └─ 风险管理的具体措施
  理
```

e 租宝：在争议中崛起，如流星般陨落

2015年12月8日，新华社关于"e租宝因涉嫌违法经营而接受调查"的报道惊动了整个P2P圈。当晚，e租宝官网已处于无法访问状态，官方微博发布董事长签文，称："公司因经营合规问题，正在接受有关部门的调查。在此期间，公司网站及线下机构停止推广和发布新产品，亦暂停其他日常业务。"次日，财新网也报道，e租宝实际控制人、钰诚集团董事长已被警方控制，北京、上海、安徽、广东等省市均开展了对钰诚集团和e租宝的调查，已确认e租宝及其关联公司涉嫌非法集资。

e租宝2014年7月上线，注册资本1亿元，是一家专注于融资租赁的P2P平台，为安徽钰诚集团旗下子公司。e租宝通过在央视、高铁、机场等猛砸广告，发展迅猛，备受瞩目，堪称互联网金融领域一匹"黑马"。据网贷之家数据统计，截至2015年12月8日，e租宝总成交量745.68亿元，总投资人数90.95万人，待收总额703.97亿元。

然而，在e租宝崛起的过程中，一直饱受争议。正是由于业界早有预期，对于e租宝被查，第一财经日报记者洪诺馨撰文《e租宝之殇：应该追责谁》，提到"对于媒体人来说，e租宝一直是一个诡异的存在，圈内人人都说它有问题，也不停有媒体报道它的问题，但是这一年以来就眼睁睁地看着它的广告越铺越广、规模越做越大"。e租宝帝国，在一片草莽之中猛然崛起，光彩耀人，如今却也将如流星般陨落。

事件引人深思，我们不禁要问：e租宝是属于P2P行业的个例，还是普遍现象？既然e租宝模式早已受到质疑，为何相关部门没有及时发现问题，导致事件影响急剧扩大？而e租宝事件之所以发生的根本原因又是什么？

P2P网络借贷起源于欧美，与民间借贷、小额贷款息息相关。2007年我国第一家P2P平台"拍拍贷"上线运营，尽管早期行业发展并不尽如人意，但2012年后，开始蓬勃兴起。据网贷之家统计，截至2015年11月底，P2P行业的运营平台已经从2012年底的200家增长到2612家，年均增长率402%，行业成交量也从2012年底的212亿元飙升到12314.73亿元，年均增长率高达1903%。

由于缺乏监管规范，伴随着P2P行业的野蛮成长，也产生了不少问题，"跑路"事件的频繁发生，让P2P行业声名狼藉。据网贷之家数据，行业问题平台数量从2012年底的16家，猛增到2015年11月底的1157家，也就是说，超过30%的P2P平台出现了问题。

究其根源，P2P行业问题频发，与缺乏监管密切相关。无可否认，P2P网络借贷作为一种新的金融业态，监管的方式、尺度及介入时机等不好把握。对比欧美国家，英国作为P2P网贷的起源地，自2005年第一家P2P平台Zopa上线以来，几家主要平台

积极推进行业自律,较好地促进了行业的规范发展,这使得英国政府直到 2014 年才正式介入监管,颁布《关于网络众筹和通过其他方式发行不易变现证券的监管规则》,但也是充分鼓励行业自律。相比之下,美国监管部门较早地介入 P2P 行业的监管,在 2008 年 3 月便要求 P2P 平台进行注册登记,高昂的注册成本与各种繁杂的手续,导致了相当部分小平台的倒闭,造成了今日美国 P2P 行业的双寡头格局。

过早介入监管、监管过严,将扼杀金融创新,妨碍行业成长。因此,我国监管环境的宽松在事实上造就了 P2P 行业的繁荣,使我国成为全球规模最大、创新性最强的 P2P 网贷市场。或者说,正是因为缺乏对应的监管规章以及"相关部门",才导致了硕鼠横行。

(资料来源:根据刘思平,http://www.weiyangx.com/154750.html《e 租宝跌落神坛,丧钟为谁而鸣?》2015 年 12 月 10 日及其他网络资料整理而成)

第一节　互联网金融风险的新特性

互联网金融风险是在互联网金融基础上引申出的概念,广义上是指开展互联网金融业务出现的损失的不确定性,狭义上是指互联网金融企业或互联网金融机构在经营发展过程中,其资金、财产、信誉等遭受预期、非预期或灾难性损失的可能性。因此,互联网金融风险既继承了传统金融风险的特性,又有强传染性、高虚拟性、强时效性、超复杂性等四大新特性。

一、强传染性

互联网金融企业为客户提供"开放、普惠、分享"的金融服务,该服务平台的搭建是通过大数据技术建立起共同联动的信用网络,众多互联网金融企业在该平台上推出各种不同的产品或服务,形成了大量的网络节点,任何网络节点出现风险都有可能会传染到具有互联网接入功能的整个金融系统。此外,互联网技术可以进行快速远程运算和处理,这样的功能使得互联网金融风险积聚的可能性增加。因此,相较于传统金融风险,互联网金融风险造成的预期损失、非预期损失和灾难性损失极易突破金融市场各业态的限制进行传播,具有极强的传染性。

二、高虚拟性

一方面,互联网本身的虚拟性特点,使得互联网金融的众多交易者也兼具虚拟性特点,这种特点给交易者身份的确认和传递信息的真伪性判断带来了极大的困难,从而导致互联网金融活动中的"逆向选择"和"道德风险"问题。另一方面,相对于传统金融机构,互联网金融平台资金周转的虚拟性也较明显,这种特点使得对资金周转过程中的沉淀资金实施有效担保和监管更加困难,信用风险相对较大,若缺乏有效的流动性管理,甚至会引起支付风险。总之,互联网金融风险的发生、分散和传播以互联网计算机和移动终端设备为介质,具有极高的虚拟性,预防和控制的难度均较传统金融风险大。

三、强时效性

借助互联网信息技术,互联网金融业务的发生和办理突破了时间的限制,操作更加便捷,金融资源配置效率大大提高。同样,互联网金融业务中出现的微小的非预期损失也会由于互联网信息技术的快捷性而迅速放大、传播,并带来实际影响。因此,与传统金融风险相比,互联网金融风险的传播速度快,具有极强的时效性,如何快速对其进行风险管理和控制也显得尤为重要。

四、超复杂性

一方面,互联网信息系统对完备性和可靠性的要求较高,互联网信息系统的任何漏洞都有可能导致金融信息的泄密,从而造成损失。而互联网金融企业的金融信息挖掘、处理和传播也会导致借助互联网信息系统的节点增加,那么任何一个互联网节点受到攻击乃至金融风险出现的可能性也就会增加。另一方面,互联网金融的出现使得金融行业混业经营成为可能。互联网金融风险同时涉及银行、债券、基金等各业务的可能性也会增加。总之,互联网信息系统本身的复杂性和金融行业混业经营模式,都使得互联网金融风险呈现了超复杂性。

第二节 互联网金融的风险类型

互联网融资活动的乱象已成为目前互联网金融面临的最为突出的风险问题。互联网金融深度耦合了互联网技术和金融业务,具有特定的风险环节和跨界关联性,存在着机构法律定位不明、资金第三方存管制度缺失、内控制度不健全等问题,易引发经营风险,而系统性风险、流动性风险、信用风险等传统金融风险形式,也依然是互联网金融面临的首要考验。从业务模式和技术特点来看,互联网金融叠加了传统金融和业务创新风险,主要包括内生性和外生性两类风险因素。如图 12-1 所示,互联网金融风险可以从内生和外生两个角度分析。

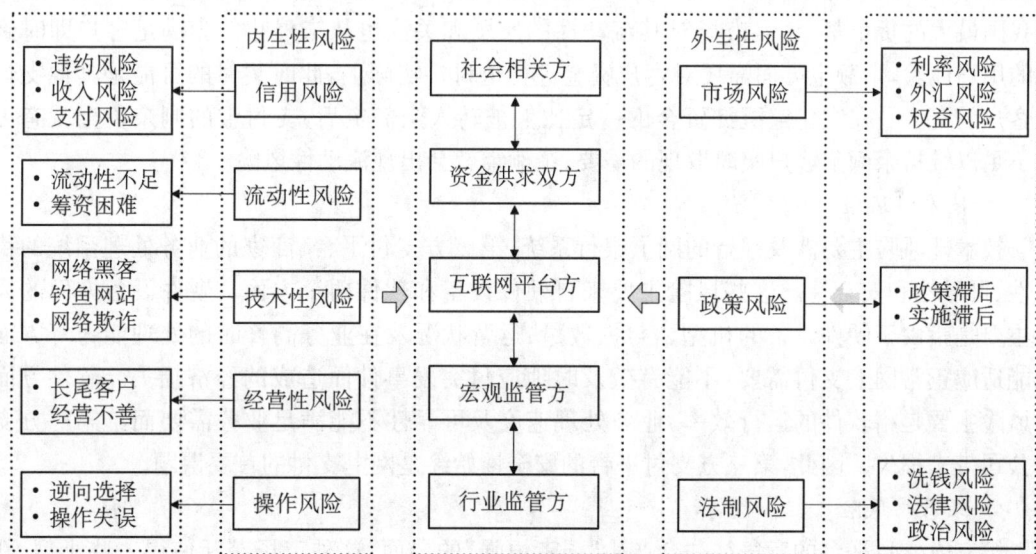

图 12-1 互联网金融风险谱系图

一、互联网金融的内生性风险

互联网金融的内生性风险因素主要是内生于互联网金融体系自身的制度结构、运营机制和技术基础上的,包括信用风险、流动性风险、技术性风险、经营性风险、操作风险等。不同的互联网金融业态下,内生性风险也有所不同。这里以第三方支付、P2P 网络借贷、众筹融资和互联网理财等业态为例来说明。

(一) 第三方支付

第三方支付的内生性风险主要表现在信用风险、流动性风险、技术性风险、经营性风险和操作风险等五种类型。

1. 信用风险

第三方支付中的买方、卖方、第三方支付商和银行等参与方,无法或未能履行约定契约中的义务而造成经济损失的风险,即为信用风险。一般有四个方面的原因。第一,买方失信,买方由于各种原因而违约的情况。从资金上看,买方不履约不一定会造成卖方和第三方网上支付企业的资金损失,但会使第三方支付企业的运营成本和征信成本提升,不良用户占有比率提高,同时带来其他相关风险。第二,第三方支付服务商失信,其由于经营不善、风险管理不充分,甚至违规操作,不能履行中介支付和担保的作用。第三,卖方失信,卖方无法提供与买家约定的商品,不能按时将交易标的送达客户手中,造成买方的相关损失,如退货费用、与第三方支付商交涉的费用及时间成本等。第四,银行失信,银行延迟结算带来的损失。

2. 流动性风险

近年来,第三方支付的流动性风险也被广泛关注。余额宝等互联网产品由于高流动性、相对安全、收益大幅高于活期存款的特点获得了大量用户,与其关联的天弘基金也一举跃升为我国最大的货币基金,但市场对其流动性的质疑和关注也从未停止。为满足客户即时到账的用户体验,余额宝方面需要对客户资金进行垫付。实际上,此时垫付的可能是其他支付宝客户的资金。在支付宝沉淀资金的一定比例被转入余额宝后,支付宝的剩余资金就有可能不足以维持余额宝客户实时取现的需要,余额宝就会出现流动性风险。

3. 技术性风险

技术性风险主要涉及银行的网上银行系统、第三方支付平台、商家的业务处理系统的稳定性、可靠性和安全性。这些风险主要来自硬件设备和软件两个方面。硬件设备方面的风险主要是指由于硬件设备的机型、容量、数量、运营状况及在业务高峰时的处理能力等方面不能适应正常网上支付需要,不能有效及时地应付突发事件而造成的经济损失。软件方面的风险主要是指软件的运行效率、业务处理速度及可靠性不能满足业务需要而给第三方支付公司带来损失。因此,第三方支付平台的安全性始终是网上支付的首要课题。

4. 经营性风险

第三方支付平台的竞争往往会产生"强者恒强"的局面,这种市场垄断使得一些小型、新兴第三方支付平台的生存空间较小,从而面临较大的经营性风险。此外,由于这些垄断平台企业具有系统重要性影响,成为"多而不能倒"的系统重要性机构,随着市场规模的不断扩大,第三方支付的垄断企业面临的风险与日聚集,一旦这些垄断平台发生经营性风险,将对整个第三方支付行业带来颠覆性的影响。同时这类机构依托其客户群,拓展平台服务边界,实现了跨界混业,这将导致风险的跨市场传染。

5. 操作风险

第三方支付涉及的用户众多,操作频繁,任何操作失误、系统设计不当或蓄意事件等都有可能带来风险。一方面,用户在第三方支付平台上注册并进行交易时,用户的个人信息和交易信息会被记录和保存在第三方支付机构的数据库中,如果第三方支付机构未能妥善保护用户信息,很容易将用户信息泄露。此外,一些不法分子会利用第三方支付机构系统的漏洞,通过钓鱼网站或植入木马,盗取用户在支付环节中输入的个人敏感信息(如密码等),导致用户的资金被盗。另一方面,支付机构也可能由于员工违法、违规或违章操作、单独或参与骗取和盗用客户和机构资产、工作疏忽等而产生风险。

(二) P2P 网络借贷

P2P 网络借贷的内生性风险主要表现在信用风险、流动性风险、技术性风险、经营性风险和操作风险等五种类型。

1. 信用风险

P2P 贷款业务主要针对小微客户,以信用贷款为主,违约风险相对较高。因此,P2P 网络借贷平台的信用风险主要是指违约风险,即借款人不能按期足额还款所带来的风险。违约风险产生的原因主要有两个:一是借款人无还款意愿,二是借款人无足够的还款能力。但是,对于投资者而言,同样面临着信用风险。信贷交易要求贷款人对借款人的信用水平做出判断,但是由于交易参与者信息不对称,借款人的信用水平会随着借款人本身和外部环境的变化而发生改变,导致判断者的决策并非总是正确的。尽管我国大多数网络贷款平台设立了赔付制度,但是一旦网络贷款平台由于经营不善或不遵守约定进行赔付,投资者同样会遭受信用风险。投资者除了关注借款人的信用状况之外,还要关注网络贷款平台的信用状况。因此,对于投资者而言,借款人不能按照协议的规定如期还款和 P2P 网络贷款平台未能履行赔付承诺都会导致投资者利益受损,都属于信用风险的范畴。

2. 流动性风险

我国不少 P2P 借贷平台准入门槛低、资金要求低、管理团队风控能力良莠不齐。这些平台由于缺乏经验,交易机制设计不合理,常常在经营过程中一开始不能有效识别潜在风险,预期投资回报率过高,同时又对债权进行拆分,期限错配,增加了公司的流动性风险。当借款人难以维持业绩无法按时还款时就可能使得运营平台的资金链断裂,从而引发负面消息,导致挤兑现象的发生。2015 年金融市场不断的经济动荡,对 P2P 借贷平台产生了巨大的抽资效应,债务结构不合理的借款人资金尤其紧张,逾期、展期现象频繁,最终导致许多中小平台由于挤兑现象跑路和停业。

3. 技术性风险

技术性风险主要是指 P2P 网络借贷平台系统基础设施较差或被外界黑客、病毒攻击而导致的风险,包括内部安全风险和外部攻击风险。内部安全风险是指 P2P 网络借贷平台自身的交易系统的基础设施较差,以及内部工作人员采用各种手段攻入系统窃取借款人信息等引发的风险。外部攻击风险主要来自黑客、竞争对手及平台提供商,不同的外部安全风险来源拥有不同的目的,黑客的主要目标是利用平台上的客户信息获取资金,竞争对手可能会通过一些技术的手段影响目标平台的正常运营,而平台软件提供商可能会将平台的数据直接出售给竞争对手或其他的第三方利益者。不管风险来源于哪里,一旦平台系统被外部攻击,最终都会给平台和借贷双方带来损失。

4. 经营性风险

P2P 网络借贷模式在我国尚处于行业初步发展阶段，有很多地方仍在摸索，从而出现了一些诸如从业人员专业技能不够、平台收费不合理、平台赤字运营等现象，这些问题不断积累扩大，使得一些网络借贷平台出现了经营不善的问题，被迫倒闭。此外，P2P 平台企业恶性竞争也会导致经营性风险。平台企业在争夺客户的过程中，为了率先突破平台经济"临界点"，会出现诸如提供免费服务、赔本赚吆喝等恶性竞争情况，一旦发生大量平台企业因竞争失败而退出市场的情况，潜在的风险不可小觑。同时，在我国 P2P 网络借贷发展的初期，很多 P2P 公司为了吸引更多的客户，承担了担保责任，导致 P2P 业务的经营性风险不断恶化。

5. 操作风险

由操作风险引发的 P2P 网络贷款风险是指 P2P 网络贷款公司在经营过程中，由于内部控制的原因，对贷款者利益产生不确定影响，主要表现在信贷员和信贷审核流程两个方面。第一，信贷员技能水平不够。由于 P2P 网络贷款在我国属于新兴产业，从业人员的数量不足，信贷员缺乏专业的培训和实践的锻炼，加上平台经营者的经营资格和专业素质审核不严，都导致了信贷业务团队成员信贷技能水平低，在评估借款人的财务状况、信誉、借贷历史、经营情况等条件时随意性和主观性较大，放大了贷前的信息不对称，提高了贷后风险管理的难度。第二，贷款审核流程不规范。在信贷审核机制的建立上，我国的 P2P 网络贷款公司还处于摸索阶段，一般是借鉴传统银行等信贷机构的经验，而缺乏一套适合不同地方特色、科学完整的信用审核方法。目前，我国只有少数几家大型成熟的网络贷款平台有实力建立较为规范的信贷审核机制，并保证信贷审核工作能够得到有效实施。

(三) 众筹融资

众筹融资的内生性风险主要表现在信用风险、技术性风险和操作风险等三种类型。

1. 信用风险

众筹融资不仅具有传统融资所具有的信用风险，还包括融资渠道所存在的信用风险。第一，发起人的信用直接决定了项目信用违约风险的高低。对于项目发起人的信息，目前是由众筹平台进行审核，其真实性缺乏专业信用评级机构的评估；且信用评估过程中与央行的征信系统不进行关联，因此违约成本较低。第二，众筹融资平台信用风险的高低决定了众筹融资市场能否顺利发展。众筹平台主要是通过在项目筹资成功后向项目发起人收取佣金来获得收益，这一营利模式决定了作为发起人共同利益捆绑者的众筹平台，会通过各种方式协助项目发起人实现成功融资，这种营利模式使融资业务的信用风险加大。同时，对于在平台上进行推广展示的项目，并没有独立的第三方信用评估机构出具的独立评估意见，多为描述项目功能及优点等的信息，投资者进行风险评估时只能通过平台提供的有限信息进行，难以获得更多有价值的信息。这些都加大了发起人与投资者之间的信息不对称和不确定性。

2. 技术性风险

众筹融资作为新兴互联网金融的主要形式之一，在服务方式上与传统金融模式具有显著差异，突出表现为参与主体虚拟化、业务边界模糊化、响应速度即时化的新特征。众筹融资平台兼有金融业和 IT 业的双重属性，这使得传统网络信息安全问题显著上升为金融安全问题,对平台的系统安全水平提出了更高的要求。从平台内部来看,海量用户信息在传输和存储过程中极易发生泄露、盗取和篡改等情况,使投融资双方遭受不必要的损失,甚至危及正规金融体系的安全、稳定。从平台外部来看,平台系统安全水平低下,致使黑客入侵并篡改信息,盗取投资人资金的情况已有先例。

3. 操作风险

从世界范围来看,众筹融资的项目方企业多属于初创型科技企业,具有商业模式不清晰、财务数据不透明、团队配合不成熟等天然劣势。这就对平台运营人员的风险控制能力、尽职调查水平提出了较高要求。第一,职业投资经理人及领投人数量较少。国外成熟的众筹模式中,通常由平台的投资经理人及认证的领投人进行筹前审核调查,确定项目估值。但我国由于资本市场不发达、私人财富积累时间不长,职业投资经理人及领投人数量较少,其对平台而言往往是稀缺资源。新成立的平台基本无专业领投人资源,致使大量项目在宣传路演时还在征集领投人。尤其是近年来涌入众筹行业的新平台,运营人员普遍缺乏经营实体企业的经验,审核项目风险的能力低下,致使商业模式不清晰、盈利前景较差、无分红及退出机制的项目上线筹资,可见此类尽职调查的可信度极差。因此,总体来看,国内众筹平台面临专业人才匮乏的瓶颈制约,未来发展的人力资源风险较高。第二,投资者利益保护不够。由于我国众筹缺乏行业标准规范,未能就投资后股权处置及管理进行约定,众筹产品在设计之初就存在严重缺陷,无法有效保护普通投资者的利益。

(四) 互联网理财

互联网理财的内生性风险主要表现为流动性风险和操作风险。

1. 流动性风险

互联网理财领域的流动性风险威胁主要来自基金产品。当市场或者基金发生突发事件,如黑客攻击、大量用户账户被盗、发生重大投资损失等,基金投资者可能发生恐慌性赎回,当赎回份额过多时,基金管理人可能无法变现已投资的资产,从而无力兑付投资者的赎回。这种风险在传统理财模式下也同样存在,只不过互联网金融所涉及的客户规模往往更大,加上互联网的传播速度更快,相对而言流动性风险会更高。

2. 操作风险

互联网理财操作风险的来源和发生呈现出广泛和多样的特点。和其他的互联网金融业务模式一样,互联网理财在开放的互联网环境下,也可能会遇到黑客攻击、个人信息泄露、账户资金被盗、服务中断等风险。特别是互联网理财所涉及的人群规模往往更大,所包含的客户信息更加敏感,如客户的信用卡、个人金融资产信息,一旦发生泄露,造成的危害也更大。此外,在基金运作的过程中,基金净值的计算需要遵循严格的标准,而且往往涉及大量的信息和数据处理,当基金的投资标的涵盖若干时区时,基金公司可能会因为时差问题而无法正确计算基金净值。

二、互联网金融的外生性风险

互联网金融的外生性风险因素主要是基于互联网金融的外部经济、金融、政治环境而产生的风险,包括市场风险、政策风险、法律风险等。不同的互联网金融业态下,外生性风险也有所不同。

而无论是何种互联网金融业态,说到底是一个金融产品,市场经济的大起大落是金融产品最忌讳的状态,良好稳定的市场环境也相应会为互联网金融各种业态带来优势。总之,不同互联网金融业态的市场风险具有相通性。

因此,不同业态外生性风险的差异性主要体现在政策风险和法律风险。而政策和法律本身难以完全分离。这里重点从法律风险的角度来介绍。

(一) 第三方支付

第三方支付因没有任何政策和法律调整,或者使用现有法律和政策不明确会带来风险。目前来看,包括两个方面。第一,洗钱风险;第二,参与主体法律关系混乱导致的法律风险。

1. 洗钱风险

第三方支付交易存在匿名性、隐蔽性和信息的不完备性,交易资金的真实来源和去向很难辨别,使得通过第三方支付洗钱、恐怖融资等风险成为可能。

首先,第三方支付为非法资金注入金融体系提供了潜在的渠道。当客户在第三方支付机构开立虚拟账户时,客户虽然会提供相关信息,但第三方支付机构难以对客户的这些信息逐一核实验证。因此,第三方支付平台就可能成为一些匿名或虚假账户实现洗钱的途径。此外,第三方支付机构的介入使现金流动脱离了银行体系,具有相对的独立性,现金有可能被洗钱分子利用。目前,客户虽然不能向虚拟账户存取现金,但第三方支付机构允许客户使用不记名的充值卡对账户充值。客户可先用非法资金购入不记名充值卡,然后将充值卡内的余额充入其在第三方支付机构开立的虚拟账户。这个过程隐匿了资金源头,为非法资金注入金融体系洗钱提供了可能。

其次,第三方支付为恐怖分子融资提供了便利。中国人民银行发布的《金融机构报告涉嫌恐怖融资的可疑交易管理办法》指出,恐怖融资主要包括四类行为:恐怖组织、恐怖分子募集、占有、使用资金或者其他形式财产;以资金或者其他形式财产协助恐怖组织、恐怖分子及恐怖主义、恐怖活动犯罪;为恐怖主义和实施恐怖活动犯罪占有、使用及募集资金或者其他形式财产;为恐怖组织、恐怖分子占有、使用及募集资金或者其他形式财产。第三方支付匿名性和虚假账户为恐怖分子融资提供了可乘之机,同时也增加了发现可疑交易的难度。

2. 参与主体法律关系混乱导致的法律风险

目前,第三方支付参与主体间法律关系混乱,使得参与主体间的权利义务不明确。一方面给第三方支付服务商利用其优势地位、滥用格式条款损害用户利益提供了可乘之机,另一方面也使得第三方支付纠纷中的法律责任追究陷入无法可依或者显失公平的困境。

第三方支付中的参与主体主要包括买方(付款人)、第三方支付服务商、网上银行、卖方(收款人)。其中买卖双方的法律关系依然为买卖合同关系,是第三方支付法律关系中的基础法律关系,但是在支付完成时间的确定上有别于一般买卖合同。买卖双方与网上银行的法律关系仍为存款及借款服务合同关系,其权利义务关系在原有的网上银行相关法律中已经界定清晰。第三方支付中,尚无法律明确规定其服务商与买卖双方、网上银行之间法律关系的性质。在第三方支付服务商制定的服务协议中,关于与买卖双方的法律关系,一般定位为中介服务组织,提供担保功能的则还承担了保证人的角色。关于与网上银行的关系,学界也将其简单定位为代理关系。在出现纠纷承担责任时,第三方支付服务商要么承担责任过轻对用户权益保护不利,要么就没有承担与其角色相对应的法律责任。

(二) P2P 网络借贷

P2P 网络借贷的法律风险主要包括非法集资风险和诈骗风险。

1. 非法集资风险

P2P 网络借贷平台涉嫌非法集资的情况主要有三种。

第一种,资金池,即 P2P 网络借贷平台通过将借款需求设计成理财产品的形式归集资金,投资人资金进入 P2P 网络借贷平台中间账户,产生资金池,P2P 融资平台或负责人有能力动用池内资金。P2P 网络平台主要通过四种途径形成资金池:投资者向平台充值或获取收益形成"资金池";投资者投标而标的未满形成"资金池";用于投资者保障的风险准备"资金池";平台在尚无对应结款项目的前提下归集投资者资金,获得资金支配权所形成的"资金池"。前三类按照有关规定,都应该进行资金托管,尤其是第三类资金池应该由受托方定期公布风险准备金的提取、支付情况和余额,使投资者时刻了解保障能力、保障风险。第四类资金池涉嫌触碰非法集资的红线,应该严格避免。

第二种,不合格借款人,即 P2P 网络借贷平台未尽到借款人身份真实性核查义务,未能及时发现借款人发布的虚假标的,使其向不特定多数人募集资金,用于投资房地产、股票、债券、期货等市场,或高利贷出赚取利差。

第三种,庞氏骗局,P2P 网络借贷平台自己发布虚假的高利率标的来募集资金,并采用借新贷还旧贷的庞氏骗局模式,短期内募集大量资金用于自己投资经营或卷款潜逃。庞氏骗局的核心问题是不存在真实的资产或交易,或者可以隐瞒债权的风险信息转让循环。

2. 诈骗风险

P2P 网络借贷行业自开始以来便有恶意诈骗平台出现,诈骗平台的发起目的就是骗取投资者的钱财,这些诈骗平台和其他问题平台一样拥有高利率、短期限和高人均借贷额等特征。通常诈骗平台与正常运营平台存在以下几个方面的差异。

(1) 平台网页的差异。诈骗平台一般购买网络借贷系统模板,网页大多粗制滥造,甚至有诈骗平台抄袭或复制其他平台的信息。

(2) 平台产品的差异。诈骗平台推出的产品通常存在产品属性或设计上的缺陷,如大量推出期限短和回报率高的秒标吸引投资者。大量使用秒标虽然在一定程度上能够活跃用户,提高用户体验,但这也会提高 P2P 网络借贷平台的交易量,实际为虚假繁荣,进而误导出借人。此外,由于秒标的时间较短,账户资金不会被冻结,这就可能造成平台在同一时间点投放大量秒标,在很短的时间内迅速吸引大量资金,增加平台卷款跑路的风险。

(3) 信息披露的差异。诈骗平台的信息披露程度一般都较差,营业执照、团队构成及贷款等信息常常披露不足。

(三) 众筹融资

众筹融资的法律风险主要包括道德风险、欺诈风险、非法发行证券的风险和非法集资的风险等。

1. 道德风险

由于缺乏行业规范及监管,很多中小众筹平台连最基本的第三方资金托管系统都未启用,上线运营的首要任务便是自我融资或借助关联方融资,且融资额普遍较高,超出平台注册资本的数倍。这种行为带来了道德风险。众筹平台对拟上线项目进行尽职调查是防止道德风险、维护投资人利益的重要环节。但在国内平台野蛮增长、行业规范标准缺失、金融监管缺位的大环境下,平台往往不能从严审核拟上线项目,尽职调查流于形式。其结果将是误导投资人并使投资人承担损失的可能性大大增强。

2. 欺诈风险

众筹平台的业务性质决定了其应当扮演信息中介的角色,是投资者与项目方之间沟通的主要桥梁。然而与其他互联网金融模式相比,众筹平台与投资者之间的信息不对称性更强,正是这种高度的信息不对称造就了平台欺诈的温床。在信息不透明、缺乏相应监管的情况下,众筹平台伙同项目方设立资金池的行为极具隐蔽性,所涉及的金融欺诈风险比 P2P 融资模式更为严重。

3. 非法发行证券的风险

在众筹融资平台上推介、出让企业股份,并在未来取得权益性回报的募资行为,在本质上属于公开发行证券,可能会出现非法发行证券的情况。

4. 非法集资的风险

众筹融资在我国类似于私募投资的网络版,除募资环节在互联网上完成外,其余环节并无显著差异。然而,正是由于互联网给众多潜在投资人提供了投资渠道,加之投资者适当性制度尚不健全甚至形同虚设,众筹平台的运营模式与非法集资活动极其相似,一旦操作不当,极易达到刑事立案追诉标准。因此,股权众筹融资平台面临着非法集资的法律风险。

(四) 互联网理财

与其他的互联网金融业态相比,互联网理财更多地是通过互联网渠道来销售传统金融模式下已经存在的金融产品,或者对传统金融产品进行改良,相对而言法律风险并不是很高。其主要的法律风险体现在互联网理财平台未获得相关经营资质、违规公开销售私募产品、销售误导、违背信托责任等方面。

第三节 互联网金融的风险管理

互联网金融风险的诱发因素不仅可能来自互联网金融企业自身的技术、业务应用及管理的全过程,还可能来自国家政策、相关法规、金融市场等外部环境。互联网金融企业必须有能力管理和控制风险,如有必要,还得承受相关损失。如前所述,互联网金融风险既有传统金融风险的特点,又有自身的新特性,这就需要互联网金融企业拥有一套既能应对已有风险,又能适应新风险的管理制度和方法。

一、互联网金融风险管理的过程

和传统风险管理一致,互联网金融的风险管理过程包括三个基本要素:风险评估、风险控制、风险监控。互联网金融风险必须置于董事会和高级管理层的适当监管之下。在开展互联网金融业务或推出新产品之前,必须报董事会和高级管理层进行综合审查,以使高级管理层确保风险管理机制可以评估、控制和监测拟开展的新业务中出现的风险。

(一) 风险评估

风险评估是一个持续的过程。一般包括三个步骤。首先,互联网金融企业通过一系列的分析来识别风险,并在可能的情况下使之量化。如果无法将风险量化,管理者仍可以确定潜在风险是如何产生的,以及应对和限制风险的措施。管理者应当做出可行的合理判断,确定风险对互联网金融企业的影响程度(包括最大程度的潜在影响),以及此类事件发生的可能性。其次,董事会或高级管理层在评估某一具体问题发生时,互联网金融企业所能承受的损失基础上,确定企业的总体风险承受力。最后,管理者可以比较企业的风险承受能力与评估出的风险严重性程度,以确定企业面临的风险是否在其可承受范围内。

(二) 风险控制

风险控制是指采取各种措施减小风险事件发生的可能性,或者把可能的损失控制在一定的范围内,以避免在风险事件发生时带来难以承担的损失。由于互联网金融的"金融"属性,风险控制仍然是互联网金融的核心,而互联网金融的风险控制要结合传统的风险控制手段。

以信贷业务为例,在其与互联网结合之前,传统风险控制过程中着重收集和考察的信息,在互联网金融时代依然有效。这些信息的收集从企业和个人的角度分为三类信息:基本资料、财务信息及资料用途。从监管约束的角度看,互联网信贷在信用收集过程中,有更多的创新机会,在数据与信息收集的过程中,所采用的方式方法更多,所收集到的信息更广泛,并且在对信息的应用和处理上,受到的限制也会更少,虽然这套完整的体系,并不被传统金融机构认可,但从电商小贷以及 P2P 贷款的发展情况来看,是具备可行性的,未来在互联网与金融逐渐融合的大背景下,这种独特的风控体系和风控思想将是传统风险控制手段的有效补充。

总之,如表 12-1 所示,传统风险控制手段与互联网风险控制都具备自己的优势,同时也存在自己的不足,传统金融机构只依赖固有的风险控制手段,必然无法适应新的环境。而互联网金融机构仅凭互联网的风控方式,也无法完全保证数据的真实性。因此,在面对未来更多变的金融环境时,需要将传统风控手段与互联网风控手段结合。

表 12 - 1 传统风控与互联网风控的优劣势

	优 势	劣 势	应用与结合方式
传统风控	造假成本较高,能保证信息真实性,风控体系被普遍认可,可覆盖多个行业,金融机构控制程度高	风控成本高,周期长,数据有限,担保物的价值变动影响贷款风险,易造成崩盘式的系统性风险	对于企业及个人的财务信息,担保物的估值等强金融属性的风控环节,均应该以传统风险控制手段为主,互联网在其中只起到联系与沟通的作用①
网络风控	信息获取成本低,所需维度较广,能更细致地勾勒出贷款用户,信息获取效率高,信息具备连贯性,能够在用户产生贷款需求之前,完成资质审核将风控前置	部分信息真实性差,IT 系统开发成本高,体系向外扩张难度大,如不能做到自动收集,则会极大影响用户体验,统一性较差,标准不一	贷款企业或个人的交易行为、交易习惯、品牌偏好、个人账户的现金流,以及常规的用户基础信息确认,均可以由网络风控完成②

总之,当传统风控手段和互联网风控手段相互结合、互相补充时,将实现双向促进。一方面,互联网金融企业将更深刻地了解传统金融机构的运营,而利用互联网技术实现传统风控的做法和模式,大大提高信贷审核的效率以及资金使用效率。另一方面,传统金融机构也会因互联网金融在风控过程中的创新点、互联网市场的广阔度、互联网信贷的独特视角,而对自身业务进行补足。

(三) 风险监控

对风险管理来讲,持续的监控是非常重要的。互联网金融管理部门应该监控互联网金融产品在流通过程中,可能发生的潜在损失,从而可以在第一时间发现风险,并将损失控制在最小范围之内。风险监控的方式主要有两种。

(1) 系统监控。系统监控的方法很多,针对不同的互联网金融企业或业务,也会有不同的监控方法。如,利用相应的软件等程序跟踪某项被监视的活动,通过一系列数据处理方法设计一套针对特定风险的预警系统等。

(2) 人员监控。人员监控主要通过内部审计和外部审计的方法进行,其为发现风险并尽快控制风险提供了一套重要的、独立的控制机制。审计人员的职责是保证互联网金融企业建立并始终遵守适当的标准、政策和程序。

二、互联网金融风险的控制方式

互联网金融风险的控制应结合传统风控方式和互联网风控方式,这里以银行贷款、P2P贷款、电商平台消费金融、多因素信用量化等的风控方式为例,来说明互联网金融的典型风

---

① 另外,当某笔贷款风险较高时,在用户基本信息验证的过程中,也应该以传统风控的方式进行,而且应尽量听取第三方意见(比如邻居、员工、客户等)。

② 网络风控还可以促进金融企业与相关机构的合作,比如金融机构与监管系统的后台对接等。

控方式。

（一）银行在互联网背景下的贷款审批

通常来讲,银行贷款审核过程分为八个步骤,如图 12-2 所示,分别为：(1)贷款申请；(2)信用评估；(3)尽职调查；(4)贷款审批；(5)签订合同；(6)贷款发放；(7)贷后检查；(8)贷款回归。

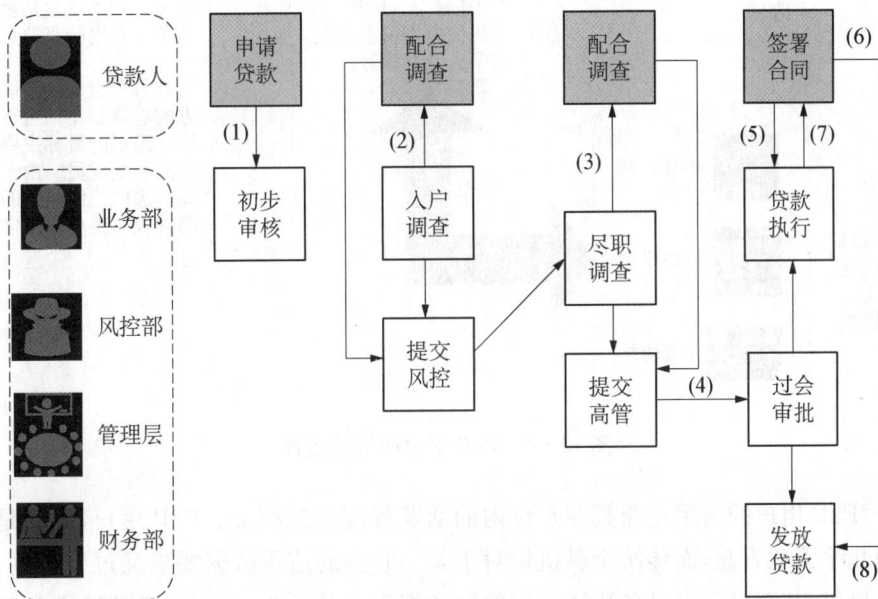

图 12-2　银行贷款的八大步骤

不同的银行在部门职能上可能存在一定差异,但总体来说,都会有这八个步骤。银行在互联网背景下的贷款审批,需更加严格地审核这八大步骤。如第(2)步入户调查中,应选择成长性好、发展潜力大、法人个人信誉好、预测贷款期内现金流量充足稳定的企业。在第(3)步尽职调查中,应依据企业财务情况及企业市场情况、法人、管理者结合同行业情况进行综合评分。其中,业务部获取企业贷款卡信息及工商信息查询书,风控部对企业的贷款卡信息及企业股东情况进行核实。确认企业无信誉不良记录,对企业的对外担保情况予以核实。

（二）P2P 贷款的风控方式

由于 P2P 贷款所服务的对象,绝大部分都无法通过银行等专业金融机构的资质审核,因此 P2P 平台不可能沿用传统银行的风控体系。在欧美等国家金融及个人征信体系较为发达的地区,P2P 平台可以依靠第三方机构完成资信的审核。但在我国无法实现,因此在我国 P2P 发展过程中,衍生出了一套独特的风险控制体系,如图 12-3 所示。相比于银行,这套体系所收集的信息更加丰富,信息化程度更高,过程也相对简单,比较重视贷后操作和用户在平台内的活跃度。

P2P贷款的贷前信用审核主要依靠贷款用户注册时通过网上渠道提交资料的形式。

用户注册信息提交

除了常规征信资料外，还包括微博、QQ等社交媒体及网站上的个人资料等非常规身份确认信息。

注册

项目审核平台上线

平台通过视频、电话等形式进行项目审核及用户信息确认。线下P2P也会进行入户调查，但无论企业P2P还是个人P2P，所采集信息均偏重企业主个人及其家庭。

募资成功贷后追偿

项目募资成功后，P2P公司很难监督资金使用情况。因此会按照1%～2%的比例，从成功的项目中抽出一部分资金，作为风险基金。并对逾期项目进行高罚息。

另外，P2P公司还会联合各地方的追债公司，进行债务追偿，追偿的目标主要是贷款者的家庭成员。由于罚息较高，因此追偿成功的项目，隐性收益要高于正常项目。

在这过程中，P2P平台还可能借助其他机构帮助自己完成信用审核，常见的合作机构包括：

小贷公司
电商平台
评级机构

数据合作

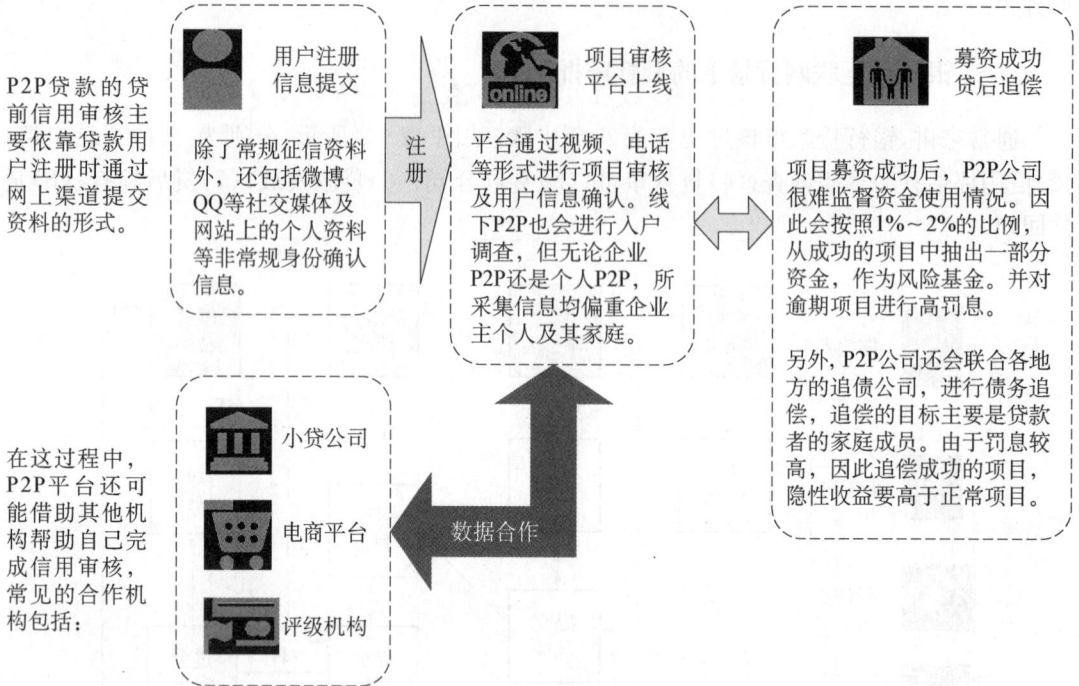

图 12-3　P2P 平台的贷款过程

　　此外，P2P用户的信用还与其在平台内的活跃程度息息相关。P2P用户，尤其是贷款用户的信用几乎无从查起，而传统金融机构对于某一时点的信用数据要求又过于苛刻，很多贷款人无法提供，甚至都没有具备法律效用的财务报表。基于此，小而具备持续性和延续性的数据，更能体现出 P2P 贷款用户的财务稳定性，在无法获取用户交易信息和长期信用卡账单的状态下，P2P 平台普遍采用的方式是鼓励用户在本平台内增加活跃度，反映在风控体系上，就是将平台内成功完成项目的用户赋予高分值，再将分值转换为等级，从而完成平台内的信用积累，常见的计算方法如表 12-2 所示。

表 12-2　P2P 贷款用户的信用计分

	评 估 项 目	计 分 方 法	信 息 用 途
低权重区	邮箱、手机、视频、本人及家人户口本、本人及家属身份证、结婚证、工资流水单、收入证明、手机固话清单等	一次性提交加分，每项分值 1—5 之间	用户基本资料的获取都只是为了确认用户的真实身份，并根据基本社会常识，评估用户信用。资料提交更多，用户造假成本越大，所以这些资料本身并无太大价值，但集中在一起就可以发挥作用。其中对家人基本信息的索取，主要是处于防控风险的考虑，一旦借款人跑路，其债务可由家人负担
高权重区	平台 VIP 认证，或其他需要付费项目的注册及信息提交	一次性提交加分，每项分值 10 以上	主要目的是增加平台的收入，无法对用户增信起到太大作用。但通常来讲，肯付费的用户，忠诚度会略高，造假可能性也较小

续　表

评　估　项　目	计　分　方　法	信　息　用　途
提前还款：按提前天数，越早加分越多；每个成功项目提前还款都加分(同理，推迟还款扣除更多积分) 项目成功：按照还款金额，金额越高加分越多		每一笔成功的交易，都证明用户在 P2P 平台上完成了一次完整的借贷行为。在这一过程中，用户所有的行为都能够被平台所记录。这些用户的粘性和信用都有所提高，在高积分的鼓励下，用户等级随之提高，在有等级限制的 P2P 平台，用户等级比项目风险更值得参考

(三) 电商平台的消费金融风控方式

在传统金融和互联网创新金融模式之外，电商平台也在消费金融领域有所建树。在电商平台所做的信贷过程中，采取了一种不同的风险控制方式。电商平台主要参考了供应链融资的理念，把平台自身当作供应链融资中的核心企业，而电商产业链上的个人用户，及中小企业作为上下游企业，利用其在平台内积累的交易数据，以及交易数据背后透露出来的信息，为企业授信，完成信贷业务。具体贷款过程如图 12-4 所示。

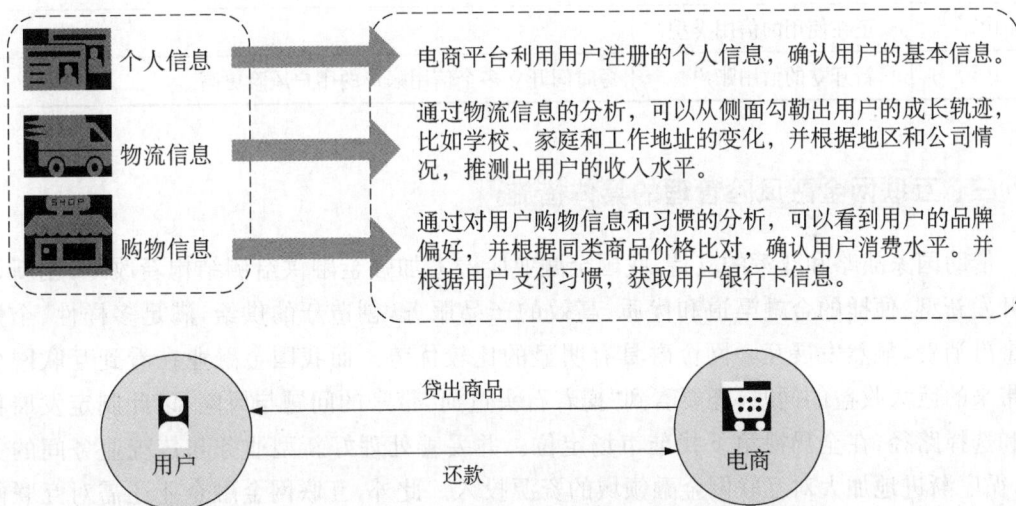

图 12-4　电商平台的贷款过程

电商平台的消费金融风险相对更小，主要有两个方面的原因。第一，贷前风控。由于电商平台掌握用户历史交易记录，因此其对用户信息的掌握更加稳定，并且通过数据分析，电商平台可以把大量风控工作放在贷前，因此能够从平台贷款的用户，实质上已经满足了风控的要求，这样一方面可以严控风险，另一方面也大大优化了用户体验。第二，贷物不贷钱。对于普通用户来讲，通过电商平台贷款的主要原因就是在资金短时紧张的情况下，提前购物消费，因此他们的目标是商品而非资金，所以电商平台所贷出的不是资金而是商品，变相地把握了用户贷款资金的用途。

(四) 多因素信用量化的风控方式——FICO信用分

FICO信用分是由美国个人消费信用评估公司开发出的一种个人信用评级法,已经得到社会的广泛接受。其核心理念是利用五大因素,将个人信用以分值的形式量化,FICO评价系统得出的信用分数范围在300—850之间。分数越高,说明客户的信用风险越小。低于620分,则要求必须担保或否决;介于620分和680分之间,则需要重新评估;高于680分,则贷款直接通过。影响个人信用分数的因素主要有以下五个方面:客户的信用偿还历史、信用账户数、使用信用的年限、正在使用的信用类型、新开立的信用账户。具体的权重如表12-3所示。

表12-3　FICO信用分的评价方法

所占权重	不同因素	备注
35%	偿还历史	包括:各类信用账户的还款记录、公开记录及支票存款记录、逾期偿还具体情况(包括:逾期天数、余额、次数等)
30%	信用账户数	需还款账户的数量与用户偿还能力挂钩,FICO主要分析该用户需要多少个信用账户
15%	使用信用的年限	使用信用账户的历史越长分值越高
10%	正在使用的信用类型	
10%	新开立的信用账户	短时间开立多个信用账户的用户风险更高

三、互联网金融风险管理的具体措施

借助国家战略和政策的支持,我国金融业应着力加强金融供给侧结构新改革,创新设计开发新型、便捷的金融渠道和优质、高效的产品服务,创造新的供给,满足多样性、个性化金融消费,显然发展互联网金融具有明显的比较优势。而我国金融业在看到互联网金融带来的巨大收益的同时,还要看到"摸着石头过河"带来的问题与风险,以此制定发展目标和选择路径,在全局视角下找准市场定位。并妥善处理好新型业务与传统业务间的关系,循序渐进地加大对互联网金融领域的资源投入。此外,互联网金融企业还需对互联网金融的信用风险、流动性风险、技术性风险、操作风险、市场风险等进行针对性的风险管理。

(一) 信用风险的管理

(1) 加强目标客户分级管理。应遵从"长尾理论"制定明晰的客户分级(类)规则,推行"小客户放开、大客户控制;小金额线上做、大金额线上线下结合做"的模式,依据客户性质(个人客户身份、企业客户行业属性)、收入水平、还款能力等条件区别管理。一是对"尾部"80%的小客户采取系统自动授信小金额、线上批量操作方式,降低服务成本,允许适度违约。对"头部"20%的大客户严格采取线下审核身份和资质、线上自助申请授信的方式,设定较低的违约风险容忍度。二是关注借款人实际现金流、消费习惯、交易特征、交易对手等情况，做好更新与维护，动态调整授信额度。三是加强贷后管理，重点监测贷款资金的使用情况，防控虚假交易、骗贷套现行为。

（2）借助大数据做好资源挖掘。加强大数据分析应用，提取有助于商业决策和风险管理的关键交易。一是运用大数据挖掘技术实现征信数据的多维度拓展。通过数据挖掘和建立模型，评估借款人的还款意愿和能力及潜在违约风险，建立立体精细化信用评估体系，为信贷审批、客户关系维护等决策提供科学视角。二是关注异常交易、建立预警模型。如长期选择保本型理财产品的风险回避型客户突然申请高额度信用贷款、中等资产客户突然发生远超收入水平的高额消费等，通过持续关注交易过程、资金流向及交易对手，分析交易的真实目的，做好风险预警、防范和处置。三是妥善处理数据保护和应用的平衡关系，体现数据使用主体对客户隐私的重视性和操作的规范性，防止因客户信息泄露产生法律风险。

（3）构建全方位信息共享机制。信息时代，只有资源共享，才能共赢。当前应加快在全行业、全社会范围内建立健全互联网时代的信息共享与互换机制。一是搭设行业信息共享平台。借助征信系统、工商系统等公共数据资源，建设行业征信标准数据库和基础数据平台，制定全行业征信信息数据的应用规则，实现客户诚信指数的信息交换，增加借款人的违约成本。二是推动完善全社会信用体系。应积极响应国务院《社会信用体系建设规划纲要（2014—2020年）》，以建立银行业征信平台为先导，推进全社会统一的企业和个人征信协同发展，逐步实现国内各行各业基础信用信息资源的全覆盖态势，形成举报规模效应、适应不同需要的信用信息资源整合与共享，推动诚信社会建设充分发挥作用。

（二）流动性风险的管理

（1）传统金融机构逐步适应互联网运行模式，加强自身流动性风险的管理和控制。构建适合互联网运行模式的风险评级体系，通过对网银依赖程度、流动性水平、应对资金突变能力等方面的综合评估，确定是否适宜大力开展互联网支付业务。

（2）互联网金融企业实行信息资源统管。一是优化算法。企业运用大数据和云计算，精准进行数据解析，解决新的信息不对称难题。二是加强前瞻性预判。专责进行所有债权与理财的匹配关系预判，掌握赎回演变周期，及时调整资金池的投资组合并预留资金缓冲挤兑压力。三是建立覆盖全行业统一的互联网金融征信数据系统。借助对投资者身份识别，整合其在工商、纳税、诉讼中的信息记录，建立企业互通共享的信息公众平台，通过对信用风险的控制，降低违约率，提高贷款归还比来遏制其向流动性风险转变。

（三）技术性风险的管理

可以从支付方式创新、安全防护体系建设、业务系统风险管控等多个方面进行技术性风险管理，并严格落实监管机构相应的制度规范。

（1）移动支付引发的风险问题，可以从支付链的整体角度来考虑完善安全防护措施，综合考虑每个参与要素的风险影响因素。如在智能移动客户端上嵌入定制化的IE网银系统，或更进一步，可以与移动终端设备厂商合作，研制开发面向对公客户的定制移动终端，开展对资金安全性要求更高的业务品种。

（2）在信息安全防护体系方面，应成立防范网络攻击的专业队伍，紧跟国际信息攻击技术的前沿动向，有针对性地研究防护措施，及时提出预警报告和防护建议，完善金融企业的安全防御体系。

（3）在对业务运营系统的风险防控上，对涉及潜在风险点的数据信息进行集中，建立专业的团队来挖掘金融业务创新的可能风险，对已暴露的风险问题进行深度分析，从整体系统层面提出整改举措。

（4）制度规范上，人民银行于2012年5月发布的《网上银行系统信息安全通用规范》对业务安全交易机制从身份认证、交易流程、交易监控等三个方面制定了相应的业务运作规范。《规范》要求，金融机构应根据自身业务特点，建立完善的网上银行交易监控体系，识别并及时处理异常交易。应根据交易的风险特征建立风险交易模型，以此为基础，建立风险交易监控平台。应建立异常交易识别规则和风险处置机制，对监控到的风险交易进行及时分析与处置等内容。互联网金融企业应从严落实这些相关制度规范。

（四）操作风险的管理

（1）提升核心技术水平。一方面，通过核心技术将人工操作的业务改为由精度更高、控制更严的计算机系统执行，降低违规犯错概率，有效减少人为因素带来的操作风险。另一方面，积极参与、推动外部合作，与手机制造商、移动运营商共同研发防病毒能力更强的智能终端，与网络供应商共同堵截山寨或恶意应用软件的泛滥，充分运用如认证授权、硬件加密、数字签名以及病毒防火墙等技术，降低风险敞口。同时加强消费者防范诈骗、提升安全意识的宣传教育，共同营造安全、稳定、便捷的消费环境。

（2）加大人员管控力度。制定标准化、合规化的操作流程和风险防控措施，并通过加强培训学习等方式，提高各类人员在办理互联网金融时的风险意识，有效防范控制风险。同时，通过内部监督检查制度，定期或不定期对各类人员制度执行、岗位履职等情况开展内部审计和监督检查，对有规不依、有章不循等行为进行处罚，确保互联网金融各项业务开办的合规性，促进互联网金融队伍建设的良性发展。

（五）市场风险的管理

（1）强化互联网金融产品市场风险管理理念。互联网金融产品的发行要建立在合理的市场风险范围基础上，互联网金融企业要充分认识屏蔽金融风险，从源头上控制市场风险的必要性，然后将风控理念付诸行动，做到从产品的设计、发行、售后等各个环节的严格把关，有效规避市场风险的发生。企业的领导和员工要整体高度重视，只有全民参与，才能将互联网金融产品的市场风险防范提高到基础地位。

（2）建立互联网金融产品市场风险防范的内控机制。可以从以下几个方面控制互联网金融产品市场风险的发生。首先，经营企业应该制定专门的部门负责市场风险管理工作，配备有经验的专家制定、定期审查和监督执行市场风险的管理政策和执行效果，并坚持业务部门与审查部门的关系分离。其次，风险管理人员要具备相关的专业知识和技能，熟练掌握本企业的业务类别、操作流程、存在的市场风险与监管部门公布的法律法规，企业应对风控人员进行全面的、切实可行的培训,令其了解供职单位能够承担的风险水平,根据风险承受能力制定经营策略,对不同类别的市场风险和不同的业务种类制定有针对性的市场风险管理政策和程序。最后,风险管理人员要对理财产品产生的市场风险选择适当的计量方法,尽量将可以量化的风险进行准确计算,并确保计量模型、参数、假设前提的合理和可行性。

(3) 实时监测风险因子,及时调整投资策略。互联网金融企业要完善风险防控流程,成立止损小组,对理财产品可能发生的损失实时监测,随时保持警惕,以应对金融市场波动带来的不利影响。通过关注人民银行的利率政策和经济形势的变动趋势,来监测利率风险因子。通过关注国际形势变化、我国的贸易收支情况和主要贸易伙伴的国内利率政策等,来监测汇率风险因子。通过观察国家宏观经济政策和某类特定商品的价格走势,来监测商品价格风险因子。通过关注国家产业政策和整体经济形势的变化,来监测股票价格风险因子。通过这些风险因子的监测,及时调整互联网金融产品的投资策略。

本章小结

本章分析了互联网金融的主要风险及其风险管理与控制。首先是互联网金融的新特性:强传染性、高虚拟性、强时效性、超复杂性。其次把互联网金融风险分成了内生性风险因素和外生性风险因素,并对第三方支付、P2P 网络借贷、众筹融资、互联网理财等业态下的风险特征进行了分析。再次是互联网金融的风险管理,内容包括风险管理过程、风险控制方式、风险管理具体措施等。

★★★★★ 关键术语 ★★★★★

金融风险 内生性风险 外生性风险 信用风险 流动性风险 法律风险 技术性风险 经营性风险 操作风险 互联网金融风险控制

★★★★★ 思考题 ★★★★★

1. 如何理解互联网金融的长尾风险?
2. 第三方支付的风险主要有哪些?
3. P2P 网络借贷的风险主要有哪些?
4. 结合风险管理的相关理论,分析第三方支付的风险管理手段。
5. 结合风险管理的相关理论,分析 P2P 网络借贷的风险管理手段。

案例应用

互联网金融风险管理——"恒丰模式"

2016年7月2日,中国互联网金融协会在北京举行了一场闭门培训会议,这也是第二期从业机构高管系列培训。当天,央行权威人士就互联网金融法律与监管制度进行了详细介绍,及时传递了行业最新的监管信息。

互联网金融的发展,制度建设和风险管理必不可少。在这方面,"恒丰模式"具有研究和推广的价值。中国支付清算协会近期发布的《中国支付清算行业运行报告(2016)》中,恒丰银行的"网贷平台资金存管方案"成为互联网金融资金存管领域中唯一入选的经典案例,被业界称为互联网金融资金存管的"恒丰模式"。"恒丰模式"主要通过完善制度建设、强化风险管理、持续加强风险监控等方式进行互联网金融的风险管理。

1. 加强和完善制度建设

2015年11月至今,恒丰银行陆续发布了《关于认真开展P2P网贷平台资金存管业务的通知》《P2P网贷平台资金存管业务应急预案》《关于加强P2P网贷平台资金存管业务管理的通知》等专项制度文件。

2. 强化风险管理

恒丰银行事前签约管理和事中风险防范全程覆盖,不留死角。

(1) 事前签约管理,坚持"八项准入条件"以及"四不做原则"。恒丰银行资金托管部按照市场拓展、技术对接和合规审查等环节设置专人专岗,坚持"八项准入条件"以及"四不做原则"做好事前签约管理工作。所谓"八项准入条件",即网贷平台实缴资本超过1 000万元、正式上线运营时间超过6个月、须缴存风险准备金、标的须有明确借款人、平台网站ICP备案主体与签约主体一致、平台网站信息完整公开、平台收益率不得过高、严格限制活期理财产品等八项网贷平台准入条件。所谓"四不做原则",即业务模式不合规的不做、平台目标客户抗风险能力弱或为不景气行业不做、经营地经济发展状况不佳不做、涉嫌平台或关联方自融不做。

(3) 事中风险防范,技术、资金、宣传齐发力。为防控风险,恒丰银行资金托管部及有关部门在技术、资金、宣传方面三管齐下。技术上,有关部门在存管系统上设计了"备案与审核"相结合的功能。对于小金额的借款标的,系统在对放款对象和金额进行核对,通过后即行放款;对于大金额的借款标的,系统要求网贷平台须事先上传借款协议、抵质押公正和担保协议等材料扫描件,经过人工审核后才能放款。资金上,恒丰银行在市场上率先建立了风险准备金缴存制度,凡是用户资金存管在该行的网贷平台,必须按照借款金额的一定比例计提风险准备金,专户存放,以供网贷平台发生紧急状况时使用。宣传上,恒丰银行对每一家准备签约的网贷平台均提出了明确的宣传要求。只有满足"正式签约、预缴存管服务费、缴存风险准备金、系统改造上线"四项条件才允许网贷平台进行宣传,并对宣传内容、宣传渠道、风险提示等进行严格要求。

3. 持续加强风险监控

恒丰银行还对行业提出建议,一是要适当收缩合作范围,优中选优,提高与第三方支付机构合作的门槛;二是要加强对不同网贷平台借款金额阈值的动态调整,并对同一借款人的跨平台借贷行为进行监控;三是要建立一套有效的风险监控业务规则,实现风险监控的自动化与智能化。

(资料来源:环球网 http://china. huanqiu. com/hot/2016-07/9139167. html,《互联网金融风险管理"恒丰模式"成为经典案例》,2016 年 7 月 7 日)

案例讨论

1. 案例涉及了本章的哪些知识点?

2. 相比于传统风控,恒丰银行风控体系的突出特点有哪些?

第十三章
大数据征信

学习目标

◆ 了解大数据征信的相关概念和特征
◆ 掌握大数据征信的概念及其与传统征信的关系
◆ 理解大数据征信的主要模式和运作流程
◆ 理解大数据征信的监管问题

本章内容导引

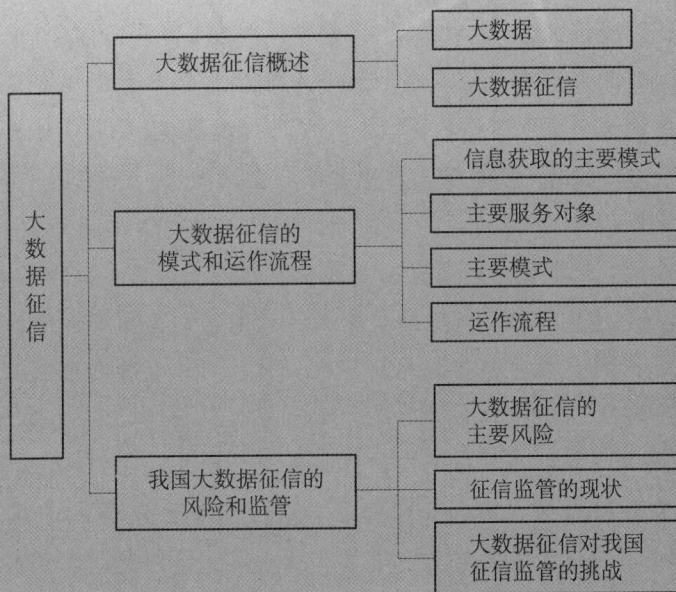

```
                           ┌─────────────────┐
                       ┌──│      大数据       │
        ┌─────────────┐│   └─────────────────┘
        │ 大数据征信概述 │┤   ┌─────────────────┐
        └─────────────┘└──│     大数据征信    │
                           └─────────────────┘

                           ┌─────────────────┐
                       ┌──│  信息获取的主要模式 │
                       │   └─────────────────┘
                       │   ┌─────────────────┐
        ┌─────────────┐│──│     主要服务对象   │
┌────┐  │ 大数据征信的  ││   └─────────────────┘
│ 大 │  │ 模式和运作流程 │┤   ┌─────────────────┐
│ 数 │──│             ││──│      主要模式     │
│ 据 │  └─────────────┘│   └─────────────────┘
│ 征 │                 │   ┌─────────────────┐
│ 信 │                 └──│      运作流程     │
└────┘                    └─────────────────┘

                           ┌─────────────────┐
                       ┌──│   大数据征信的     │
                       │   │   主要风险        │
        ┌─────────────┐│   └─────────────────┘
        │ 我国大数据征信的│   ┌─────────────────┐
        │ 风险和监管     │──│    征信监管的现状  │
        └─────────────┘│   └─────────────────┘
                       │   ┌─────────────────┐
                       └──│  大数据征信对我国   │
                           │  征信监管的挑战    │
                           └─────────────────┘
```

征信市场新格局

长久以来,我国征信市场都是以央行为主导的单一格局。央行征信系统主要收集以银行信贷信息为核心的企业和个人信息。但是,不管是在用户的覆盖面还是数据的多样性上,央行征信系统都有很大的局限性。如何满足其他没有征信记录客户的金融需求?这便是大数据征信所觊觎的市场机会。传统信用评估模型是根据一个人的借贷历史和还款表现,通过逻辑回归的方式来判断这个人的信用情况。而大数据征信的数据源则十分广泛,包括电子商务、社交网络和搜索行为等产生的大量数据。这些数据在信用评估中的效用究竟如何?大数据征信是言过其实,还是真的风控神器?群雄逐鹿征信市场,谁能成为最后的赢家?从金融服务到生活服务,中国的个人征信机构究竟有何"野心"?

个人征信牌照的发放久拖未决,但央行已经发布了一份《征信机构监管指引》。业内普遍认为,该文件的发布正是为了给个人征信牌照的下发铺路。根据《指引》,监管部门对于申请牌照的机构提出了多项具体要求,包括个人征信机构设定保证金制度、股权变革的制度化管理等,以规范个人征信这个新兴行业的发展。但事实上,个人征信市场的参与者除了首批八家申请征信牌照的机构外,以拍拍贷、积木盒子为代表的P2P平台,以京东金融、宜信为代表的互联网金融公司,以FICO为代表的第三方机构均开始利用既有的数据和技术布局大数据征信业务。

2015年1月5日,央行下发《关于做好个人征信业务准备工作的通知》,个人征信业务正式"开闸"。腾讯征信、芝麻信用、深圳前海征信、鹏元征信、中诚信征信、中智诚征信、考拉征信、北京华道征信获准开展个人征信业务准备工作。其中,背靠蚂蚁金服的芝麻信用和腾讯旗下的腾讯征信因其用户覆盖面广、数据规模庞大、技术实力雄厚而最具竞争力。另外,前海征信因背靠综合金融集团——中国平安也被视为有力的竞争者。此外,考拉征信则汇集了拉卡拉平台上进行信用卡还款、转账、公共缴费等个人用户数据。华道征信的数据则主要来自其两家股东:新奥资本握有大量的居民燃气数据;银之杰旗下的亿美软通是中国三大电信运营商资深的战略合作伙伴。而另外三家机构中,中诚信征信和鹏元征信的大股东均是老牌的企业征信公司,以企业信用评级业务起家。中智诚征信是民营第三方征信公司,以"反欺诈"业务为主。其实,除了上述八家首批获准开展个人征信业务的机构外,不少拥有海量数据和技术基础的公司都在暗暗布局大数据征信市场。另据媒体报道,包括京东金融、百度金融、小米、宜信等30多家企业均有意申请第二批个人征信牌照。以京东金融为例,除了盘活集团内的数据资源外,2016年11月,京东金融与美国大数据公司 ZestFinance

联合发起的合资公司 ZRobot 宣布开业。这家由 Google 前副总裁创办的互联网金融公司主要利用机器学习算法和数据技术帮助用户做出更精准的金融风控及营销决策。旨在利用 Zest Finance 在大数据挖掘和处理方面的技术构建京东自己的信用评估体系，目前 Zest Finance 的技术专家已经到位。另一家大数据征信市场的有力竞争者——宜信旗下的至诚征信也在 2015 年 6 月发布一款针对 P2P 机构、小额信贷机构和银行信贷部门的风控产品，包括信用评分、个人借款数据、个人风险名单数据三块内容。此外，包括拍拍贷、积木盒子在内的 P2P 借贷机构也利用过去几年所积累的数据建立自己的信用评估体系。以拍拍贷为例，它于 2015 年初推出了基于大数据的风控模型——"魔镜系统"。除了那些手握数据资源的公司外，围绕大数据征信领域的第三方技术和服务机构也开始涌现。例如，专注大数据挖掘的"百分点"、在数据源上层完成数据分析和信用评估的"冰鉴科技""闪银"等。

但值得注意的是，与其他很多行业不同，征信市场的"容量"却十分有限。对比美国，20 世纪 60 年代末美国的征信公司曾一度多达 2 200 家，但随着行业不断发展和整合，如今已减少到 400 家左右。其中，艾可飞（Equifax）、益百利（Experian）和全联（Trans Union）三大巨头便占到了 90％ 的市场份额。芝麻信用曾在内部提到，当下大数据征信还处于第一阶段，即个人征信机构跑马圈地、百花齐放；而到了第二阶段，征信行业或出现大规模并购，最大的两三家公司将占据市场 60％ 以上份额或者更多，其他几家共享细分市场。这个预判基本已经成为行业共识。中国的征信市场在三到五年之内不会一统天下，原因是到目前为止中国征信市场还处在第一步，也就是数据源整合这一步。但是在四五年之后应该会有两到三家大公司占据征信市场的主导地位。大数据征信需要前期投入巨大的人力、物力和财力，不仅周期长且回报慢。尤其是个人征信市场，对于数据、资金、技术，以及场景都有很高的要求，最终只会有两三家主导市场。眼下国内的个人征信市场刚刚起步，还处于群雄逐鹿的阶段。尽管首批仅有八家机构申请牌照，但在业内人士看来，相比牌照，数据和技术才是个人征信领域更为关键的门槛。平安证券在一份报告中称，根据征信行业的产业链，个人征信公司经营成功的关键在于：数据来源的范围和准确性、数据处理能力、数据产品是否能够满足客户要求、是否具有多样性。目前来看，除了获得牌照的机构之外，掌握信息搜索和网页浏览数据的百度、整合了电商和金融及生活服务数据的京东、积累了九年数据的互联网金融机构宜信以及正在积极布局中国大数据征信市场的 FICO 都是有力的竞争者。

（资料来源：和讯网《征信市场信格局》，作者：洪偌馨，2015 年 12 月 8 日，并根据最新进展进行了改编）

第一节 大数据征信概述

一、大数据

(一) 大数据的定义

近年来,大数据(Big Data)已经成为全社会热议的话题,但目前,对"大数据"尚无公认的统一定义。麦肯锡在其报告《大数据:创新、竞争和生产力的下一个新领域》中给出大数据的定义:大数据指的是大小超出常规的数据库工具获取、存储、管理和分析能力的数据集。但它同时强调,并不是一定要超过特定 TB 值的数据集才能算是大数据。国际数据公司从大数据的四个特征来对其进行定义:大数据是指具有海量的数据规模、快速的数据流转和动态的数据体系、多样的数据类型、巨大的数据价值特征的数据集。亚马逊大数据科学家约翰·劳塞给出一个简单的定义:大数据是任何超过了一台计算机处理能力的数据量。而维基百科中对大数据的定义则为:大数据,指的是所涉及的资料量规模巨大到无法通过目前主流软件工具,在合理时间内达到撷取、管理、处理并整理成为帮助企业经营决策的更有积极意义的信息。从以上各种定义来看,所有定义都说明大数据的核心能力是发现规律和预测未来。

(二) 大数据的起源

大数据技术和应用是在互联网的快速发展中诞生的,它的起源可以追溯到 21 世纪初。当时互联网网页急剧增长,每天新增约数百万个网页,到 2000 年年底全球网页数达到几十亿,用户检索信息越来越不方便。谷歌等公司最先建立了覆盖数十亿网页的索引库,为人们提供较为精确的搜索服务,大大提升了人们使用互联网的效率,这是大数据应用的起点。当时搜索引擎要存储和处理的数据不仅数量庞大,而且以非结构化数据为主,这使得传统技术不能应对。为此,谷歌提出了一套以分布式为特征的全新技术体系,即后来陆续公开的分布式文件系统,分布式并行计算和分布式数据库等技术,用低成本实现了以前无法达到的规模。这些技术奠定了当前大数据技术的基础,可以认为是大数据技术的源头。

(三) 大数据的特点

大数据的具体特点可以用四个词来总结,即海量化、多样化、快速化、价值化。

(1) 海量化。大数据首先是数据量大。全球的数据量正以惊人的速度增长,遍布世界各个角落的传感器、移动设备、在线交易和社交网络每天都要生成数以百万兆字节的数据。

(2) 多样化。大数据的数据类型非常多,全世界视频、语音、图片、网页等非结构化数据已占数据总量的 80% 以上。随着非结构化数据的比重越来越大,其中蕴藏的商业价值和社会经济价值越来越引起人们的关注。

（3）快速化。快速化是指大数据处理速度要求快速。能够迅速实时洞察市场、产业、经济、消费者需求等各方面情况，并能快速制定出合理准确的生产、运营、营销策略，将成为企业提高竞争力的关键。而对大数据的快速处理分析，将为企业深入洞察市场变化、迅速做出响应、把握市场先机提供决策支持。

（4）价值化。大数据的终极意义就是蕴含在其中的价值。

二、大数据征信

（一）征信

征信是指依法收集、整理、保存、加工自然人、法人及其他组织的信用信息，并对外提供信用报告、信用评估、信用信息咨询等服务，帮助客户判断、控制信用风险，进行信用管理的活动。按征信对象分类，征信可以分为企业征信和个人征信。企业征信是指收集企业信用信息，生产企业信用产品。个人征信是指收集个人信用信息，生产个人信用产品。

目前国际上相对成熟的征信模式包括三种：市场主导型（以美国为代表）、政府主导型（以欧洲大陆国家为代表）和行业协会主导型（以日本为代表），如图 13-1 所示。

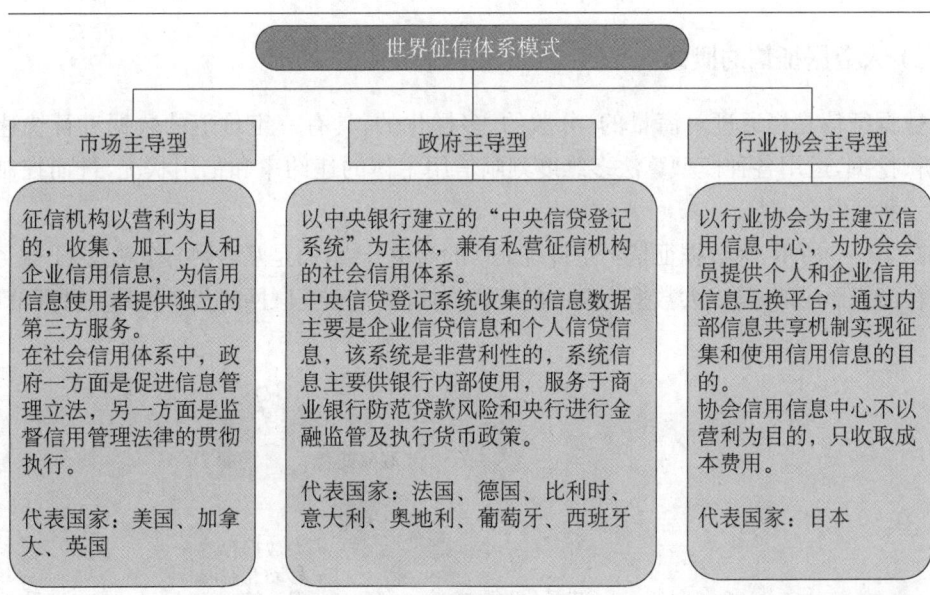

图 13-1　世界征信体系模式

资料来源：易观智库、招商证券

我国征信体系采用政府主导的模式，以公共征信为主、社会征信为辅：(1)公共征信中心——央行个人、企业征信系统基本覆盖全国传统信贷市场，是我国征信体系的基础；(2)社会征信机构——社会第三方征信机构重点服务于中下游市场，作为央行征信系统的重要组成补充，如图 13-2 所示。

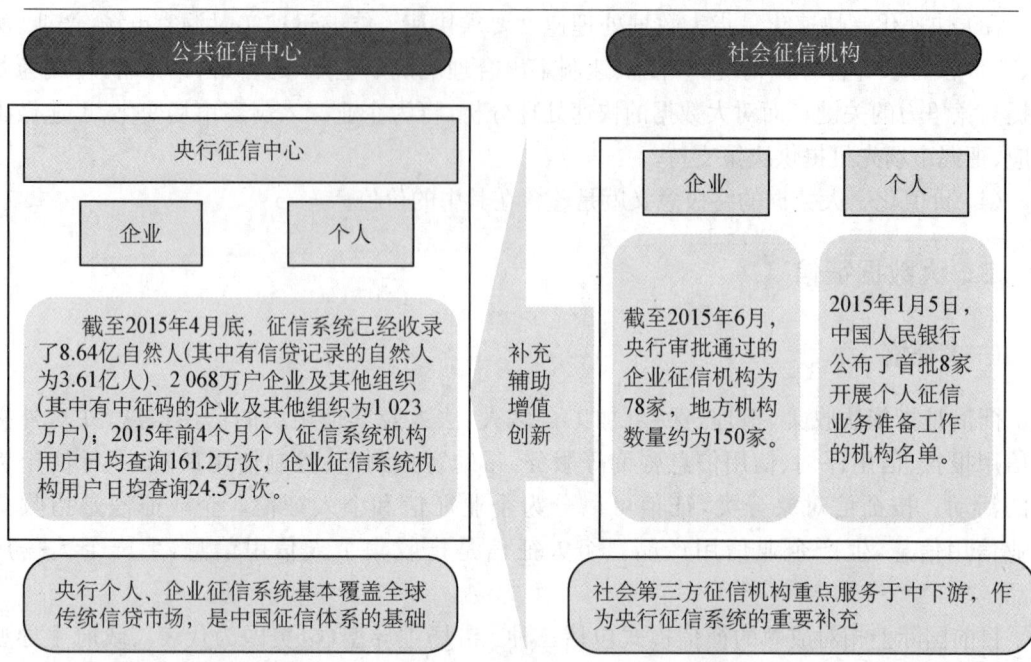

图 13 - 2 我国征信体系——"政府主导"模式

（二）大数据征信的概念

大数据征信是指通过对海量的、分散的、多样化的、具有一定价值的数据进行快速的收集、分析、挖掘，运用各种模型算法多维度刻画信用主体的违约率和信用状况，进而控制信用风险的一种征信活动。

如图 13 - 3 所示，大数据征信不是传统征信的简单升级，而是互联网与金融及 IT 服务共同跨界融合创新形成的，是以大数据为核心的互联网征信，是在互联网时代产生的一种征信形式。

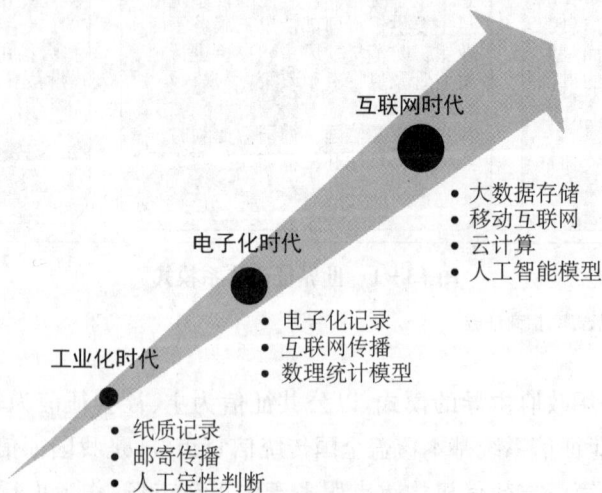

图 13 - 3 技术变革推动征信行业的发展

(三) 传统征信和大数据征信

大数据征信强调的是处理信用数据的数量大、刻画信用的维度广、信用状况的动态呈现以及信用信息的交互性等特点，本质上仍然是对信用信息的采集、整理、保存、加工和发布，与《征信业管理条例》中所界定的征信业务范围是一致的，只不过是以一种新的方式和视角来进行征信。

但是，相对于传统征信，大数据征信在信息采集、产品服务、信息处理、信息应用等方面均有一定的差异，具体如表 13-1 所示。

表 13-1 传统征信和大数据征信的区别

	传 统 征 信	大 数 据 征 信
信息采集	● 以财务数据为核心的小数据定向征信 ● 来源于授信机构、供应链或交易对手	● 非定向的全网获取 ● 数据海量化、维度广
产品服务	● 产品种类少 ● 即时性较差 ● 获取不够便利	● 产品更为丰富 ● 提供更为即时、有效 ● 获取便利
信息处理	● 单维度收集整理、人工为主 ● 分析以财务数据风控为核心	● 多维度分析 ● 互联网大数据分析
信息应用	● 企业应用场景较少 ● 个人应用非常少	● 应用场景更加广泛，用户更加多元，需求多元

(四) 大数据征信与互联网金融的发展

"场景＋数据"为征信发展提供了强有力支撑。移动互联网时代来临，极大地提升了生活便利程度，衣食住行均可在移动终端上完成，一方面为征信提供了更加丰富的互联网数据，能够更加全面地刻画个体，另一方面亦提供了更加多样化的应用场景。互联网金融生态发生变化，征信有望提供应对方案。经过近几年的高速发展，互联网金融各业态的经营生态正发生变化，或因遭遇行业瓶颈，或因面临监管趋严，或因风险暴露加速。如图 13-4 所示，

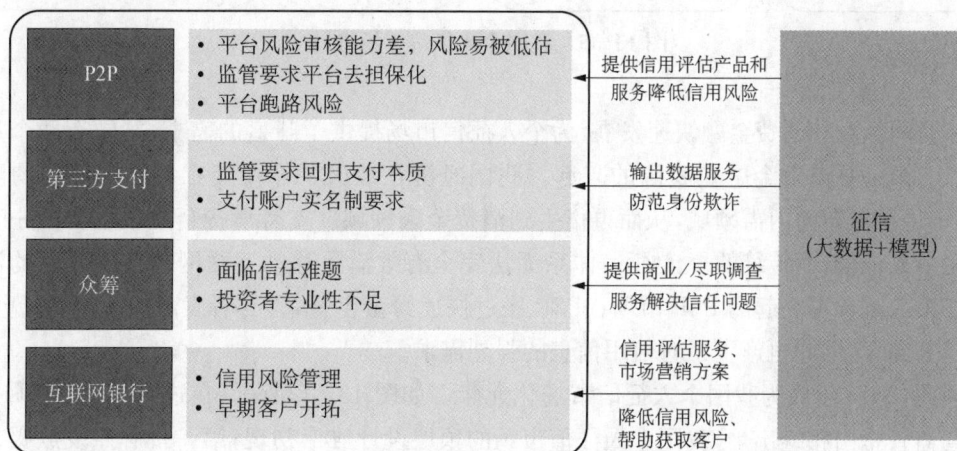

图 13-4 征信为互联网金融面临的问题提供解决方案

征信有望基于大数据和模型针对不同业态提供应对方案,帮助经营转型和继续增长。我国目前的个人征信市场和企业征信市场均有向大数据征信发展的趋势。

(五) 我国大数据征信的现状

1. 个人征信市场

我国个人征信业务主要由中国人民银行的征信中心提供个人征信服务和产品,上海资信早在 2000 年便开始运营上海个人信用联合征信系统,并出具个人信用报告。随着互联网金融的发展以及与之相应的市场征信需求的增加,一些传统征信机构及互联网征信机构都开始尝试探索互联网大数据征信。图 13-5 描述了目前中国个人征信的市场格局。

图 13-5　我国个人征信市场格局

互联网金融和消费金融快速发展,为个人征信市场提供了旺盛的需求,其中有两个重要的拐点。第一是消费金融在我国的兴起。我国经济在经历了靠投资拉动经济增长的阶段后,逐步将重点转向内需领域,从而再衍生到消费金融领域。支持消费金融很重要的一个条件就是个人征信,而传统的个人征信体系无法完全有效满足移动互联网时代多元化的消费需求。第二是异军突起的 P2P 市场。P2P 经过快速野蛮生长,参与者发现 P2P 平台蕴含的风险越来越大,因此也产生了对信用信息的强烈需求。

因此,2015 年成为我国个人征信市场化元年。如图 13-6 所示,在这一年里,多项关键政策与监管指引相继出炉,我国个人征信市场的顶层设计雏形初现;第一批牌照发放提上日程,征信市场化工作迈出关键一步;芝麻信用评分的生活化应用引发了全民对于征信的内涵

	代表事件	关键影响
2013年3月	国务院颁布《征信业管理条例》	初步构成了社会信用体系的法律基础
2015年1月	发改委联合央行发布《社会信用体系建设规划纲要（2014—2020）任务分工》	对进一步构筑诚实守信的经济社会环境具有重要的指导意义
2015年1月	人民银行印发《关于做好个人征信业务准备工作的通知》	首批牌照有望发出，个人征信市场化进程提速
2015年6月	芝麻信用分应用于租房、租车等生活场景	芝麻信用分的生活场景应用引发全民对于征信内涵和外延的热议
2015年8月	国务院颁布《促进大数据发展行动纲要》	对征信数据共享和完善奠定政策基础
2015年12月	人民银行发布《征信机构监管指引》	加强信息主体权益保护；建立风控防线并规范牌照流转

图 13 - 6　中国个人征信市场化元年

和外延的热议。

2. 企业征信

央行的征信中心是国内最大的信用基础数据库，此外鹏元、中诚信等传统企业征信是企业征信市场重要的补充。

随着移动互联网时代的到来，企业征信也在转型中，一些互联网大数据征信公司以互联网络为核心，利用大数据技术为用户提供更为及时全面的征信服务。图 13 - 7 描述了目前中国企业征信的市场格局。

传统征信		互联网大数据征信
是国内最大的信用信息基础数据库。接入机构最全，在非银信息上面也采集较全面。	为企业出具信用报告，内容包含基本信息如联系信息、注册信息、股东信息、变更信息、财务信息、法律诉讼信息等。	除传统企业征信报告中工商信息、司法信息、知识产权信息等，互联网大数据征信可根据技术对企业相关方深入挖掘，提供更加全面深度的企业相关信息。
数据价值较高，常作为其他征信机构的数据源	为客户提供传统征信服务及报告，但时效性较差	通过互联网客户端为客户提供更为快速有效的征信服务

图 13 - 7　中国企业征信市场格局

第二节 大数据征信的模式和运作流程

一、信息获取的主要模式

大数据征信获取主体信用信息的主要模式有以下几种。

(一) 第三方征信机构

如图 13 - 8 所示,在这种模式下,征信机构是独立的第三方企业,利用自身系统或者技术优势,对主体的信息进行采集、加工和整理,使用特定的信用模型得出主体信用,然后向授信机构提供服务。

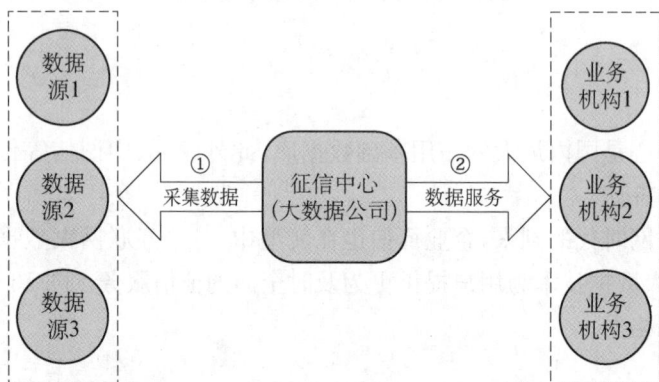

图 13 - 8　第三方征信机构的信息获取模式

征信中心利用各种途径、各种技术,从各个数据源采集数据,处理后对外提供服务。在我国,征信机构不能从事与征信无关的其他业务,因此征信机构必须从外部获取主体信息,并尽可能地从多个数据源获取信息。这种模式的特点主要有:数据获取方式多样化;数据维度多样化;是一种数据增值产品。总之,第三方征信机构(数据公司)是我国征信市场的重要组成部分,数据的获取能力和信用模型建模能力是征信机构的核心竞争力,多家征信机构进行市场竞争,数据价值得到充分挖掘。

(二) 行业数据中心

如图 13 - 9 所示,这种模式下,行业数据中心将各个机构业务系统产生的主体信用数据汇集到中心数据库,然后由中心数据库统一对外提供服务。

行业内各业务机构将业务系统产生的主体信用信息主动报送给数据中心。数据中心对数据合并整理后,对外统一提供数据服务。从数据组织和服务模式看,行业数据中心可以看成一个征信中心,但行业数据中心与第三方征信机构有本质区别:

(1) 数据获取方式不同。征信公司是靠自身力量采集数据,数据中心模式是让业务机构

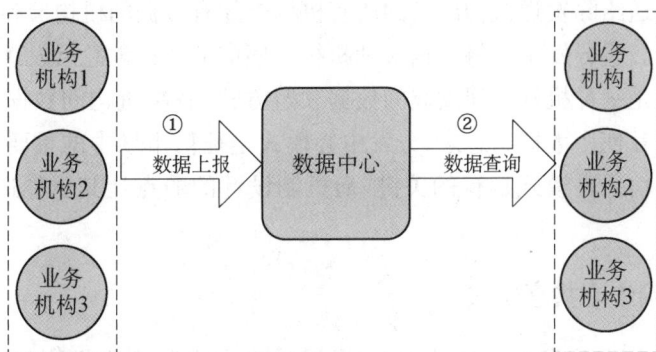

图 13-9 行业数据中心的信息获取方式

主动上报提交数据,常见于政府主管部门、行业协会等组织。

(2) 数据维度不同。征信公司获取维度尽可能多的信息,行业数据中心收集的是业务机构中标准化、相对单一的主体信用数据。

(3) 市场化程度不同。征信机构是市场化运作,可以出现多个,它们自由竞争;而行业数据中心是行政化运作,只有一个中心。

行业数据中心模式是市场监管的产物,在满足主管机构监管的同时实现了信息的流动。总之,行业数据中心是一种行政化的强中心模式,是我国当前最主要的征信模式,中心对机构的强制力是模式运转的关键。这种模式可以形成有效监管,但对于市场的扩大和创新有一定制约。

(三) 数据分发中心共享

这种模式下,数据分发中心是业务机构自发成立的联合体系,业务机构无需事先将数据上报给中心,数据由机构自己管理。当某个机构需要获取数据时,通过中心发送到其他机构,有数据的机构回应信息,由中心统一返回给查询机构。

如图 13-10 所示,①某个机构发起"我要查小明"的请求,发送到数据分发中心。②数据

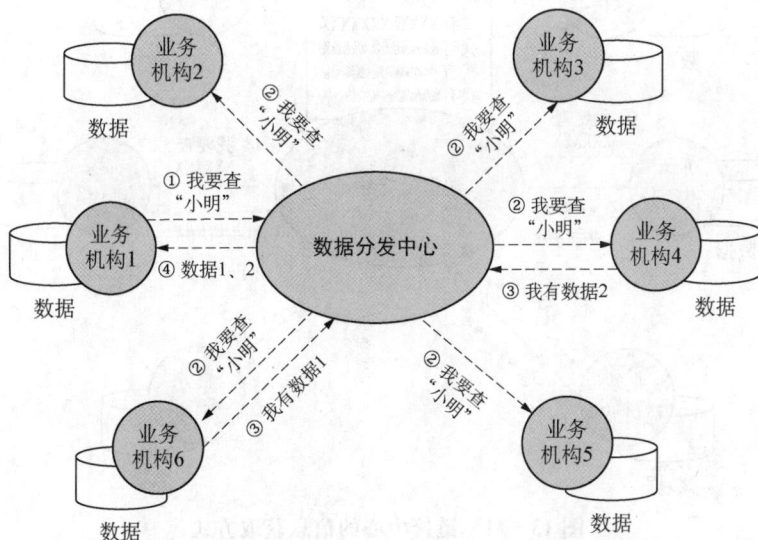

图 13-10 数据分发中心的信息获取方式

分发中心将请求发送给除发送机构以外的所有机构。③有数据的机构 x 和机构 y 回应,将数据发送给分发中心。④分发中心将机构 x 和机构 y 回应的数据汇总后发送给发起机构。

分发中心模式是一种机构之间发起的数据联盟方式,解决机构间数据流动问题,有共享意愿的机构可以相互使用数据。总之,分发中心模式是征信市场中的重要力量,分发中心能否获取机构的完全信任是模式运行的关键,而机制设计的弱点让其只能通过信誉承诺来获取信任。

(四) 数据链接中心共享模式

数据链接中心是在分发中心的基础上,通过技术和机制解决机构与中心的信任问题,实现机构之间自由、安全和放心数据共享的模式。其基本设计思想是:数据由提供者存储和管理,谁的数据谁控制;查询请求只会发送到有此数据的机构,不能造成查询信息泄露;数据查询方不知道数据由谁提供;数据提供方收到请求必须应答,不知道查询者是谁;数据只在查询方和提供方之间交互,任意第三方即使从网络中截取数据,也无法获取信息的而真实内容;数据可追溯、可跟踪与可评估;体系的运转是透明的、可监督的、可验证的。

如图 13-11 所示,链接中心的数据流动流程是:首先机构向数据链接中心密文公布共享数据的索引。密文为单向散列算法,只根据密文无法推导出原文,谁也不知道机构公布了什么。①机构 1 将要查询的用户 ID 使用同样加密算法加密后,在加密索引中查询。②机构 1 向可以提供数据的机构 4 和机构 6 发送数据获取请求。③机构 4 和机构 6 收到请求后,必须应答,分别与机构 1 协商独立密钥,数据加密传输给机构 1。④机构 1 分别收到机构 4 和机构 6 发来的加密数据,使用相应的密钥解密数据。

总之,链接中心是一种去中心化的机构联盟方式,各个机构通过透明、可控的模式实现

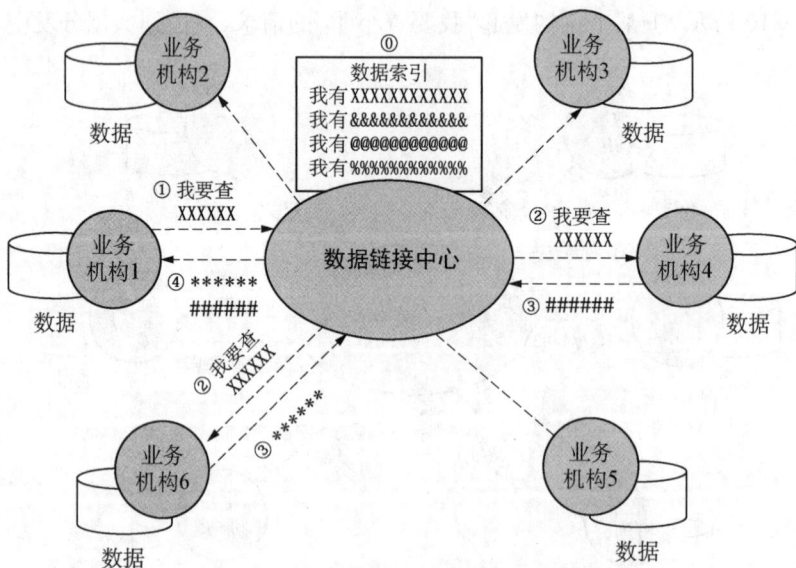

图 13-11 链接中心的信息获取方式

机构间数据流动问题。数据链接中心是一种新的信息共享理念,也是征信市场中的一股新的力量,安全共享理念是否被接受是此模式运行的关键,一旦安全共享理念被接受,则各个机构的主动参与将加速信息的流动,开启信息流动模式的一个新局面。表 13 - 2 对这四种信息获取模式进行了优缺点的比较。

表 13 - 2　获取信息模式的优点和存在的问题

获取信息的模式	优　　点	存 在 的 问 题
第 三 方 征 信 机 构	● 独立,对于数据的采集比较客观 ● 可以激发市场积极性和竞争性 ● 多维度弥补了原有征信信息单一的不足	● 受到第三方外部采集的局限性 ● 混杂无效信息 ● 征信机构同质化比较严重 ● 数据所有者和产生着获益不多,缺乏积极性
行业数据中心	● 数据纯粹、完整、及时 ● 数据权威、价值高	● 垄断 ● 机构是被动参与,积极性不高
数据分发中心	● 数据直接交流,及时高效 ● 数据完整,无重复,价值高 ● 数据产生机构获益,参与积极性高	● 信息的汇总整理需要机构自行完成 ● 查询信息泄露 ● 接入机构易投机 ● 分发中心可以获取所有流转数据,最终形成数据中心模式,机构数据价值下降
数据链接中心	● 更放心。数据机构可以自由、安全和放心的共享数据	● 数据机构接入难度增大,需要特定的开发技术和一定的开发工作量

二、大数据征信的主要服务对象

以个人征信为例,大数据征信的主要服务对象有电商、社交平台、运营商和信用卡等。

(一) 电商

以芝麻信用所构建的信用体系来看,芝麻信用分根据当前采集的个人用户信息进行加工、整理、计算后得出的信用评分,分值范围是 350 到 950,分值越高代表信用水平越好,较高的芝麻分可以帮助个人获得更高效、更优质的服务。芝麻分综合考虑了个人用户的信用历史、行为偏好、履约能力、身份特质、人脉关系五个维度的信息,其中来自淘宝、支付宝等“阿里系”的数据占 30%—40%。

(二) 社交平台

腾讯信用主要是基于社交网络。通过 QQ、微信、财付通、QQ 空间、腾讯网、QQ 邮箱等社交网络上的大量信息,比如在线时长、登录行为、虚拟财产、支付频率、购物习惯、社交行为等,利用其大数据平台,在不同数据源中,采集并处理包括即时通信、SNS、电商交易、虚拟消费、关系链、游戏行为、媒体行为和基础画像等数据,并利用统计学、机器学习的方法,得出用户信用得分,为用户建立基于互联网信息的个人征信报告。

腾讯信用评分以星级的方式展现。信用星级一共 7 颗星,亮星颗数越多代表信用越好,星级主要由四个维度构成:消费、财富、安全、守约。

(三) 运营商

以聚信立为例,其主要是基于互联网大数据,综合个人用户运营商数据、电商数据、公积金社保数据、学信网数据等,形成个人信用报告。聚信立通过借款人授权,利用网页极速抓取技术获取各类用户个人数据,通过海量数据比对和分析,交叉验证,最终为金融机构提供用户的风险分析判断。

聚信立以报告形式展现,报告主要由四个维度构成:信息验真、运营商数据分析、电商数据分析、其他数据分析。

聚信立的底层 IT 架构为丰富的技术线提供稳定支持,对所有数据源网站进行实时监控,人工智能自动排错,可用率超过 90%。

(四) 信用卡

以 51 信用卡为例,其主要是基于用户信用卡电子账单历史分析、电商及社交关系强交叉验证。根据用户的信用卡数据、开放给平台的电商数据所对应的购买行为、手机运营商的通话情况、登记信息等取得多维信息的交叉验证,确定用户的风险等级以及是否贷款给该用户。

51 信用卡风险等级由五个维度构成:账单管理时间、账单表现、手机入网期限、运营商、淘宝。

三、大数据征信的主要模式

(一) 美国大数据征信的成功模式

大数据征信在经济发达国家已经成为一种潮流和趋势,不仅得到了各国政府的推动,也得到了社会各界的支持。许多非传统征信机构在征信理念创新方面运用大数据技术,进行了有益的探索,形成了一些特殊的征信模式。

1. 以支付信息为主要数据源的大数据征信模式

在传统信用信息之外,还有周期性信用支付特征的账户(如房租、水、电、煤气、有线电视、电信服务等)信息,被美国业界称为"非传统信用信息"或"替代性信用信息"。支付信息征信公司是美国比较有代表性的一家特殊征信机构,2008 年成为麦克比特公司的全资子公司,已经为 1 亿多没有或缺少传统征信记录的消费者建立了信用档案。

支付信用征信公司的征信模式创新点在于将信息主体变为数据提供方,充分发挥其在信用建档过程中的主导作用,扩大了征信对象和信息采集的范围,提高了征信的目的性和效率。一方面,通过搭建互联网数据上报平台,支持信息主体根据自身需求自由上报自身信息,信息采集范围包括信贷、支付、资产、消费、社交等信息。同时从各种公开渠道获取信息主体的公共信息,如破产、诉讼、法院判决等信息。另一方面,借助其母公司的多种信息验证渠道验证信息主体所提交信息的有效性,运用大数据技术全面挖掘信用价值进行综合信用评价,向放贷机构及其他用户提供信用报告和信用评分。其产品主要提供账户信息和支付记录的真实性验证服务、在金融机构与信息主体之间提供信息推介服务、作为第三方广告商决定广告投放策略的辅助参考等。

2. 面向传统信用评分中下层主体的大数据征信服务

传统征信业务中,经济金融数据在信用评分体系中占据着核心地位,使得那些金融信用信息缺失或质量较差的主体被划归到信用评分中下层,这种征信模式所产生的信用评分结果在公平性和合理性上仍有待商榷。创建于 2009 年的互联网公司 ZestFinance 正是对传统征信业务的一种有力革新,它运用非逻辑回归、多模型集成学习和多维度的大数据对信用评分中下层主体进行信用状况分析,并提供贷款和担保业务,帮助增加借款人信用价值、降低信贷双方成本。

ZestFinance 的大数据征信服务并未完全脱离传统征信数据,但其服务人群定位比较清晰,秉承着"所有数据都是信用信息"的理念,将信息主体的综合行为作为信用评价的依据,尽可能充分包含经济金融领域数据,也同样重视非经济金融领域的信息价值。其信用评估关注的侧重点在于信息主体现在的信息,通过实时行为轨迹精确预测未来的履约能力。根据 ZestFinance 官方统计,其评分结果较业内的最好评分提高了 40%,能够在低违约率的前提下提高债权人的收益,目前已经开发出八类信用评估模型,包括市场营销、助学贷款、法律收债、次级汽车抵押贷款等,用于不同信用风险评估服务。这种大数据征信服务理念被国内外多家互联网金融机构采用,如德国的 Kreditech、美国的 Kabbage,以及国内的闪银(Wecash)等。

(二) 我国大数据征信的主要模式

(1) 企业征信模式——上海新金融征信系统(NFCS)模式

2013 年 8 月,上海资信发起设立全国首个网络金融征信系统,主要为企业和个人提供征信服务,也为上海小贷公司接入人民银行征信系统提供接口,是集企业和个人征信服务为一体的征信服务平台。

上海新金融征信系统借助政府的力量,通过网络金融征信系统为企业开展网贷服务。目前该系统收集的信息包括企业主体基本信息、贷款申请信息、借款合同与偿还信息、特殊交易信息等,形成了信贷全流程的信息资源库。该系统还积极尝试将网贷企业的信用信息收集整理,并最终实现网贷企业之间的信息资源共享;积极打通线上线下的信息壁垒,实现企业债务的全方位记录与监测,力争成为央行征信数据库的重要补充。

上海新金融征信系统是政府主导下的大数据征信的积极探索者,借助政府行政力量和资源,构建服务企业与个人的大数据征信体系,有效搭建了企业、个人和 P2P 放贷机构之间的桥梁,并对央行征信系统形成了有益补充。虽然在数据资源收集、处理方面无法与阿里大数据征信体系相提并论,但这种模式横跨市场主体、政府部门,具备很大的拓展空间。

(2) 个人征信的主要模式

目前,我国运用大数据从事征信活动的机构仍以从事个人征信业务的民营征信机构为主。2015年1月,中国人民银行下发了《关于做好个人征信业务准备工作的通知》,要求芝麻信用等8家机构做好首批个人征信业务的准备工作。这8家机构大致可以分为以下5类。

① 基于互联网巨头的芝麻信用。芝麻信用是蚂蚁金服集团旗下的子公司。阿里巴巴集团和蚂蚁金服集团本身积累的数据是芝麻信用的一大优势,这些数据包括阿里巴巴的电商交易数据和蚂蚁金服的互联网金融数据。除了自身数据外,芝麻信用还有大量的外部数据,如政府公共部门的数据、合作企业的数据(主要指婚恋网站、酒店等生活场景中的商家)、合作金融机构的数据(目前主要是北京银行和少数P2P公司)、新浪微博数据等。

② 基于金融数据的前海征信。前海征信是平安集团的全资子公司,平安集团为前海征信提供了大量内部数据。一方面,平安集团作为中国的全牌照金融集团,旗下拥有保险、银行、投资公司的金融数据;另一方面,2008年以来平安集团逐步建立了多个互联网平台,如平安好车、平安好房、陆金所等,积累了大量互联网用户数据。除此之外,前海征信与大量小贷公司、P2P公司、部分中小银行进行合作,还接入了部分政府部门的公共数据。目前,前海征信推出的是"征信服务包",包括"好信黑名单""催收云""好信易申请"等产品。

③ 利用线下交易数据的考拉征信。考拉征信的大股东是拉卡拉集团,其在移动支付和收单市场上拥有较大份额,特别是在线下拥有超过300万的个体工商户。拉卡拉集团可向考拉征信提供超过1亿个人用户的交易数据和300万小微个体工商户的数据,同时考拉征信的其余6个股东,如蓝色光标、拓尔思、51job等也向其提供数据支持。此外,考拉征信还接入了政府公共部门的数据。目前考拉征信推出的产品有考拉信用分、商户分、职业分等。

④ 主推反欺诈业务的征信机构——中智诚征信。中智诚征信主要是自然人投资的公司。作为反欺诈征信的倡导者,其数据大多源自P2P网贷和互联网金融机构。其专门研发的反欺诈云平台,可帮助P2P网贷和互联网金融机构快速、高效地实施反欺诈联防联控,依靠实时动态画像、中文模糊匹配算法等技术,通过多维身份认证、"黑名单"匹配等手段,从源头上杜绝恶意套用虚假身份的贷款申请。

⑤ 独立的第三方征信公司——中诚信征信。中诚信征信是中诚信集团的全资子公司。中诚信集团成立于2002年,它不像其他的征信机构可以通过母公司或股东获取大量数据,其主要数据均来源于外部,如社保、工商、税务、住建、交通、教育、公安等公共部门,以及小贷公司、P2P平台、电信运营商等商业机构。目前该公司拥有约3 000万家企业和约1亿自然人的数据,可为约2.5亿人提供信用评分服务。

总之,这8家机构在大数据征信方面均有侧重,标志着大数据征信时代的来临。

四、大数据征信的运作流程

由于我国的大数据征信主要以个人征信为主的,这里以个人征信为例,说明大数据征信的运作流程。如图13-12所示,大数据征信主要有数据征集、模型分析与征信洞察、征信产品应用等步骤。

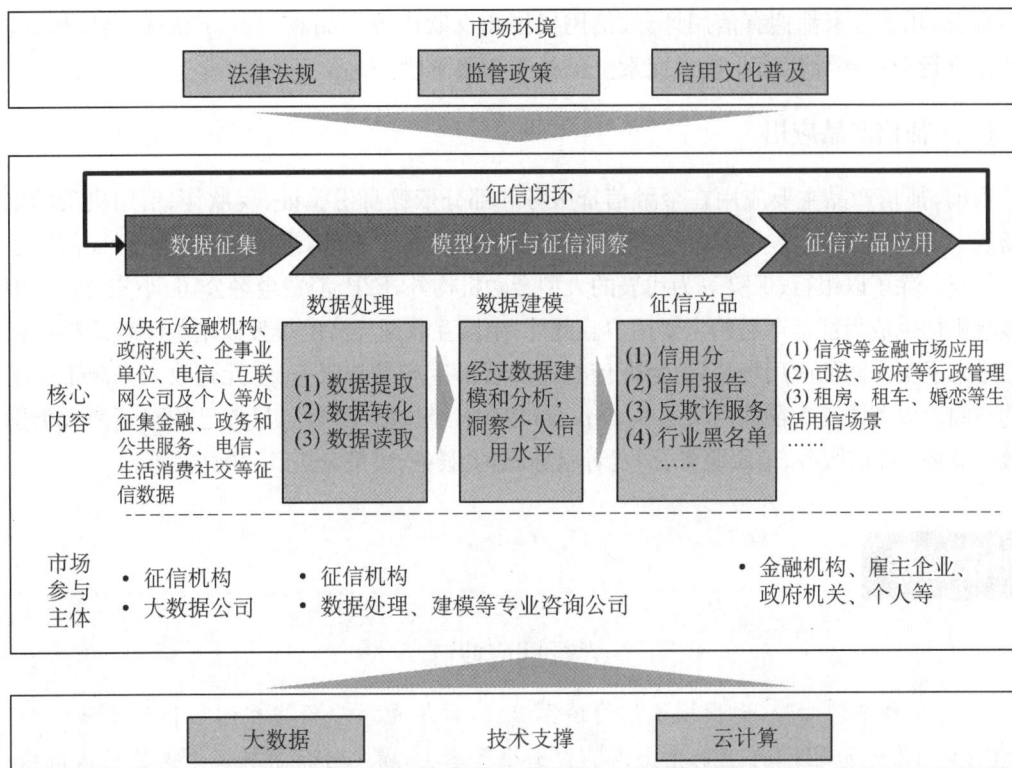

图 13 - 12　大数据征信的运作流程——以个人征信为例

资料来源：根据波士顿咨询公司—中国个人征信行业报告(2015)编辑

(一) 数据征集

数据是征信行业的基础生产资料。除了传统的金融信贷数据外,越来越多的数据源被纳入原始数据库中,政务和公共服务类数据、电信数据、生活社交类数据已经成为个人信贷数据外最重要的补充数据。在成熟市场中,数据征集并非产业链中最高附加值的环节。然而,在年轻的中国征信行业中,由于缺乏专业的数据提供商或交易平台,数据征集在耗费着各家参与机构大量的人力物力。而且,公开数据市场的缺位导致了行业的灰色地带,扭曲了竞争格局,并不时将整个行业推向舆论争议的风口浪尖,成为当前影响行业发展的最大瓶颈。

(二) 模型分析与征信洞察

基于原始数据进行专业清洗、聚合、储存、建模、算法和信用洞察是整个征信价值链中的技术核心。以"大数据"为代名词的新技术为行业拓展能力带来了契机:多元数据得以处理,分布式技术带来了速度的提升和成本的优化,不断进步的算法挖掘出更多洞察。在新技术的应用方面,以芝麻信用、腾讯征信为代表的机构基于其股东在相关领域的多年积累,积极、大胆地进行探索和创新,引领行业进行突破。耕耘多年的老牌征信机构立足于服务信贷业务的信用需求,已经形成了成熟的分析与建模方法,但同时也在尝试创新。虽然新技术在中国征信领域的实际应用仍有待拓展,但这无疑是全行业寻求突破的重要方向。此外,从征信产品来看,几乎各家都拥有信用评分、信用报告和反欺诈等产品和服务,产品种类比较趋同,反映出全行业在差异化商业模式探索上仍处于初级阶段。

(三) 征信产品应用

目前,征信产品主要应用在金融信贷服务和部分依赖身份验证、反欺诈、信用决策的生活类场景中,能够有效覆盖一些缺乏央行征信记录的潜在客户群体,形成对原有央行征信体系的有益补充。除了以银行、保险等为代表的大型金融机构外,P2P、消费金融公司、小贷公司等中小型金融机构也成为征信产品的主要用户。此外,中国互联网经济的爆发式增长不仅为核心征信产品带来了更广阔的应用场景,也为征信机构发展衍生产品与服务、多元化收入来源带来了巨大的空间。以美国三大征信巨头之一 Experian 为例,经过多年耕耘,目前已构建了两大类别六大核心业务:征信服务、信用服务、消费者服务、衍生服务、决策分析、市场营销等。

知识链接

大数据产业链

与传统征信类似,大数据征信的运作流程,也体现了一条完整的征信产业链。如图 13-13 所示,征信产业链由上游的数据生产者、中游的征信机构及下游的征信信息使用者三者构成。其中中游的征信机构主要负责数据收集、数据加工处理及产品销售,其核心竞争力则在于数据源完整度,数据覆盖人群完整性以及数据的分析画像能力。

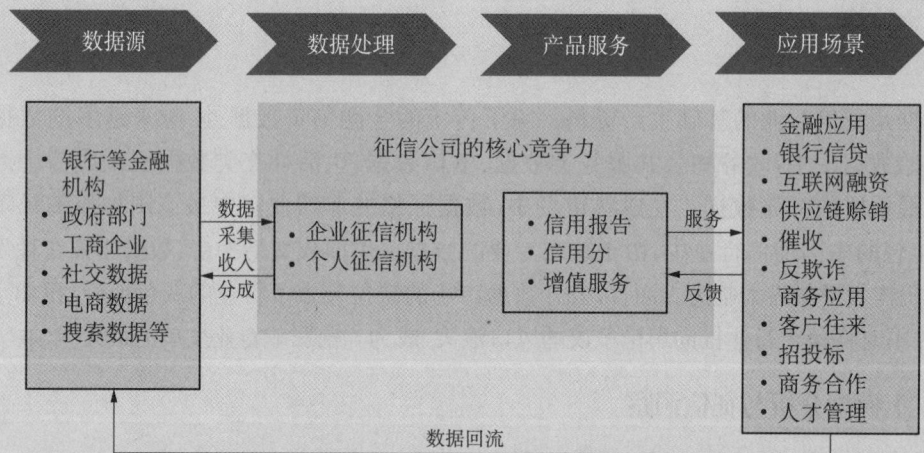

图 13-13　征信行业产业链

1. 数据生产者。自然人、法人和其他组织在日常生活和经营中,在金融机构、政府部门和其他企事业单位中产生了大量与信用相关的数据和信息。数据公司采集或对数据进行初步挖掘,这类公司也可能会有特殊的数据源,例如法院、公安等这些数据都是需要深厚的行业背景才能拿到。

2. 征信机构。负责对数据的收集、加工处理及产品销售。第一环节是数据收集，其来源比较广泛，不仅有其自身收集的数据，同时也会向第三方数据公司购买数据，丰富它数据的维度，有利于征信机构更加全面地掌握信用状况。第二环节是对数据进行标准化处理，例如美国信用局协会制定的用于个人征信业务的统一标准数据报告格式和标准数据采集格式。第三环节是对海量数据进行处理，进而形成信用产品，包括评分、报告等，最后提供一些征信级的解决方案。

3. 征信信息的使用者。是指征信解决方案最后的用户。可应用于各种场景中，比如个人租房，办理贷款业务等等。

美国征信市场经历上百年的探索发展，产业链已经十分成熟完整，以个人征信业务为例，从上游数据源采集到数据标准化、数据处理、信用使用已有明确的分工并构成完整而成熟的产业链，如图 13 - 14 所示。

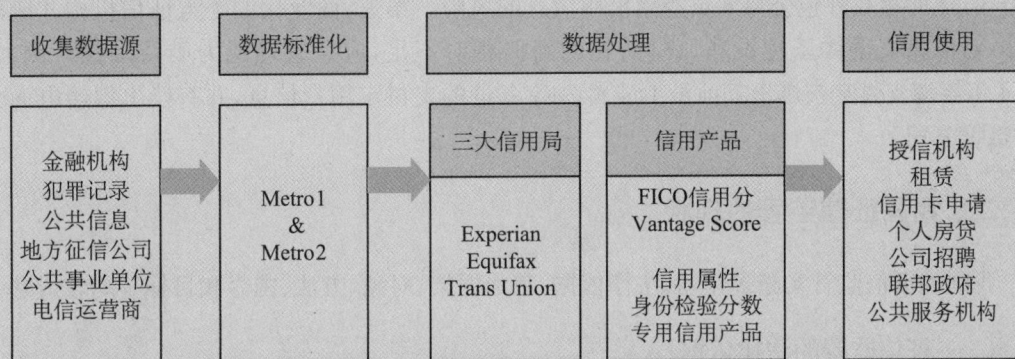

图 13 - 14　美国个人征信产业链

第三节　我国大数据征信的风险与监管

随着我国大数据征信业的发展，其风险日益凸显，因此，大数据征信的监管问题也越来越受到重视。

一、我国大数据征信的主要风险

我国互联网征信的风险问题主要体现在法律风险和信息安全风险两个方面。

1. 法律风险凸显

一方面，部分企业未获征信业牌照而从事征信业务，或者企业征信机构从事个人征信业务。另一方面,大数据征信活动本身违背了《征信业管理条例》及相关规章制度。例如,网络社交平台或电商平台等在用户不知情的情况下采集和使用用户数据或将用户数据提供给第三方征信机构,从而违反了《征信业管理条例》中"采集个人信息应当经信息主体本人同意"的规定。又如,《征信业管理条例》规定,信息提供者向征信机构提供个人不良信息,应当事先告知信息主体本人。目前互联网金融平台在撮合信贷交易过程中可能忽视有告知信息主体本人的义务,导致征信机构或平台自身建立的"黑名单"和"不良信息数据库"可能触犯相关规定。

2. 信息安全风险较大

大数据征信对互联网及技术的依赖度更高,面临的信息安全风险也更加严峻。第一,通过互联网采集、传输和提供网络征信服务,容易受到网络黑客和病毒的攻击,一旦出现信用信息被非法访问、截取和篡改,信息系统遭到不可逆的破坏性影响,将对个人隐私和客户权益保护构成重要威胁,且网络风险的扩散性和破坏性更大。第二,很多互联网平台本身并不具备技术优势,这种脱离第三方做征信系统的平台一般将数据库防护网建设外包给其他技术公司,从而存在外包公司人员泄露信用信息的风险。第三,商业化的个人征信机构才刚刚起步,对信息安全体系建设和风险防控的经验相对不足,应急管理能力亟待加强。例如,2014 年年初支付宝被爆出其前员工盗卖 20G 海量的支付宝用户信息,并有偿出售给电商公司、数据公司。

二、我国征信监管的现状

我国的征信监管实施多年,其法律依据、基本框架、对象、方法、内容和目标等均较成熟。

(一) 征信监管的法律依据

目前我国征信监管的法律依据主要有两个。一是以 2013 年国务院颁布实施的《征信业管理条例》(以下称《条例》)为征信监管最高法律层级。二是以中国人民银行颁布的部门规章和规范性文件为征信监管补充。《条例》颁布以前,中国人民银行出台了一系列规章制度和规范性文件。如针对征信机构出台了《征信机构管理办法》;针对个人信用信息基础数据库出台了《个人信用信息基础数据库管理暂行办法》《个人信用信息基础数据库数据报送管理规程》等文件;针对企业信用信息基础数据库出台了《金融信用信息基础数据库企业信用报告查询业务规程》等文件。

(二) 征信监管的基本框架

2003 年,国务院赋予中国人民银行"管理信贷征信业,推动建立社会信用体系"的职责,批准设立征信管理局,征信管理工作开始起步。2008 年,国务院将中国人民银行的管理职责调整为"管理征信业,推动建立社会信用体系",中国人民银行开始全面履行对征信业的管理职责,征信管理工作步入正轨。2013 年,《条例》正式实施,以法律形式明确了中国人民银行及其派出机构依法对征信业进行监管,为中国人民银行依法履职提供了完善的法制基础,我国的征信管理体系逐步建立。

（三）征信监管的对象、方法、内容和目标

（1）征信监管对象

征信监管的对象主要包括：一是民营征信机构，二是金融信用信息基础数据库的运行机构，三是信用信息提供者和使用者。《条例》出台以前，中国人民银行依据自身出台的部门规章对金融信用信息基础数据库的运行机构以及金融信用信息基础数据库的信息提供者和使用者进行监管。《条例》出台后，监管对象逐步扩大到民营征信机构以及向其提供数据的信息提供者和使用者。

（2）征信监管方法

征信监管部门对所有监管对象都涉及非现场管理和现场检查。除此之外，对民营征信机构还要进行机构准入管理和机构名单公告。

（3）征信监管的内容和目标

征信监管的主要内容包括机构、业务和人员的准入和退出、业务开展情况、内控制度建设和执行情况、信息采集和处理情况、投诉和异议处理情况、查询流程及使用合规性等。我国征信管理的总体目标是以征信法律制度为基础，推动形成良好的征信行业发展环境，促进征信机构规范经营，促进征信产品创新和应用，保护信息主体合法权益。

三、大数据征信对我国征信监管的挑战

大数据征信的到来并未改变我国征信监管的法律依据、监管的框架以及监管的内容和目标，但监管对象扩大了。这对传统监管方式提出了挑战，同时现有的法律法规是否适应大数据征信的监管要求也有待证实。《征信机构管理办法》虽然对征信机构的设立、管理和处罚做了详细规定，但是对于大数据征信机构及业务的监管还处于探索阶段。总之，大数据征信对我国征信监管带来了以下几方面的挑战。

1. 监管对象的变化将会加大监管难度

《条例》出台以前，中国人民银行各派出机构依据自身颁布的部门规章主要对金融信用信息基础数据库的使用者和提供者进行监管，具体包括商业银行、财务公司、汽车金融公司等。对这些金融机构及部分准金融机构监管的到位基本就能维护征信市场的正常运行。《条例》出台以后，从事个人征信业务机构的成立不仅开启了大数据征信时代，也扩大了征信监管对象。虽然目前批准的个人征信机构只有8家，但每家机构背后都有数百个数据提供者，且其提供的数据较金融机构多样化。同时，个人征信机构的信息提供者和使用者不像金融机构容易管理，它可能是机构也可能是遍布全国的个人，这都给监管增加了难度。此外，个人征信机构的信息提供者涉及政府公共部门，虽然《条例》赋予中国人民银行对信息提供者的监管权和处罚权，但实际工作中如何对提供信息的公共部门运用这一权力，没有现成的经验可参考。

2. 传统的监管方法将难以适应大数据征信下的监管要求

目前我国征信业的监管手段以现场检查和非现场监管为主。大数据征信的条件下，虚拟化的信息搜索和整合以及数据库的生成是其基本特点，而现场检查这一监管手段对此似乎缺乏着力点。此外，非现场监管手段主要是要求征信机构定期回报、呈送相关数据和文

件,通过对数据和文件的形式性或实质性审查,达到监测、监管的目的。但在大数据征信条件下,这种监管方式缺乏时效性和连续性,监管难度较大,很难达到预期效果。我国大数据征信业才刚起步,大数据征信机构还处于前期审批阶段,大数据征信暂时游离在监管之外,随着监管的跟进,大数据征信可能暴露出很多新问题,针对传统的金融征信监管的现场检查和非现场监测手段在大数据征信条件下可能失效。

3. 大数据征信对监管队伍提出了更高的要求

在大数据时代,信息技术日新月异,对征信人才的要求也不断提高。而目前,征信监管队伍(主要是省会以下人民银行分支机构)却面临着人员不足、年龄偏大、高学历人员缺乏等问题。另一方面,大数据征信的监管不仅仅需要征信业务专业人才,还需要精通计算机、网络通信等业务的人员,这不仅需要加大对征信监管人员的教育培训,同时需要招收和引进既懂征信专业又懂技术的复合型征信监管人才。

4. 缺乏征信行业自律组织

当前,我国征信业缺乏相应的行业自律组织,这一方面是由于长期以来我国征信业处于无法可依的状态,大多数社会征信机构游离于监管之外,而信用评级机构根据服务市场的不同分属中国人民银行、国家发改委和证监会等不同部门监管。另一方面是由于我国征信业发展相对滞后,征信机构和征信市场发育不足。随着《征信机构管理办法》等的出台,以及个人和企业征信牌照的发放,未来征信业必将步入规范、快速发展的轨道,建立行业自律组织的必要性越来越明显。从国际经验来看,行业协会在促进从业人员教育培训、业内交流、行业技术标准制定、行业自律、维护行业利益等方面发挥着重要作用。

针对大数据征信凸显的风险问题,我国应该从法制建设、信息标准和共享机制建设等方面不断完善大数据征信的配套制度和监管方式。

1. 健全法律法规体系

大数据时代征信业的健康发展离不开健全的法律体系的保障,应从立法、执法和司法三个层面加强法律体系的支撑。立法层面,首先要明确信用权的法律地位,其次应出台法律效力更高的《征信管理法》,并配套与之相适应的实施细则。执法层面,加强行政监管的同时,要建立起完善的"失信惩戒"机制,让不守信用的企业或个人为自己的失信行为承担责任。司法层面,要积极推行司法救济制度,当被征信个人的隐私权遭受损害时,应保障其寻求司法救济的渠道畅通。

2. 完善信息标准和共享机制

(1) 建立信用信息标准。首先,从国家层面研究制定信用信息标准规范,由中国人民银行、国家发改委等相关部门牵头制定全国统一的信用信息采集和分类管理标准,支持相关部门和行业以国家标准为准则建立部门和行业标准,并积极推动相对成熟的征信业标准通过相关程序上升为国家标准,为依法实现跨部门、跨行业的信息交流与共享提供技术保障。其次,建议由中国人民银行制定金融信用信息基础数据库的用户管理规范和征信业的信息安全规范标准,建立统一的信息主体标识规范、征信基本术语规范和接口标准。此外,要根据大数据征信的特点,对相关标准进行维护和扩展,提高标准的适用性、科学性和有效性。最后,支持互联网金融龙头企业根据互联网征信的特征制定自身的信用信息标准,支持成熟的企业标准上升为行业标准,甚至国家标准。

（2）完善信息共享机制。一是探索将符合条件的互联网金融企业接入中国人民银行征信系统。当前 P2P 公司缺乏监管发展良莠不齐，宜采取"成熟一家，接入一家"的方式，将其有选择地接入中国人民银行征信系统。电商网络小贷可以按照线下小贷公司接入征信系统的经验进行处理。二是支持互联网金融征信平台建设。当前可借助上海资信公司开发的网络金融征信系统，建立与金融信用信息基础数据库存在映射关系的互联网金融征信系统，并将其作为中国人民银行征信系统的子系统。同时支持行业自律组织或第三方机构开发互联网金融征信平台。三是进一步整合和开发散落于各政府部门的信息数据，加快推进政府公共信用信息平台建设，推进金融信用信息数据库和政府公共信用信息的对接和共享，利用国家社会信用体系建设的机遇，加强信用建设中的区域联动，促进跨区域信用信息资源的开发、利用和共享。

3. 加强信息主体权益保护

一是明确大数据金融征信的数据采集方式、范围和使用原则，建立互联网金融企业信息采集、使用授权和个人不良信息告知制度，避免信息过度采集、不当使用及未经授权提供给第三方。二是中国人民银行及其分支机构应该加大对征信市场监管的力度，加强与相关部门的合作，严厉打击假借征信之名进行非法信息采集的活动。三是加强信息安全监管，大力推进身份认证、网站认证、电子签名及数字证书等安全认证，落实信息安全等级保护制度；敦促互联网征信机构加快数据库系统建设，加强数据安全防范，同时完善内控制度，防止内外勾结导致信息或数据泄露。四是加强对信息主体权益的保护，强化部门间合作，建立多渠道的个人信息保障与救济机制，受理并及时处理信息主体的投诉，完善异议处理和侵权责任追究制度。

4. 探索组建行业自律组织

研究建立中国征信业协会，并下设互联网征信专业委员会；短期来看，也可以在中国互联网金融协会下设互联网征信专业委员会，最大限度地发挥自律组织在加强行业自律规范、制定行业标准、推动互联网征信业有序竞争和规范发展中的重要作用。此外，通过行业协会来搭建征信机构与政府及主管部门之间联系的平台，发挥沟通、咨询、中介、服务的功能，提出行业发展和有关立法的建议，开展交流与培训，加强行业自律，强化会员的守信和维权意识，惩戒失信行为，以此来推动互联网征信体系建设和完善。

5. 夯实大数据征信监管基础

一是加大征信监管人才尤其是具有技术和经济金融复合型专业背景的人才的引进力度，不断充实监管队伍，同时在计算机、网络通信等方面加强对已有监管人员的知识培训，提高监管者的专业能力。二是建立完善现场检查和非现场监测等多样化的监管方式和手段，加强对征信机构的合规性监管。同时，中国人民银行作为征信业主管部门，要加强和发展与改革、工商、证监等部门的监管协调。

本章小结

本章第一节介绍了大数据的定义、起源和特点，在此基础上，介绍了大数据征信的定义等。第二节分析了大数据征信信息获取的主要模式、大数据征信的主要服务对象、大数据征信的主要模式和运作流程等。第三节是我国大数据征信的风险与监管问题。我国大数据征信的法律风险和信息安全风险较大,存在监管对象的变化将会加大监管难度、传统的监管方法将难以适应大数据征信下的监管要求、大数据征信对监管队伍提出了更高的要求等监管问题。因此,应从健全法律法规体系、完善信息标准和共享机制、加强信息主体权益保护、探索组建行业自律组织、夯实大数据征信监管基础等方面加强大数据征信的监管。

★★★★★ 关键术语 ★★★★★

大数据　大数据征信　第三方征信　征信监管　数据公司　企业征信　个人征信

★★★★★ 思考题 ★★★★★

1. 大数据征信的营利模式是什么?
2. 大数据征信的信息共享机制如何构建?
3. 如何保护大数据征信的消费者个人信息安全?
4. 我国大数据征信及其监管存在的主要问题及监管策略有哪些?

案例应用

因为信用,所以简单——芝麻信用

芝麻信用是蚂蚁金服旗下独立的第三方信用评估及管理机构,通过建立独立 IT 系统,数据单独存储,组织架构上禁止交叉任职,业务经营上独立决策等方面,保证征信机构独立开展业务。芝麻信用运用云计算、机器学习等技术客观呈现个人的信用状况,并已在信用卡、消费金融、酒店、租房、租车等多个金融与生活类场景为用户、商户提供信用服务,使其享受到信用的便利。

从数据的来源和计算方法来看,芝麻信用评分应用电商、互联网金融、公安部人口户籍、最高法院、教育部学历、工商注册等政府机构数据,以及广大实名用户自主提交的数据和信息,从信用历史、行为偏好、履约能力、身份特征和人脉关系五大维度对个人经济信用行为进行综合评估。在构建信用评分模型体系之时,芝麻信用专注经济信用预测,并利用先进的机器学习算法,实现对经典信用评估模型的改良。由于传统评估模型如评分卡、逻辑回归算法等极为依赖强相关数据的可获得性,而我国大量人群缺少历史借贷及还款行为等个人金融数据,导致沿用传统模型方法论时,征信机构难以克服数据源的局限性,或难以以较低的成本进行海量数据的关联性分析。芝麻信用在充分研究和吸收传统征信评分模型算法优势的基础上,积极尝试前沿的随机森林、神经网络等算法,挖掘出和信用表现有稳定关联的特征,从而更加高效和科学地发现大数据中蕴含的信用评估价值。目前,芝麻信用的数据科学家团队应用了一种改进的树模型 GBDT(Gradient Boosting DecisionTree),深入挖掘特征之间的关联性,衍生出具备较强信用预测能力的组合特征,并将该组合特征与原始特征一起使用逻辑回归线性算法进行训练,从而获得一个具备可解释性的准确的线性预测模型。比如,一个人在某些特定品类上的消费行为,一定程度上反映了他的家庭责任感,这些行为本身与信用的相关性可能并不高;而如果他还经常参加各类公益活动,那么这两类特征的组合则可能与其个人信用表现出很强的正相关性,换言之,弱变量之间的交叉分析有助于提高模型的信用预测能力。

从征信产品的应用来看,芝麻信用的技术和评估结果已在多种金融类和生活类场景下应用,旨在向合作方提供更多元的决策分析要素,而非代替机构本身进行最终决策,目前已得到了多数合作机构的肯定。在金融场景的应用中,芝麻信用的评估结果很早就应用在互联网信贷业务中,经过了实践的沉淀和摸索,应用效果日趋成熟。2015 年下半年起,国内多家大型商业银行对芝麻信用产品进行测试,从实际应用成果来看,芝麻信用评分表现出了较高的覆盖度和违约风险识别能力,对于银行自有风控模型做出了有效的补充,其中某股份制银行信用卡中心与芝麻信用在贷前审批、贷中监控和贷后追偿等领域进行了全流程合作,助力该机构将信用卡审批通过率提高了2—3 个百分点。此外,芝麻信用评分已经被引入酒店、租房、租车等生活场景,并在多个场景之间进行相互验证,发现其信用评分模型具有较好的可拓展性与通用性。例如,某酒店将芝麻信用评分引入其入住和退房流程决策系统,对于符合一定评分的客户施行免押金入住和免查房退房,从而将申请入住时间由平均 3 分钟缩短到 45 秒,将申请退房用时由平均 2 分钟缩短至 18 秒,在风险可控的前提下,有效提升了客户体验和酒店运营效率。

综上,芝麻信用秉承"因为信用,所以简单"之初心,希望能够在中国个人征信行业市场化发展的大潮中助力社会商业环境的信用建设。凭借其不断交叉验证提升的数据质量,以及先进的算法技术与严谨的模型验证,打造强大的个人信用洞察能力,让人与人、人与机构之间的连接更简单、更高效。

（资料来源:BCG,中国个人征信行业报告(2015),2016 年 3 月）

案例讨论

1. 根据芝麻信用的大数据征信,你认为大数据征信的主要特点有哪些?
2. 分析大数据征信的法律难点。
2. 根据芝麻信用和其他个人征信公司的大数据征信,分析我国个人征信领域的竞争态势。

第十四章
互联网金融的监管

学习目标

◆ 了解国外互联网金融的监管理论
◆ 了解国外互联网金融的监管政策
◆ 了解我国互联网金融监管政策
◆ 掌握互联网金融监管的国内外差异
◆ 了解我国互联网金融监管的基本框架

本章内容导引

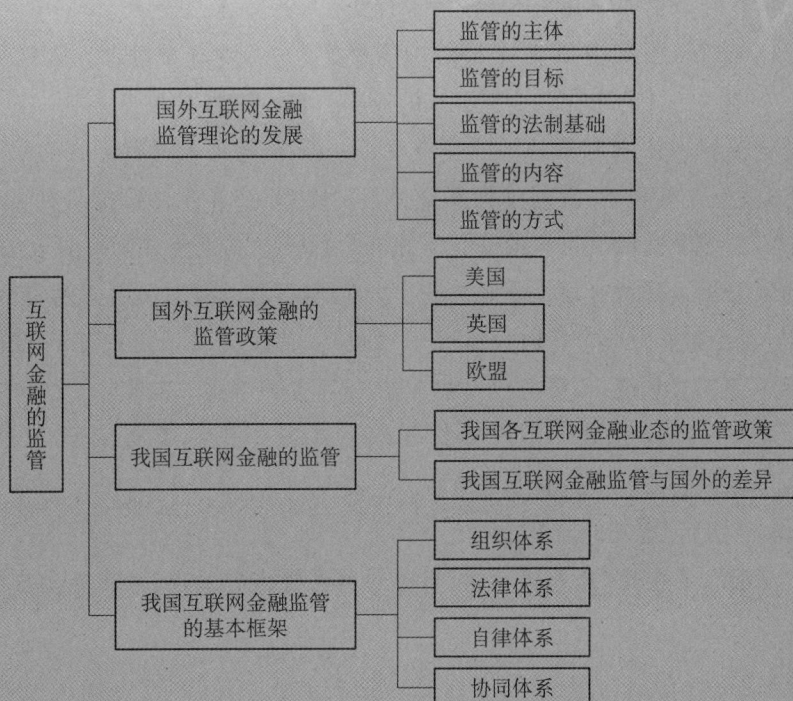

```
                                          ┌─ 监管的主体
                                          │
                     ┌─ 国外互联网金融       ├─ 监管的目标
                     │   监管理论的发展      │
                     │                      ├─ 监管的法制基础
                     │                      │
                     │                      ├─ 监管的内容
                     │                      │
                     │                      └─ 监管的方式
                     │
                     │                      ┌─ 美国
  互                 │  国外互联网金融的      │
  联   ┌─────────────┤  监管政策             ├─ 英国
  网   │             │                      │
  金   │             │                      └─ 欧盟
  融   │             │
  的   │             │                      ┌─ 我国各互联网金融业态的监管政策
  监   │             │  我国互联网金融的监管  │
  管   │             │                      └─ 我国互联网金融监管与国外的差异
                     │
                     │                      ┌─ 组织体系
                     │  我国互联网金融监管    │
                     └─ 的基本框架           ├─ 法律体系
                                          │
                                          ├─ 自律体系
                                          │
                                          └─ 协同体系
```

美国的监管实践：PayPal案例

PayPal最初是1998年在美国加州成立的一家非银行第三方支付公司，发展到能够在包括美国在内的全球100多个地区进行支付，只不过在有些地区是被明确视为银行，而不是单纯的第三方支付公司。对于这种介于银行与非银行之间的机构的监管思路，对我国目前的互联网金融监管尺度的把握具有一定的启发作用。

一、作为"第三方支付机构"遵守的监管规则

在消费者保护方面，2006年，美国28个州的检察官曾对PayPal发起诉讼，要求PayPal对消费者澄清：消费者网络购物时，是否与信用卡消费一样享受《监管指令Z》的保护？PayPal不得不明确表示，因为自己不是信用卡机构，所以，不会承诺与《监管指令Z》完全一致的条款，但会明确揭示自己版本的消费者权利和纠纷解决机制条款。但与此同时，PayPal明确承诺完全遵守《监管指令E》的要求，特别是对未经授权的交易损失，PayPal承诺客户最高只承担50美元。

在消费者的隐私保护方面，虽然《格莱姆-利奇-比利法案》主要是针对金融机构的要求，但PayPal主动承诺遵守该法案的条款。

在存款保险方面，PayPal一直在主动征询FDIC（Federal Deposit Insurance Corporation，联邦存款保险公司）的看法，最终在2012年2月得到了FDIC的回复：PayPal受客户委托代理客户存入经FDIC认可的无息账户中的资金，可以获得FDIC的存款保险。但是，PayPal本身不是银行，不能享受存款保险。因而，当PayPal倒闭时，滞留在其他环节中的资金并不享受存款保险。

在反洗钱方面，在PayPal发展之初，只需要提供一个电子邮件地址就可成为其会员。但到了2003年，PayPal因在处理非法离岸赌博业务时，被控掩盖非法货币转移、触犯了《美国爱国者法案》，最后不得不花费了一千万美元来进行诉讼和解。此后，PayPal为满足反洗钱要求，管理变得更加严格。比如，在客户身份确认方面，除电子邮件地址外，还要求提供信用卡或贷记卡或银行账户的信息。在对可疑交易的处理方面，PayPal会对发现的可疑交易账户进行冻结，除非客户能够逐项说明资金的来龙去脉，否则，甚至会关闭账户。PayPal还明确规定，信托机构不能持有PayPal账户。此外，PayPal还明确提醒，不要与他人共享账户，不要代替他人转账，以免造成不必要的麻烦。尽管上述规定给客户造成诸多不便，引起客户抱怨，甚至离开，但为了满足监管要求，PayPal仍不得不严格加以执行。

二、作为"银行"遵守的监管规则

作为"银行"，要接受《联邦银行法》所要求的在资本充足率、法定存款准备金率、

存款保险、公司治理等方面更多也更为严格的监管。

2012年3月，应PayPal的主动征询，FDIC曾明确表示：PayPal不是银行。这一度让很不情愿接受像银行一样严格监管的PayPal颇感欣慰，因为其不仅在经营银行方面的经验严重不足，更重要的是，被作为银行监管之后的运作成本要高得多。

但FDIC明确表示，其认定不是银行的主要理由却是PayPal"没有取得银行牌照"。FDIC还进一步澄清：其观点对州监管者没有约束力，州监管者仍可能将PayPal视为是一家未经许可的银行。显然，FDIC只是简单地根据PayPal是否获得了"银行"的许可来进行认定的，而不是根据其业务性质。

被FDIC不幸言中的是，纽约州和加州正是从PayPal所进行的业务性质的角度，怀疑PayPal在非法从事银行业务。2002年6月，纽约州金融服务局叫停了PayPal在该州的业务，因为其认定PayPal在该州非法从事银行业务：消费者需在PayPal先充入一笔资金，然后才能进行网上购物支付，这些来自普通公众充入备用的资金，本质上属于"存款"，此类业务除非事先取得存款性金融机构牌照，否则不得擅自开展。

为满足纽约州的监管要求，PayPal提出了五种开展业务的替代方案：

第一种，买家直接将资金放入卖家可以进入的物理账户或虚贷记卡账户；

第二种，由富国银行代替PayPal进行电子转账，将资金划入卖家在其他银行的账户；

第三种，通过富国银行以支票支付；

第四种，将汇集到的客户资金，以客户名义购买货币基金份额，收益归客户，这些资金不属于PayPal因而也不会体现在PayPal自己的账户上；

第五种，以委托方式，将客户资金存入无息FBO账户，以此表明PayPal本身并未从这些滞留资金中为自己牟利。

在前面三种方案中，资金都没有在PayPal账户中沉淀，因此，纽约州金融服务局表示认可。但若按照第四种或第五种方案，因资金仍然在PayPal账户中发生沉淀，纽约州金融服务局明确表示其仍然属于银行业务范围，即使FDIC表示PayPal不属于"银行"也不影响其判断。在按照监管要求对业务模式进行艰难的调整之后，PayPal一直拖到2013年10月才在纽约州取得支付牌照。综合以上梳理不难看到，虽然美国并没有轰轰烈烈专门针对互联网金融立新规，但得益于习惯法的传统，其实早已将业态纷呈的各类互联网金融置于能够适用的监管规则之下。这可能是"互联网金融"在美国并未能够成为热潮的重要原因之一。

（资料来源：搜狐公众平台，作者：鲁政委，2015年3月23日）

互联网金融的快速发展对我国现行的金融监管体系构成了极大的挑战。2014年3月5日,李克强总理在政府工作报告中明确指出,要"促进互联网金融健康发展,完善金融监管协调机制"。因此,如何对互联网金融进行有效监管是当前亟待解决的一个重大问题,它不仅是理论界和实务界的讨论热点,而且还上升为国家决策层关注的焦点问题。

第一节 国外互联网金融监管理论的发展

互联网金融是利用互联网平台及其相关技术所开展的在线金融活动,其本质属性还是金融,人们对它的关注点仍然聚焦于风险防范和消费者保护,这与传统金融并没有本质的区别。因此,目前并不存在专门的互联网金融监管理论。而国外不存在互联网金融这一笼统化的概念,有的只是针对某种具体互联网业态监管的政策和法律讨论。但是,在这些讨论的基础上,结合发达国家的各种互联网金融业态监管政策和国内的相关研究,运用现代金融监管理论可以对互联网金融金融监管进行一定深度的理论阐释。

按照通常的逻辑,当一种新的互联网金融业态出现时,人们会首先考虑要不要对其进行监管,然后探讨如何监管的问题,这就构成了互联网金融监管理论发展演进的总体线索。互联网金融的大多数业态在国内外出现和兴起不到十年,因此,互联网金融监管理论仍在不断的发展过程中。总体来讲,对于如何实施互联网金融监管这一问题,包括监管主体的确定、监管目标的取向、监管的法制基础、监管的内容、监管的方式等五个方面。

一、监管的主体: 单一监管和多元监管

鉴于互联网金融的金融本质属性,在现有金融监管体制之外新设监管者不切实际,互联网金融监管者只能是来自现行监管体制的监管主体,具体选择取决于现行监管体制的特点。现行监管体制是统一监管还是分散监管,是机构监管还是功能监管,是中央一元监管还是中央、地方二元监管的安排,决定着互联网金融机构监管主体。例如,美国实行联邦地方共治的双元多头分散监管体制,因此,其互联网金融监管主体总体呈多元化的特点,每一种互联网金融业态均有联邦和州的多个监管主体共管。而英国的情况却完全不一样,在其中央政府一元化统一监管体制下,其互联网金融监管主体也是单一的。总之,关于单一监管模式和多元监管模式的选择,互联网金融监管理论与实践中出现了很多有益的思想启迪。

1) 单一监管模式支持论

单一监管模式具有很多的优势,如可以更好地监控跨部门金融风险、更有效地监管金融集团、避免监管俘获[①]、有助于消费者保护、有利于降低监管成本等。但是,在所有支持单一监管模式的论证中,都能发现其一系列相应的抵消性缺点。更为重要的是,在合而为一的综

[①] 监管俘获理论的主要内容是,政府建立管制起初,管制机构能独立运用权力公平管制,但在被管制者与管制者长期共存中,管制机构逐渐被管制对象通过各种手段和方法所俘虏,管制机构最终会被产业所控制,为少数利益集团谋求超额利润,使真正的守法者损失利益,结果使被监管行业更加不公平,降低整体效率。

合监管体制下,监管机构之间的相互制衡丢失了,可能会出现监管机构的过度监管。

2) 多元监管模式支持论

保护金融经营者免受单一监管主体"监管狂热"之害的关键,就是确保有多个监管者可供选择,这种选择自由可以成为独断和反复无常监管政策的制约因素。而多元监管模式的更深层原因就是根植于传统的"分权与制衡"理念、金融机构的选择自由及对监管弹性的追求。面对日益细化和复杂的金融市场,监管机构每每力有不逮,难免出现判断错误。基于此前提,多"脑"思考、多"眼"监督的监管体制,比集中判断的单一监管更有利于减少监管决策失误。

然而,多元监管模式也有弊端。首先,按照公共选择理论,公共政策的生成并非基于抽象的"公共利益",而是不同利益集团各自特殊利益角力和妥协的结果。不同金融监管机构一方面不可避免地会更多受到来自部门内利益集团(亦即监管对象)的压力和影响,另一方面其自身在争取监管权限和监管资源方面也有特定利益。因此,现实中金融监管机构总是倾向于尽力维持自己的监管范围,同时积极进入和消减其他监管机构的势力范围。这种监管竞争被形象地称为"地盘之争",它无谓地消耗了金融监管资源,是多头竞争性监管的一个主要弊端。其次,多机构的竞争性监管可能产生的"竞次"现象[①]也会不利于监管效果的实现。一般来说,监管机构越多,监管结构越复杂,"竞次"风险就越大。最后,与多机构竞争监管相关的另一个可能后果是监管套利,即提供相同产品的不同金融机构因受到不同监管者的监管,造成规则、标准和执法实践上的不一致,从而导致金融机构尝试改变其类属,以便将自己置于监管标准最宽松或者监管手段最平和的监管机构管辖之下。

二、监管的目标: 保护消费者和维护稳定

根据现代金融监管的理论,金融监管有两个基本目标,即保护消费者权益和维护金融稳定。互联网金融监管的需求不仅没有增添新的目标诉求,而且还将目标锁定在了消费者保护方面。

互联网金融监管对消费者权益保护目标的强调,有其深刻的时代背景和内在逻辑支撑。在2008年金融危机之前,消费者权益保护不足是金融监管体系的一个明显短板。由于金融创新产品日益复杂化,金融服务商的霸权现象有增无减,消费者运动尚不能为金融消费者在金融秩序中谋求到有利的地位。因此,体现一国金融秩序的金融立法,大都以金融稳定为核心,对金融消费者的保护往往被放在较次要的位置,甚至只是附带提及。金融消费者的长期弱势不仅显失公平和正义,甚至可能直接引发金融动荡。2007—2008年的次贷危机以暴风骤雨的形式揭示了这样一个政策含义:必须加强金融消费者保护的监管。

互联网金融强调消费者保护目标的逻辑还在于:一是互联网金融还处于初步的发展阶段,其市场规模和份额相对于传统金融还微不足道,其服务长尾客户的行业特点与传统金融交集不多,因此,互联网金融至少在可以预见的较长时间内不可能成为诱发系统性金融风险的主要因素。二是互联网金融虽然通过大数据、云计算和搜索引擎等技术,大大弱化了小额

[①] 监管机构为了取悦本部门利益集团、吸引潜在监管对象或扩展监管势力范围,竞相降低监管标准,以致削弱整体监管水平,损害消费者(投资者)和社会公共利益。

金融交易中的信息不对称问题,但网络世界中非实名制带来的虚假信息、信用"刷分"等现象,又给互联网金融的征信增加了新的信息辨别难度,投资者由此而面临的网络欺诈风险也许会更加突出。三是自从英国经济学家泰勒提出了盯住目标的双峰监管体制理论后,人们对维护金融稳定与消费者保护之间的目标冲突有了更为清晰的认识,即稳定目标的实现在相当程度上依赖监管当局与被监管者的合作,而保护消费者则把两者放在一个可能会产生激烈冲突的位置。稳定目标的实现,需要建立与金融机构之间的合作关系,通过设置一系列审慎经营标准和指标,以及监测金融机构遵守这些标准的情况,督促其保持财务健康,实现稳健运营。与之不同,消费者保护目标的实现过程,使消费者与金融机构在很多利益关系中处于对立的地位,消费者保护机构借助立法权规定金融机构在交易中应遵循的规则,并且通过行使权力约束和处罚违规机构。这种差异被形象地描述为审慎监管类似于医生,其职业习惯促使他们在发现病因后努力进行医治,而不是对当事人严肃问责,而消费者保护更像是警察,倾向于对违纪行为立即处罚。

当然,互联网金融监管把保护消费者列为单一目标,并不是说互联网金融监管与防范系统性风险、维护金融稳定彻底绝缘。事实上,金融消费者保护是金融机构稳健经营的重要条件:金融业是典型的服务行业,没有客户就没有业务。不难设想,大规模损害金融消费者权益的事件必然涉及一个国家的金融风险与金融稳定。

三、监管的法制基础

监管的英文表达为 regulation & supervision。前者意指立法,而后者有执法的含义。因此,现代金融监管就是立法和执法的统一。通常讲的依法监管原则,既是对金融监管立法和执法统一内涵的很好体现,又彰显了金融监管法制基础的重要性。英国互联网金融监管的法制基础比较简单,其监管主要由消费信贷规制体系支撑。美国的情况要复杂得多,一方面美国互联网金融引入了银行机构的参与,另一方面美国将网络平台借方的权益保护纳入了信贷法规体系,而将贷方的权益保护归到了证券法规体系中,因此,美国对互联网金融监管的法制基础是在传统信贷法规叠加证券注册管理规则的基础上形成的。互联网金融之所以适用于证券法规体系,是因为监管者认为美国的 P2P 网贷过程具有证券性质。

四、监管的内容:审慎监管和行为监管

根据现代金融监管理论,监管可以分为审慎监管和行为监管两大类。前者是指围绕金融机构业务经营所实施的风险预防性监管,目标是促使其稳健经营、保护公众客户的资金安全,核心是保护金融机构的清偿力,广泛牵涉社会公众利益的银行和保险公司通常侧重于审慎监管。而后者区别于审慎监管对机构稳健运营和金融体系稳定的关注,出于保护消费者的目标,更多地通过行为监管,确保金融市场的公平、有效和透明,信息披露是行为监管的核心,证券行业通常以行为监管为主。自从英国经济学家泰勒提出了双峰监管理论之后,审慎监管与行为监管成了解析或构筑金融监管结构的两大主线,这两大概念在现代金融监管理论体系中的地位越来越重要。过去十余年来,澳大利亚、荷兰、美国和英国等发达国家的金融监管改革事件,都无不深受其影响。

虽然审慎监管和行为监管的适用对象各有侧重,但金融无论沿着机构、业务还是产品线

来看,事实上都存在同时实施两类监管的必要性。例如,以审慎监管为主的银行业或银行机构,其产品营销和信息披露方面的行为监管需求在金融危机之后也日益被重视起来。审慎监管和行为监管所具有的跨机构、跨市场和跨产品的性质,在金融混业背景下对构建有效金融监管尤其有意义。

　　然而,就美国、英国等国家的互联网金融监管而言,其政策实践折射出的却是行为监管的单一理念,审慎监管基本上没什么地位,这与其互联网金融监管注重保护消费者利益的单一目标相呼应。究其原因,一方面,互联网金融还处于初步的发展阶段,相对于庞大的传统金融体系而言,互联网金融的规模还比较小,影响还非常有限,在可以预见的将来,互联网金融还不足以成为引发系统性金融风险的风险源。因此,美国、英国等国家初步的互联网金融监管框架,只把关注点放在行为监管方面。另一方面,即使在互联网金融监管领域没有审慎监管的内容,也不等于仅存的行为监管对互联网金融以至整个金融体系的稳定没有贡献。如前所述,首先,由于行为监管多采用主动和介入式的监管方法,其可以帮助监管者甄别互联网金融产品服务和商业模式的变化对金融体系而言是否有严重的系统性风险。其次,互联网金融机构的产品、服务或商业模式的创新都具有很强的可复制性,这就意味着其中的问题往往具有群体效应,具有较大的系统性意义。基于这两个因素,行为监管的实施能帮助监管者预判互联网金融商业模式或销售行为中潜伏的系统性风险或影响。

五、监管的方式:机构监管和功能监管

　　按照监管机构设置及监管权限划分的差异,金融监管模式可划分为机构监管模式和功能监管模式。在机构监管模式下,同类金融业务由相同监管机构监管。纵观金融监管发展的国际经验,金融结构的变迁决定了监管方式的变迁方向。在以分业经营为主的发展阶段,机构监管是合宜的监管方式,如在大萧条后制定的1933年《格拉斯-斯蒂格尔法案》确立了美国分业监管的框架。而随着20世纪80年代后全球经济和金融一体化的发展,信息技术进步和金融创新活动使全球金融业出现自由化趋势,分业经营的金融体系不断受到挑战,金融机构通过各种方式寻求跨行业渗透,各主要国家最终都允许金融混业经营,这种经营方式得到了监管当局的认可,进而改变了监管方式——监管从传统的机构监管向功能监管变迁。

　　互联网金融的发展不仅模糊了金融机构间的界限,互联网金融产品也模糊了银、证、保等行业的界限,加速了金融跨界和混业的趋势和特征,这客观上要求监管方式从机构监管向功能监管转变。首先,互联网企业向金融控股集团演变对现有机构监管模式提出挑战。阿里巴巴、腾讯等大型互联网企业依托自有电子商务平台,从最初单纯的消费支付业务,向传统银行业务领域渗透,并在集团层面上同时具备间接金融与直接金融的媒介功能,互联网金融控股集团架构初现。其次,互联网金融产品已经形成了事实混业的产品倒逼监管方式改变。基金理财模式余额宝涉及第三方支付、货币基金和协议存款,监管分别对口中央银行、证监会和银监会。保险理财模式"娱乐宝"涉及连投险、信托,最终投资于文化产业,监管分别对口保监会、银监会和文化部。一些网络借贷平台采用将P2P与股权投资结合起来的经营模式,平台上除了进行投融资撮合,还支持债权转让功能,允许投资人在平台中的债权页面进行债权转让操作,这些功能又分别对应银监会、证监会等监管部门。第三方支付虚拟信

用支付,涉及了中央银行和银监会的监管等。

第二节 国外互联网金融的监管政策

美国、英国及欧盟等国家和地区在互联网金融监管方面走在我国前面,积累了许多成功的监管经验。它们的监管实践有一个共同特征,在互联金融诞生之初并不匆忙着手制定新的监管法规,而是本着"等等看"的态度。首先利用已有的包容性金融监管框架对互联网金融予以规范,当互联网金融发展到一定阶段,原有监管框架的部分条款不再适用于发展中出现的新矛盾和新问题时,才在业界、学界及监管当局充分酝酿讨论并形成共识的基础上对原有监管框架做出修改和完善。鉴于互联网金融各业态所实现的金融功能有较大差异,监管思路和适用法律也有所不同,这里结合第三方支付、P2P网络借贷、众筹融资等几大主要互联网金融业态加以阐述。

一、美国的互联网金融监管政策

美国虽没有明确提出互联网金融这一概念,但相关业务和产品早在20世纪90年代就已出现。针对互联网金融这个新生事物,美国通过对现有的监管法律法规进行修改和完善,将其逐步纳入现有的金融监管框架。美国对金融行业实行分业监管,设有联邦和州两级监管机构,实行"双线多头"监管模式,这一制度安排也沿用到互联网金融监管之中。

(1)第三方支付。美国对第三方支付实行功能型监管,监管重点在于交易过程而非第三方支付机构。在美国,第三方支付被视为货币转移业务(其本质是传统支付服务的延伸),因而没有专门针对第三方支付进行立法监管,而是将其纳入货币服务业务管理框架,在现有法规中寻找监管依据。依据《金融服务现代化法案》和《统一货币服务法案》,第三方支付机构被界定为非银行金融机构,就无须取得银行业务许可证,但须取得从事货币转移业务的营业许可证。第三方支付的监管主体分为联邦和州两级,联邦层面由FDIC(Federal Deposit Insurance Corporation,联邦存款保险公司)负责监管,各州根据联邦法律制定本州监管标准,承担相应监管责任。第三方支付平台的沉淀资金被明确定义为负债(而非存款),必须存放于FDIC开立的无息账户中,产生的利息用于支付保险费[①]。对于第三方支付业务中的消费者数据安全问题,如果第三方机构是金融机构的外包机构,由CFPB(Consumer Financial Protection Bureau,消费者金融保护局)依据《格莱姆-利奇-比利法案》实施监管;如果第三方机构是不涉及外包的非金融类机构,则由联邦通信委员会依据《公平贸易法案》实施监管。

(2)P2P网络借贷。美国并未专门针对P2P网络借贷制定监管法律,而是从现有法律中查找相关的内容作为监管依据,监管过程中尤其强调信息披露和金融消费者权益保护。依据美国《证券法》,P2P网络借贷被认定为证券交易行为,主要由证券交易监管机构负责监管。

---

① 巴曙松,杨彪.第三方支付国际监管研究及借鉴.财政研究.2012(4):72—75。

在联邦一级,由证券交易委员会对 P2P 平台实施业务准入监管,并责成其履行信息披露义务。各州证券交易监管机构实施地域准入监管,负责决定 P2P 平台在本地的营运资格。证券交易委员会的监管重点在于信息披露,要求 P2P 平台披露收益权凭证所对应贷款的具体条款、借款人的信息等。此外,FDIC 和 CFPB 依据《金融服务现代化法案》和《多德-弗兰克华尔街改革和消费者保护法》行使金融消费者权益保护职责。

(3) 众筹融资。对于众筹融资模式,美国金融监管当局最初并不认可。依照美国《1933年证券法》,发行或销售证券须取得券商牌照,众筹平台以股权作为标的物,属于违规行为。金融危机发生后,为了解决小企业的融资难问题、促进小企业发展,美国国会于 2012 年通过了《JOBS 法案》,承认了股权众筹融资的合法性,并在《证券法》中新增了"股东众筹豁免"条款,将非公众公司股东数量上限由原来的 500 人提高到 2 000 人,允许小企业通过众筹融资获得股权资本。由此,众筹融资被纳入证券监管的框架之下,由证券交易委员会实施监管。证券交易委员会于 2012 年 10 月发布了关于众筹融资的指导规则,从众筹融资平台行为规范、融资企业信息披露、年度融资规模上限及投资者年度投资规模上限等方面,对各参与方提出了监管要求。作为准入要求,众筹融资平台必须在证券交易委员会登记为经纪商或"集资门户",同时还需履行行业自律、风险提示、预防诈骗、消费者保护等职责。融资企业必须在证券交易委员会备案,并向投资者和众筹融资平台披露财务报告、股东和高管信息、募集资金用途、发行额度等相关信息,同时不得通过广告促进发行。此外,证券交易委员会还对融资企业的年度筹资上限及投资者的投资上限做了规定。

(4) 互联网理财。美国对互联网理财的监管是将互联网理财纳入美国现有的证券、银行及金融市场监管体系中,分别由不同的监管机构来负责监管。由于互联网理财所涉及的业务和机构非常复杂,相应的监管主体分工和监管政策也极为复杂,但总体而言,美国证券交易委员会在互联网理财监管中发挥着核心作用。

在具体的监管政策方面,美国已经形成了包括行业准入、从业人员要求、经营行为规范、金融消费者保护等各方面的制度体系。

① 金融消费者保护。针对 2008 年金融危机期间暴露出来的金融机构在销售复杂金融产品过程中的销售误导、信息披露不充分等问题,2010 年出台的《多德-弗兰克华尔街改革和消费者保护法》特别强调了对金融消费者的保护,成立了 CFPB(Consumer Financial Protection Bureau,消费者金融保护局),专门致力于金融消费者保护,以保证消费者在购买金融产品时,不受隐性费用、欺骗性条款和欺诈行为等的侵害。

② 投资者适当性原则。适当性是美国在金融产品销售监管的核心原则之一。美国金融业监管局规定,所有注册会员在为客户进行交易或者向客户推荐证券时,必须考虑客户当前的状态和需求,确保产品适合投资者。

③ 集体诉讼制度。在集体诉讼制度下,金融消费者可以将众多的小额请求合并在一起,由一个或者数个原告代表所有受害者提起诉讼,这使得大量小额的请求也能通过司法程序得以实现,不仅有利于保护大量的普通投资者,也能对侵害大众利益的违规者形成有效的威慑。

二、英国的互联网金融监管政策

英国对金融行业实行集中监管,最近兴起的互联网金融业务也被纳入集中监管框架。

2008 年金融危机前,监管工作主要由英国 FSA(Financial Service Authority,金融服务管理局)负责。金融危机后,英国对其金融监管体制做了反思,于 2011 年出台了《监管改革新举措:改革蓝图》白皮书,对金融监管体制进行了全面改革:在中央银行之下新设立金融政策委员会,作为宏观审慎监管机构负责识别、监控和应对系统风险。FSA 被撤销后,设立了 PRA(Prudential Regulation Authority,审慎监管局)和 FCA(Financial Conduct Authority,金融行为监管局),分别承接原 FSA 的审慎监管职能和行为监管职能。这一转变也体现在对互联网金融业务的监管中。

(1) P2P 网络借贷。P2P 网络借贷在发展初期被监管当局界定为消费信贷,纳入消费信贷管理范畴,实行消费信贷许可证制度。P2P 平台需要向 OFT(Office Fair Trading,公平交易局)申请消费信贷许可证,业务监管工作由 OFT 和 FSA 共同负责,监管侧重于对借贷双方的信贷行为进行合规性规范,此阶段对 P2P 平台并无最低资本金要求。2013 年 4 月,英国 FCA 成立,开始承担对英国金融服务业的行为监管职能。FSA 关于 P2P 行业的监管职责和 OFT 关于消费者信贷领域的监管职责先后被移交给 FCA,由 FCA 对 P2P 网络借贷实施统一监管。FCA 于 2014 年 3 月发布了《关于通过互联网众筹及通过其他媒介发行非易于变现证券的监管方法》(以下简称《监管方法》),对 P2P 网络借贷提出了新的监管要求。鉴于实践中多数 P2P 平台除 P2P 业务外还兼营 P2C(Production to Consumer,生活服务平台)业务,FCA 对该业态采用了更具包容性的"借贷类众筹"的提法。FCA 建立了平台最低审慎资本标准、客户资金保护规则、信息披露制度、信息报告制度、合同解除权、平台倒闭后借贷管理安排与争端解决机制等七项基本监管规则,其中信息披露制度是监管的核心规则。

(2) 众筹融资。对于股权型众筹,尽管英国最初并未专门制定监管法律,但由于其涉及证券发行和金融产品推介,在产生之初便受到已有法律体系的监管。依据《2000 年金融服务与市场法》,向公众发行非上市证券须经监管机构批准。2014 年 3 月发布的 FCA《监管方法》将监管范围从股权型众筹扩展到投资型众筹,从投资者身份、投资额度及投资咨询要求等方面提出了更高的监管要求:投资者必须是高资产投资人(年收入超过 10 万英镑或净资产超过 25 万英镑)或者是经过 FCA 授权机构认证的成熟投资者;非成熟投资者的投资额不超过其净资产的 10%;众筹平台需对项目进行简单说明;若该说明构成投资建议,则还需向 FCA 申请投资咨询机构的授权。

三、欧盟的互联网金融监管政策

欧盟的金融监管框架由欧盟理事会和欧洲议会通过立法程序制定。监管立法建立在各成员国承认其他成员国法律法规的基础之上。欧盟制定的金融监管法规是各成员国必须遵守的最低标准。欧盟并不存在一个完全统一的金融监管机构,其金融监管的具体职能主要由各成员国金融监管机构承担,欧盟委员会和各国金融监管委员会在其中发挥协调功能。在正式的多边协调机构之外,欧盟成员国当局或中央银行之间还签署双边或多边协议,运用此种较为松散的非正式安排来对金融市场进行监管。

(1) 第三方支付。欧盟对第三方支付的监管更侧重于机构监管。欧盟将第三方支付的媒介职能界定为商业银行货币或电子货币,从事第三方支付业务须取得银行业执照或电子货币机构执照。欧盟将第三方支付业务监管纳入支付服务的监管体系之中,主要依据《电子签名共同框架指引》《电子货币指引》《电子货币机构指引》和《支付服务指引》等现有法律对其予以监督,同时实行适合网络银行业务特别风险的审慎监管策略。监管要求与传统银行业金融机构有相通之处,主要强调资本监管、沉淀资金管理、风险控制、信息披露等方面的内容。第三方支付机构必须拥有充足的自有资本(不低于 100 万欧元)和流动资金,准入门槛较高。对于沉淀资金,采取与银行机构类似的准备金管理制度,必须在中央银行开设专门账户并存入足够的准备金,沉淀资金的运用也受到严格限制。必须建立审慎、稳健的风险控制制度。必须做好完善信息记录和报告制度的工作。

(2) P2P 网络借贷。对于 P2P 网络借贷,欧盟没有出台专门法典加以约束,而是依据消费者信贷、不公平商业操作和条件等指引性文件进行监管。这些规范性指引文件对信贷合同缔约前交易双方所需提供的信息及各方义务做了规定,其特点是十分重视信息披露和金融消费者保护。信息披露方面,指引性文件对于 P2P 网络借贷规定了比其他信贷形式更为严格的信息披露要求,对于通过网络发布的信贷广告还做了额外披露要求。金融消费者保护方面,指引性文件指出,消费者在签订信贷合同前应当有充分的时间来考虑合同信息及相关解释说明,还规定借款人在 14 天内享有无须说明理由的撤销权。

第三节　我国互联网金融的监管

我国在制定互联网金融监管的基本思路和原则时,一方面要依托和利用现行的金融监管制度框架,另一方面也要认识到互联网金融区别于传统金融的特征,进行监管创新,维护互联网金融健康发展。目前,我国已经针对第三方支付、P2P 网络借贷、众筹融资和互联网理财等不同互联网金融业态,制定了一系列监管制度。但是,在消费者保护目标、监管与创新平衡、主体监管和行为监管协调、社会征信体系等方面与英国、美国等发达国家仍存在差异。这种差异有些是由于我国本土特征所导致的固有特征,有些则是我国在互联网金融监管方面需要加强的方面。

一、我国各互联网金融业态的监管政策

(一) 第三方支付

2010 年之前,我国在电子商务领域有很多不同的法律规范,涵盖了网上支付、银行卡、反洗钱、电子签名等,但没有专门的法律来规范第三方支付的发展。2010 年,《非金融机构支付服务管理办法》(中国人民银行令〔2010〕第 2 号,简称"2 号令")正式发布,将第三方支付正式纳入中国人民银行的监管之下。2 号令是我国第一部针对第三方支付的系统立法,弥补了我国在第三方支付领域的立法空白,《非金融机构支付服务管理办法事实施细则》(简称《实施细则》)进一步细化了 2 号令中的有关规定。2 号令及其《实施细则》明确了我国第三方支付服务机构的性质,确立了第三方支付的准入条件,加强了对沉淀资金的管理,确立了消费者

权益保护措施,并且明确要求打击利用第三方支付进行的犯罪活动,为我国第三方支付行业的发展创造了良好的法律环境。随后,人民银行发布了《支付机构互联网支付业务管理办法》《支付机构反洗钱和反恐融资管理办法》《支付机构预付卡业务管理办法》等办法规范第三方支付的业务管理,防范支付风险。

此外,第三方支付机构的备付金管理也是近年来我国互联网金融监管的重要内容。中国人民银行对第三方支付业务实施监督管理的核心是,加强资金监管,保障客户合法权益。为有效保障客户备付金安全,切实保护客户合法权益,中国人民银行通过完善监管制度、丰富监管手段、提升监管时效等一系列措施,不断强化支付机构的资金安全保护意识和责任,加强资金风险防范与管理:(1)2010年的《非金融机构支付服务管理办法》明确了支付机构接受的客户备付金不属于支付机构的自有财产,支付机构只能根据客户发起的支付指令转移备付金,禁止支付机构以任何形式挪用客户备付金。支付机构必须选择一家商业银行作为备付金存管银行,专门存放客户备付金,只能在一家商业银行存放客户备付金,但可以选择多家商业银行作为备付金合作银行。(2)为了解决支付机构在实际运营中存在客户备付金与自有资金不分、银行账户数量多且过于分散、资金存放形式多样、资金账户的关联关系复杂且透明度低等问题,2013年中国人民银行发布《支付机构客户备付金存管办法》,就客户备付金的存放、归集、使用、划转等存管活动提出全面要求。(3)为贯彻落实党中央、国务院关于互联网金融风险专项整治工作总体部署,根据《国务院办公厅关于印发互联网金融风险专项整治工作实施方案的通知》(国办发〔2016〕21号)提出的"非银行支付机构不得挪用、占用客户备付金,客户备付金账户应开立在人民银行或符合要求的商业银行。人民银行或商业银行不向非银行支付机构备付金账户计付利息"相关要求,人民银行决定自2017年4月17日起对支付机构客户备付金实施集中存管。

总之,近年来,从央行已经停止批复新的第三方支付牌照,到前期第三方支付企业的巨额罚款,再到最近实行备付金制度,这反映了监管部门对前几年第三方支付的野蛮式扩张与发展向规范合规发展的转变。

(二) P2P 网络借贷

我国的 P2P 网络借贷行业一度没有明确的监管部门对其进行监管,导致其野蛮生长,在经历2014—2015年的 P2P 热潮之后,数以千计的平台以破产告终。2016年8月,银监会、工信部、公安部及国家互联网信息办公室联合发布《网络借贷信息中介机构业务活动管理暂行办法》(以下简称《办法》),规定银监会及其派出机构负责对网贷业务活动实施行为监管。该《办法》要求银行金融机构对网贷客户资金实行第三方存管,个人在同一家平台借款不得超20万元。为避免对行业造成较大冲击,该办法做出12个月过渡期安排。该《办法》主要从以下几个方面来对 P2P 网络借贷进行监管。

(1) 客户资金实行第三方存管

该《办法》包括八章四十七条,对资金存管、信息披露、借出人限额、借款人分级等都做了严格的规定。首次明确"双负责"监管安排,银监会及其派出机构负责对网贷业务活动实施行为监管,制定网贷业务活动监管制度;地方金融监管部门负责本辖区网贷的机构监管,具体监管职责包括备案管理、规范指引、风险防范和处置工作等。该办法对业务管理和风险控制提出了具体要求,对客户资金实行第三方存管制度。

（2）网贷机构不得吸收公众存款

该《办法》以负面清单形式划定了业务边界，明确提出网贷机构不得吸收公众存款、不得归集资金设立资金池、不得自身为出借人提供任何形式的担保等，并根据征求意见，增设不得从事的债权转让行为、不得提供融资信息中介服务的高风险领域等内容，旨在对打着网贷旗号从事非法集资等违法违规行为，坚决实施市场退出，按照相关法律和工作机制予以打击和取缔，净化市场环境，保护投资人等合法权益。同时，该办法禁止网贷机构发售金融理财产品；规定网贷机构具体金额应当以小额为主；允许网贷机构引入第三方机构进行担保或与保险公司开展业务合作，将尽快发布网贷客户资金第三方存管、网贷机构备案等配套制度。

（3）明确同一借款人借款余额上限

为防止信贷集中度风险，根据相关部门意见，实现该《办法》与刑事法律中非法集资有关规定衔接，引导网贷机构遵循小额分散原则，避免刑事执法混乱，规范行业乱象，明确规定了同一借款人在同一网贷机构及不同网贷机构的借款余额上限。

（三）众筹融资

互联网金融仍然具有金融业务的本质属性，这也是对其实施监管的基础。作为互联网金融创新的主要模式之一，股权众筹一直受到政府金融监管部门的关注。早在2014年3月初，"一行三会"就对互联网金融的监管责任做了明确分工。其中，股权众筹由证监会负责监管。随后，证监会对多家股权众筹融资平台进行了深入调研，确立了"负面清单管理"的监管理念，提出了"鼓励创新、防范风险、趋利避害、健康发展"的基本要求，明确了"以遵循现行法律法规为前提，坚持适度监管和创新监管"的原则要求，旨在强化投资者保护，预防金融风险，进一步发挥金融对实体经济的服务能力。同时，实务界也成立了互联网金融协会、股权众筹行业联盟等行业协会组织，探索行业自律公约，尝试发挥监管部门和各平台之间沟通的桥梁作用。2014年年底，中国证券业务协会组织起草了《私募股权众筹融资管理办法》并向社会各界征求反馈意见。

2015年4月中旬，全国人大财经委员会推出了直接融资行业的根本性大法《中华人民共和国证券法》的修订草案，拟就股权众筹等金融创新模式的法律地位进行明确。可见，私募和公募形式的股权众筹行业的具体监管细则将在《中华人民共和国证券法》提交全国人民代表大会通过逐步推出。

2016年10月，证监会、中央宣传部等15部门联合公布了《股权众筹风险专项整治工作实施方案》（以下简称《实施方案》）。该《实施方案》重点整治互联网股权融资平台，明确了整治工作职责分工，证监会是股权众筹风险专项整治工作的牵头部门，负责指导、协调、督促开展专项整治工作。专项整治工作按照《互联网金融风险专项整治工作实施方案》的安排部署，分为摸底排查、清理整顿、督查和评估、验收和总结四个阶段。

总之，股权众筹这一金融创新形式的实践才刚刚开始，相关的理论研究尚处于探索阶段，这也是导致国内股权众筹融资监管立法困难的主要原因。但是，从近年来国家相关部门发布的一系列规定来看，我国对股权众筹融资的监管已经逐步走入正轨。

（四）互联网理财

目前我国对互联网理财的监管也是纳入现有的监管框架内，采取分业监管的模式，以证监会为核心进行监管。由于互联网理财较多涉及证券投资业务,监管的主要法律依据是《中华人民共和国证券法》《中华人民共和国公司法》等。

在证券方面,国务院出台的《证券公司监督管理条例》确定了证券公司的监管框架。证监会出台的《客户交易结算资金管理办法》《证券业从业人员资格管理办法》等规章,明确了证券公司的运作要求。此外,中国证券业协会、中国证券登记结算有限公司、上海证券交易所、深圳证券交易所等,也就证券公司具体的经营规则做出了规范。其中,2013 年中国证券业协会出台《证券公司开立客户账户规范》,明确了证券公司可以通过互联网等非现场方式为客户开立证券账户,为网络证券的发展提供了可能。中国证券登记结算公司出台的《证券账户非现场开户实施暂行办法》,对证券公司通过见证开户、网上开户等非现场方式进行开户做了规范性要求。

在基金方面,证监会出台的《证券投资基金管理公司管理办法》《证券投资基金运作管理办法》《证券投资基金信息披露管理办法》和《证券投资基金销售管理办法》等确立了基金运作和销售的监管规则。《证券投资基金销售管理办法》明确了基金销售机构的准入要求,以及支付结算、宣传推介、销售费用等方面的要求,其中提到了投资者适当性要求,也允许基金销售机构通过互联网进行基金的推介和销售。

在资产管理方面,证监会出台的《证券公司客户资产管理业务管理办法》《证券公司集合资产管理业务实施细则》《基金管理公司特定客户资产管理业务试点办法》等明确了证券公司、基金公司开展资产管理业务的准入和运作要求,其中也提到了投资者适当性要求,但对合格投资者设定较高的投资门槛要求,并设定了较为严格的集合资产管理业务投资人数限制。

在投资顾问和基金评价方面,证监会出台的《证券投资顾问业务暂行规定》《证券投资基金评价业务管理暂行办法》等也规范了证券投资顾问、基金评价等业务的准入和运作要求。

从总体上看,现有的互联网理财监管体系已经基本具备,但在具体的监管政策方面仍然存在一些不足。首先,分业监管的模式难以适应互联网理财打破不同业态边界、不断创新融合的发展趋势,导致既有监管盲区出现,又有监管限制过严、不利于创新发展的地方。其次,尽管在证券、基金等领域一定程度上放开了通过互联网开展业务的限制,但现有规则中仍有很强的线下操作模式痕迹,难以适应互联网业务模式的需要。最后,现有的部分业务(如资产管理水平的投资)门槛过高,不利于普通投资者获得优质的金融服务。

二、我国互联网金融监管与国外的差异

互联网金融源于美国、英国等发达国家,目前我国国内流行的各种互联网金融业态几乎都可以找到其国外版本,如表 14-1 所示。

表 14-1　国内外互联网金融业态

互联网金融业态	代表性金融产品——国外	代表性金融产品——国内
第三方支付	Eway(1998 年,澳大利亚)、PayPal(1998 年,美国)、Google Wallet(2011 年,美国)	支付宝(2004 年)
众筹融资	Kickstarter(2009 年,美国)	点名时间(2011 年)

互联网金融业态	代表性金融产品——国外	代表性金融产品——国内
P2P	Zopa(2005 年,英国)、Prosper(2006 年,美国)、Lending Club(2006 年,美国)	拍拍贷(2007 年)
网络银行	SFNB(1994 年,美国)	前海微众银行(2014 年)、浙江网商银行(2014 年)
互联网基金	PayPal MMF(1999 年,美国)	余额宝(2013 年)
互联网保险	Insweb(1995 年,美国)	众安在线(2013 年)
互联网证券	E-trade(1991 年,美国)	国泰君安支付(2013 年)

美国、英国等发达国家初步的互联网金融监管框架已经形成,现有的政策实践反映了这些国家对这一新兴行业监管的共识和基本理念。近年来,我国业界、学界甚至金融监管当局官员对此问题所作的一些公开表态,也能反映我国互联网金融监管的一些共识与基本理念。结合国内外的互联网金融监管政策实践,我国和发达国家的互联网金融监管存在以下几个方面的差异。

(一) 消费者保护目标的差异

美国、英国等的互联网金融监管围绕消费者保护目标构建。从法制基础看,其适用的主要是(消费)信贷法和证券法,而这些法律立法精神的核心在于对消费者和投资者利益的保护。从监管主体看,其监管责任由行为监管当局负责。从监管内容看,其通过直接方式或缓解客户面临的信息不对称、颁布公平交易法规条款等方式,来保护客户利益。

我国的 P2P 平台由注重审慎监管的银监会负责,众筹和理财性质的"宝宝"类产品归擅长行为监管的证监会监管。但无论银监会还是证监会,其对消费者利益保护的法制基础均严重不足,我国目前还没有公平信贷交易方面的任何法律,证券市场的投资者保护法律也缺失,消费者保护一直以来是我国金融领域的最大短板之一。从目前已有的实践和观点来看,我国互联网金融的监管目标将会更加重视互联网金融对系统性风险的负面影响问题,把金融稳定放在第一位。我国给互联网金融划出了不搞非法集资和资金池的监管红线,以及不发生区域性和系统性金融风险的监管底线。但这也不能说我们不重视消费者保护的问题,我国互联网金融的主要监管机构"一行三会"也已成立金融消费者保护局,这是一个良好的开端,后续还需加强协调配合,建立和完善综合性的消费者保护机制。借鉴美国、英国等发达国家的方法,从信息披露机制建立等方面来保护消费者的合法权益。

(二) 监管与创新平衡的差异

英国、美国等已经落地的互联网金融监管虽然也考虑了监管与创新之间的关系平衡问题,但是总体是比较严格的。英国 FCA 对互联网金融的监管以融资平台监管为核心,从开业许可制度到为维护客户利益而施加的各种行为监管,再到最低资本要求的审慎监管,乃至经营失败时的应急计划要求,均体现了严格监管的精神。美国把网络融资平台完全置于一向严格的证券管制体系下,并由联邦和州多头、交叉监管给互联网金融平台带来额外负担。

而我国从现有的观点来看,对监管宽容性问题更加关注。与英国、美国等相比,在我国对互联网金融监管要保持最大克制、有更高的风险容忍度、须掌握好监管与创新的平衡关系等观点十分流行,这表明我国存在着"监管与创新"关系天平向创新倾斜的现象。

中外互联网金融监管差异的原因,主要是在我国传统金融体系下金融抑制现象突出,具有明显的"金融排斥"特征,而互联网金融在我国被贴上了厚重的普惠金融标签,在解决传统金融体系根本上难有作为的金融排斥问题上,人们对其寄托了很大的期望,这就使我国的互联网金融似乎占据了某种"道德的制高点",从而导致人们对互联网金融具有更高的包容性。美国、英国等发达国家的情况与我国大不一样,发达而多样化的金融体系,以及各种公平信贷法规所提供的强有力的法制基础,使其传统金融体系满足社会多层次投融资需求的能力要远胜于中国。因此,可以认为,在美国、英国等国家,互联网金融是2008年金融危机使银行等传统金融业遭到重创、投融资服务能力下降背景下,接着新技术乘虚而入的一种传统金融的替代方式而已。因此,其普惠金融的色彩要远逊于我国。

然而,我国互联网金融在野蛮发展的同时,平台老板跑路、投资者血本无归,余额宝等货币市场"宝宝"理财产品爆发式增长隐藏的巨大流动性风险迅速积聚,我国监管当局也开始重视互联网金融的监管问题。

(三) 主体监管和行为监管协调的差异

互联网金融的发展模糊了金融机构和非金融机构之间的界限,主体监管的弊端日益凸显。互联网金融的参与主体来自不同领域,既有传统金融机构也有互联网公司、电商企业和众多创业公司,既有持牌机构也有非持牌机构,其从事的互联网金融业务也相当多元化,要实行传统的主体监管难度较大,政策有效性也会大打折扣。美国、英国等国家的对策是逐步加大对互联网金融的行为监管,行为监管可以在最大程度上减少风险盲区,同时避免监管套利,促进市场更加开放和有效,让市场主体平等参与竞争。

监管实践中,主体监管与行为监管密不可分,因此,遵循一致性原则处理好两者之间的关系是大势所趋。无论经营主体是持牌的传统金融机构还是非持牌的准金融机构或非金融机构,如果某种互联网金融业态实现了与传统金融相似的功能,就应当接受与传统金融相同的监管;如果集中不同的互联网金融业态实质上实现了相似的功能,产生了相同的风险,也应当受到相同的监管。我国目前也处于以主体监管为主,逐步实施行为监管的阶段,但是我国应根据各业态在本土化过程中出现的新特点和新风险做出适应性调整,核心原则是要根据业务和风险来实施监管。

(四) 社会征信体系的差异

P2P网络借贷和股权众筹融资对信用体系的支持度有很高的要求,欧美国家此类平台之所以能够迅速发展,在很大程度上依赖于自身成熟、规范的个人信用体系,以及市场化运作的信用评级机构。良好的征信服务既有利于贷款人的投资,也有利于优化借款人的资金来源渠道。

我国征信体系的建设还处于初级阶段,2006年中央银行组建了全国统一的企业和个人信用信息基础数据库,在银行接受过金融服务的顾客,都会在该系统中生成一份专属的"信用报告"。但目前该系统的信息采集覆盖面还十分有限,远未达到可以支持P2P信贷平台和股权众筹融资平台的程度。为支持互联网金融的发展,需要加快推进我国征信体系建设,建立覆盖全国的征信系统,完善信用服务市场体系,规范发展信用服务机构和评级机构,实现信用信息互联互通,充分发挥信用信息对失信行为的监督和约束作用。

第四节　我国互联网金融监管的基本框架

随着互联网金融的爆发式发展,加强互联网金融监管已达成共识。中国人民银行牵头的《关于促进互联网金融健康发展的指导意见》已经颁布。其中,进一步明确了互联网金融监管的职责分工:中国人民银行负责第三方支付的监管,银监会负责 P2P 的监管,证监会负责众筹的监管。此外,中国人民银行牵头筹建的中国互联网金融协会也成为我国互联网金融自律监管的组织保障。

但总体来看,目前我国对互联网金融监管体系的建设尚处于起步阶段,当务之急,需要对互联网金融监管体系进行整体设计,初步构建起互联网金融监管的组织体系、法律体系、自律监管体系和监管协同体系。

一、互联网金融监管组织体系

由于互联网金融业态众多,不同业态间的差异比较大,要建立统一的监管标准、明确统一的监管机构的可能性比较小,同时分业监管框架短期内是不可能打破的。因此,应遵循现有分业监管体系,根据互联网金融企业的主要商业行为及承担的具体金融功能,将其划归到相应的监管部门。对于跨界混业的机构和产品,可以通过发挥金融监管协调部际联席会议制度的作用,明确主监管部门和相应的协助监管部门,具体如图 14-1 所示。

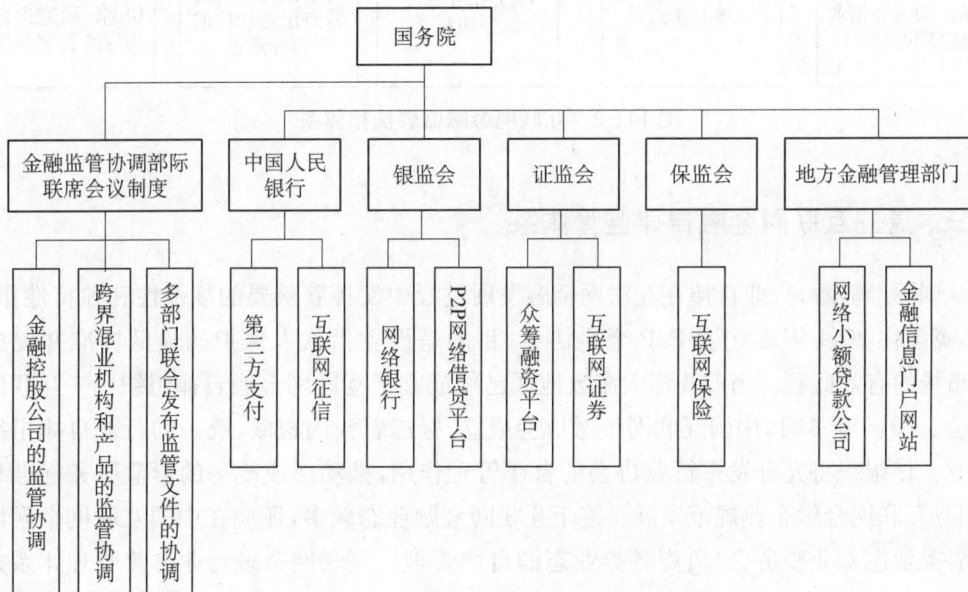

图 14-1　互联网金融监管组织体系

二、互联网金融监管法律体系

　　由于互联网金融具有许多共同的特点,且以前大多数业态均处于无门槛、无标准、无监管的"三无"状态,这要求将互联网金融各种业态作为一个整体进行统一规范。目前,由中国人民银行牵头、银监会、证监会、保监会、工业和信息化部等部门共同研究制定的《互联网金融监管指导意见》已成稿,已经确立了互联网金融的监管原则,以建立监管体系,避免监管缺位及监管重叠等问题。针对具体业态,建议由具体的监管机构出台相应的管理办法,具体如图 14 - 2 所示。

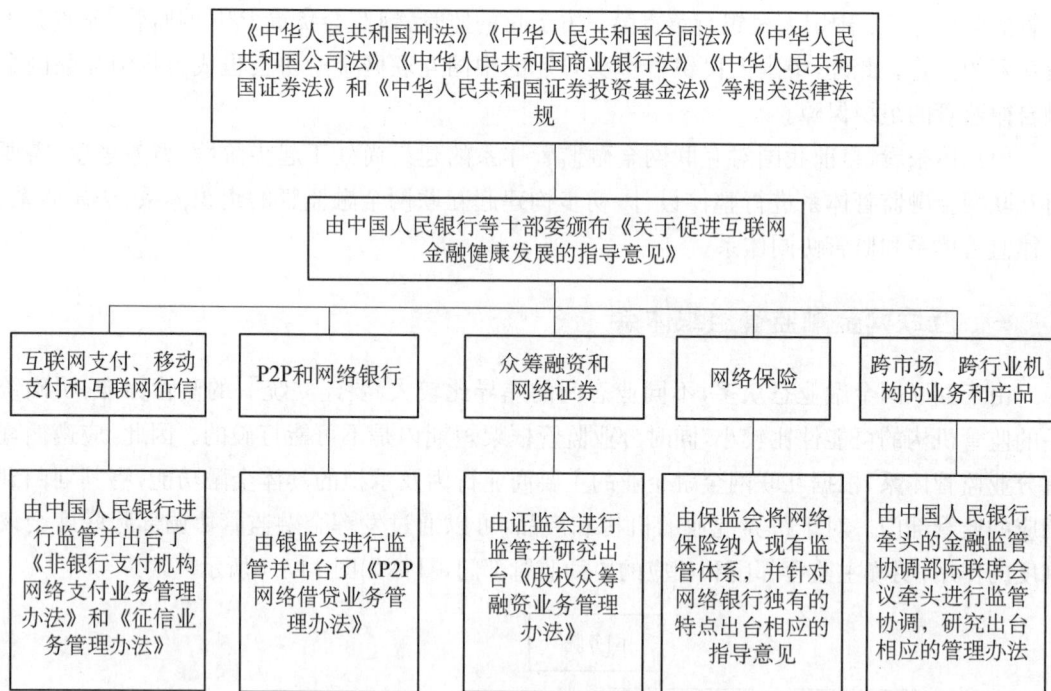

《中华人民共和国刑法》《中华人民共和国合同法》《中华人民共和国公司法》《中华人民共和国商业银行法》《中华人民共和国证券法》和《中华人民共和国证券投资基金法》等相关法律法规

由中国人民银行等十部委颁布《关于促进互联网金融健康发展的指导意见》

互联网支付、移动支付和互联网征信	P2P和网络银行	众筹融资和网络证券	网络保险	跨市场、跨行业机构的业务和产品
由中国人民银行进行监管并出台了《非银行支付机构网络支付业务管理办法》和《征信业务管理办法》	由银监会进行监管并出台了《P2P网络借贷业务管理办法》	由证监会进行监管并研究出台《股权众筹融资业务管理办法》	由保监会将网络保险纳入现有监管体系,并针对网络银行独有的特点出台相应的指导意见	由中国人民银行牵头的金融监管协调部际联席会议牵头进行监管协调,研究出台相应的管理办法

图 14 - 2　互联网金融监管法律体系

三、建立互联网金融自律监管体系

　　从国际经验看,行业自律在互联网金融发展过程中发挥着重要的规范性和独特性作用。例如,英国在 2011 年成立了 P2P 金融协会,目的是设立借款人保护的最低标准并促进对P2P市场的有效监管。当前我国大多数地区已经成立了互联网金融自律组织——互联网金融协会。2016 年 3 月,中国互联网金融协会成立,标志着我国权威、统一的行业自律组织正式成立。该组织将充分发挥行业协会的自律管理作用,推动形成统一的行业服务标准和规则,引导互联网金融企业规范发展。鉴于互联网金融业态较多,还应在中国互联网金融协会下设各类业态专业委员会,负责各类业态的自律管理。互联网金融行业自律管理体系如图14 - 3 所示。

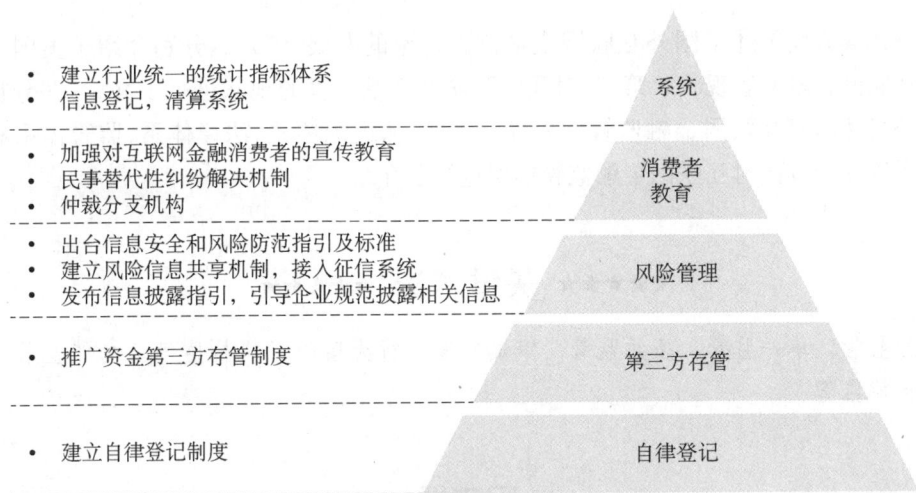

- 建立行业统一的统计指标体系
- 信息登记，清算系统

系统

- 加强对互联网金融消费者的宣传教育
- 民事替代性纠纷解决机制
- 仲裁分支机构

消费者教育

- 出台信息安全和风险防范指引及标准
- 建立风险信息共享机制，接入征信系统
- 发布信息披露指引，引导企业规范披露相关信息

风险管理

- 推广资金第三方存管制度

第三方存管

- 建立自律登记制度

自律登记

图 14 - 3　互联网金融行业自律管理体系

四、建立完善的互联网金融监管协同体系

在我国金融业实行分业监管的框架下，我国已建立起连接不同金融监管部门的监管联席会议机制（金融监管协调部际联席会议制度）。该机制规定每季度召开一次联席会议，由主席或其授权的副主席参加，讨论和协调有关金融监管的重要事项、已出台政策的市场反应和效果评估及其他需要协商、通报和交流的事项。金融监管协调部际联席会议制度对于解决金融业务的交叉和混业监管、填补监管的空白地带，发挥了积极的作用。

金融监管协调部际联席会议制度在互联网金融监管的领域，还会做到以下几点。一是完善和细化这项制度。针对互联网金融，建立专门的互联网金融监管联席监管机制，并充分发挥该项机制在互联网金融监管中的协同作用。从市场准入与业务合规性监管多个层次，形成互补的监管要求与标准，以有效改善既有的分业监管体系所带来的监管分工不明确、标准不统一、职能交叉等弊端。二是鉴于互联网金融的跨界性，加强与工业和信息化部、公安部的监管协调，建立信息共享机制，进一步完善互联网金融业务的互联网内容提供商（Internet Content Provider，ICP）许可和从事金融业务的备案体系。金融监管部门和信息产业管理部门可以合作建立互联网金融网站在线技术监测分析制度和在线监测系统，加强对互联网金融企业经营情况和网络安全情况的监测。三是加强与地方金融管理部门的监管协同，以解决具有较强区域特色的互联网金融业务监管。最终在互联网金融监管协调部际联席会议制度的框架下，建立起包括金融监管部门、信息主管部门、地方金融管理部门、行业协会等在内的互联网金融监管协同系统。

本章小结

本章对互联网金融监管的主要问题进行了讨论。第一，从监管的主体、目标、法制基础、内容和方式等方面阐述了国外互联网金融监管理论的发展。第二,分别介绍了美国、英国、欧盟的互联网金融监管现状。第三,对我国互联网金融监管的现状进行了介绍,并分析了我国和国外发达国家互联网金融监管的差异。第四,从组织体系、法律体系、监管体系和监管协同体系等多个方面对互联网金融监管框架进行了介绍。

★★★★★ 关键术语 ★★★★★

金融监管　单一监管　多元监管　审慎监管　行为监管　机构监管　功能监管　监管协调　自律监管

★★★★★ 思考题 ★★★★★

1. 美国互联网金融监管对我国的启示有哪些?
2. 互联网金融监管的模式有哪些?
3. 我国互联网金融监管的机构协调难点有哪些?
4. 如何对互联网金融进行功能监管?
5. 如何理解互联网金融对货币政策工具的影响?

案例应用

英国金融监管"沙箱"的运作流程及配套措施

在欧美国家,与我国"互联网金融"概念相近的称法是"金融科技"(Fintech,Financial Technology),两者包含的金融新业态多数相同,或者内涵范围略广。随着金融科技快速发展,金融新业态层出不穷,其中蕴含的金融风险也逐渐显露,如何平衡金融科技创新的监管成为各国政府和金融监管机构面临的难题。近期,英国金融行为监管局(FCA)为了规范和鼓励金融科技创新,宣布启动监管沙箱计划,组织金融科技公司开展创新产品测试并提供政策支持。

1. 监管沙箱是什么?

"沙箱"是一种容器,里面所做的一切都可以推倒重来,在军事、计算机等领域指的都是一种进行试验推演的环境。FCA的监管沙箱是为金融科技公司测试创新产品提供的监督管理机制和政策环境,使用监管沙箱的公司可以测试创新的金融产品服务而不需要担心因此带来的监管后果。军事、科技等领域的沙箱对现实世界没有影响,而监管沙箱允许其中的公司对一定的消费者实施测试,只是测试过程处于FCA的监督之下,同时必须遵守相关消费者保护的要求。

监管沙箱的使用条件:一是测试的产品服务属于金融行业;二是测试的产品服务属于创新或与现有方案显著不同;三是测试的产品服务有消费者明显受益的前景;四

是产品服务确有在沙箱测试的必要;五是公司在新产品服务上有足够的资源投入,对适用法规有充分了解,能采取措施减轻相关的风险。

监管沙箱的激励政策。FCA 对使用沙箱的公司采取以下激励政策:一是限制性许可授权。对希望测试新金融产品服务又尚未取得 FCA 金融业务许可授权的公司,FCA 可根据其测试的产品服务定制限制性的许可授权。二是无异议函。当 FCA 认为测试活动没有突破法规要求、没有损害其监管目标时,FCA 可以发布无异议函,声明将不对测试活动采取执法行动,但保留中止测试活动的权利。三是个别指导意见。FCA 可以就测试活动适用的规则向公司发布单独的指导意见。如果公司按照此指导意见执行,FCA 将不会对其采取执法行动。四是豁免。如果测试活动明显不符合 FCA 相关规定,但可以达到有关法律规定的豁免标准,FCA 可以在其职权范围内提供豁免,允许其临时性突破规定开展测试活动。

2. 运作流程及配套措施

监管沙箱的运作流程。一是申请。公司向 FCA 提交使用监管沙箱的申请,内容包括拟测试的新产品服务情况以及标准符合情况。二是评估。FCA 审核申请,如果申请通过,FCA 将指定专门的联系人。三是合作。FCA 与公司协商确定适用的政策,指定测试参数、评估方法、报告要求以及消费者保护措施。四是开始测试。五是对测试情况持续监测。六是报告。公司提交测试结果的最终报告,FCA 审核报告。七是上市。最终报告通过审核后,决定是否在沙箱之外推行新产品服务。

监管沙箱的配套措施。FCA 将采取措施推动监管沙箱的发展:一是建立专门的沙箱管理团队负责沙箱使用的申请审核、监测评估等工作。二是对相关法规进行修改,以符合监管沙箱的需要。三是推动行业共同建立非营利性的沙箱伞公司。沙箱伞公司是取得 FCA 完整许可授权的公司,它可以向拟测试创新产品服务的公司提供代表授权。取得代表授权的公司不需要 FCA 的完全许可授权或限制性许可授权就能使用监管沙箱。四是推动行业建立虚拟沙箱。与 FCA 的监管沙箱不同,虚拟沙箱是使用数据测试金融产品服务的虚拟环境,部分大公司已建立,但数据并不共享,小公司没有资源和财力建立。FCA 将推动建立行业性的虚拟沙箱,实现数据的共享和使用,使所有金融科技公司特别是初创公司受益。

与此同时,FCA 提出几种可选的消费者保护措施:一是只有客户对测试活动表示同意并被充分告知潜在风险、补偿措施的情况下,使用沙箱的公司才能进行测试。二是由使用沙箱的公司提出测试活动的信息披露、保护、赔偿等方案,由 FCA 逐一审核。三是测试活动涉及的客户与其他普通客户具备同等权利,比如同样得到 FSCS (Financial Services Compensation Scheme,金融服务补偿计划)和 FOS(Financial Ombudsman Service,金融申诉服务公司)的保护等。四是进行测试的公司向客户赔偿所有可能的损失(包括投资损失),且需证明他们具备赔偿能力。FCA 从降低创新成本的方面考虑,将不同时采用上述所有方法,而是采用几种组合的方式。

(资料来源:肖见光,徐文德.英国金融监管"沙箱"的运作流程及配套措施[J].金融博览,2017年第1期)

案例讨论

1. FCA 的监管沙箱对互联网金融监管方面的作用有哪些?
2. FCA 的监管沙箱对消费者保护方面的作用有哪些?
3. FCA 的监管沙箱能为监管机构提供哪些帮助?
4. FCA 的监管沙箱在我国的适用性如何?

参考文献

[1] 马云.详解"金融互联网"和"互联网金融"[N].人民日报,2013.6.21.

[2] 吴晓灵.从互联网金融看新金融的发展空间[J].清华金融评论,2014(9):97—101.

[3] 中国人民银行等十部委.关于促进互联网金融健康发展的指导意见,2015.7.18.

[4] 谢平,邹传伟.互联网金融模式研究[J].金融研究,2012,12:11—22.

[5] 谭天文,陆楠.互联网金融模式与传统金融模式的对比分析[J].中国市场,2013,46:101—103.

[6] 陶娅娜.互联网金融发展研究[J].金融发展评论,2013,11:58—73.

[7] 陈一稀.互联网金融的概念、现状与发展建议[J].金融发展评论,2013,12:126—131.

[8] 王曙光.互联网金融的哲学[J].中共中央党校学报,2013,06:53—59.

[9] 黄旭,兰秋颖,谢尔曼.互联网金融发展解析及竞争推演[J].金融论坛,2013,12:3—11.

[10] 刘澜飚,沈鑫,郭步超.互联网金融发展及其对传统金融模式的影响探讨[J].经济学动态,2013,08:73—83.

[11] 王达.美国互联网金融的发展及中美互联网金融的比较——基于网络经济学视角的研究与思考[J].国际金融研究,2014,12:47—57.

[12] 郑联盛.中国互联网金融:模式、影响、本质与风险[J].国际经济评论,2014,05:103—118+6.

[13] 曹凤岐.互联网金融对传统金融的挑战[J].金融论坛,2015,01:3—6+65.

[14] 王国刚,张扬.互联网金融之辨析[J].财贸经济,2015,01:5—16.

[15] 孙杰,贺晨.大数据时代的互联网金融创新及传统银行转型[J].财经科学,2015,01:11—16.

[16] 孙国茂.互联网金融:本质、现状与趋势[J].理论学刊,2015,03:44—57.

[17] 郑志来.互联网金融对我国商业银行的影响路径——基于"互联网＋"对零售业的影响视角[J].财经科学,2015,05:34—43.

[18] 吴晓求.互联网金融:成长的逻辑[J].财贸经济,2015,02:5—15.

[19] 龚明华.互联网金融:特点、影响与风险防范[J].新金融,2014,02:8—10.

[20] 王曙光,张春霞.互联网金融发展的中国模式与金融创新[J].长白学刊,2014,01:80—87.

[21] 刘芸,朱瑞博.互联网金融、小微企业融资与征信体系深化[J].征信,2014,02:31—35.

[22] 刘越,徐超,于品显. 互联网金融：缘起、风险及其监管[J]. 社会科学研究,2014,03：28—33.

[23] 谢平. 互联网金融的现实与未来[J]. 新金融,2014,04：4—8.

[24] 陈志武. 互联网金融到底有多新[J]. 新金融,2014,04：9—13.

[25] 皮天雷,赵铁. 互联网金融：范畴、革新与展望[J]. 财经科学,2014,06：22—30.

[26] 褚蓬瑜,郭田勇. 互联网金融与商业银行演进研究[J]. 宏观经济研究,2014,05：19—28.

[27] 张晶. 互联网金融：新兴业态、潜在风险与应对之策[J]. 经济问题探索,2014,04：81—85.

[28] 李炳,赵阳. 互联网金融对宏观经济的影响[J]. 财经科学,2014,08：21—28.

[29] 乔海曙,吕慧敏. 中国互联网金融理论研究最新进展[J]. 金融论坛,2014,07：24—29.

[30] 皮天雷,赵铁. 互联网金融：逻辑、比较与机制[J]. 中国经济问题,2014,04：98—108.

[31] 洪娟,曹彬,李鑫. 互联网金融风险的特殊性及其监管策略研究[J]. 中央财经大学学报,2014,09：42—46.

[32] 李鑫,徐唯燊. 对当前我国互联网金融若干问题的辨析[J]. 财经科学,2014,09：1—9.

[33] 胡吉祥. 互联网金融对证券业的影响[J]. 中国金融,2013,16：73—74.

[34] 龚映清. 互联网金融对证券行业的影响与对策[J]. 证券市场导报,2013,11：4—8+13.

[35] Silber W. The process of financial innovation [J]. The American Economic Review,1983,12(5),pp. 89 - 95.

[36] Merton H. Miller. Financial Innovation：The Last Twenty Years and theNext[J]. Journal of Financial and Quantitative Analysis, 1986,21(4).

[37] Hannan Timothy, John McDowell. Rival precedence and the dynamics of technology adoption：An empirical analysis [J]. Economic, 1987,12(5),pp. 155 - 171.

[38] Kane E. J. Technological and Regulatory Forces in the Developing Fusion of Financial-Services Competition [D]. Ohio State University, 1984,pp. 84 - 94.

[39] J R. Hicks. Adoption and diffusion of an innovation of uncertain profitability[J]. Journal of Economic Theory, 1982,27(7),pp. 182 - 193.

[40] Niehans J. Financial innovation, multinational banking, and monetary policy[J]. Journal of Banking and Finance, 1983,10(7),pp. 537 - 551.

[41] Greenbaum S, Heywood C. Secular change in the financial services industry[J]. Journal of Money, Credit and Banking, 1971,3(2),pp. 571 - 589.

[42] Gurley J G, Shaw E. S. Money in a Theory of Finance [M]. Washington：Breokings Institute, 1960. pp. 67 - 69.

[43] Mishkin Frederic. The Economics of Money, Banking, and Financial Markets [M]. New York：Harper Collins College Publishers,1995. pp. 213 - 216.

[44] Economides N. Network economics with application to finance [J]. Financial markets, institutions & instruments, 1993,2(5)：89 - 97.

[45] Economides N. The impact of the Internet on financial markets [J]. Journal of

Financial Transformation，2001,1(1)：8-13.

[46] 张成虎,金虎斌.互联网金融驱动创新机制研究[J].财经论丛,2016,02：40—46.

[47] 翟伟丽.大数据时代的金融体系重构与资本市场变革[J].证券市场导报.2014,02：47—50+60.

[48] 莫易娴.互联网时代金融业的发展格局[J].财经科学.2014,04：1—10.

[49] 王念,王海军,赵立昌.互联网金融的概念、基础与模式之辨——基于中国的实践[J].南方金融.2014,04：4—11.

[50] 曾才生.互联网金融时代的"圈地运动"与传统零售银行转型[J].求索.2014,03：50—54.

[51] 于小洋,高雪林.基于第三方支付视角的互联网金融创新探究[J].电子测试,2013,(13)：219—220.

[52] 李博,董亮.互联网金融的模式与发展[J].中国金融,2013,(10)：19—21.

[53] 韩国红.第三方支付的创新路径及监管演进研究[J].浙江金融,2013,(05)：35—37.

[54] 谢子门.当今步入互联网金融时代的进一步思考[J].中国商贸,2013,(13)：118—119.

[55] 任曙明,张静,赵立强.第三方支付产业的内涵、特征与分类[J].商业研究,2013,(03)：96—101.

[56] 杨彪.中国第三方支付有效监管研究[D].沈阳:东北大学,2012.

[57] 庞贞燕.中国支付体系对货币影响研究[M].郑州:河南人民出版社.2011.

[58] (美)克劳伊,(美)加莱,(美)马克.风险管理精要[M].北京:中国财政经济出版社.2009.

[59] 曹红辉,等.中国电子支付发展研究[M].北京:经济管理出版社.2008.

[60] Ghezzi, Antonio, Renga, Filippo, Balocco, Raffaello, Pescetto, Paolo. Mobile payment applications：offer state of the art in the Italian market [J]. Info：the Journal of Policy, Regulation and Strategy for Telecommunications, Information and Media, 2010,12(5).

[61] LiisaKanniainen. Alternatives for banks to offer secure mobile payments [J]. International Journal of Bank Marketing, 2010,28(5).

[62] Key Pousttchi, Max Schiessler. Proposing a comprehensive framework for analysis and engineering of mobile payment business models [J]. Information Systems and e-Business Management. 2009(3).

[63] Tomi Dahlberg, NiinaMallat, JanOndrus, AgnieszkaZmijewska. Past, present and future of mobile payments research：A literature review [J]. Electronic Commerce Research and Applications. 2007(2).

[64] Jennifer Kent. Dominant mobile payment approaches and leading mobile payment solution providers：A review. Journal of Payments Strategy & Systems. 2012.

[65] Sunil G. Dewan, Lei-da Chen. Mobile Payment Adoption in the US：A Cross-industry, CrossplatformSolution [J]. Journal of Information Privacy and Security, 2005,1(2).

[66] Ondrus, J, Lyytinen, K. Mobile Payments Market：Towards Another Clash of theTitans?. Mobile Business(ICMB). 2011.

[67] Shi-Jen Lin,Ding-Chyu Liu. An incentive-based electronic payment scheme for digital content transactions over the Internet [J]. Journal of Network and Computer Applications. 2008(3).

[68] ReinhardSteennot. Allocation of liability in case of fraudulent use of an electronic payment instrument：The new Directive on payment services in the internal market [J]. Computer Law and Security Review：The International Journal of Technology and Practice. 2008(6).

[69] 董峰. 我国 P2P 网络借贷平台模式及其风险研究[D]. 昆明:云南财经大学,2015.

[70] 叶湘榕. P2P 借贷的模式风险与监管研究[J]. 金融监管研究,2014,03：71—82.

[71] 张梦晶. 我国 P2P 网络借贷平台的运营模式研究[D]. 蚌埠:安徽财经大学,2015.

[72] 闫淼. 中国 P2P 借贷平台模式、问题及对策研究[D]. 北京:中国社会科学院研究生院,2014.

[73] 卢馨,李慧敏. P2P 网络借贷的运行模式与风险管控[J]. 改革,2015,02：60—68.

[74] 张正平,胡夏露. P2P 网络借贷：国际发展与中国实践[J]. 北京工商大学学报(社会科学版),2013,02：87—94.

[75] 王朋月,李钧. 美国 P2P 借贷平台发展：历史、现状与展望[J]. 金融监管研究,2013,07：26—39.

[76] 宋鹏程,吴志国,Melissa Guzy. 生存之道：P2P 借贷平台的业务模式研究[J]. 新金融,2013,11：59—63.

[77] 钱金叶,杨飞. 中国 P2P 网络借贷的发展现状及前景[J]. 金融论坛,2012,01：46—51.

[78] 孙学立. 我国 P2P 借贷模式及其监管问题[J]. 新金融,2014,06：53—59.

[79] 雷舰. 我国 P2P 网贷行业发展现状、问题及监管对策[J]. 国际金融,2014,08：71—76.

[80] 苗晓宇. "人人贷"风险与防范[J]. 财经纵横. 2012,01：24—26.

[81] 王梓琪. P2P 网络借贷平台探析[J]. 时代金融. 2012,03：38—40.

[82] 辛宪. P2P 运营模式微探[J]. 商业现代化. 2009(7).

[83] 张金艳. 论我国"人人贷"的发展现状、主要风险及法律防范[J]. 观察思考. 2013,03：37—39.

[84] 张庆,王越. 互联网金融模式解析[J]. 企业管理. 2014,03：17—20.

[85] 张玉梅. P2P 小额网络贷款模式研究[J]. 生产力研究,2010,12：162—165.

[86] 林显忠. P2P 小额网络信贷在我国的发展探讨[J]. 金融科技时代,2013,03：99—101.

[87] 范文仲. 互联网金融理论、实践与监管[M]. 北京：中国金融出版社,2014.

[88] 高佳敏. P2P 网络借贷模式研究[D]. 成都:西南财经大学,2013.

[89] 郭卫东,李颖. 网络借贷平台 P2P 模式探索[J]. 中国流通经济,2014,06：114—121.

[90] 梅蕾. P2P 网络借贷平台运营模式研究[D]. 呼和浩特:内蒙古大学,2014.

[91] 莫易娴. 国内 P2P 网络借贷平台发展模式比较分析[J]. 开发研究,2014,03：126—130.

[92] 钮明. "草根"金融 P2P 信贷模式探究[J]. 金融理论与实践,2012,02：58—61.

[93] 张职. P2P 网络借贷平台营运模式的比较、问题及对策研究[D]. 上海:华东理工大学,2013.

［94］黄健青,辛乔利."众筹"——新型网络融资模式的概念、特点及启示[J].国际金融,2013,09:64—69.

［95］Seth Freedman and Ginger Zhe Jin."Learning by Doing With Asymmetric Information:Evidence from Prosper. Com",Working Papers of University of Maryland,2010.

［96］Kim,Jane J.,"Options Grow for Investors to Lend Online",The Wall Street Journal,July 2007.

［97］AnaCeiliaBriceno Ortega,F. B. "Online Social Lending Borrower-Generated Content." Americas Conference on Information Systems(AMCIS).2008.

［98］Berger,S. C. andF. Gleisner. "Electronic marketplaces and intermediation:An empirical investigation of an online P2P lending marketplace." Working Paper,University of Frankfort,2007.

［99］Michael Klafft. Online Peer-to-peer Lending:a Lender's Perspective. Proceedings of the International Conference on E-Lenrning,E-Business,Enterprise and Information Systems,and E-Government. 2008:371-375.

［100］肖本华.美国众筹融资模式的发展及其对我国的启示[J].南方金融,2013,01:52—56.

［101］蓝俊杰.我国股权众筹融资模式的问题及政策建议[J].金融与经济,2015,02:57—60.

［102］孟韬,张黎明,董大海.众筹的发展及其商业模式研究[J/OL].管理现代化,2014,02:50—53.

［103］范家琛.众筹商业模式研究[J].企业经济,2013,32(08):72—75.

［104］汪莹,王光岐.我国众筹融资的运作模式及风险研究[J].浙江金融,2014,04:62—65.

［105］苗文龙,严复雷.众筹融资、项目选择与技术进步[J].金融经济学研究,2014,29(04):118—128.

［106］Jenson,M,and Mecking,W. R. "Theory of the Film,Managerial Behaviour,Agency Costs and Ownership Structre," Journal of Financial Economics,3:305-60.

［107］Hiltgen A,Kramp T. Weigold T. Secure Internet Banking Authentication. Security & Privacy Magazine,2006(4).

［108］Ziqi Liao,Michael Tow Cheung,internet-based-shopping and consumer attitudes:An empirical study,Information & Management. 2001(38):299-306.

［109］FISHER,Irving. World Economic Forum. Personal Data:The Emergence of a New Asset Class[M/OL]. http://www. Weforum. org,2011. Econometrica:Journal of the Econometric Society,1933,337-357.

［110］Minsky H P. Central banking and money market changes [J]. The Quarterly Journal of Economics,1957,71(2):171-187.

［111］王江,廖理,张金宝.消费金融研究综述[J].经济研究,2010,S1:5—29.

[112] 庄郑悦.中国个人征信市场化即将正式开闸[N].今日早报,2015-1-6(A0024).

[113] 王勇.通过发展消费金融扩大居民消费需求[J].经济学动态,2012,(08):75—78.

[114] 张杰.我国消费金融发展展望与策略选择[J].经济纵横,2015,(07):109—112.

[115] 张学江,荆林波.我国消费金融服务业发展现状及政策选择[J].南京社会科学,2010,
　　　11:35—43.

[116] 孙章伟.美国消费金融及其在金融危机中的表现分析[J].国际金融研究,2010,(05):
　　　40—46.

[117] 冯彦明,程都.美国消费者金融公司的运营环境及启示[J].中国金融,2010,(06):
　　　71—72.

[118] 刘丹.消费金融发展模式的国际比较及借鉴[J].中央财经大学学报,2011,01:27—
　　　32+43.

[119] 严晓燕.探索中国特色消费金融发展新模式[J].中国金融,2010,(17):71—72.

[120] 谢世清.我国消费金融公司发展的困境与出路[J].上海金融,2010,(04):82—85.

[121] 廖理,张学勇.首届中国消费金融研讨会综述[J].经济研究,2010,(S1):153—159.

[122] 锡士.消费金融说前景[J].上海经济,2010,(03):56—57.

[123] 冯金辉.中国消费金融公司发展研究[D].兰州:兰州大学,2010.

[124] Tufano,P. Consumer Finance [J]. Annual Review of Financial Economics, 2009,
　　　(1):227-247.

[125] 杨鹏艳.消费金融的理论内涵及其在中国的实践[J].经济问题探索,2010,05:
　　　97—98.

[126] 张奎.简析消费金融公司对信用卡业务的影响[J].中国信用卡,2009,No.15712:
　　　582009.

[127] 郝智伟.消费金融公司:挑战重重,难担重任[J].IT经理世界,2009,17:22.

[128] 马厚娟.基于电商平台的互联网消费金融分析[J].现代商贸工业,2015,(20):
　　　135—136.

[129] 尹一军.互联网消费金融的创新发展研究[J].技术经济与管理研究,2016,(06):
　　　67—71.

[130] 高寒冰.趣分期:掘金分期消费金融[J].经理人,2015,(02):84—85.

[131] 赵聪,常小雨.我的消费金融及发展策略[J].金融教学与研究,2015,(01):36—37.

[132] 刘玉.我国互联网消费金融的现状和趋势研究[J].中国集体经济,2015,(24):
　　　95—97.

[133] 叶湘榕.互联网金融背景下消费金融发展新趋势分析[J].征信,2015,(06):73—77.

[134] 王兵.互联网+消费金融的优势[J].中国金融,2015,(22):46—47.

[135] 肖黎鸥.大数据征信助力消费金融[J].互联网经济,2015,(12):16—19.

[136] 田君.互联网金融搭上供给侧改革快车[J].首席财务官,2016,(Z1):92—96.

[137] 冯科,何理.互联网消费金融的创新[J].中国金融,2016,(11):32—34.

[138] 周南.中国互联网消费金融创新研究——以"京东白条"为例[J].商,2014,29:170.

[139] "互联网+"供应链金融时代下的企业转型之路[J].中国物流与采购,2015,(11):

40—41.

[140] 王钰方,赵渤. 基于 B2B 平台的供应链金融研究[J]. 特区经济,2015,(06):93—94.

[141] 史金召,郭菊娥. 互联网视角下的供应链金融模式发展与国内实践研究[J]. 西安交通大学学报(社会科学版),2015,(04):10—16.

[142] 颜浩龙,王琳. 互联网金融视域下供应链金融模式创新研究[J]. 财务与金融,2015,(03):78—82+95.

[143] 李国英. 论供应链金融与 P2P 平台融合[J]. 开放导报,2015,(05):105—108.

[144] 李更. 互联网金融时代下的 B2C 供应链金融模式探析[J]. 时代金融,2014,(02):67—69.

[145] 袁昌劲. 互联网供应链金融的识别及概念构建[J]. 北方经贸,2014,(03):135+142.

[146] 于博. P2P 物流金融借贷平台及其融资模式创新[J]. 中国流通经济,2014,(06):122—128.

[147] 云蕾. 互联网供应链金融创新模式分析研究[J]. 经济研究导刊,2013,(29):169—170.

[148] 崔馨月,周子元. 互联网金融时代下的 B2B 供应链金融模式探析[J]. 商场现代化,2016,(01):160—161.

[149] 刘斌,胡莎. 互联网视角下我国中小企业供应链融资模式创新[J]. 商业经济研究,2016,(10):110—111.

[150] 黄锐,陈涛,黄剑. 中国互联网供应链金融模式比较研究[J]. 广东外语外贸大学学报,2016,(02):5—12.

[151] 杨俊艾,张焰. 互联网+供应链金融发展模式探析——以 H 平台为例[J]. 物流工程与管理,2016,(07):20—22+32.

[152] 钟懿. 互联网供应链金融发展与措施[J]. 时代金融,2015,(29):291+295.

[153] 赵燕. 互联网金融冲击下我国商业银行供应链金融业务发展现状分析[J]. 经济研究导刊,2014,(11):127—129.

[154] 周涵. 国内商业银行供应链金融及其风险研究[D]. 昆明:云南财经大学,2015.

[155] 李燕顶. P2P 平台下的供应链金融模式分析[J]. 现代营销(下旬刊),2015,(05):100—101.

[156] 胡婉婷,张宁,柳飘. 基于 P2P 平台的中小企业供应链融资研究[J]. 赤峰学院学报(自然科学版),2016,(13):94—95.

[157] 郭菊娥,史金召,王智鑫. 基于第三方 B2B 平台的线上供应链金融模式演进与风险管理研究[J]. 商业经济与管理,2014:13—22

[158] 杨松玺. 互联网理财发展及其对银行的影响研究[D]. 北京:首都经济贸易大学,2015.

[159] 刘晖,王秀兰,罗中华,等. 基于 T+0 模式的互联网金融产品研究——以余额宝为例[J]. 生产力研究,2014(02).

[160] 莫易娴,曾祥菁. 互联网金融对银行理财产品的冲击与对策——以余额宝为例[J]. 新金融,2014(06).

[161] 邱勋. 余额宝对商业银行的影响和启示[J]. 新金融,2013(09).

[162] 徐会志,刘建.互联网理财的法律监管[J].中国金融,2014(08).

[163] 赵璐,陈永丽.我国互联网金融发展探析[J].宏观经济管理,2014(05).

[164] 王红霞,曾一村,陈洁如.对商业银行开具票据理财业务的分析和思考[J].上海金融,2011(07).

[165] 陈捷,傅卫卫.余额宝类网络基金产品的法律定位及风险预防[J].金融理论与实践,2011(06).

[166] 黄海龙.基于以电商平台为核心的互联网金融研究[J].上海金融,2013(08).

[167] 宫晓林.互联网金融模式及对传统银行业的影响[J].南方金融,2013(08).

[168] 陈海强.互联网金融时代商业银行的创新发展[J].浙江金融,2013(12).

[169] 何泽婷.基于电商平台的互联网理财产品风险问题研究[D].昆明:云南大学,2015.

[170] 陈娜.理财类互联网金融的现状、特征及对传统金融的影响[J].探求,2014,(06):75—86.

[171] 邱均平,杨强,郭丽琳.互联网金融理财产品使用影响因素研究[J].情报杂志,2015,(01):179—184.

[172] 田川.互联网金融模式下的基金理财模式分析[J].金融理论与教学,2015,(02):26—29.

[173] 王景利,杨莹.基于余额宝视角分析互联网理财对金融发展的影响[J].金融理论与教学,2015,(02):43—45.

[174] 杨琦.互联网金融理财产品的创新优势及发展探究[J].金融与经济,2015,(05):44—46+43.

[175] 孙冉.商业银行发展互联网金融理财的机遇与挑战[J].新金融,2015,(08):36—42.

[176] 孙柏.互联网理财的六个"秘密"[J].金融博览(财富),2014,(03):46—49.

[177] 张庆,王越.互联网理财产品探微[J].财务与会计(理财版),2014,(03):72—74.

[178] 贾楠.基于货币市场基金的互联网金融理财创新探究——以余额宝为例[J].中国商贸,2014,(06):68—69.

[179] 刘荣,温广虎,崔琳琳.互联网支付平台跨业经营理财产品的模式和风险——以百度"百发"理财产品为例[J].征信,2014,(06):12—15.

[180] 刘雯隽.浅析互联网金融理财产品现状及未来趋势[J].中国集体经济,2014,(24):81—83.

[181] 赵科乐.互联网理财产品经营模式研究——以"余额宝"为例[J].时代金融,2014,(21):25+32.

[182] 陈勇.互联网票据理财平台发展与政策建议[J].上海金融,2014,(09):84—87.

[183] 胡增永.互联网理财与传统银行理财业务比较研究[J].财会通讯,2014,(32):4—6.

[184] 刘蔓.互联网金融的使用与持续使用的对比研究[D].成都:西南财经大学,2014.

[185] 马恋.互联网理财基金案例研究[D].广州:暨南大学,2014.

[186] 张小明.互联网金融的运作模式与发展策略研究[D].太原:山西财经大学,2015.

[187] 邢肇瑞."互联网＋综合理财平台"案例研究—平安金融旗舰店[D].北京:对外经济贸易大学,2015.

［188］张博. 互联网理财的今天与明天［J］. 金融博览（财富），2013,（07）：28—30.

［189］余梦洁. "余额宝"碎片式理财的互联网基金模式分析［J］. 特区经济，2016,（02）：85—87.

［190］刘畅. 综合搜索引擎与垂直搜索引擎的比较研究［J］. 情报科学，2007,25（1）：97—102.

［191］王文钧,李巍. 垂直搜索引擎的现状与发展探究［J］. 情报科学，2010,03：477—480.

［192］袁勇,王飞跃. 区块链技术发展现状与展望［J］. 自动化学报，2016,42（4）：481—494.

［193］Buettner, R. Getting a Job via Career-oriented Social Networking Sites：The Weakness of Ties ［C］. 49th Annual Hawaii International Conference on System Sciences. Kauai, Hawaii：IEEE, 2016.

［194］Jonathan A. obar, Steve Wildman. Social media definition and the governance challenge：An introduction to the special issue ［J］. Telecommunications policy, 2015,39（9）, pp. 745 – 750.

［195］Kaplan Andreas M. , Haenlein Michael. Users of the world, unite! The challenges and opportunities of social media ［J］. Business Horizons, 2010,53（1）, pp. 61.

［196］D. M. Boyd. ; N. B. Ellison. Social Network Sites：Definition, History, and Scholarship ［J］. Journal of computer-mediated communication,2007, 13（1）, pp. 210 – 230.

［197］Thelwall, M. A. Social network sites：Users and uses ［J］. Advances in Computers, 76（4）, pp. 19 – 73.

［198］Strickland, Jonathan. How Web 2. 0 Works ［DBloL］. http://www. computer. howstuffworks. com, 2015.

［199］DiNucci, Darcy. Fragmented Future ［J］. Print, 53（4）, pp. 32.

［200］Vicient C. , Sánchez D. , Moreno A. . An automatic approach for ontology-based feature extraction from heterogeneous textual resources ［J］. Engineering Applications of Artificial Intelligence, 2013,26（3）,pp. 1092 – 1106.

［201］Rao, Leena. Data-Driven Comparison Shopping Platform Find The Best Raises ＄11M From New World, Kleiner Perkins And Others. TechCrunch, 2013.

［202］Battelle, John. The Search：How Google and its Rivals Rewrote the Rules of Business and Transformed Our Culture. New York：Portfolio, 2005.

［203］Economist Staff. Blockchains：The great chain of being sure about things ［J］. The Economist, 2016.

［204］Morris, David Z. Leaderless, Blockchain-Based Venture Capital Fund Raises ＄100 Million, And Counting ［J］. Fortune （magazine）,2016.

［205］Popper, Nathan. A Venture Fund With Plenty of Virtual Capital, but No Capitalist ［N］. New York Times,2016. 05. 21.

［206］Jerry Brito, A drea Castillo. Bitcoin：A Primer for Policymakers. （PDF）. Fairfax, VA：Mercatus Center, George Mason University 2013.

［207］O'Hear, Steve. Skyscanner's Mobile Apps Hit 10M Downloads, Letting Users Find

Cheap Flights On The Go. TechCrunch，2012.

［208］翟烨. 国内网络金融信息服务现状研究［J］. 图书馆学研究，2009，02：65—68.

［209］谢希仁. 计算机网络［M］. 北京：电子工业出版社，2013.

［210］钟培武，范诗洋. 互联网金融创新发展的监管政策探析［J］. 金融理论与实践，2016，05：110—114.

［211］高磊，庄文. 基于风险识别视角的中国互联网金融监管研究［J］. 现代管理科学，2016，01：67—69.

［212］周婧玥. 基于 P2P 借贷模式的互联网金融风险及其监管分析［J］. 商业经济，2016，02：81—82+134.

［213］范小云，刘澜飚，袁梦怡. 互联网金融［M］. 北京：人民邮电出版社，2016.

［214］何文虎，杨云龙. 我国互联网金融风险监管研究［J］. 金融发展研究，2014，08：48—54.

［215］郭琳净. 金融业信息安全风险及应对措施［J］. 金融理论与实践，2014，02：106—108.

［216］张松，史经伟，雷鼎. 互联网金融下的操作风险管理探究［J］. 新金融，2013，09：33—36.

［217］范小云，等. 互联网金融［M］. 北京：人民邮电出版社，2016.

［218］中国工商银行江苏省分行课题组. 我国商业银行互联网金融风险管理研究［J］. 经济纵横，2016，02：15—25.

［219］张成虎. 网络金融［M］. 北京：科学出版社，2005.

［220］邓建鹏. 互联网金融法律风险的思考［J］. 科技与法律，2014，06：418—428.

［221］薛紫臣，董小君. 互联网金融流动性风险生成机理及化解［J］. 国家行政学院学报，2016，03：86—91.

［222］陈秀梅. 论我国互联网金融市场信用风险管理体系的构建［J］. 宏观经济研究，2014，10：122—126.

［223］李征. 我国互联网金融理财产品的市场风险研究［D］. 长春：东北师范大学，2016.

［224］梁宏梅. 大数据征信业务特征探析［J］. 征信，2016，06：34—36.

［225］韩洪慧，来自搜狐公众平台 http://mt.sohu.com/20160407/n443592290.shtml，2016.

［226］陈志. 我国大数据征信发展现状及对征信监管体系的影响［J］. 征信，2016，08：47—50.

［227］李辰. 我国大数据征信发展的现状、困境和经验借鉴［J］. 征信，2016，09：32—35.

［228］刘新海，骆司融，等. 美国征信数据及其在金融业的应用［J］. 征信，2016，11：55—60.

［229］李友元，寇纲. 我国大数据征信的挑战及对策［J］. 大数据，2017，01：27—34.

［230］麻文奇. 大数据征信在企业融资中的应用［J］. 金融科技时代，2016，12：15—20.

［231］李贞彩. 大数据征信的监管思路：来自《公平信用报告法》的启示［J］. 征信，2016，11：32—37.

［232］于晓阳. 互联网+大数据模式下的征信——以芝麻信用为例［J］. 北方金融，2016，11：73—76.

［233］孔德超. 大数据征信中个人信息保护探析［J］. 中国物价，2016，05：89—91.

［234］孔德超. 大数据征信初探——基于个人征信视角［J］. 现代管理科学，2016，04：

39—41.

[235] 张雨辰,杨坚争.大数据背景下的互联网金融征信问题研究[J].电子商务,2016,01：55—26.

[236] 安邦坤,阮金阳.互联网金融：监管与法律准则[J].金融监管研究.2014,3：57—70.

[237] 巴曙松,杨彪.第三方支付国际监管研究及借鉴[J].财政研究.2012,4：72—75.

[238] 陈林.互联网金融发展与监管研究[J].南方金融.2013,11：52—56.

[239] 陈文君,刘晓明,殷林森.金融消费者保护监管目标的法经济学分析[J].金融监管研究.2013,3：57—69.

[240] 廖凡.竞争、冲突与协调——金融混业监管模式的选择[J].北京大学学报(哲学社会科学版).2008,3：109—115.

[241] 林采宜,吴齐华,王丽妍.金融混业趋势下的监管创新[C].中国金融40人论坛工作论文,2014.

[242] 鲁政委.互联网金融监管：美国的经验与中国的镜鉴[DB/OL].凤凰财经,http://finance.ifeng.com/a/20140505/12263885_0.shtml.

[243] 罗明雄,唐颖,刘勇.互联网金融[M].北京：中国财政经济出版社,2013.

[244] 马光远.互联网金融监管应保持最大的克制和容忍[N].中国经营报,2013.

[245] 杨彪,李冀申.第三方支付的宏观经济风险及宏观审慎监管[J].财经科学.2012,4：44—52.

[246] 杨冰之,郑爱军.互联网金融100问[M].北京：电子工业出版社,2014.

[247] 杨凯生.关于互联网金融的几点看法[J].中国金融电脑.2013,12：10—15.

[248] 张芬,吴江.国外互联网金融的监管经验及对我国的启示[J].金融与经济.2013,11：53—56.

[249] Chaffee E C, Rapp G C. Regulating online peer to peer lending in the aftermath of Dodd-Frank：in search of an evolving regulatory regime for an evolving industry [J]. Washington and Lee Law Review. 2012,(69)：485-532.

[250] Manbeck P, Hu S. The regulation of Peer-to-peer lending：a summary of the principal issues [DB/OL]. http://www.lendacademy.com/wp-content/uploads/2014/04/Regulation-of-P2P-Lending-Chapman-and-Cutler.pdf,2014.